04

世界で一番やさしい住宅用植栽

山﨑誠子＝著

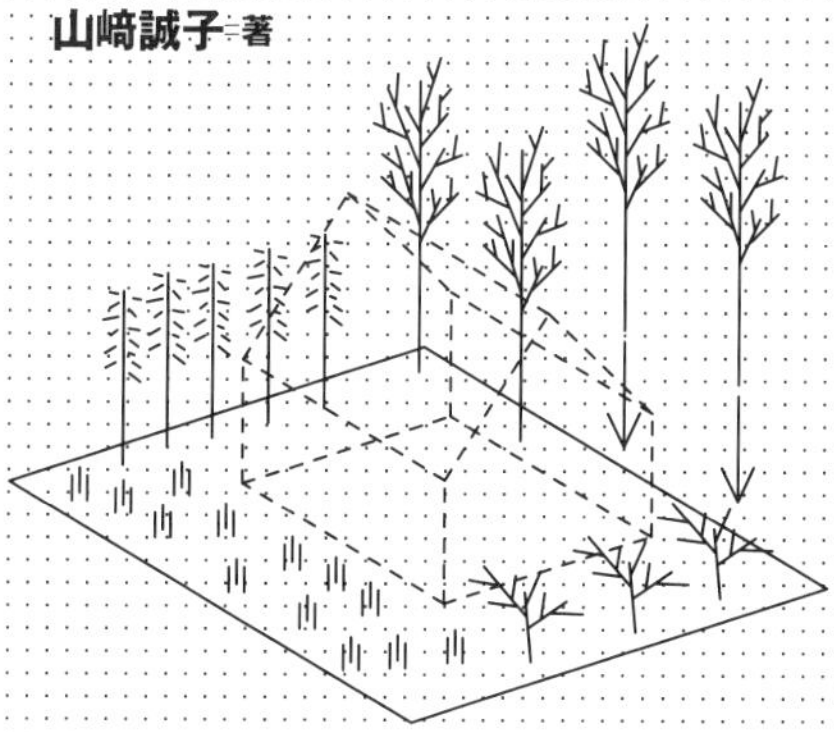

110のキーワードで学ぶ
世界で一番やさしい住宅用植栽

もくじ

第1章 住宅用植栽の設計 5

第2章 樹木の基礎知識 33

第3章

空間ごとの緑の演出 81

第4章

緑の効果を生かす 113

第5章

テーマ別の植栽 145

第6章 特殊樹の植栽 209

第7章 植栽の工事・管理 225

第1章
住宅用植栽の設計

「BESSスクエア　あきつログハウス」

住宅用植栽とは

ポイント

住宅用植栽を計画する際には、樹木についての知識と植栽工事の知識が求められる

植栽に求められる知識

「植栽」とは辞書に「草木を育てること」（『大辞林』三省堂）とあるように、植物を栽培することを意味する。しかし、建築や土木、造園の世界では、樹木を育てて観賞する目的以外にも、樹木の機能的な特性や管理方法を考慮しながら、樹木や草花を適所に配置することを指す。

したがって、建築の植栽計画では、建物や庭に合わせてどのような特徴とボリュームの樹木を配置するかといったデザイン力がまず求められる。

さらに、樹木がどのような環境を好み、いつ花を咲かせ、どんな樹形になり、1年を通してどのように姿を変えるかといった植物学的な知識が必須となる。また、樹木をいつ、どのような方法で建築現場に持ち込み、設置するかといった植栽工事に関する知識も欠かせない。

住宅に合った植栽選び

住宅の庭は、公園などと異なり、あくまでも建築主個人が楽しむことを主目的とした庭である。適切なボリュームで、手入れが楽な植栽を提案することが基本となる。

住宅に適切なボリュームとは、主に樹木の生長後の大きさである［50頁参照］。たとえば、街路樹などに多いケヤキは、樹形も美しく葉色の変化を楽しめる樹木だが、非常に良好な環境では10年くらいで高さが15mも生長する場合がある。個人住宅での植栽には注意が必要だ。

手入れが楽な植栽とは、植栽樹の管理方法が建築主自ら日常的に行える範囲にあるということである。バラがきれいな花を付けるためには、普段からきめ細かい手入れが必要で、毎日、庭を管理できない建築主には、バラはあまり向かない樹木だといえる。

住宅の部位ごとに植栽を検討

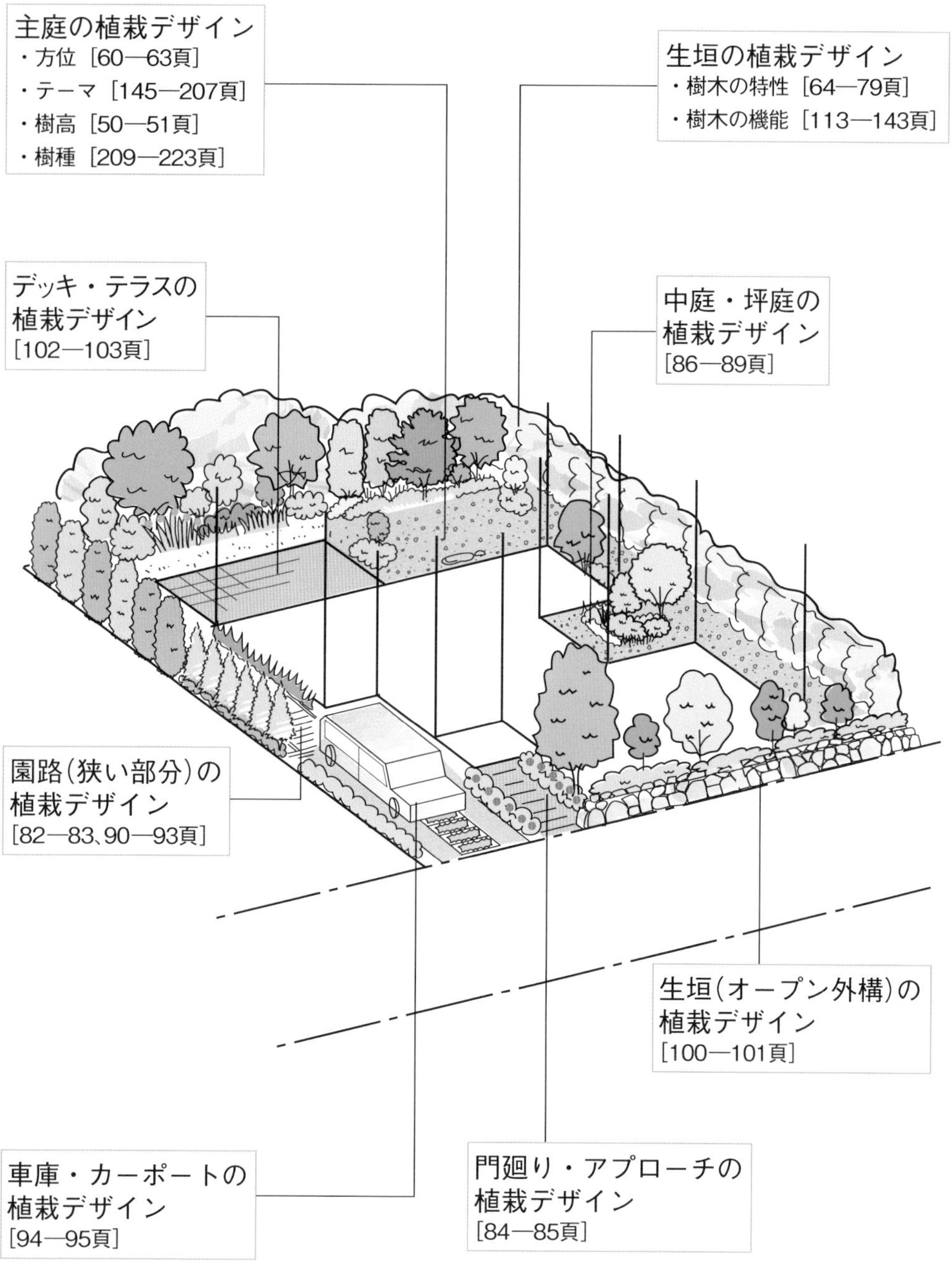

このほかにも、バスコート［96―97頁］や棚［104―105頁］、屋上［106―107頁］、屋根［108―109頁］、壁面［110―111頁］などの部位についても植栽をすることが可能

住宅用植栽のセオリー

ポイント

戸建住宅で3年後、集合住宅では入居時に、ある程度景色が完成するように設計を

戸建住宅の植栽

植栽設計では、どの時点で完成するかで植栽する量や配置（植栽密度）が異なる。戸建住宅の植栽ならば、樹木は3年後、草本《そうほん》（宿根草を除く）は2カ月後を目安に植栽密度を決める。

植栽樹は建築主の管理体制に合わせて樹木と草本のバランスを検討する。樹木は1年間の生長が限られているため、管理にさほど手間がかからない。一方、草本は、春から秋にかけて毎日数時間庭に入り、水遣りや雑草取り、花殻《はながら》摘《つ》みなどが必要になる。

建築主の嗜好も樹種選びの大きな要因となる。植物に対する思い入れなどをヒアリングしておくとよいだろう。また、植栽デザインには流行がある。何年か経って、建築主の植栽に対するニーズが変わっても修正工事ができるよう、ゆとりのある植栽デザインとすることもポイントとなる。

集合住宅の植栽

集合住宅の場合、住人の入居時にある程度完成した植栽デザインが求められる。そのため植栽ピッチを通常より狭めてデザインする。とくに建物の顔になるエントランス廻りは華やかな花木［156－163頁参照］を、高密度に植栽する必要がある。ただし、数年後に植栽密度が高くなりすぎるので、剪定や間引《まひ》きを行う必要が生じてしまう。

植栽する樹種は、常に植え替えが必要な一年草は避けて、樹木や宿根草を中心に構成するとよい。

集合住宅の植栽管理は、管理会社だけでなく住民が行う場合も増えているので、手間がかからないもので構成することが重要だ［206－207頁参照］。

また、高木を植えるときは、開口部近くに植えると外部から室内に侵入しやすくなるので、できるだけ建物から離す必要がある。

樹木　木部のよく発達した多年性の茎をもつ植物。枝や幹が冬に枯れず、さらに大きく生長し、四季の明瞭な日本では年輪ができる
草本　茎の組織が柔軟で水分が多い。木化することなく、それ以上生長することがない

住宅の植栽計画

①戸建住宅

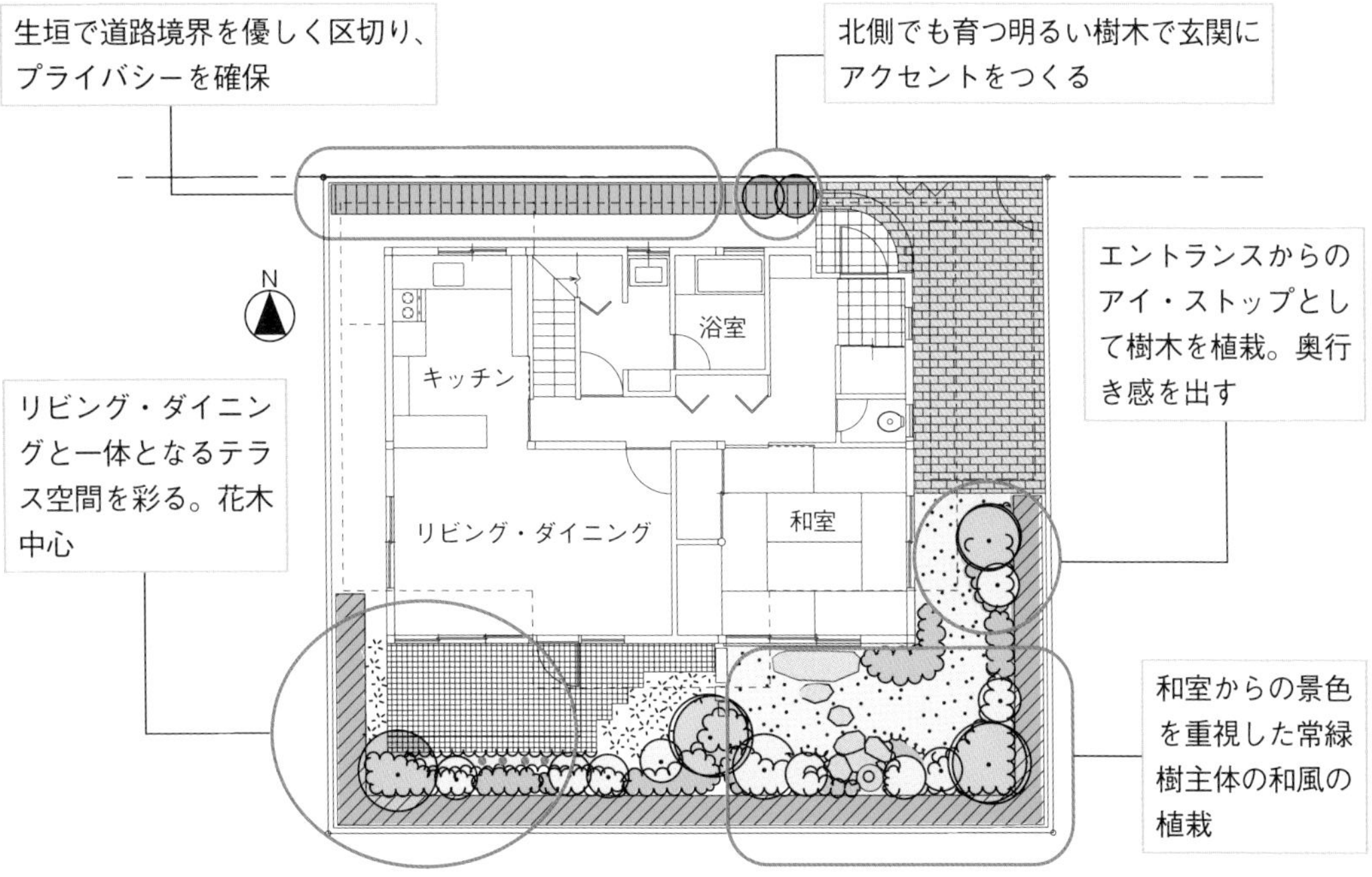
生垣で道路境界を優しく区切り、プライバシーを確保
北側でも育つ明るい樹木で玄関にアクセントをつくる
N
浴室
キッチン
エントランスからのアイ・ストップとして樹木を植栽。奥行き感を出す
リビング・ダイニングと一体となるテラス空間を彩る。花木中心
リビング・ダイニング
和室
和室からの景色を重視した常緑樹主体の和風の植栽

②集合住宅

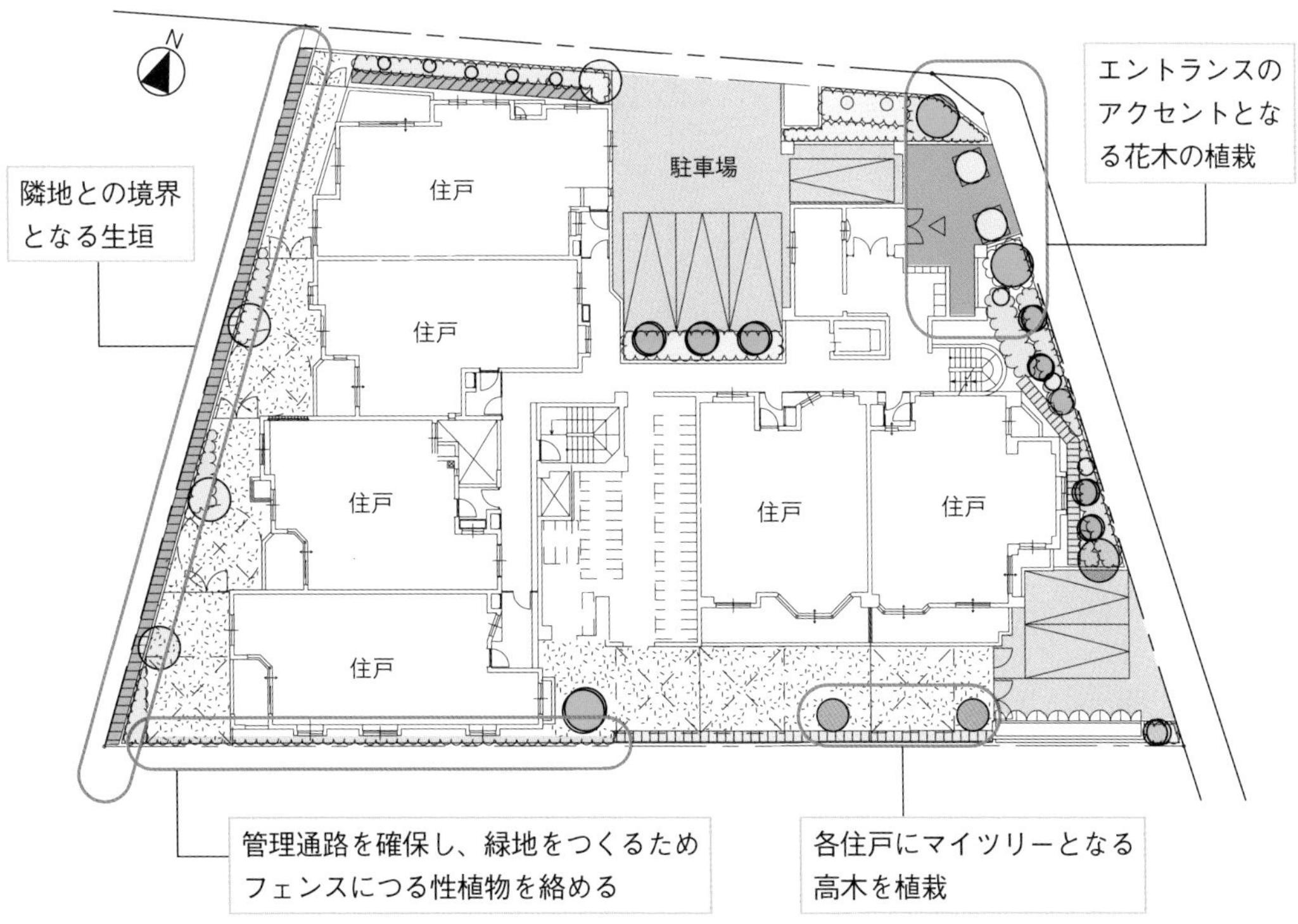
N
駐車場
住戸
住戸
住戸
住戸
住戸
住戸
エントランスのアクセントとなる花木の植栽
隣地との境界となる生垣
管理通路を確保し、緑地をつくるためフェンスにつる性植物を絡める
各住戸にマイツリーとなる高木を植栽

花殻摘み　枯れても散らずに残っている花は、見た目が悪いだけでなく、病気の原因になる。タネを採取する場合を除き、こまめに摘みとる必要がある
間引き　植栽密度を下げるために、生育中の植物の一部を抜き取ること

植栽設計者への依頼

ポイント

植えたい樹種や庭の規模・テーマによって植栽設計の依頼先を検討する

植栽設計の依頼先

植栽設計に携わる人にはさまざまな肩書がある。植栽設計者のほかに、ガーデンデザイナー、ランドスケープデザイナー（ランドスケープアーキテクト）、園芸家、造園家、作庭家などがある。資格で分類すると、「造園施工管理技士」や「登録ランドスケープアーキテクト」などの有資格者が主に植栽設計を行う。建物の設計者や建築主が自ら設計を行わない場合は、これらの人に設計を依頼することになる。

樹種や庭のテーマで選ぶ

植栽する樹種や庭のテーマ、デザインによって植栽設計の依頼先は変わる。あくまでも目安だが、次のように考えるとよいだろう。

フラワーガーデンやハーブ園など、草花を中心とした比較的規模の小さい庭をつくりたい場合は、ガーデンデザイナーや園芸家に設計を依頼するのが一般的である。

苗木などを販売する業者でも施工までしてくれる場合もあるので、問い合わせてみよう。

樹木が中心となる庭や、規模の大きい庭ならば、植栽設計者や造園家、作庭家、ランドスケープデザイナーなどに設計を依頼することが多い。

依頼先は、ガーデニングなどを扱った雑誌や書籍に掲載されている情報のほか、各設計者のホームページなどで探すのが早い。また、植栽関連の協会や団体を通して、設計者や施工者を紹介してもらうこともできるので、計画敷地の近くに希望するタイプの庭の設計をできる人がいないか問い合わせてみるとよいだろう。

また、建築施工会社は、たいてい普段付き合っている造園会社や職人さんがいるので、施工業者を通じて設計を依頼するという方法もある。

造園施工管理技士　造園工事が適正に施工されるよう、造園施工技術の向上を図るため、建設業法施工令に定められた大臣資格。施工計画、施工図の作成、工程・品質・安全管理などに関する造園施工管理技術検定の合格者に付与される

植栽設計・工事に携わる人々

職種		仕事内容
設計	植栽設計者	計画、デザイン、工事監理などを行う。扱う規模もさまざま
	ランドスケープデザイナー	計画、デザインを行う。主に大規模な植栽設計を行う。街並みづくり、公園、街路、緑道、外構、ポケットパーク、ビオトープまで多岐に渡る
	ガーデンデザイナー	個人住宅から住宅団地、集合住宅の外構までの設計を行う。洋風、とくに草花を使った植栽を中心に扱う
	作庭家	和風庭園の設計を行う。個人住宅の庭、茶庭、石組み、流れ、滝など
施工	造園施工業者	植栽工事全般を行う。植物の植込み、手入れ、竹垣、石据え、石組み、流れ、滝、簡単な舗装工事
	植木屋	材料を所有し販売するほか、植物の植込み、手入れ、竹垣、石組み、灯籠据えなどを行う
	土木緑化建設業者	植栽工事は一部で、主に道路や橋などの大規模工事を行う。造成工事、植栽工事、道路工事、舗装工事、エクステリア工事、建築工事など
材料販売	生産者（ナーセリー）	植物の販売・育成を行う。苗や種から植物を多く育てる
	エクステリア施工業者	フェンスや門扉など、外構資材の設計・施工・販売を中心に行う
	園芸店・ホームセンター	園芸資材の販売。近年、大規模な園芸店やホームセンターでも販売以外に設計・施工を行うところもある
そのほか	樹木医・樹医	樹木の病虫害によるダメージの処置、老木の樹勢の回復などを行う

植栽に関する主な団体

団体名	住所	電話	ホームページ
（社）日本造園組合連合会（略称：造園連）	〒101-0052 東京都千代田区神田小川町3-3-2 マツシタビル7階	03-3293-7577	http://jflc.or.jp/
（社）日本植木協会	〒107-0052 東京都港区赤坂6-4-22 三沖ビル3F	03-3586-7361	http://www.ueki.or.jp/
（社）ランドスケープコンサルタンツ協会	〒103-0004 東京都中央区東日本橋3-3-7 近江会館ビル8階	03-3662-8266	http://www.cla.or.jp/
JAG（ジャパンガーデンデザイナーズ協会）	〒192-0362 東京都八王子市松木15-15	042-689-6160	http://jagdesigner.com/
日本樹木医会	〒113-0021 東京都文京区本駒込6-15-16 六義園第6コーポ302号	03-5319-7470	http://jumokui.jp/
日本園芸協会	〒151-8671 東京都渋谷区元代々木町14-3 創芸元代々木ビル	03-3465-5171	http://www.gardening.or.jp/

登録ランドスケープアーキテクト　庭園や公園、緑地などの造園や都市空間や建築群など、ランドスケープの計画、設計を担う一定水準の知識、能力を持つ技術者。専門教育、実務訓練、認定試験を経て登録することができる

植栽設計者との打ち合わせ

ポイント

事前に図面などの資料をそろえ、打ち合わせではコストと管理方法も確認する

事前にそろえる資料

植栽設計者に依頼する場合、打ち合わせをスムーズ進めるために、敷地図、配置図、平面図（建物1階部分で、建物と庭のつながりが分かるもの）を事前にそろえておく。屋根の形・大きさや2階からの庭の眺めも重要なので、2階平面図と窓の大きさや扉の感じが分かる立面図、屋外と室内の高低差が分かる断面図も準備をする。さらに、植栽工事とかかわる設備や配管の位置が分かる平面図も必要だ。また、建物の外壁の素材や色が分かるパースを用意すると、建築と植栽のバランスを検討する際に役立つ。

このほかにも、地質や地下水位などが分かるボーリング資料は、土壌改良や植栽地の高さを決定するのに重要な資料になる。また、樹木の写真を用意すると、デザインのイメージを共有できるため、話も進めやすい。

工事費と管理方法を確認する

打ち合わせでは、設計のイメージだけでなく、工事費や施工後の管理方法についても確認する。

珍しい樹木や、同じ樹種でも全体のバランスが取れて見映えのよいものを選ぶと、材料費は高くなる。植栽工事や仕上がりのグレードを定めるためにも、初期の打ち合わせ段階で、おおよその工事費を設計者と施工者で確認しておく必要がある。

また、施工後の管理方法や頻度、管理にかけるコストなどは、樹木の生育を左右するため、樹木選択の重要な要素となる。建築主の想定する管理の内容を確認せずに、年中、花殻摘みをしなければならない一年草や草花を多く植栽した庭や、施肥《せひ》などに手間がかかるバラを主とした庭などを計画すると、のちのちのトラブルにもつながりかねない。

植栽設計者との打ち合わせ

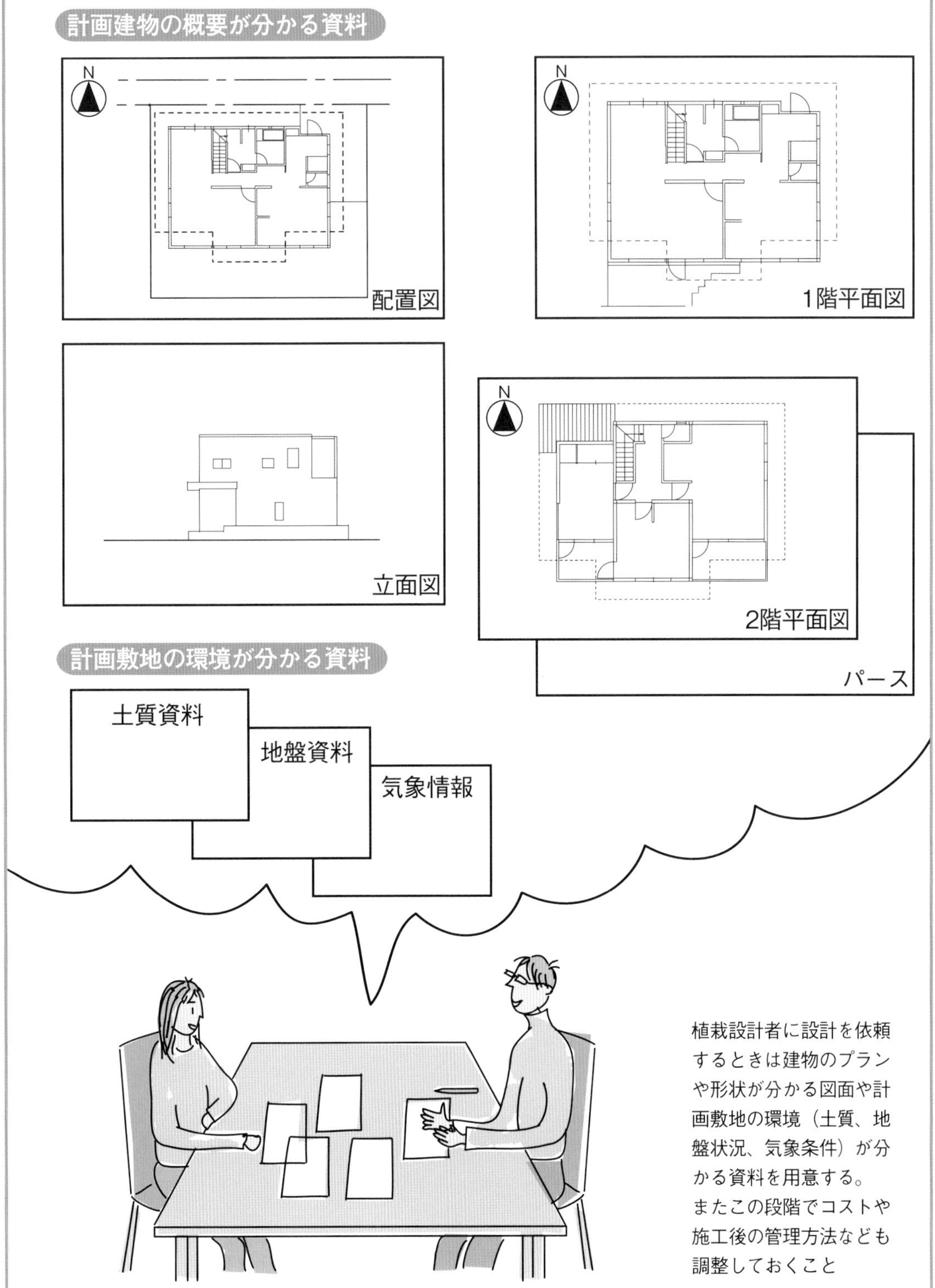

植栽設計者に設計を依頼するときは建物のプランや形状が分かる図面や計画敷地の環境（土質、地盤状況、気象条件）が分かる資料を用意する。
またこの段階でコストや施工後の管理方法なども調整しておくこと

植栽のコスト

ポイント

植栽コストは建築工事費に対する割合でなく、設計・施工にかかった労務費で算出を

植栽コストの内訳

植栽にかかるコストは、一般的に植栽設計のコストと植栽工事のコストの2つからなる。

植栽設計のコストは植栽設計者に支払うコストで、樹木の種類や配置の大まかな方針を決める基本設計、実際に図面を起こす実施設計、そして施工の際の立会いなど、監理の費用などが含まれる。

一方、植栽工事のコストは施工業者に支払うコストで、材料代と施工代の2つに大別できる。施工代には、植込み代と、樹木を支える支柱材、土壌改良が必要ならば改良材の費用などが含まれる。このほか畑から樹木を搬送し、現場で樹木を立て、支柱を据え付ける手間のほか、材料の運搬費や、養生費などの諸経費が含まれる。

樹木の大きさによっては、クレーン車などの大型重機の費用が必要になる。また、運搬道が狭いと一度に材料を大量に運搬できないため、運搬費がかさむ場合もある。

コストの目安

植栽設計のコストは、建物の工事費を基準とした割合ではなく、その設計・監理をするのにどれくらい人が動いたかが基本になる。また、国土交通省が毎年公表している「技術者単価」も単価の目安になる。

施工コストは、使用する材料により大きく変わる。マツやマキなどの仕立てられた樹木は、商品になるまでに手間がかかっているため、1本当たりの単価が高くなる。逆に高いイメージのあるシバは、種類を選べば1500円／㎡程度ですみ、内装のフローリングと比べてもさほど高価にならない。

材料費以外の植込みや運搬などの費用は、材料費の2倍程度を見込んでおけば大きな外れはないだろう。

監理　設計図書の通りに工事が施工されるように、設計者が工事施工者を指導する設計業務を監理という。これに対し、施工者が工程、品質、安全管理など、施工の管理を適確に行うことを管理という

植栽コストの構成

植栽コスト ＝ 植栽設計料 ＋ 工事費

①植栽設計料の内訳

植栽設計料 ＝ 基本設計料 ＋ 実施設計料 ＋ 工事監理料

基本設計料
基本方針の打ち合わせ、基本設計などにかかる費用

実施設計料
植栽平面図の作成、積算などにかかる費用

工事監理料
現場での工事監理にかかる費用

設計者の技量により技術料は変わる。建築工事のように、工事費からの割合で設計料を算出するケースは意外と少なく、どれだけ設計行為にかかわったかという人件費に近い。

なお、人件費の基準は、国土交通省で毎年発表している「技術者単価」を参考にする場合が多い。

国土交通省「積算基準等」　http://www.mlit.go.jp/tec/sekisan/index.html

②工事費の内訳

工事費 ＝ 樹木材料費 ＋ 植込み工事費 ＋ 客土工事費 ＋ 支柱工事費 ＋ 諸経費 ＋ 枯れ保証

樹木材料費
植栽する樹木の費用

植込み工事費
植え穴掘りや、樹木の運搬、植付け、整地などの費用

客土工事費
新たに搬入した土や土壌改良などにかかる費用

支柱工事費
支柱工事、幹巻きなどにかかる費用

諸経費
養生や発注時の通信、燃料などにかかる費用

枯れ保証
保証の有無は工事による。詳しくは232頁参照

樹木材料費は流通量との関係で変動する。また、運搬費はその材料がどこにあるかで大きく異なる。たとえばヤシ類などは、九州など暖かい場所で育てられることが多いために運送代がかかることから、東京で植栽するには割高な樹木だといえる

土壌改良　植物が良好に生育するように、土壌環境を人為的に改善すること。おもに通気性·排水性·保水性·保肥性や土壌の硬さの改善、酸性(pH)の調整 土壌養分の補給、有害物質の除去などを行う

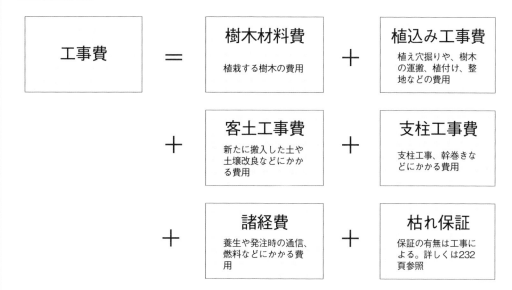

植栽設計・工事のスケジュール

ポイント

戸建住宅規模の植栽設計・工事のスケジュールは、設計1週間＋施工1週間が最短の目安

植栽計画の目安は2週間

植栽設計・工事は、「ヒアリング」→「現地・周辺調査」→「計画」→「施工」→「管理」という段取りで進められる。これを建物の設計・施工計画にうまく当てはめていく必要がある。

現地・周辺調査は、工事の規模にもよるが、小規模の戸建住宅程度なら、現地調査に1～3日、周辺調査に1～2日、それらをまとめるのに1週間程度かかる。

計画地の測量図や現況図（樹木の位置や給排水設備などの位置が分かるもの）が事前に手に入れば、調査日数は少なくなる。

建築主や建築の設計者との打ち合わせにかける時間は、規模や状況に応じて変わる。1日で打ち合わせが終わることもあれば、2カ月近くかかる場合もある。標準的なタイプの戸建住宅の規模ならば、計画だけで1週間程度、現地・周辺調査と合わせると、施工までに2週間程度かかると考えておくとよい。

工事の目安は1週間

植栽工事は、材料の発注と施工の2段階に分かれる。材料の発注は、生物材料を扱うため、最低でも施工開始日の2週間前までにすませる必要がある（施工者がよく使う材料ならば1週間程度でもよい）。

施工期間は、工事の規模や周辺の状況、工事のタイミング、天候などに左右される。小規模な個人住宅規模ならば、周辺状況がよく、天候に恵まれれば、長くみても1週間くらいと考えておけばよいだろう。

ただし、計画地周辺の道路が狭い、工事車両が計画地やその周辺に常時駐車できない、建築工事とバッティングする、などの条件の場合は、施工期間は長くなる。

植栽設計・工事の基本的な流れ

植栽設計

植栽計画

植栽設計の基本方針となるキーワードを決める

①ヒアリング
建築主の希望や管理体制・方法についての考え方を聞く

②現地調査・分析
地形、土質、気象、植生、水分量、日照の各条件や設備設置状況、周辺環境などを確認する［20—25頁参照］

植栽デザインのイメージを固める

③ゾーニング・動線計画
主庭・副庭の配置、イメージ創出、進入・サービス動線、視線の検討

④基本設計
主要樹木・添景物の検討、舗装材の検討、工事費概算

設計図を完成させる

⑤実施設計
配植図（樹種・形状・数量）、添景物の配置、舗装材の配置、門・塀・フェンス・生垣の検討、工事費積算

植栽工事

施工業者を選ぶ

⑥施工者選定
実施設計図を渡し、現地を確認して見積りをしてもらい、金額が折り合えば決定

材料を発注する

⑦材料発注
植栽樹を発注する。施工業者と材料業者が異なる場合もある

工事を発注する

⑧施工
建物工事との取合いを考えながら施工

建築主に引き渡す

⑨引渡し
設計者、施工者、建築主で立会い検査をして引き渡す

基本設計・実施設計　基本設計では、樹木の種類や配置など、大まかな植栽計画を決める。実施設計では、基本設計に基づいて、工事の実施と工事の内訳明細の作成のために設計図書を起こす

計画地周辺の環境の把握

ポイント

現地調査前に、地形図をもとに敷地周辺の地形・気象条件の概要を把握する

地形図を入手する

樹木の生長を左右する日照、水、土、風は、計画地周辺の地形がつくり出す微気候〔114頁参照〕で決まる。そのため、植栽計画に当たっては、周囲の地形の状況と、それが計画地に与える影響を把握する必要がある。

計画地のおおよその地形を知るためには、2万5千分の1程度の地形図（国土地理院発行）を用意する。

地形図は国土地理院のホームページから手に入れることができ、印刷したものは大型書店でも販売されているので、確認してみるとよい。

周辺環境を読み取るには

はじめに注目する情報は方位である。計画地が周囲の地形のなかでどのような方位にあるかを確認する。丘や山の北側に計画地がある場合、日照が限られるため、植栽できる樹木が日陰に強いものに限られることもある。

次に凹凸状の地形が周囲にあるかを確認する。丘や台地の頂上付近などの凸部は、日がよく当たり暖かいため、植栽に適した環境であることが多い。ただし、風がよく当たるため乾燥しやすいので、どの程度の風が吹くかを現地で確かめる必要がある。一方、谷や川筋などの凹部は、日照時間が限られ、寒くて湿気溜まりやすいため、湿気に強い樹木を植えるか、排水枡《はいすいます》などを設置し、水はけをよくするなどの配慮が必要となる。

このほか、計画地の標高や、河川などの水路の位置や分水嶺《ぶんすいれい》などを把握するとよい。計画地が山の下側にある場合は、湧水が出ていないかなどについてもよく調査する。さらに細かい情報を知るためには、1千500分の1程度の詳細地図や、公共機関が公布している住宅地図を取り寄せるか、現地調査を行う〔20頁参照〕。

排水枡　屋外配水管の合流点、分岐点などに設けられる掃除用の水孔
分水嶺　2つ以上の河川の流れを分ける山稜

地図で確認するポイント

付近に山や丘がある場合

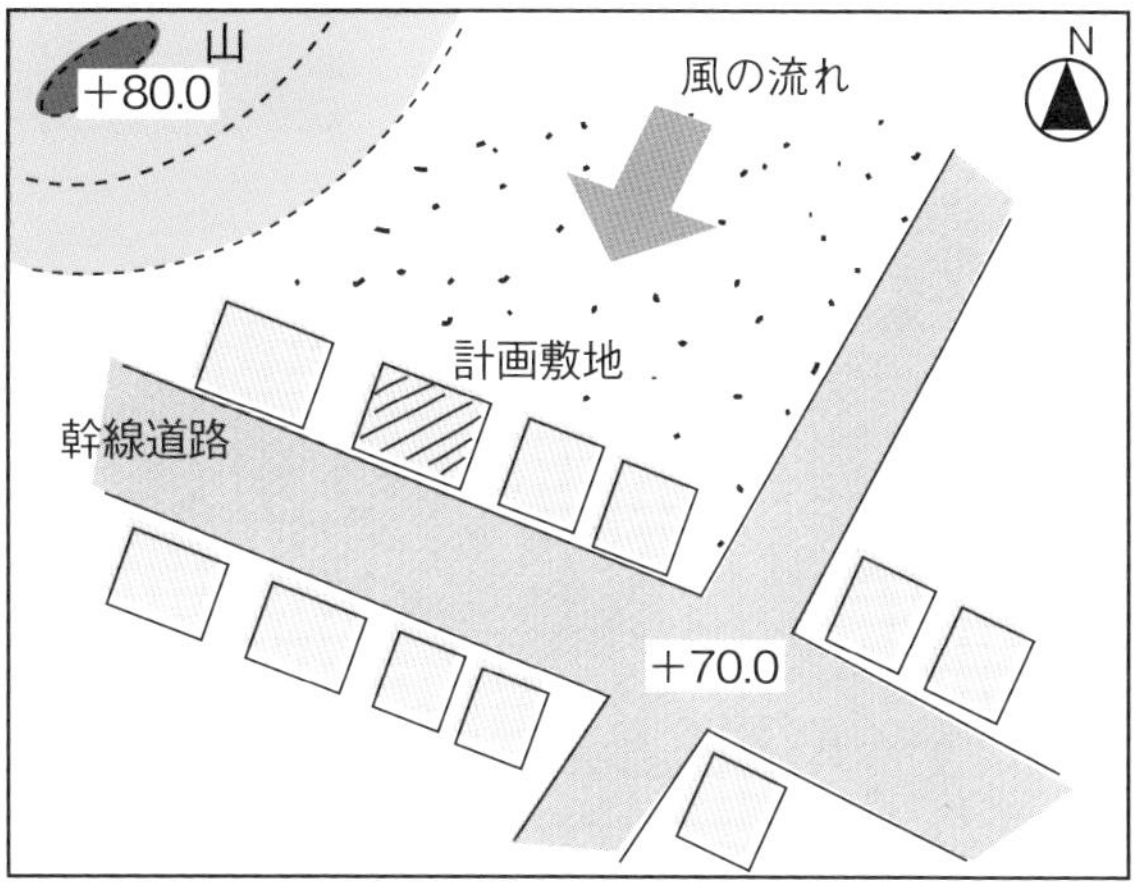

山や丘より低い場所が風の通り道になりやすいので、計画敷地の北側から北風が吹かないかをチェックする。また、敷地が幹線道路の近くなので、交通量がどの程度かも把握する必要がある

付近に河川がある場合

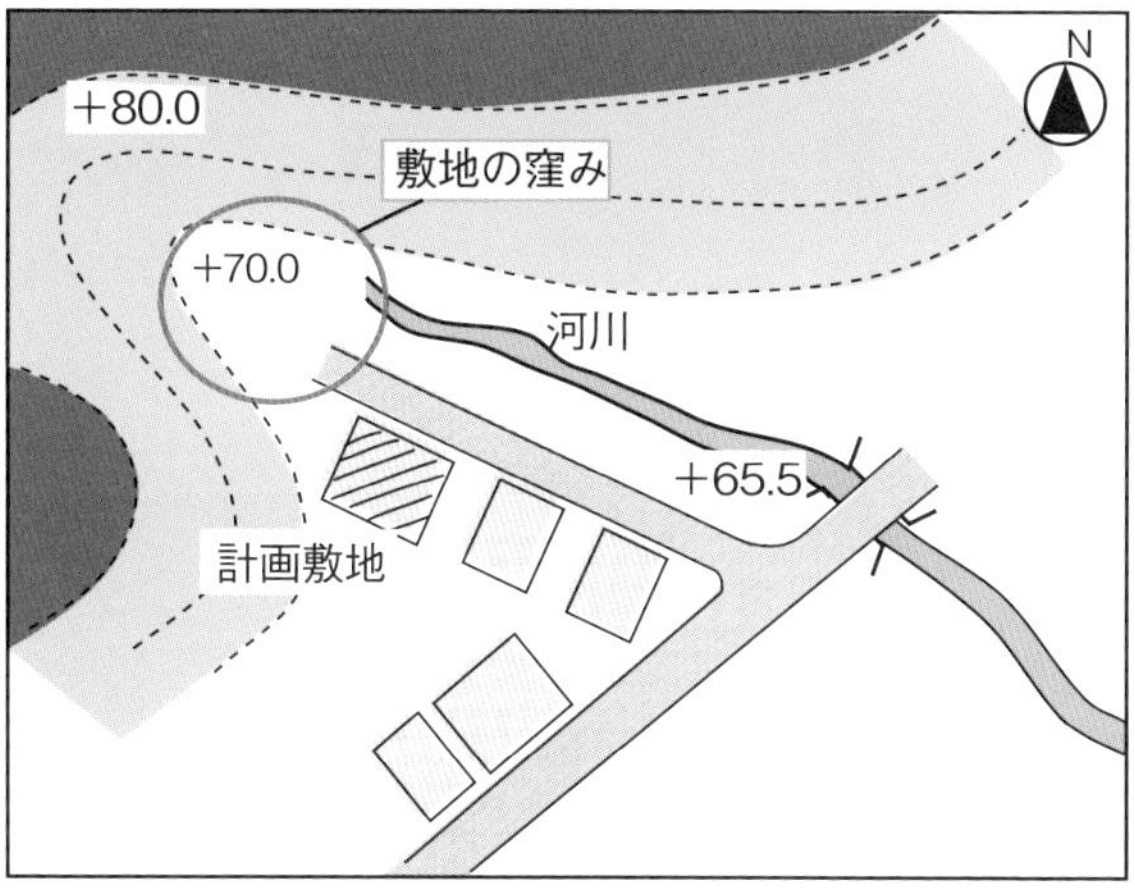

水の流れる方向や豪雨時に河川の水位がどの程度になるかを把握する必要がある。左図のように地形の窪みに計画敷地が近い場合、雨が降ったときにどのような水の流れが生まれるかを確認する。

また、河川は常に同じ場所を流れていないため、現在の敷地部分にかつて河川がなかったかを、古地図などを使って確認しておくとよい

付近に小山があるが窪みがない場合

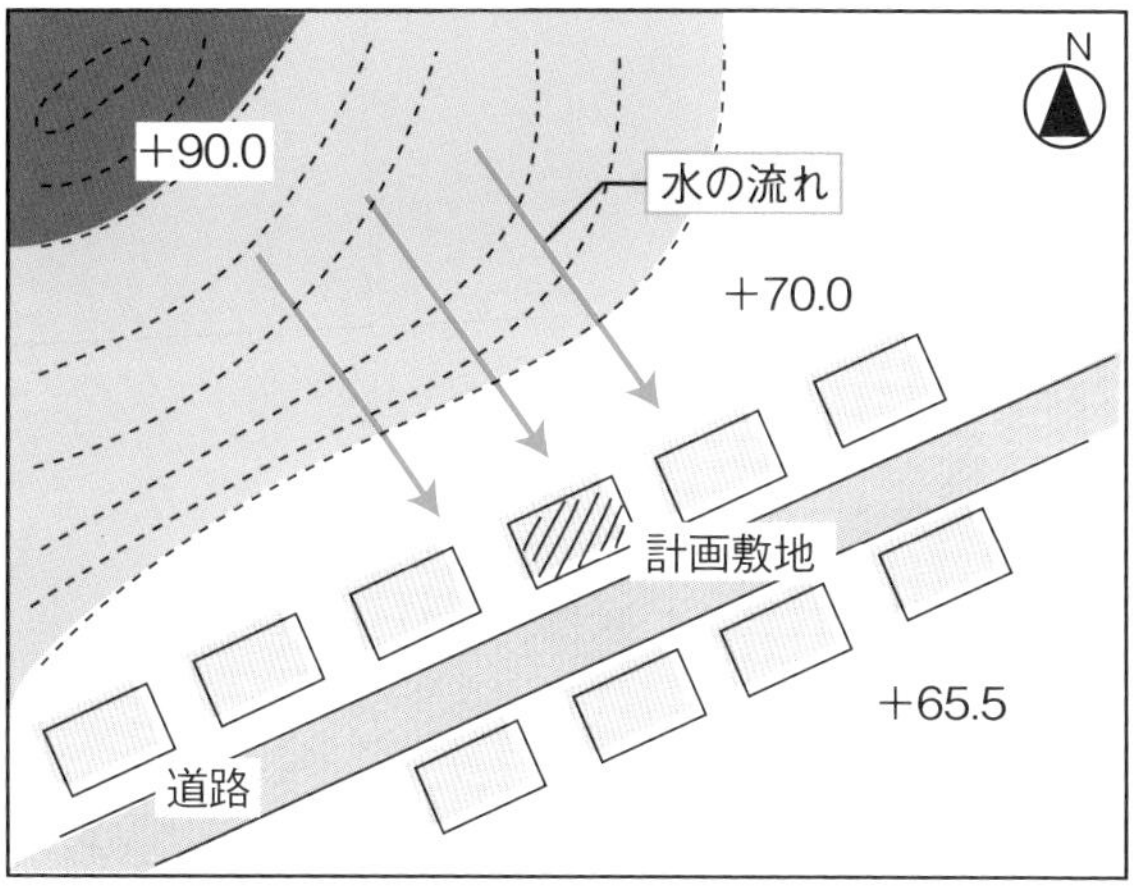

雨が降ったときどのように山からの水が流れるか、土砂崩れなどの心配がないか、土留めが必要かなども併せて確認する

土地に窪みがないと水の流れが分からない

現地調査で敷地環境を確認

ポイント

現地調査では、敷地の日照・水分・土・風・気温などの微気候を確認する

生長に欠かせない3要素

現地調査では、日照・水分・土の3要素が確保できる度合いを確認する。

①**日照**：樹木は陽樹《ようじゅ》、陰樹《いんじゅ》、中庸樹《ちゅうようじゅ》に分けられる［56－57頁参照］。敷地の朝日が当たる部分、終日日が当たる部分、西日が当たる部分を確認しておくことが重要。

②**水分**：どんなに乾燥を好む樹種であっても、水分がまったくなければ生長することはできない。土の乾湿状況、水遣りのための水道設備の有無が調査点となる。

③**土**：植物は一般に、弱酸性で有機質に富み、水はけがよい土を好む［22－23頁参照］。これらの条件を満たさない場合は、土壌改良や客土《きゃくど》などの対策が必要となる。土質が確保できたら、土の深さや範囲も確認したい。樹木は枝張りと同程度に根を張るので、枝張り以上の土壌が周囲に必要になる。

風・温度も重要

ある程度の強さの風は、樹木の周りに汚い空気や湿度が澱まないためにも必要だが、常時吹いていたり、強すぎたりすると、3要素が揃っていても生長が妨げられる場合がある。

樹木の生長点は、ほとんどが幹や枝の先端にある。先端の新芽は、柔らかく、しなりやすいため、風が頻繁に当たる場所や強く吹く場所は、芽がいつも曲げられることになり、樹木の生長が止まるおそれがある。季節風などの通り道やビル風の吹出し口、建物の屋上などに植栽する場合は、どの程度の風が吹くかを確認し、状況によっては風に強い樹種を選択する［68頁参照］。

樹木は、それぞれ生長に適した温度が決まっている［66－67頁参照］。植栽樹が植栽地の気温に合っていなければ、弱ったり、最悪、枯れたりする場合があるので注意が必要だ。

客土　植物の栽培に際し、新たに良質な土壌を搬入すること。土壌環境が不良で改良も容易でない場合や、植栽に必要な土壌の厚さが不足している場合に行う。樹木の高さにより必要な土の量があるが、住宅地の土壌を掘ると、高木を植えるだけの深さがないことも多い。現地調査の段階で把握しておく必要がある

樹木の生長に必要な要素

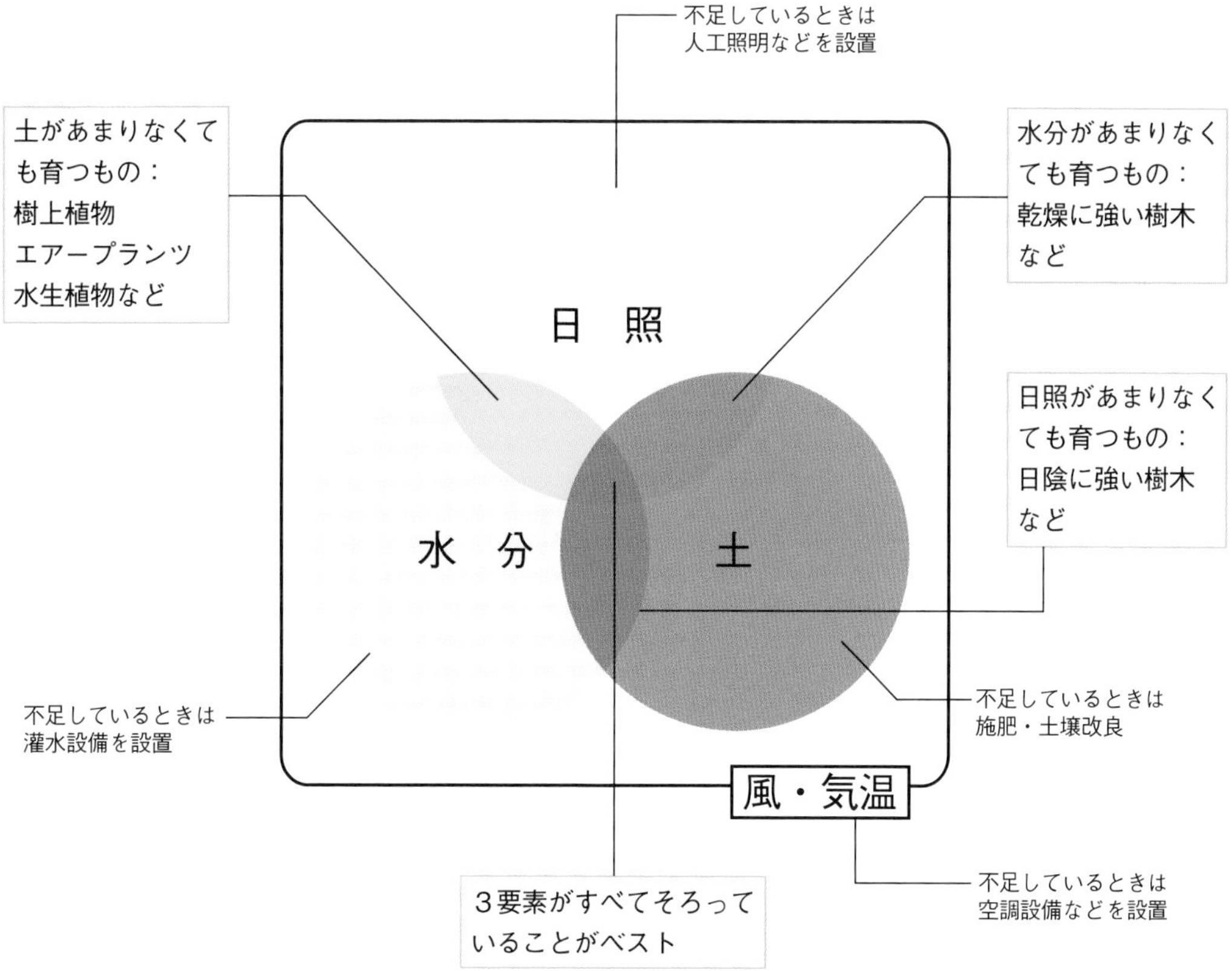

樹木が健全に生長するためにはすべての条件がバランスよくあることが重要。何かが足りなかったり多かったりした場合は、生長不良になることもあるので調整する必要がある

マメ知識　植栽に必要な土の量

肥沃な土さえあれば簡単に植栽ができると考えられがちだが、大きな間違い。樹高［50—51頁］によって必要な土の量がだいたい決まっている。

植栽に必要な最低限必要な土厚は左表のとおり。ただし、定期的な水遣りが難しい場所では左表の数値にそれぞれ10㎝以上加えた値の土厚が必要である。また、屋上庭園の場合は、左表の数値に10～20㎝の排水層を設ける必要がある。

住宅地などの土壌を掘ると、高木を植えるだけの深さがないことがよくある。現地調査の段階で、できるだけ土厚も確認する。

表　樹木に必要な土厚

樹　高	土厚の目安
高　木	80㎝以上
中　木	60㎝以上
低　木	40㎝以上
地被植物	20㎝以上

生長点　植物の茎や根などの先端にある細胞分裂が盛んな部分

植栽に適した土壌

ポイント

土壌の排水性・保水性・栄養分のバランスを確認し、整える

良質な土の条件

樹木の良好な生育を促すためには、土の量を確保するだけでなく、生長に適した土壌でなければならない。とくに造成地では、土質についても確認しておく。

樹木により、適した土壌に若干の違いがあるが、排水性、保水性、栄養分の3要素が土壌の質を確認するバロメータである。

動物同様、植物の根は酸素を吸い二酸化炭素を排出する。締め固まった土や粘土のように、土に樹木が呼吸できる空間と酸素が十分にないと、根が枯れてしまう。このような土質の場合、粒子の大きな土を入れたり、腐葉土《ふようど》を混ぜるなどして、土壌を改良する必要がある。

また、根は水を求めて伸びていく。根のすぐそばにいつも水があると根の広がりが得られないので、樹木の生長を支える丈夫な根張りが期待できない。したがって、土壌はあまり水分が多くなく、根が水を求めて広がって伸びるような状態が望ましい。

ただし、土が完全に乾燥すると樹木は枯れてしまうので、ある程度の保水性は必要である。とくに砂利や小石が多い土は、ピートモスのようなスポンジ状の物質を土に混ぜて改良する。

植栽工事後の土壌管理

植栽工事中はよい土質でも、長い年月を経て土壌が締め固められる場合がある。植栽工事後も適宜、植栽地を耕し、腐葉土を混ぜるなど、空隙を入れるような管理が必要になる。

また、植栽樹の多くは、土にある程度の栄養分があれば、毎年施肥する必要はない。ただし、果樹や花を大きく育てる場合は、土の栄養が必要になる。この場合、土質にもよるが、バーク堆《たい》肥《ひ》を入れるとよい。

腐葉土　ナラ、カシ、クヌギなどの落ち葉が発酵分解し、土壌化したもの。水はけ・通気性・保水性に優れている

ピートモス　寒冷な湿潤地に生育した水ゴケが酸素不足の状態で堆積・分解したもの。保水性・通気性に富んでいる。酸性度が高く、中和していないものは石灰で調整して使用する

植栽に適した土壌

次の3つのバランスがとれた土壌が植栽に適しているといえる

排水性
高めるためには黒曜石などの土を混ぜる

保水性
高めるためには泥炭か真珠岩か尿素系の土のいずれかを混ぜる

栄養分
高めるためには家畜の糞尿、塵芥し尿、化学肥料などを混ぜる

土質の調査では上記のほか、次の２点も注意する

①土のpHが適切か

日本に生育する樹木は、pH6〜6.5程度の弱酸性の土壌を好むものが多い。雨が多い日本は酸性に偏りがちで、pH6より低い値の強酸性になった場合は石灰を混ぜるなどして中和させる。

ただし、最近はコンクリート舗装や基礎の影響で、土壌がアルカリ性に近くなる場合がある

②塩分を含んでいないか

塩分があると、ほとんどの樹木は健全に生育しない

造成地の土壌環境

①造成前の環境

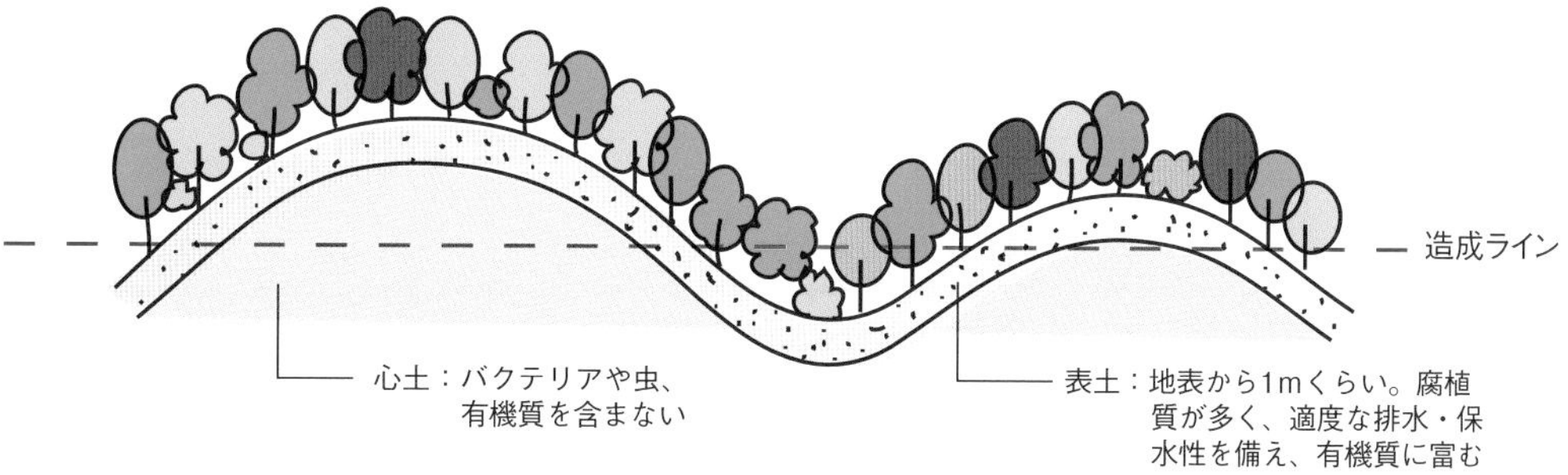
造成ライン
心土：バクテリアや虫、有機質を含まない
表土：地表から1mくらい。腐植質が多く、適度な排水・保水性を備え、有機質に富む

②造成後の環境

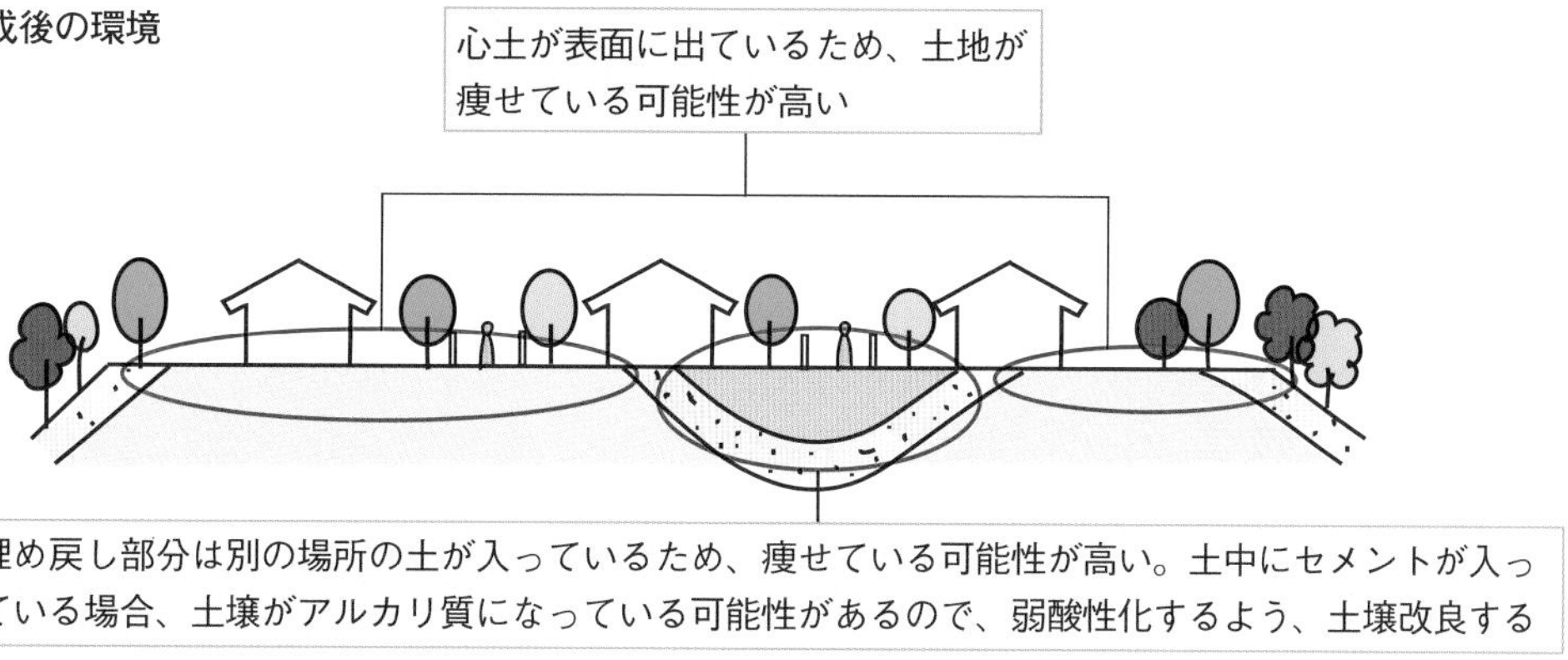
心土が表面に出ているため、土地が痩せている可能性が高い
埋め戻し部分は別の場所の土が入っているため、痩せている可能性が高い。土中にセメントが入っている場合、土壌がアルカリ質になっている可能性があるので、弱酸性化するよう、土壌改良する

バーク堆肥　樹木の樹皮を裁断し、堆積・発酵させた肥料。通気性・排水性に優れている

建物との取合いや敷地条件を確認

ポイント

建物との取合いや敷地条件を押さえる。軒下や室外機の前への植栽は避ける

建物の影響を知る

植栽地と建物の取合い部分は、敷地のほかの部分と環境が異なることが多い。植栽計画の際には、図面をもとに直接現地に足を運んで状況を確認する必要がある。確認すべきポイントは次のような点である。

①植栽地の降雨状況

植栽を予定している場所の上部に建築や工作物の一部が重なっていないかを確認する。軒下などは降雨が期待できないため、土壌が乾燥しがちである。水遣りが面倒な場所も、土壌が乾燥しがちになるので植栽には向かないといえよう。通常、屋根のある植栽地は枯れ保証［232頁参照］の対象にならない。そこで、軒下は、砂利などで仕上げる。

②動線との取合い

開口部は、人の出入りが想定されているかを事前に確認しておく。人の出入りがある開口部近くには、植栽が動線と交差しないように、ずらして配植する必要がある。

③建物や工作物などの仕上材

建物外壁や駐車場の舗装部分、塀などは樹木との距離が近いため、仕上材の材質や色などで植栽する樹木の印象が変わる。

設備の位置もご用心！

図面で確認しづらいのが配線や配管などの設備関係の情報である。植栽地に配管や配線があると、植栽できない場合や、植栽できたとしても、将来、配管や配線に樹木の根が入り込み破壊してしまうおそれがある。このような事態を避けるためにも、事前に植栽位置を設備業者に伝える必要がある。

また、エアコンの室外機などの外構設備は図面で描かれないことが多い。機械から出る熱や風が常に当たると樹木が弱り、枯れてしまうので、植栽地を変更するなどの配慮が必要だ。

工作物　人為的に地上または地中に造られたもの

建築との取合い部分の調査項目

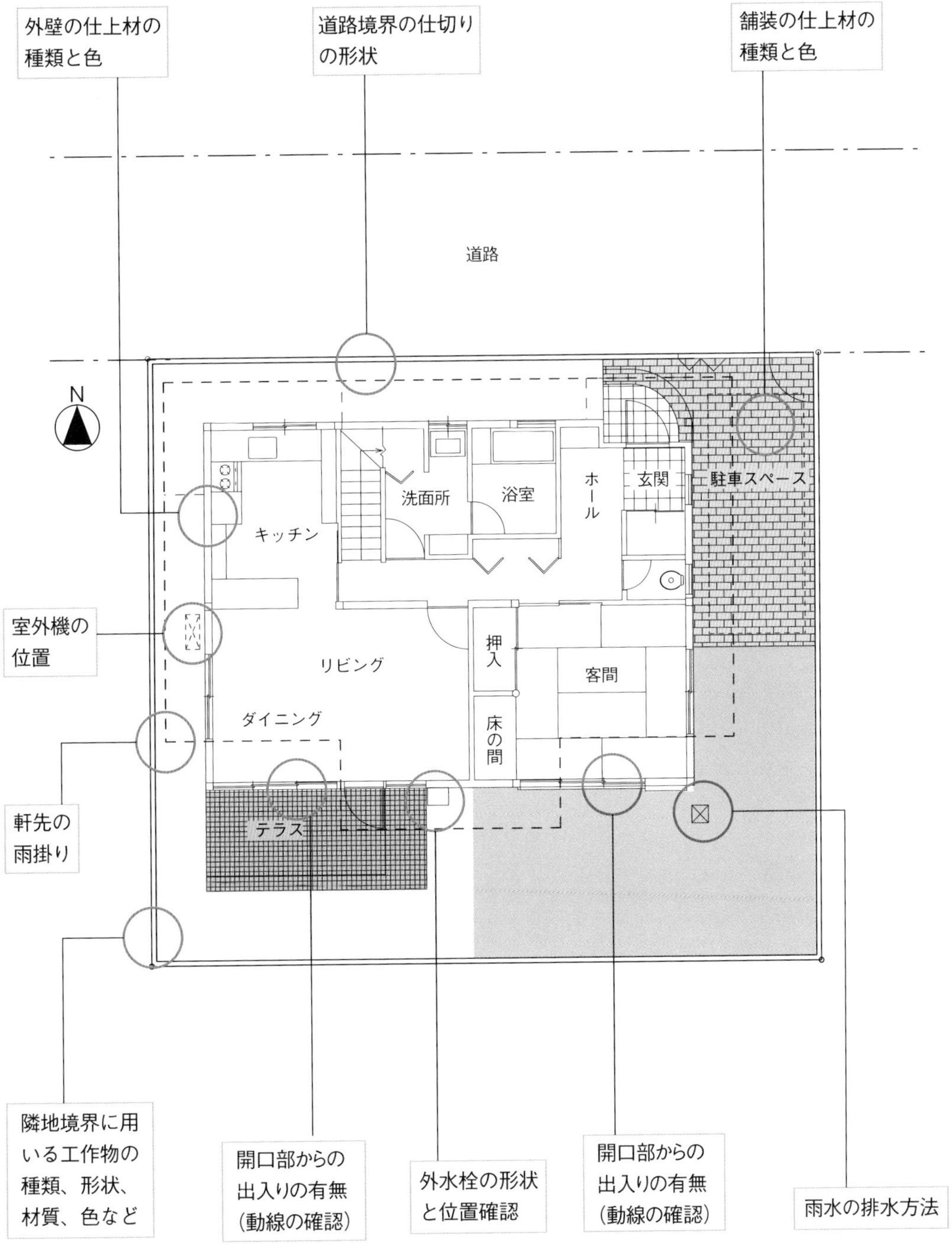

植栽設計では、建築計画との取合いをいかに調整するかが重要になる。
具体的な植栽設計を始める前には最低限、上記の項目を確認すること

配植計画を策定

ポイント

全体のイメージ、各ゾーンの大まかなテーマ、配植イメージの順に固めていく

ゾーニング図の作成

植栽設計は、建築主へのヒアリングから始まる。建築主には、どのようなイメージの庭にしたいかや、日常的にどのような管理方法をとるつもりかなどを確認する。その後で現地調査［20―25頁参照］をして計画地の環境を確認したら、先のヒアリング内容と合わせて配植計画をまとめる。

配植計画では、まず全体のイメージを固め、敷地のゾーニングを行う。建物の平面図を用意し、大きな円を描きながら敷地をいくつかのゾーンに分ける。各ゾーンには、日照条件や「リビングから四季を感じられる」など、その場所にイメージする言葉や、どのような利用のされ方をするかなどを描き込んでいく。

可能ならば、その場所にふさわしい樹木（シンボルツリー）の名前を描き込むと、より具体的なイメージになる。

視線と動線の確認

各ゾーンの大まかなテーマが決まったら、次は図面に視線や動線を描き入れる作業をする。

視線は、室内のどの場所から庭が見えるかを確認するためのものである。さらにこのとき、敷地外からの視線を考慮することも重要だ。たとえば、通行人の目が留まりやすい場所にシンボルツリーを植えると、通行人にとっても、楽しく豊かな庭とすることができるからである。

動線は、庭をどのように人が移動するか、樹木を植えても移動のじゃまにならない場所はどこか、などを確認するために描く。

これらの作業を繰り返し、ある程度の配植イメージを固める。その後、ゾーニング図をもとに建築主と打ち合わせ、双方の意見を調整して、配植図の作成に入る［28―29頁参照］。

ゾーニング図の作成

①植栽の適地を確認するゾーニング例

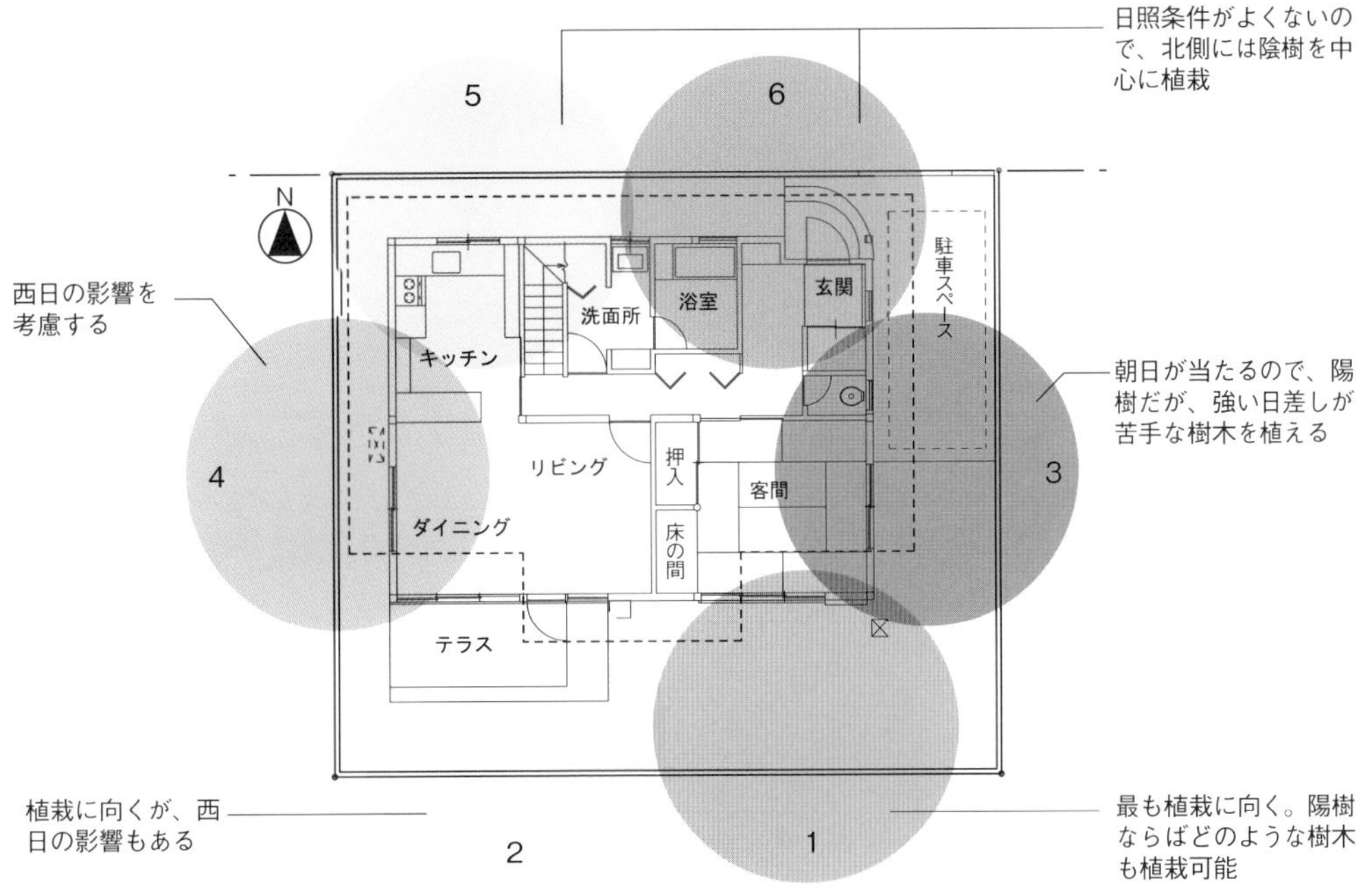

数字の1から順に植栽に適するゾーンを示す

②外構空間に対する用途や視線・動線を考慮したゾーニング例

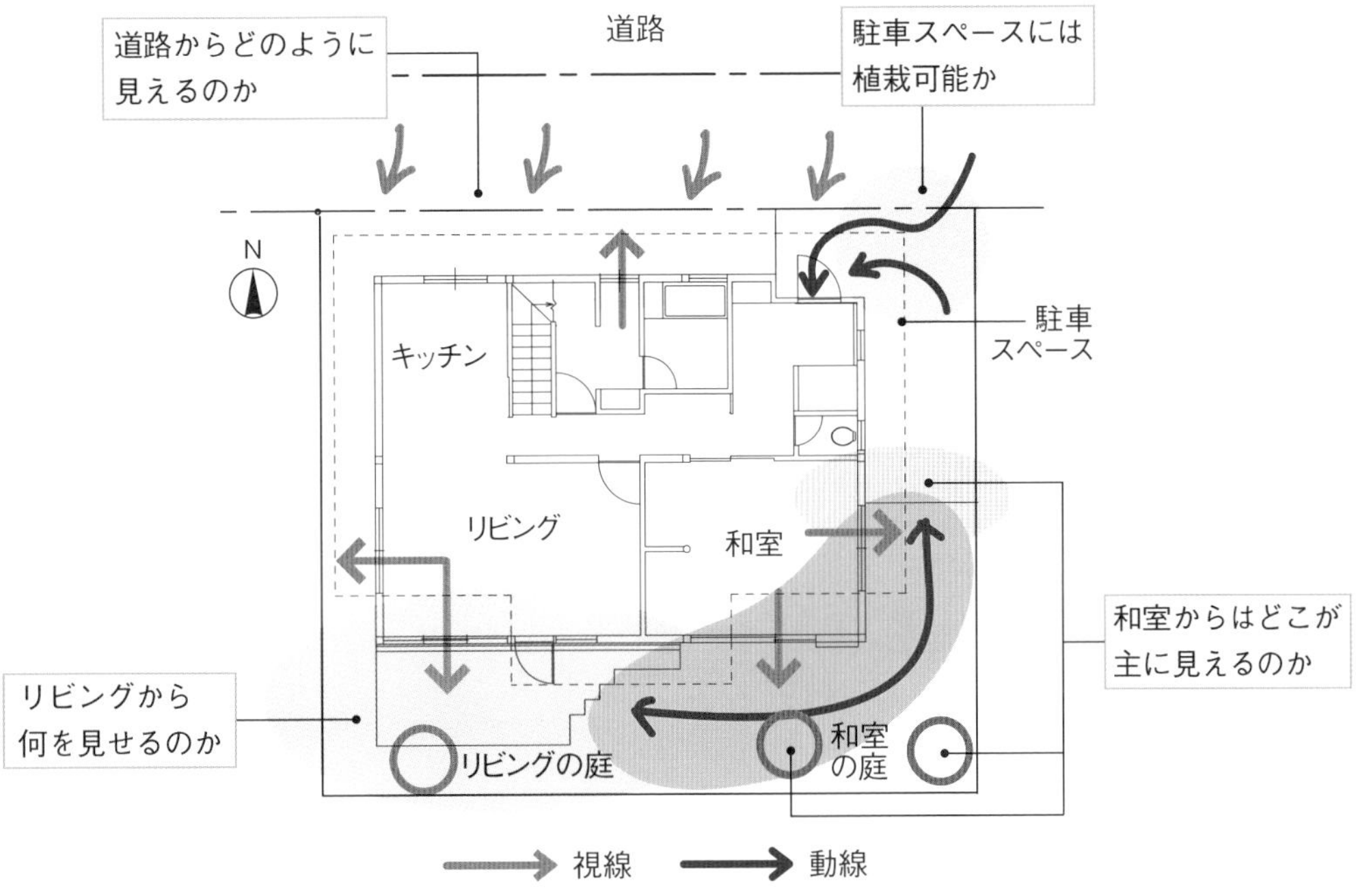

配植図を作成

ポイント

樹木の位置・ボリューム・イメージが伝わりやすいように、配植図を描く

配植図の描き方

建築の平面図は、地面高さ（GL）や床高さ（FL）から1～1.5mくらいの部分の断面を描いたものである。配植図も基本的に同じだが、1～1.5mの高さの断面を描くと、樹木の幹だけということになりかねない。そこで、配植図では、葉の広がり（樹張り）を描き、樹木の位置とボリュームが分かるようにする。

樹木の絵は、樹高によって変える。高木や中木は、幹の位置と葉の広がりを表現する。ツツジやアジサイのような低木の場合、上から見たままの広がりを描く。1株のときは1株分の幅で、数株を寄せて植栽する場合は、植栽範囲の輪郭を描くようにする。葉の細かいものは、葉張りの範囲だけでなく、葉や枝の凸凹を線で表現する。低木よりも低い草類の場合は、低木同様、植栽する範囲の輪郭を描く。草木は葉が目立つものが多いので、直線ではなくギザギザとした線で描く。

落葉樹と常緑樹、針葉樹は、分けて表現することが多い。落葉樹ならば冬に葉を落とした姿を想定し、枝を描くのもよいだろう。常緑樹は葉のボリュームが伝わるようにしっかりとしたラインで、また、葉の濃い緑をイメージしてハッチを描く。針葉樹は葉の尖ったイメージが伝わるように表現する。

スケールで表現を変える

図面の縮尺が1／30～1／100の場合、樹種名（カタカナ表記）の頭文字か頭2文字を、円のなかかその近くに、あるいは引き出し線を使って書き込む。ただし、1／200よりも縮尺が小さい場合には、細かい描き分けはしない。ぱっと伝わるように、単純な線や色で描き、樹種名は記号化して、凡例を設けるとよい。樹木の寸法は、凡例にするか、引き出し線で書き込む。

高木・中木・低木　厳密なルールはないが、高木は樹高2.5m以上、中木は1.5m以上、低木は0.3m以上という区分を用いることが多い

配植図例

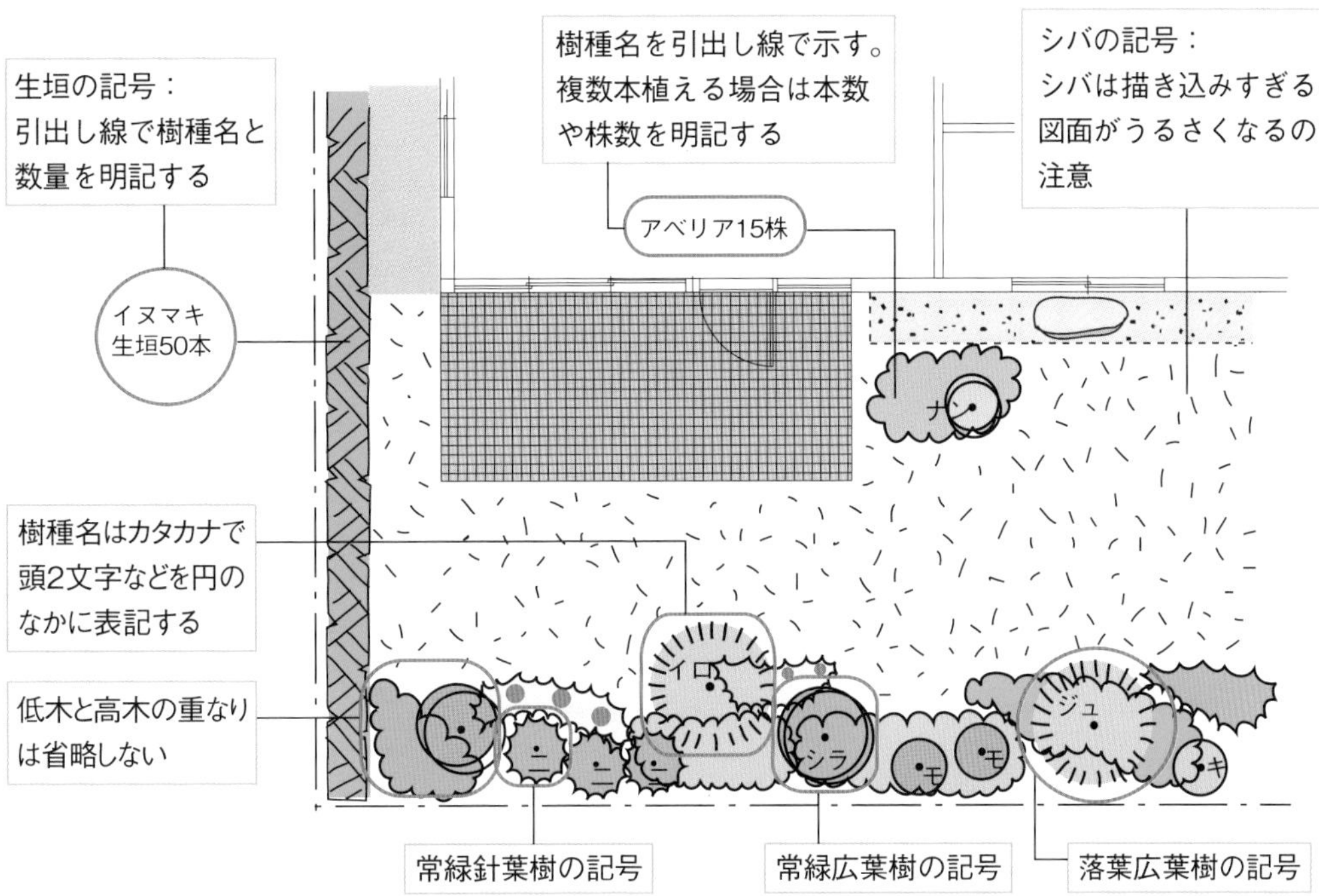

配植図の記号

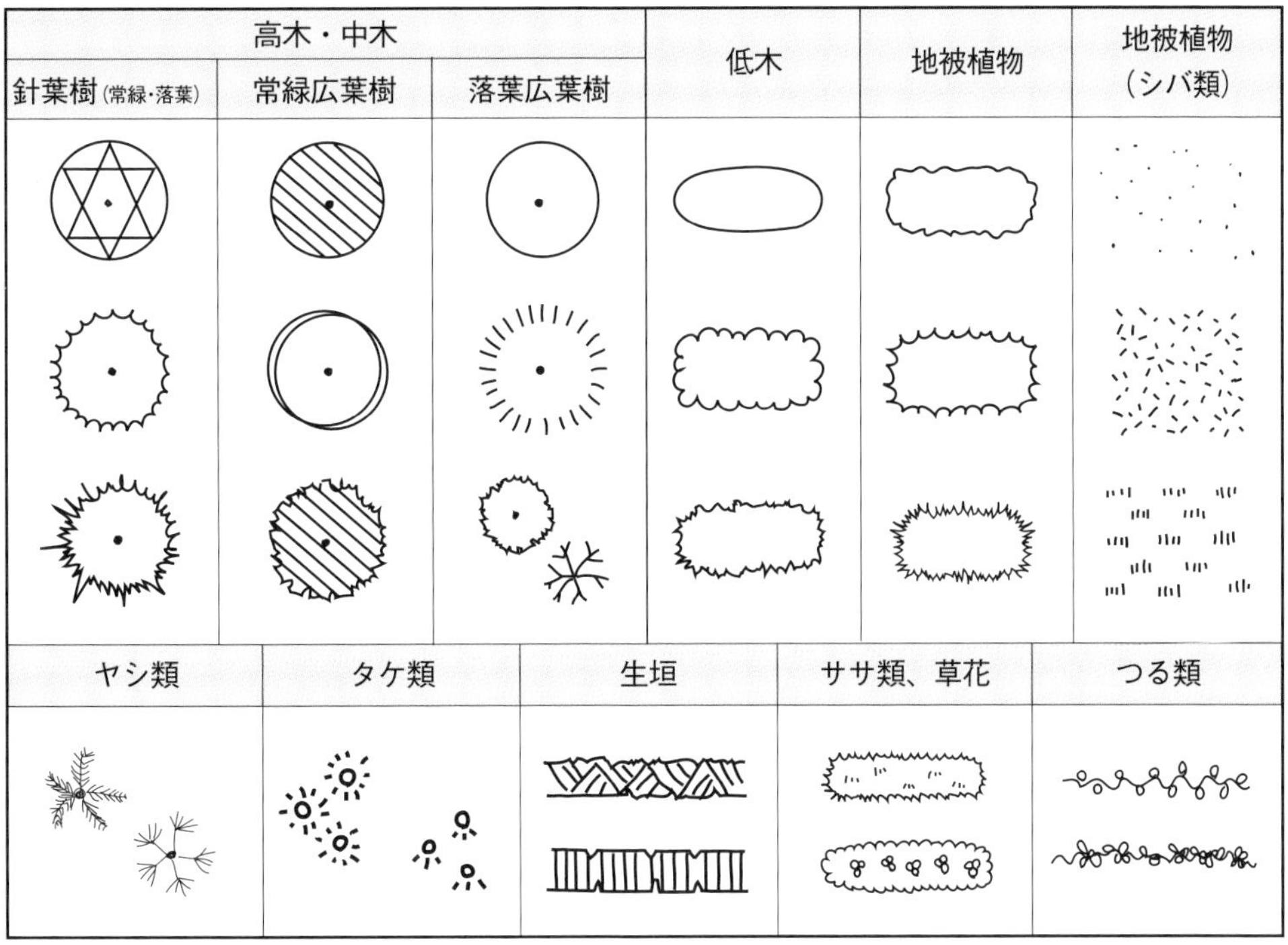

※　上記の記号は一例であり、決まりがあるわけではない。自分に合ったものを組み合わせて使うとよい

植栽にかかわる申請

ポイント

生垣や屋上緑化に助成制度を設ける自治体もあり、緑化申請義務の有無を確認する

緑化計画申請の作成

緑の増強や保全に力を入れている地域では、ある程度の規模の敷地で新築や増改築などを行う場合、敷地や建物上への一定基準以上の緑化を実施することが条例で義務付けられている。このような地域では、建築の設計同様、植栽計画（緑化計画）を公的な機関に申請しなければならない。たとえば、東京都目黒区では、敷地面積が200㎡以上で新築や増改築などを行う場合、緑化計画書を区役所に提出しなければならない（目黒区みどりの条例18条）。

緑化の基準は、各自治体で異なる。敷地面積に対して緑化面積が決まる場合と、敷地面積から建築地面積を引いた空地面積に対して緑化面積が決まる場合などがある。

また、緑化面積だけでなく、樹木の本数も決められていることもある。植栽計画の際には、計画地の自治体に緑化基準があるかを事前に確認する。

敷地内にすでに植えられている樹木に対して伐採を制限する自治体もある。また「保存樹木」と書かれた看板が付いている樹木は、その樹木の保全に自治体が助成金を出している場合がある。いずれの場合も、処遇について事前に自治体に相談する必要がある。

植栽の助成制度

東京都23区のように、生垣の設置を推奨している自治体がある。さらにこのような自治体のなかには、設置に対して助成制度を設けている場合もある。生垣以外にも、屋上緑化を推進している自治体もあるので、植栽計画の際はぜひ確認したい。

書式は自治体によって異なるが、多くは建築工事前に各自治体が用意する書式に従って申請を行う。施工後に報告書をまとめて提出すると、工事費の一部を補助してくれる形式である。

通常業務の流れと緑化申請業務のタイミング

通常の植栽業務

建築確認申請
事前協議を行い、計画地の自治体がどのような緑化基準を定めているかを確認する

↓

建築工事・植栽工事

↓

工事完了

緑化申請業務

緑化計画図作成
現状の写真撮影、既存樹の確認、保存の有無、新しく植栽する樹木の数量、名前、位置図作成

緑化申請のための工事
既存樹木の保存、移植、植栽工事。生垣や屋上緑化の助成を受ける場合は施工写真の撮影

緑化完了届
完成植栽図提出（完成写真・植栽図）、生垣および屋上緑化の助成の申請書類を作成し、提出。自治体によっては現地調査あり

代表的な自治体の緑化条例[※]

自治体	条例名	概　要
東京都	東京における自然の保護と回復に関する条例14条	敷地面積1,000㎡（公共施設は250㎡）を超える場合の新築工事に適応。敷地面積に対し緑化面積や樹木の本数、屋上緑化について規定がある
東京都目黒区	目黒区みどりの条例18条	敷地面積200㎡以上で新築・新設、増改築・増設を行うときは、既存樹木の保全、接道部分の緑化、敷地面積に対する緑化面積の確保が必要
千葉県船橋市	船橋市緑の保存と緑化の推進に関する条例	敷地面積500㎡以上で新築・新設、増改築・増設を行うときは、既存樹木の保全、接道部分の緑化、敷地面積に対する緑化面積の確保が必要

※　ここで挙げた条例は、筆者がよく申請を行う自治体の2021年3月末現在の内容である。このほかにも各自治体によってさまざまな緑化申請の規定がある。申請の有無や最新の内容などは各自治体へ問い合わせのこと

建築確認申請　建築物を建築する場合、事前に建築物の計画書を提出して、計画が建築基準法などの法令に適合しているかどうか建築主事か指定確認検査機関の審査を受けること

TOPICS

BOTANICAL GARDEN GUIDE 1

神代植物公園

神代曙（サクラ）の花。約70種600本のサクラが植えられており、長い期間花を楽しめる

関東の庭木がほとんど見られる

東京都調布市にある都立の公園。園内には約4千800種類、10万株の植物が育つ。

春に咲くサクラは品種が豊富なため、長期間花見を楽しめる。また、三つのエリアで構成されたバラ園では、春から秋まで日本と世界の代表的な品種を見られる。多彩なモミジ類も植栽され、とくに秋の紅葉が見事。武蔵野の雑木林をそのまま残しているエリアもあり、豊富な樹木をつぶさに観察できる。

そのほか、針葉樹のメタセコイアやラクウショウの林、芝生広場のパンパスグラスなどは、庭の植栽ではあまり見ることができないので、植物本来のスケールの大きさを実感することができるだろう。

DATA

住所／東京都調布市深大寺元町5-31-10
電話／042-483-2300
開園時間／9：30～17：00（入園は～16：00）
休園日／毎週月曜日（月曜日が祝日の場合はその翌日）、年末年始（12月29～1月1日）
入園料／一般500円（65歳以上250円）、中学生200円、小学生以下無料

第2章

樹木の基礎知識

樹木の名前

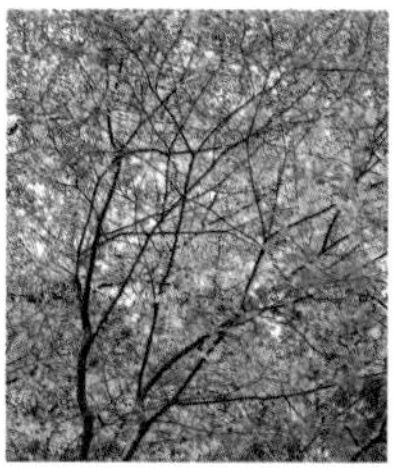

ポイント

樹木は、科・属・種などに分類される。植栽設計では種名（和名）で樹種を特定する

樹木の呼び名はいくつもある

国内で発見されている樹木は、すべて科名・属名・種名の3つに分類され、それぞれの名前をもっている。

科名は花や実、葉などの各部分が似た形をしているものをグループ化したものである。たとえば、ウメとイチゴは、花の形態が似ているため同じバラ科に分類されている。

属名は、科をさらに細かく分類したものである。同じ科名のウメとイチゴでも果実の形態がかなり違うため、ウメはサクラ属、イチゴはイチゴ属というように別の属に分類される。

種名は、植物図鑑の見出しに使われる普通名のことで、その国の呼び名である。日本での呼び名を和名という。植栽設計では、通常、和名を用いる。

このほかに、ラテン語で表記する学名（サイエンスネーム）で呼ばれる世界共通の名前がある。

和名も共通ではない？

近年、外国種の造園樹木の数も増えてきた。これらの多くは和名をもたないため、通常、学名をカタカナ読みにして呼ぶ。地《ち》被《ひ》植物（グランドカバープランツ）でよく使われるヒペリカム・カリシナムなどがその一例である。このほかにも、たとえばクリスマスローズなど、消費者が親しみやすいように樹木の卸業者や園芸業者が独自に呼び名をつけている場合もある。

和名の似た読み方に地方名や業界名がある。たとえば、九州で和風の庭などでよく使うモチノキを発注すると、モチノキより実が小さいクロガネモチが搬入される場合がある。林業ではイヌシデやアカシデをソロ、ハリギリをセンと呼ぶ。普段とは異なる地域で植栽設計を行う場合は、こうした独自の名称が使われ方をしていないかどうかを確認しておくとよい。

地被植物（グランドカバープランツ）　地表面に広がり、緻密に覆うように生育する植物

樹木の分類

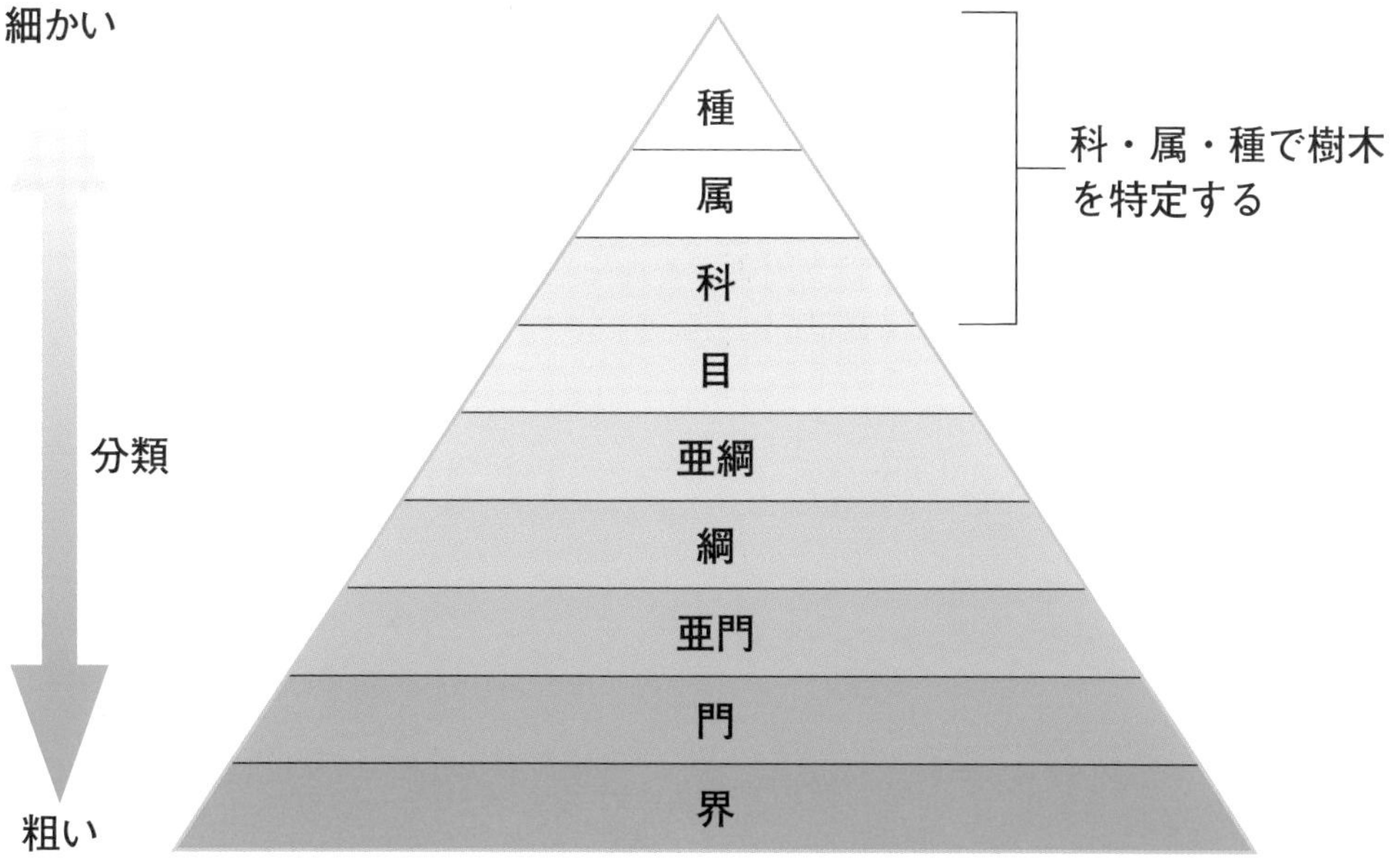

樹木の名前の構成

①普通名（和名）

ケヤキ［欅］

②学名（サイエンスネーム・ラテン語表記）

ULMACEAE	Zelkova	serrata
科名 ニレ科の	属名 ケヤキ属の	種名 細かい鋸歯（きょし）がある

地域名（ケヤキの場合）

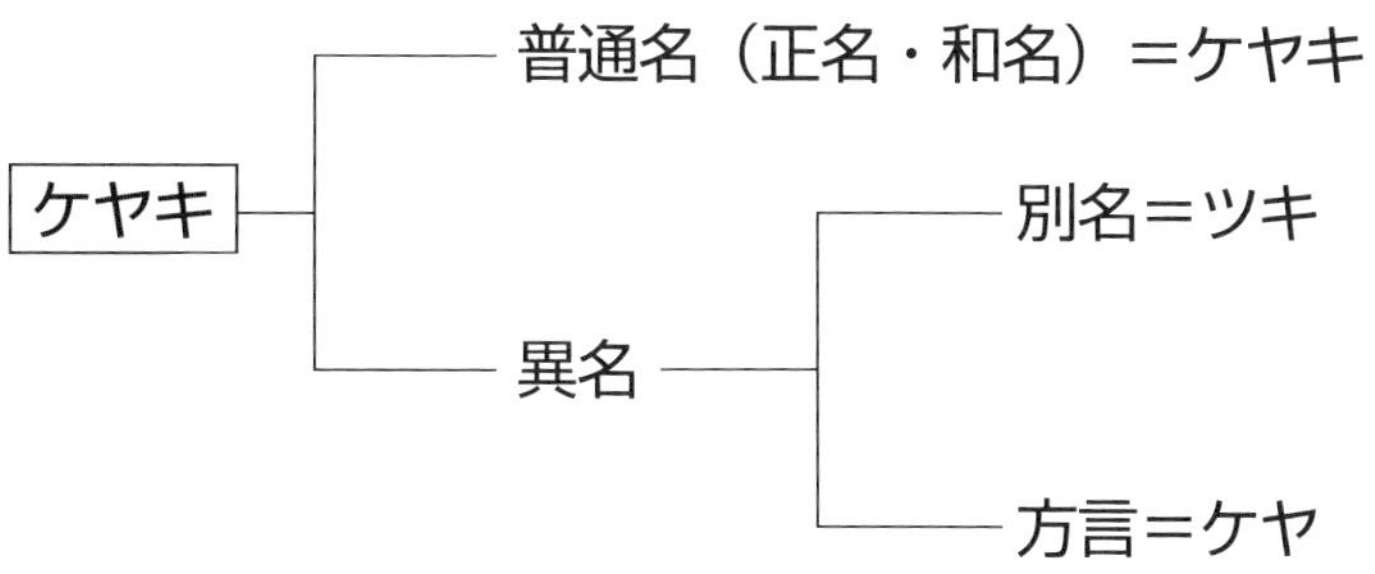

樹木と草の違い

ポイント

幹をもち、生長しつづけるのが樹木。
幹をもたず、数年までに枯れるのが草

樹木と草は何が違う？

植栽における主な植物には、サクラなどの樹木とヤブランなどの草（草本）がある。樹木と草の違いは、幹をもち地上部が生長し続けるのが樹木、幹がなく地上部が1〜2年で枯れるのが草である。

草は、さらに3つに分類できる。発芽・生長し、花を咲かせて実を付け、種ができると地中部や地上部が枯れるのが一年草（二年草）で、多くの草がこれに当たる。長期間にわたり生長することができないため、花壇やプランターなどを用いて植栽するのが一般的である。

ギボウシやユリのように、地上部は枯れるが、地中部の球根や株は何年も残り、そこから増えて生長する草を、球根植物あるいは宿根草《しゅっこんそう》という。

また、リュウノヒゲやヤブランのように、1年中枯れないものを多年草という。宿根草や多年草は、比較的長い期間植栽することが可能なため、地表を覆う地被植物（グランドカバープランツ）として植えられることが多い。

タケは樹木と草の中間

樹木と草の中間のような性質をしているのがタケである。タケは種で増えるのではなく、地下茎を地中に張り巡らし、そこから芽（タケノコ）を伸ばして生長する。生長速度は非常に速く、1年で高さ（樹高）5〜6mくらいになる。1本のタケに着目すると、7年くらいで枯れる。ただし、株全体を見ればいつも地下茎のどこかから新芽（タケノコ）が生長しているため、全体として枯れたように見えない。

タケは中庭などの狭い庭の植栽に向く［82―83、210―211頁参照］。タケを植栽するときは、ほかの樹種と合わせず単独で植えたほうがすっきりする。タケの種類も1種類に限定して使う。

一年草・二年草　一年草は、種を播いて1年以内に開花、結実して枯れる。二年草は、一通りの四季を経た後、翌年に開花、結実し、その年の冬までに枯れる

樹木と草の違い

①樹木

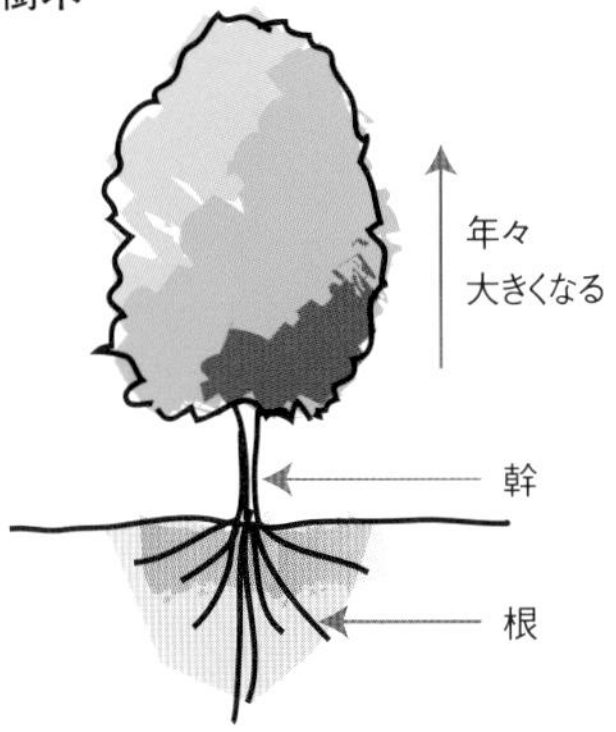

②草（1年草）

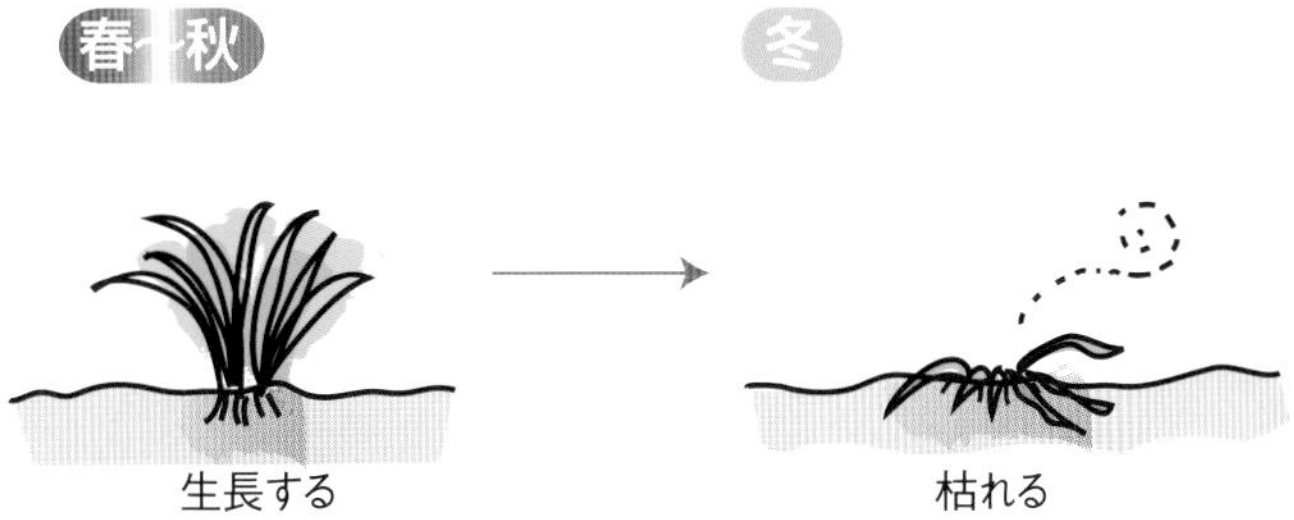

一年草の一生（ヒマワリの場合）

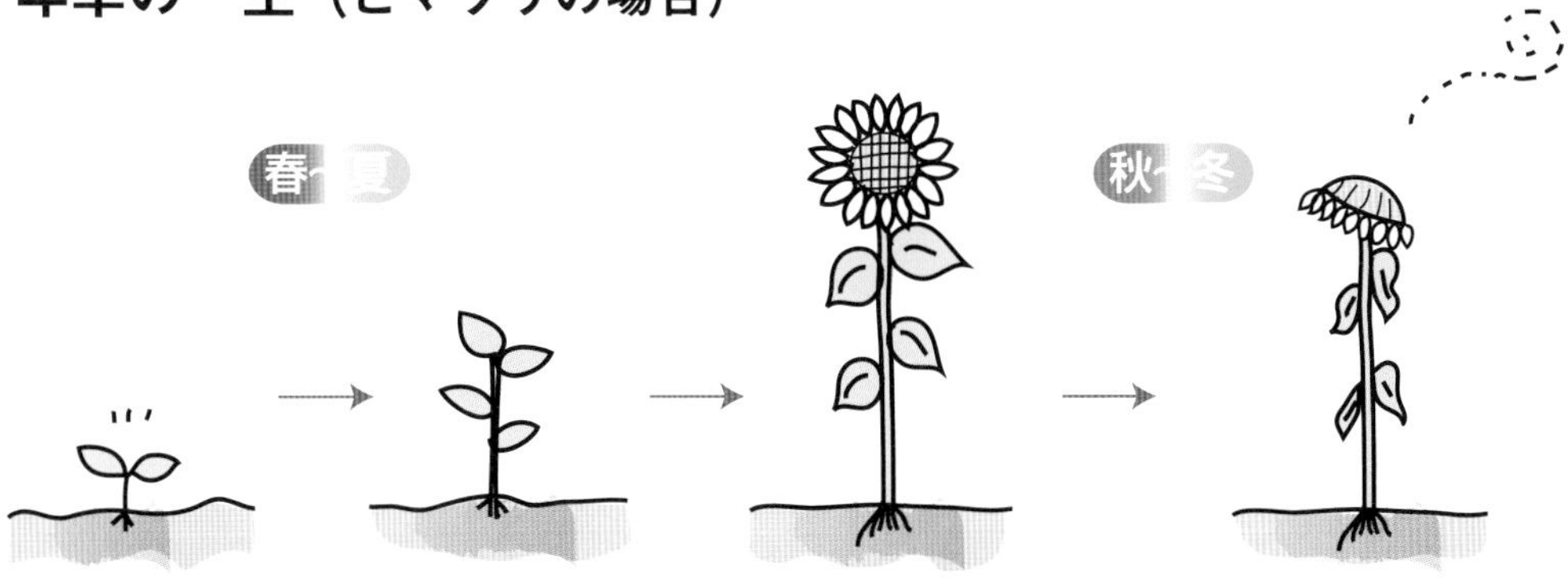

春に芽吹き、初夏にかけて生長する　盛夏に花が咲く　種を付け、根まで枯れる

球根植物（ユリの場合）

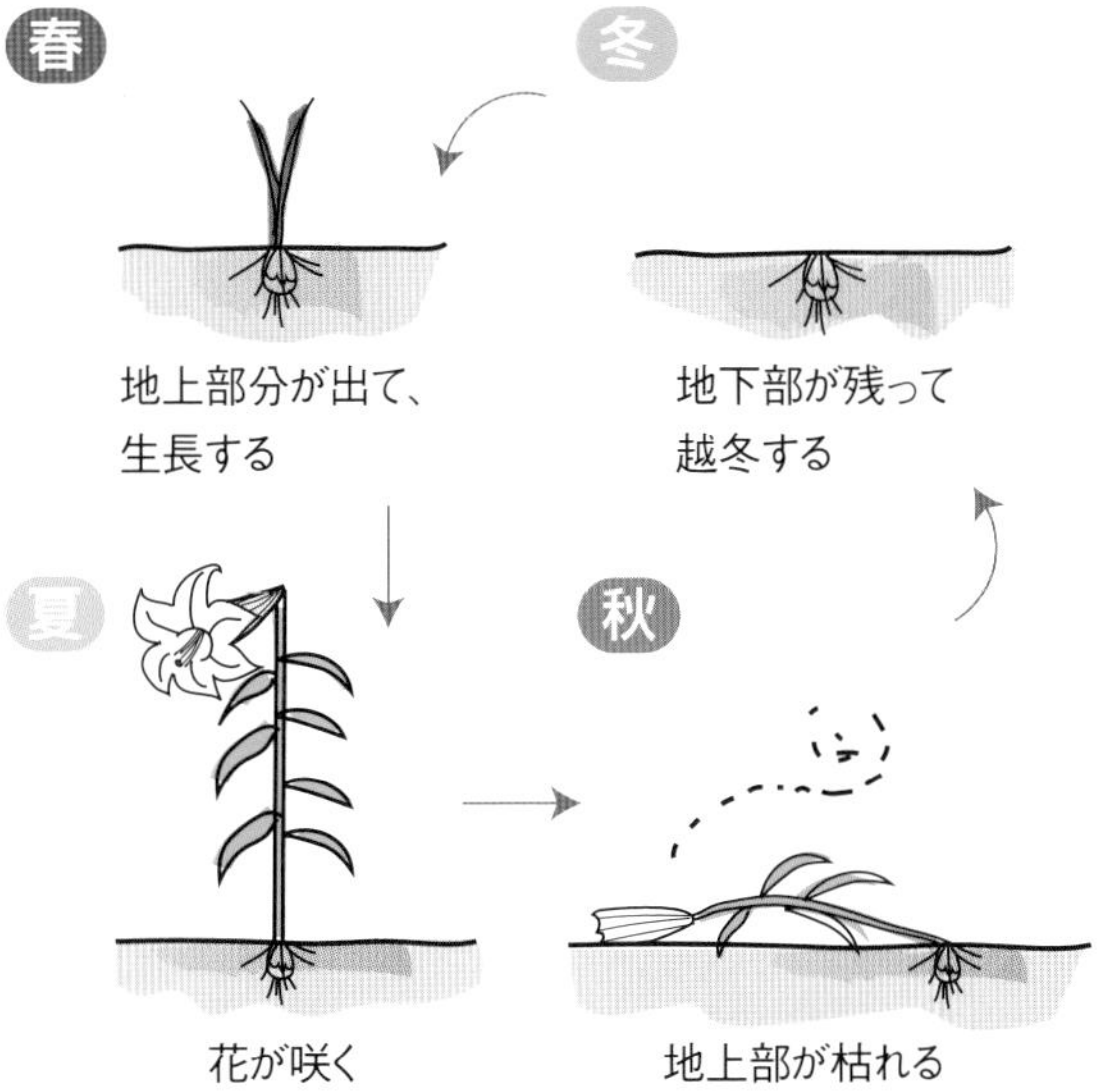

タケの名称

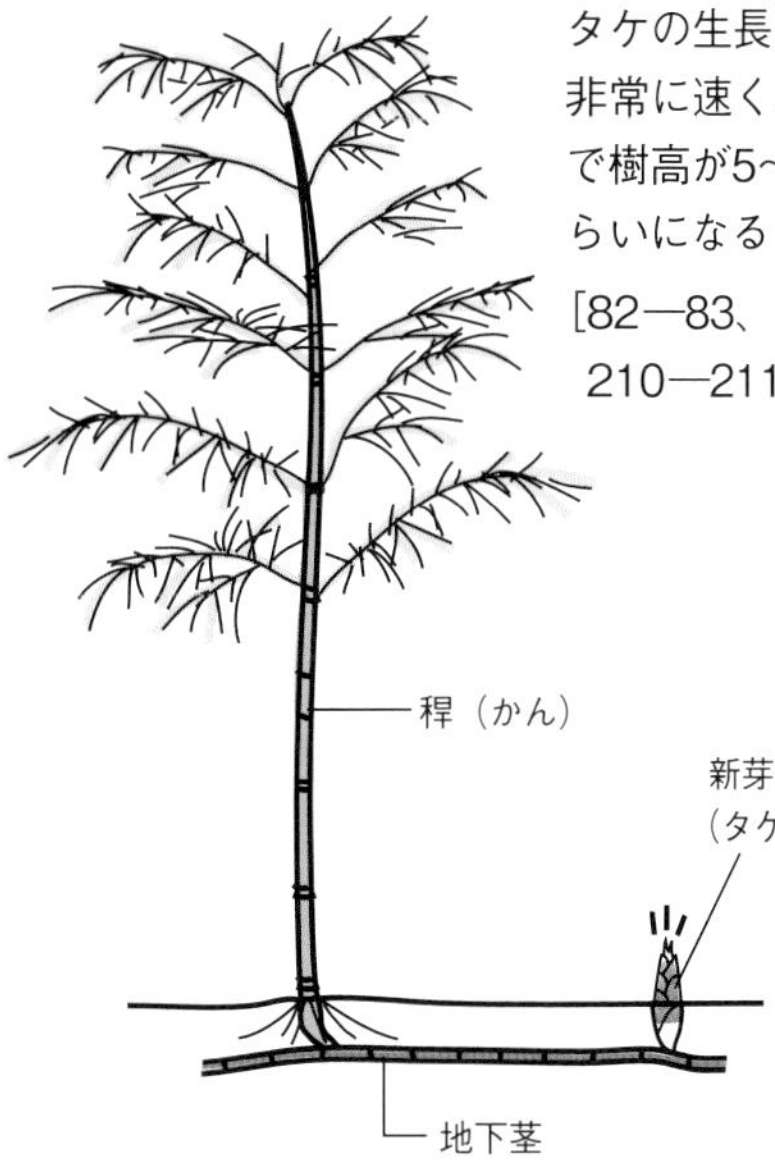

タケの生長速度は非常に速く、１年で樹高が5〜6mくらいになる
[82—83、210—211頁参照]

宿根草　多年草のうち、茎や根が発達したもの。キキョウ、キク、シャクヤク、セキチク、ミヤコワスレ、リンドウ、ハナショウブ、ヒオウギ、ホトトギスなど数多い
多年草　根や地下茎が2年以上生存し、毎年春に茎や葉を出して花を開き、秋までには地上部が枯れる

常緑樹と落葉樹

ポイント

1年中、緑の葉を付けるのが常緑樹。
秋〜冬に紅葉し、葉を落とすのが落葉樹

常緑／落葉の違いとは

樹木は葉の性質から、常緑樹と落葉樹、半落葉樹の3つに分類できる。

常緑樹は、1年を通して葉が茂る樹木で、マツなどの針葉樹やキンモクセイ、ソヨゴなどがある。常緑といっても葉がまったく落ちないわけではなく、1枚の葉に注目すれば、1年から数年で落葉する。

落葉樹は、ソメイヨシノやイロハモミジのように、秋から冬になり気温が下がると葉を落とし、春になり暖かくなると新芽を出すサイクルを繰り返す。ただし、近年の都市部では、**ヒートアイランド現象**の影響で暖冬化が進み、落葉時期が遅くなる傾向にある。

半落葉樹は、気温があまり下がらなければ、落葉せずに常緑のままでいる落葉樹のことで、代表的なものにハナゾノツクバネウツギ（通称アベリア）やヤマツツジなどがある。

常緑／落葉の選択ポイント

樹木を植栽する場合、最初に考えるのが、落葉樹と常緑樹のどちらを選ぶかである。落葉樹と常緑樹のボリュームのバランスで、庭の見え方や管理方法が大きく影響されるからである。

一般的に、常緑樹と比べて落葉樹は、葉が薄い。

そのため、とくに、建物と建物の間など、風が通りやすい場所では葉が乾燥して樹木自体が枯れることもあるので、植栽は避ける。

また、秋に葉を落とすため、掃除の負担を考慮し、本数を決めるとよい。

常緑樹の場合、植栽当初はさほど気にならないが、数年経つとボリュームが、かなり出る。

そのため、建物に近いところや出入口付近への配植は避け、スペースが確保できる場所か塀のすぐ内側に植えたほうが無難である。

ヒートアイランド現象　都市部の気温が、排熱や建造物の蓄熱によって郊外に比べて高くなることをいう。気温が高い地域を地図上で塗りつぶすと陸上に浮かぶ島のように見えることから、「熱の島（ヒートアイランド）」と名付けられた

常緑樹(シラカシの場合)

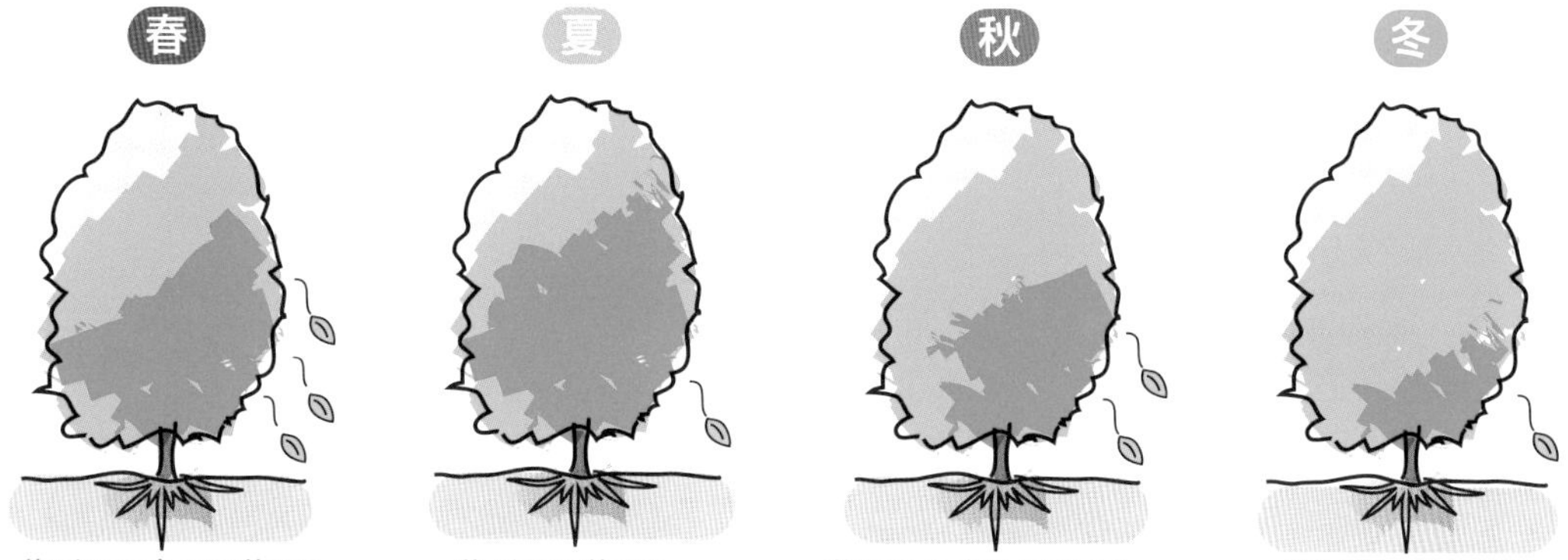

・葉がやや多めに落ちる
・花がひそかに咲いている

・葉がやや落ちる

・葉がやや多めに落ちる
・実(ドングリ)がなる

・葉がやや落ちる

	高木・中木	低木・地被植物
代表的な樹種	アカマツ、アラカシ、イヌマキ、キンモクセイ、クスノキ、クロガネモチ、サカキ、サザンカ、サンゴジュ、シラカシ、スギ、タブノキ、ニオイヒバ、ヒマラヤスギ、モチノキ、モッコク、ヤブツバキ、ヤマモモ	クルメツツジ、サツキツツジ、シャリンバイ、ジンチョウゲ、センリョウ、トベラ、ヒサカキ、フッキソウ、マンリョウ、ヤブコウジ

落葉樹(ソメイヨシノの場合)

・花が咲く
・新芽が出る

・葉が茂る
・実がなる

・紅葉して落葉する

・葉が完全に落ち
幹と枝ばかりの姿となる

	高木・中木	低木・地被植物
代表的な樹種	アキニレ、イチョウ、イヌシデ、イロハモミジ、ウメ、エノキ、カキ、ケヤキ、クヌギ、コナラ、コブシ、サルスベリ、シダレヤナギ、シラカンバ、ソメイヨシノ、ハナミズキ、ヒメリンゴ、ムラサキシキブ、ヤマボウシ	アジサイ、ガクアジサイ、コデマリ、シモツケ、ドウダンツツジ、ニシキギ、ヒュウガミズキ、ヤマブキ、ユキヤナギ、レンギョウ

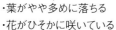

広葉樹と針葉樹

ポイント

一般に葉の幅が広いのが広葉樹、狭いのが針葉樹。ただしイチョウは例外的に針葉樹

広葉樹と針葉樹の違い

広葉樹の葉の多くは、端がとがり、なかほどが膨らんだ楕円形をしている。ソメイヨシノやクスノキ、ツバキ、カキなどが代表的な樹木。モミジやヤツデは、手の形に切れ込みがあるが、広葉樹である。針葉樹とは、マツやスギなど、葉が針のような形をした樹木のことである。

広葉樹と針葉樹の違いは植物学的にもう少し厳密に分類されている。たとえば、広葉樹は被《ひ》子《し》植物、針葉樹は裸《ら》子《し》植物という異なるカテゴリーに属している。イチョウは恐竜時代から存在する非常に珍しい植物で、扇のような形をした葉をもつが、植物学上は裸子植物なので針葉樹である。

広葉樹は葉の表面にはっきりした線（主脈）と、そこから枝分かれする線（側脈）があるが、針葉樹は主脈しかない［43頁参照］。神社などで見かけるナギは、広く尖った楕円形をした葉をもつが、側脈がなく針葉樹である。

広葉／針葉の選択ポイント

植栽する樹木の葉の形状で庭の印象は大きく変わる。したがって、葉の形状による樹木の選択は、植栽デザインを決める重要な要素となる［152－153頁参照］。

広葉樹の葉は、葉が丸みを帯びているものが多く、優しい印象の庭をデザインするのに向いている。

一方、針葉樹の葉は、広葉樹と比べて硬質な印象を与える。また針葉樹には、スギのように、樹木の姿（樹形）が整っているものが少なくない。そのため、コンクリート打放しの建物など、硬質なイメージの建物近くに植栽することで、建物の質感をより強調する役割を果たす。ただし、コノテガシワのように樹形が丸みを帯びているものは、針葉樹でも印象が柔らかくなる。

被子植物　花を付けて種子をつくる顕花植物（種子植物）のなかで、種子となる胚珠が果実となる子房に包まれている植物
裸子植物　顕花植物のなかで、花弁も萼片（がくへん）もなく、種子となる胚珠が花の表面に裸出している植物

広葉樹と針葉樹

①広葉樹

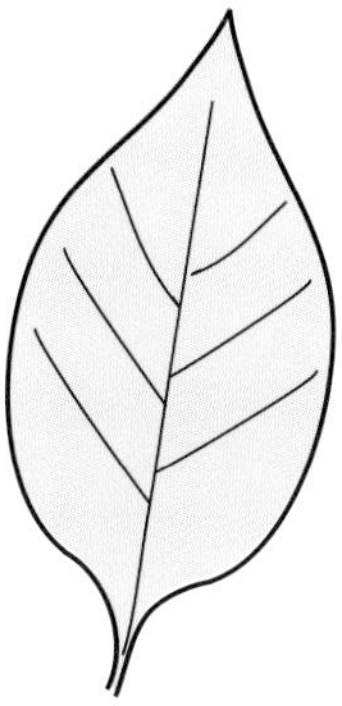

シラカシ
ソメイヨシノ

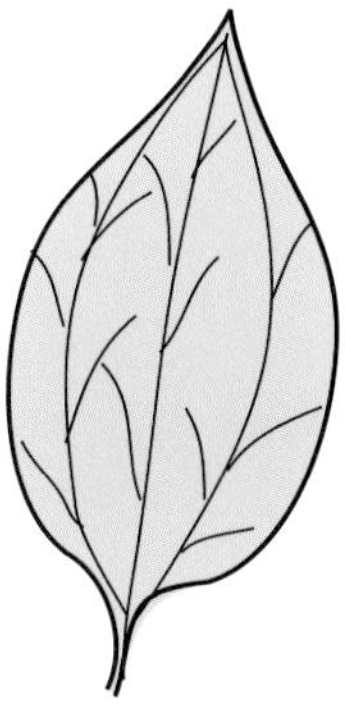

クスノキ
ゲッケイジュ

イロハモミジ
オオモミジ
ヤツデ

②針葉樹

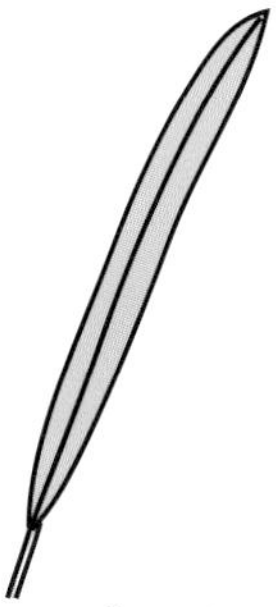

アカマツ
イヌマキ
モミ

ヒノキ
サワラ

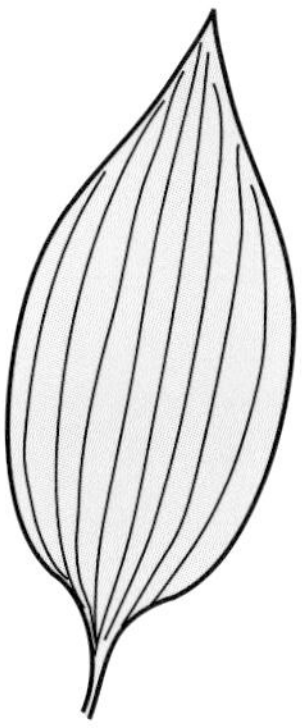

ナギ

それぞれの代表的な樹種

	高木・中木		低木・地被植物	
	常 緑	落 葉	常 緑	落 葉
広葉樹	アラカシ、キョウチクトウ、クスノキ、クロガネモチ、ゲッケイジュ、サザンカ、サンゴジュ、シマトネリコ、シラカシ、ソヨゴ、タブノキ、タイサンボク、タラヨウ、ハイノキ、モチノキ、ヤブツバキ、ヤマモモ	アカシデ、アキニレ、アンズ、イヌシデ、イロハモミジ、ウメ、ケヤキ、クヌギ、コナラ、コバノトネリコ、コブシ、サンシュユ、サルスベリ、シダレヤナギ、ソメイヨシノ、ナツツバキ、ハナカイドウ、ハナミズキ、ヒメシャラ、プラタナス、ヤマザクラ、ヤマボウシ	アオキ、エニシダ、オオムラサキ、キリシマツツジ、クチナシ、クルメツツジ、サカキ、リツキツツジ、シャリンバイ、センリョウ、トベラ、ヒサカキ、ハマヒサカキ、ヒイラギモクセイ、ヒメクチナシ、ヒラドツツジ、ナンテン、マンリョウ、ヤブコウジ、クマザサ、コグマザサ、ヤブラン	アジサイ、ガクアジサイ、クサボケ、コデマリ、コムラサキシキブ、シモツケ、ドウダンツツジ、ニシキギ、ニワウメ、ヒメウツギ、ヒョウガミズキ、ミツバツツジ、ミツマタ、ヤマブキ、ユキヤナギ、レンギョウ
針葉樹	アカマツ、イヌマキ、カイヅカイブキ、クロマツ、スギ、ニオイヒバ、ヒノキ、ヒマラヤスギ、レイランドヒノキ	イチョウ、カラマツ、メタセコイア、ラクウショウ	キャラボク、ハイビャクシン、フィリフェラオーレア	

葉の形態

ポイント

葉の形態にも注目して樹種を選ぶ。特徴的な葉は、植栽デザインのアクセントに活用

多種多様な葉の形態

葉の形状や付き方、大きさは樹種により異なる。特徴的な形態の葉をもつ樹木は、庭のデザインのアクセントになる［152—153頁参照］。

①葉の概形

樹木の葉は楕円形や卵形をはじめ、針形、線形、披針形、倒披針形、長楕円形、倒卵形、へら形、円形、扁円形、腎形、心形、倒心形、菱形など多種多様。形状の違いを植栽デザインに活用すれば、庭の印象は大きく変わる。

楕円形はどのような形の葉にも合う。ハート形や円形は優しく柔らかな印象に、細長い披針形は大きいと幾何学的に、小さいとシャープで軽やかな印象になる。裂形や掌状になると、葉の切れ込みが顕著なものは、それだけで強い印象を与える。

②単葉と複葉

樹木の葉は、1枚の葉で構成される単葉と、複数枚の小さな葉（小葉）で構成される複葉に分類できる。複葉には、掌状複葉、羽状複葉などがある。

③葉の付き方

葉の付き方（葉序）には、シラカシやクスノキのように葉が交互に付く互生、カエデ類のように左右対称に付く対生、風車のように付く輪生、地際から数枚葉が出る叢生（束生）がある。

④葉の大きさ

樹高が低い樹木（低木、潅木《かんぼく》）の葉の大きさは、同じ樹種でも個体差があり、同じ樹木でも葉の付く位置により変わる。植物図鑑では通常、葉の大きさに幅をもたせて記載される。樹高0.3m程度で、生垣などに使うサツキ（サツキツツジ）は全長20㎜、幅5㎜くらいの葉を付ける。樹高20mほどのホオノキは、長さ40㎝、幅15㎝くらいの葉を付ける。ヤシ類やゴムノキ類など、暑い地域の樹木には、1mほどの大きさな葉を付けるものもある。

潅木　低木の意味で用いる。あるいは、樹高が比較的低く、根元から多数の枝が分岐して樹形をつくるものを指す場合もある

葉の形態

①葉の形

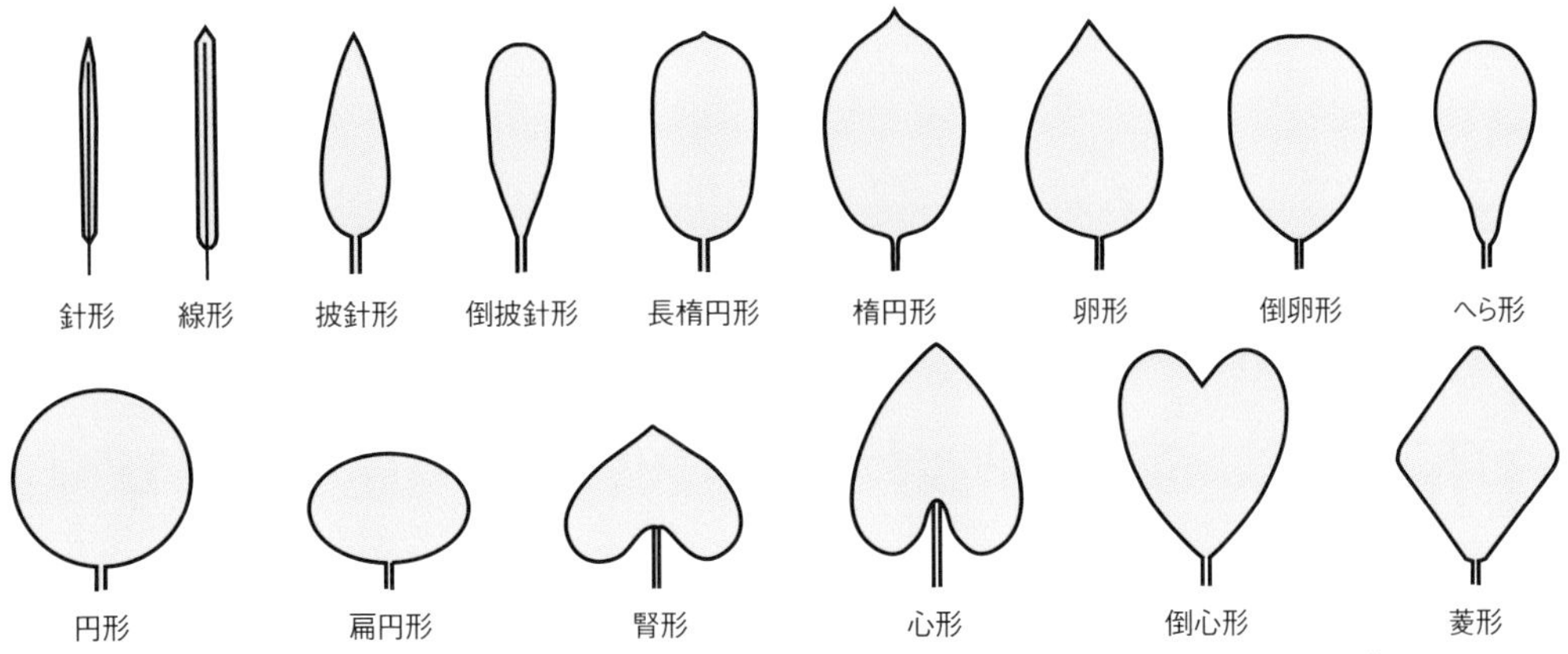

②複葉の種類

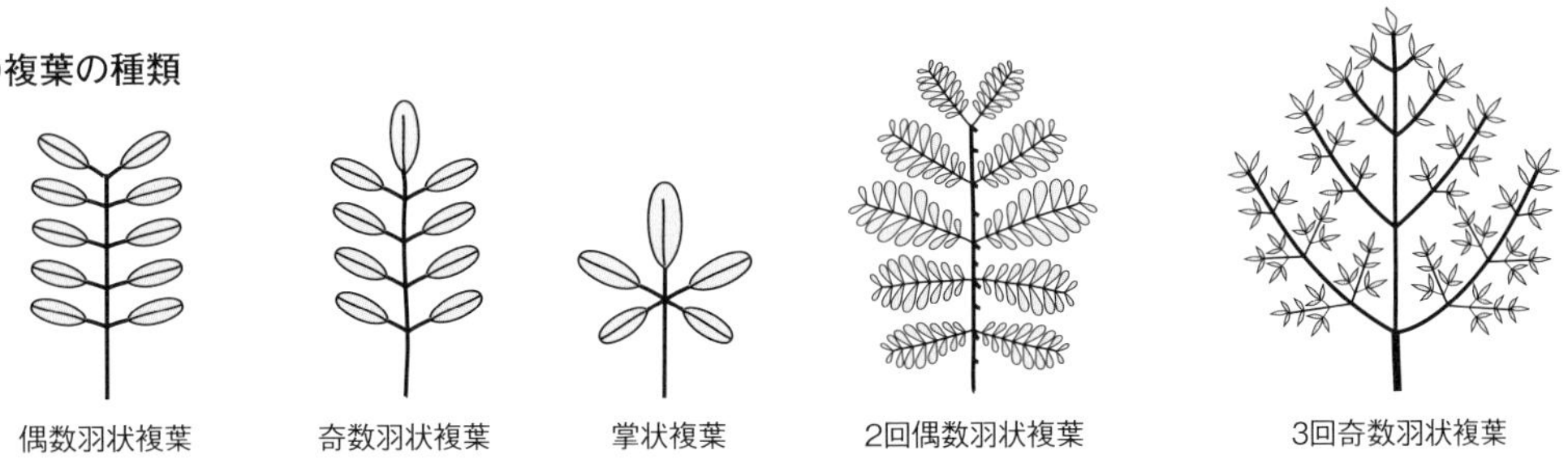

③葉の付き方

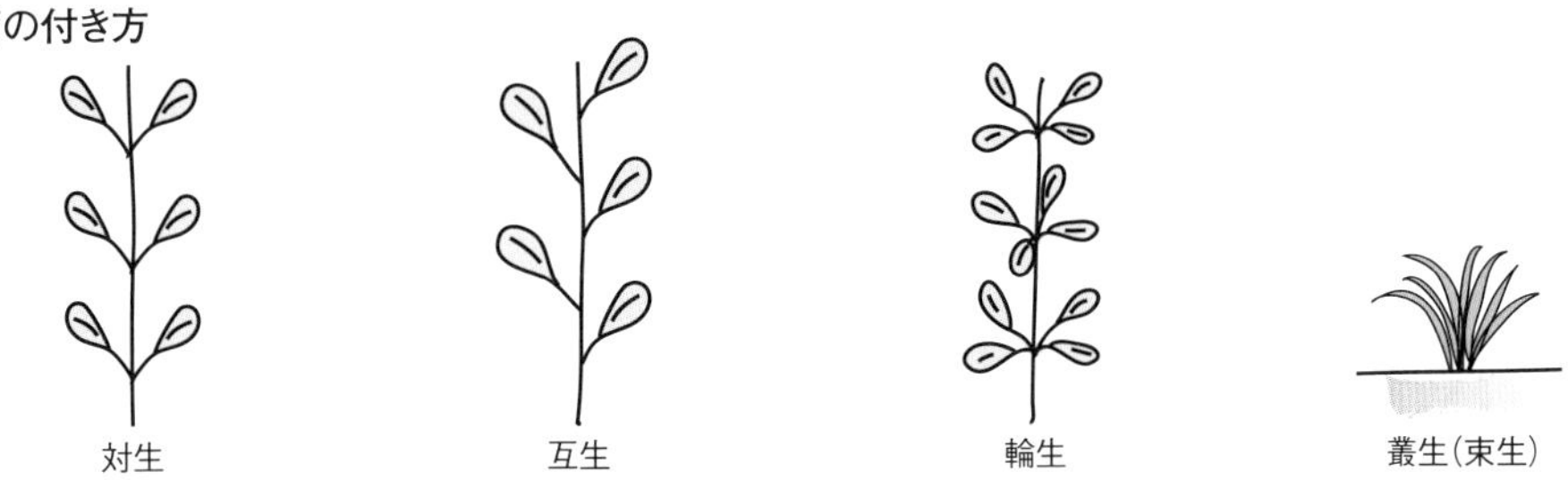

マメ知識

葉の部位

葉のなかを通る筋を葉脈《ようみゃく》といい、葉の中心を走る脈を主脈《しゅみゃく》、そこから分岐している脈を側脈《そくみゃく》（支脈《しみゃく》）という。

葉そのものは葉身《ようしん》という。葉の縁は葉縁《ようえん》と呼び、ギザギザ状の葉縁を鋸歯《きょし》、粗い鋸歯の縁にさらに細かい縁があるものを重鋸歯《じゅうきょし》、鋸歯がないものを全縁《ぜんえん》、縁が波打っているものを波状、鋸歯が不ぞろいのものを欠《けっ》刻《こく》と呼ぶ。

葉を支える軸は葉柄《ようへい》といい、樹種によって長さが異なる。バラ科のように、葉柄の基部に托葉《たくよう》と呼ばれる葉のようなものが付く樹種もある。

葉の名称

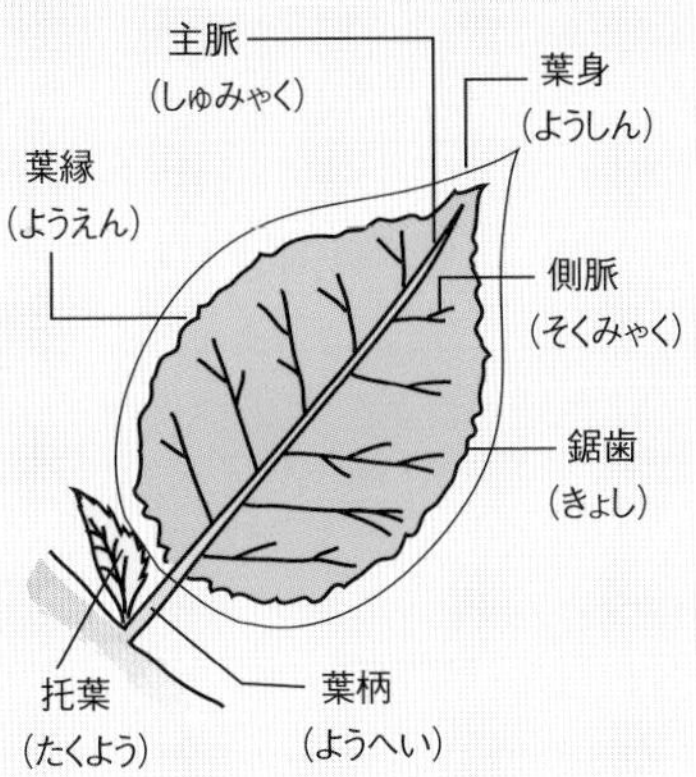

花の形態

ポイント

花木は、花の形状や大きさ、色に注目する。小花でも群れて咲くものは華やぎを与える

花の形態でデザインする

古くより花を観賞するための樹木を花木と呼んだように、植栽デザインにおいては、花は欠かせない要素である［156―163頁参照］。

樹木の花は、花びら（花弁）の付き方で一重と八重に分けられる。一重の花は原種に近く、本来の姿といってよい。ソメイヨシノなどがこれにあたる。一方、八重は、突然変異や園芸品種として改良されたものが多い。一重の花と比べて八重のほうが、花びらが多く派手で豪華に見える。代表的なものにヤエザクラのカンザンなどがある。

花びらの形は樹種によってさまざまだが、ウメやサクラのように丸いものと、マーガレットのように細長いものの2つにタイプに大別できる。サルスベリの花は花びらの先がフリル状になって、とても派手な印象を与える珍しいものもある。

大きさから考えるデザイン

大きな花は一輪咲いているだけで、庭を華やかな印象に変えることができる。大きな花を付ける樹木では、バラやツバキ、熱帯ならばハイビスカスなどが庭木として植栽できる。大きな葉で紹介したホオノキも25㎝くらいの大輪の花を付ける。

花が大きいとそれを支える茎は折れやすくなるので、風のよく通る場所に植栽する場合は支柱などを添えたほうがよい。

小さな花でも、目立つ色の花をいっせいに咲かせる樹木は、花木として利用することができる。

また、花の付き方（花序）が特徴的な樹木を選ぶのもよいだろう。ユキヤナギやピラカンサは、1つの花は小さいが、群れて咲き、かたまりで花と感じられるため、花木として植栽デザインに生かすことができる。

原種　品種改良される以前の原型となる種
突然変異　遺伝子の変化や染色体の異常により、親と異なる遺伝形質が突発的に出現し、次世代に伝わること

花序の種類

①総穂花序《そうすいかじょ》：軸の下方や外側から開花する

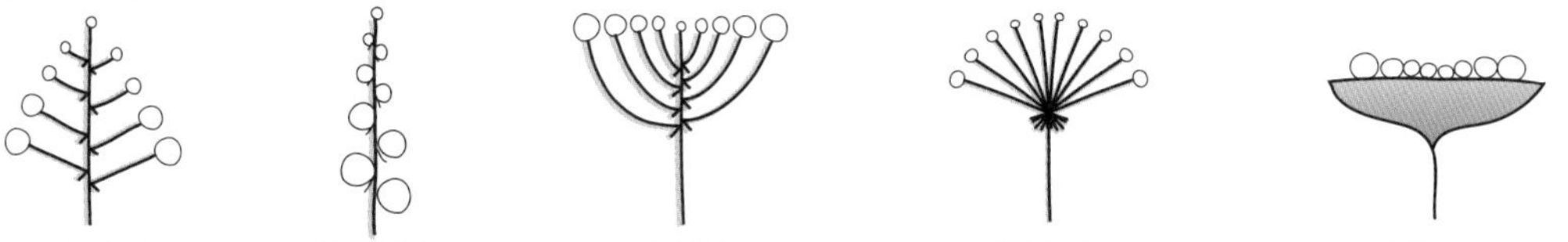

総状花序	穂状花序	散房花序	散形花序	頭状花序
フジ	センリョウ	エゴノキ	サンシュユ	タンポポ

②集散花序《しゅうさんかじょ》：軸の先端から側枝の先端の順に開花する

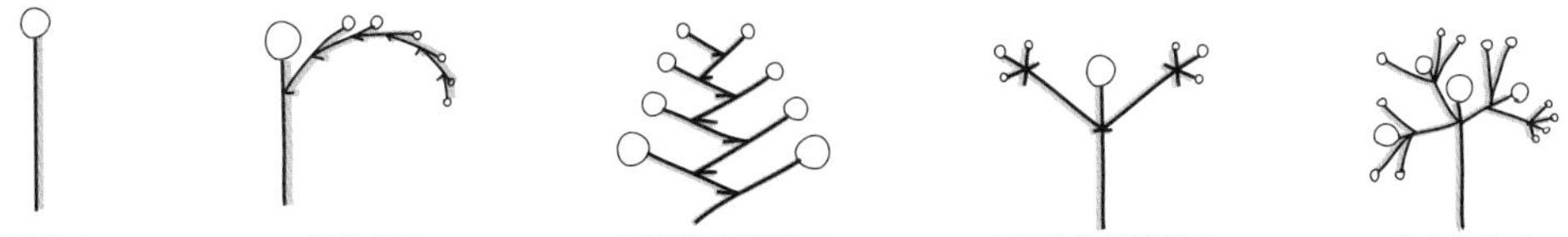

単頂花序	巻散花序	扇形（互散）花序	2出散（岐散）花序	多出散花序
ツバキ	ワスレナグサ	ゴクラクチョウ	オミナエシ	アジサイ

③複合花序《ふくごうかじょ》：同じ種類や異なる種類の花の付き方が集まったもの

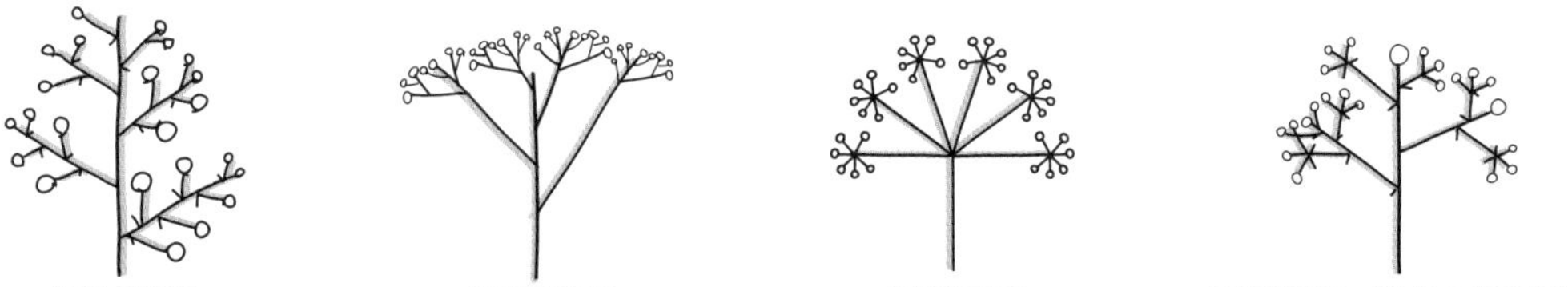

複総状花序	複散房花序	複散形花序	複集散花序（総状の集散花序）
ナンテン	カナメモチ	シシウド	ソメイヨシノ

花序が特徴的な花の例

ユキヤナギ
（散形花序）

ピラカンサ
（散房花序）

ザイフリボク
（総状花序）

サルスベリ
（複合花序のひとつ円錐花序）

花の名称

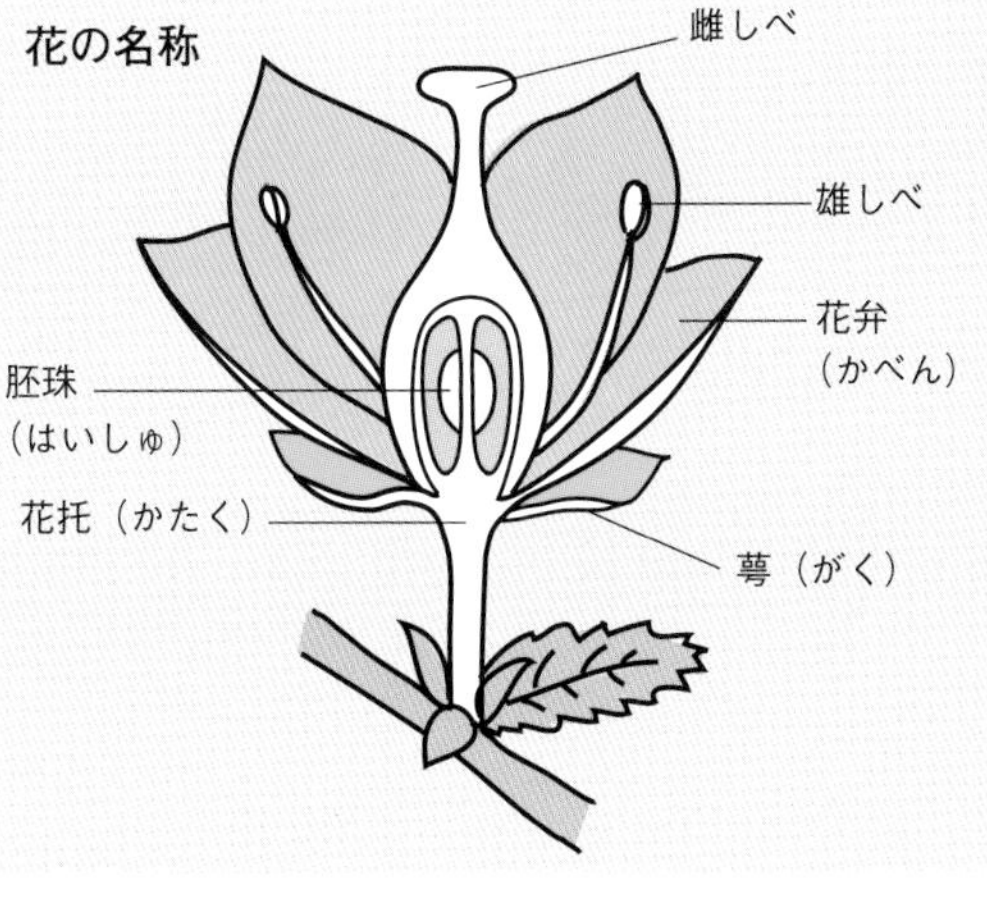

マメ知識

花の部位

花の構成は科や属によってかなり違いがある。一般的には、中心に雌しべがあり、その周りに雄しべ、花弁《かべん》、その下に萼《がく》が付いている。種類によっては雄花、雌花といって雄しべか雌しべのどちらか片方しかない場合もある。また、チューリップは萼がなく、代わりに萼と花弁が一緒になった花被《かひ》をもつ。ラン類も種類によって花弁、萼、苞葉《ほうよう》が独特な形に発達する。

園芸品種　花や実の色や大きさ、開花時期など、さまざまな園芸目的に合わせて改良・育種した植物

幹の形態

ポイント

幹の形態は、主幹の生長によって、「直幹形」「分岐形」「株立ち」「曲幹」に分かれる

株立ちと曲幹

樹木の全体的な見え方（樹形）は、1本の中心となる幹（主幹）と枝張りで決まる（※）。

多くの樹木は、主幹がまっすぐに生長する「直幹形」。ただし、主幹が数多く分かれる「分岐形」、主幹が複数本出る「株立ち」や、主幹の生長の方向が定まらない「曲幹」もある。幹の形態を植栽デザインに取り込むことで、個性的な庭をつくることができる。

①株立ち

株立ちは根際から数本に分かれて幹が出ているもので、庭木でよく使われる樹木では、エゴノキやナツツバキ、ヒメシャラ、ヤマボウシなどがある。株を10本以上多くしているものを造園用語では武者立ちともいう。株立ちは、ボリュームがあるが、1本の幹は細く軽やかな感じがするので、狭い空間などで利用しても圧迫感が少ない。

②曲幹

主幹が一定方向でなく、四方に揺れるように生長する樹木を曲幹と呼ぶ。マツやサルスベリなどがその代表的な樹種である。曲幹の樹木を植栽する場合は、形状の面白さが際立つよう、根元などに木を植えず、背景は葉色の濃い常緑樹で生垣をつくるとよい。

テクスチュアを利用する

葉や花と比べて目立たないが、幹のテクスチュアも庭のデザインに生かすことができる［168－169頁参照］。

葉や花のように色彩的な要素として幹肌を利用できる樹木に、アオキ（緑色）やサンゴミズキ（赤色）などがある。サルスベリやヒメシャラは、幹にツヤがありオブジェのような印象を与える。カゴノキやモミジバスズカケノキ（プラタナス）は、視線に配慮すれば、幹の斑模様をデザイン要素として利用することも可能だろう。

※針葉樹の多くは、まっすぐ伸びる幹から整然と枝が出て、円錐形の樹形になる。広葉樹の場合は、葉にできるだけ光が当たるように、枝の伸びる方向や長さは不規則になることが多い

幹の形態

直幹
(シラカンバ)

曲幹
(サルスベリ)

株立ち(ヒメシャラ)

マメ知識 株立ちはどうしてできるの?

　自然に株立ちとなる樹種もあるが、伐採や落雷で地上部が枯れることで残った根の脇から、数本幹が吹いて株立ちとなる場合がある。

　伐採などで株立ちになった樹木は、自然に株立ちになった樹木よりも大きく生長する。カツラ、ケヤキ、クヌギ、シラカシなどは、自然には株立ちにならないため、ほとんどがこのタイプだと考えてよい。

　株立ちは幹が多くて根が広く張るため、重量があり、運送・施工に手間がかかる。同じ樹種の1本ものと比較すると、コスト高になる場合もある。

株立ちとなったケヤキ

樹形の5タイプ

ポイント

枝葉を広げた姿を樹形という。楕円形・丸形・円錐形・盃形・乱形の5つが基本形

樹形と植栽のポイント

枝葉を広げた全体の姿を樹形という。自然樹形は樹種や樹齢によって多種多様だが、大別すると楕円形・丸形・円錐形・盃形・乱形の5つに分かれる。将来の樹形を考慮して樹種を選ぶ。

①楕円形

ヤマモモやモッコク、クロガネモチなどの常緑広葉樹や、カツラ、コブシなどの落葉広葉樹で多く見られる樹形。枝張りがあまり広がらないため、玄関周辺などスペースが限られた場所でも植栽できる。

②丸形

イロハモミジやエノキ、サクラ類などの落葉広葉樹に多く見られる樹形。枝張りが大きくなる樹種が多いため、植栽する場合はある程度広いスペースが必要となる。ただし、ハナミズキのようにあまり高くならない樹種は、枝張りも広がらないので狭い場所でも植栽可能である。

③円錐形

コウヤマキやスギなど、針葉樹に多い樹形。生長した樹木では、樹高の1／3程度の葉張りになる。この樹形をとる樹種は樹高が大きくなるものが多いので、注意して植栽場所を選ぶ。

④盃形

ほうきを逆にしたような形にも見えるため、ほうき形とも呼ばれる。代表的な樹種はケヤキで、そのままの樹形が美しいのであまり剪定《せんてい》せず、なるべく広い場所に植栽する。

⑤乱形

幹の成長する方向が定まらず、樹形が乱れる樹種がある。アジサイ、イヌコリヤナギ、シコンノボタンやブッドレアなど、通常は枝が柔らかい樹種に多い樹形だが、ウバメガシなど、枝が硬い樹種でも見られる。葉の密についた常緑樹などを背後に配置すると形が強調される。

自然樹形　樹木に本来備わっている形態

樹形のタイプと植栽のポイント

	楕円形	丸形	円錐形	盃形	乱形
樹　形	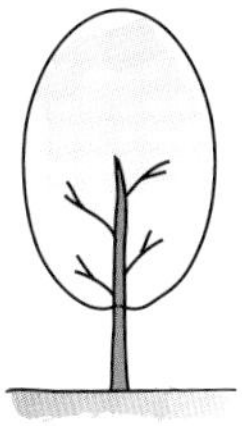	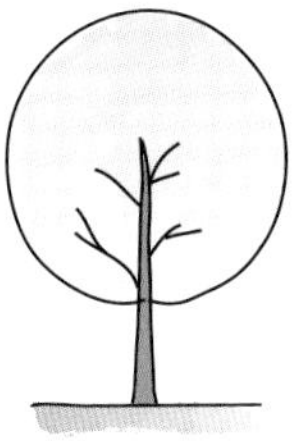		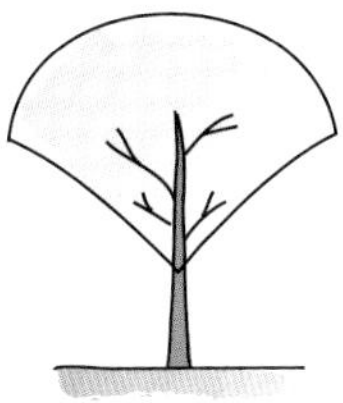	
植栽のポイント	横に広がらないので、やや狭いところに植栽できる	高さと同じくらい、あるいはそれ以上広がるので、大きな空間を確保すること。木の下は日陰になるので、耐陰性のあるもので植栽する	手入れはほとんど必要ない。この形を維持できるため、管理の回数を抑えたいときに便利。狭い空間でもすっきり見せることができる	丸型タイプより広がるので、かなり大きな空間を確保すると特徴を生かせる。緑陰空間が十分に確保できるため、木陰の休憩スペースをつくるときに最適	単独樹で植栽するとまとまらないため、一方を見るように壁際に配置するか、数本まとめて置くようにする
代表的な樹種	キンモクセイ、クロガネモチ、モッコク、ヤマモモ、カツラ、コブシ、サザンカ、ポプラ、ヤブツバキ  キンモクセイ  クロガネモチ  モッコク  ヤマモモ	クスノキ、シラカシ、イロハモミジ、エノキ、サクラ類、ハナミズキ  クスノキ  イロハモミジ  ヤマザクラ	コウヤマキ、スギ、ヒマラヤスギ、ラカンマキ 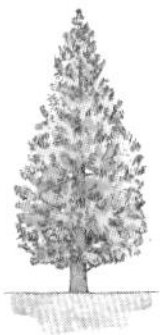 コウヤマキ  スギ  ヒマラヤスギ  ラカンマキ	アキニレ、ケヤキ  ケヤキ	ウバメガシ、キョウチクトウ、アジサイ、イヌコリヤナギ、シコンノボタン、ブッドレア  ウバメガシ  キョウチクトウ  アジサイ

樹木の寸法

ポイント

樹木の寸法は、樹高・枝張り・幹回りで計測する。植栽設計には植栽時の寸法を用いる

樹木の寸法の測り方

市場で流通する樹木の寸法は、高さ、枝張り（枝幅）、幹回りで表現されている。高さは、根元から幹の先端（樹冠）までの寸法を指す。枝張りは、枝の左右幅を平均した寸法である。幹回りは、根元から1.2ｍの高さの位置の幹の周長を指す。株立ちの幹回りは、それぞれの幹の周長を足し、0.7を乗じた寸法とする。最も低い枝（枝下）が1.2ｍない低木は、幹回りの寸法を測らない。地被植物は苗で流通しているのでポットサイズ（鉢の直径）で表す。

卸業者とのやりとりや、植栽図の作成には、これらの方法で算出した数字を使用する。

ケヤキも低木？

植物図鑑を見ると、実際の高さ寸法以外に、高木や低木などの用語が樹木の高さ（樹高）の分類（※）に使われることがある。これらの分類に厳密なルールはないが、植栽設計では高木（樹高2.5ｍ以上）、中木（同1.5ｍ以上）、低木（同0.3ｍ以上）、という区分を用いることが多い。

植栽設計における分類では、生長時でなく、植栽時の高さが用いられる。生長時の樹高が20ｍ以上のケヤキも、苗木を植栽する場合は低木扱いとなる。

生長した寸法をみると、ほとんどの樹木が高木か低木に分類されるが、住宅鑑賞用には中木程度がちょうどよいとされる。日本では、造園技術としての剪定《せんてい》が非常に発達しているため、樹高をある程度抑えることはできる。ただし、アジサイやムクゲなど生長の早い樹木では、頻繁に剪定しなければならず、植栽工事後の管理にどれだけの手間をかけられるかが重要になる。

頻繁な管理が難しい場合は、あまり大きくならない樹木や、生長の遅い樹木を植栽するべきである。

※同じ樹種でも個体差があり、明確に分類することは難しい。中木～高木をまとめ、中木・高木とする場合もある

樹木の流通寸法の測り方

①1本立ち

②株立ち

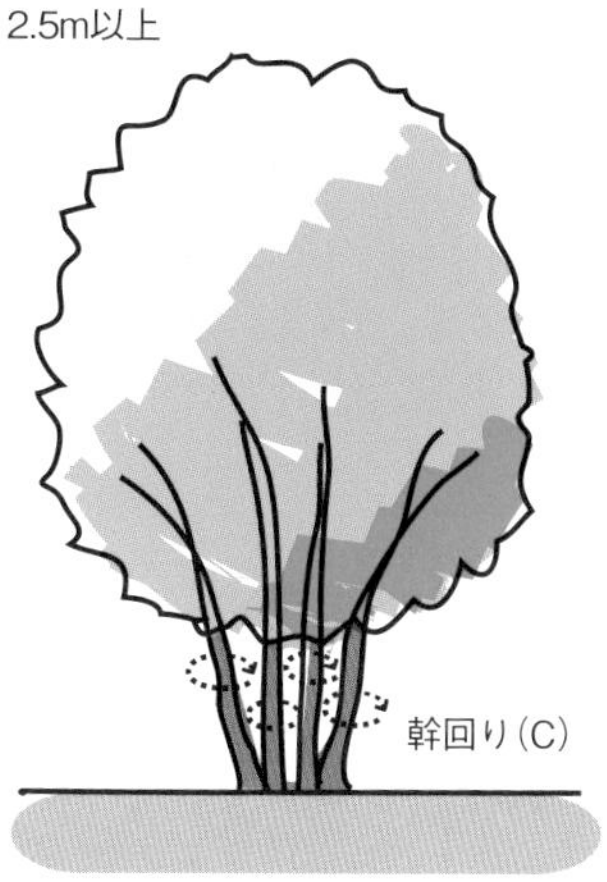

すべての幹の周長を足して0.7を乗じた値を、その樹木の幹回りの寸法として扱う。樹高、枝張りの測り方は1本立ちと同じ

③低木

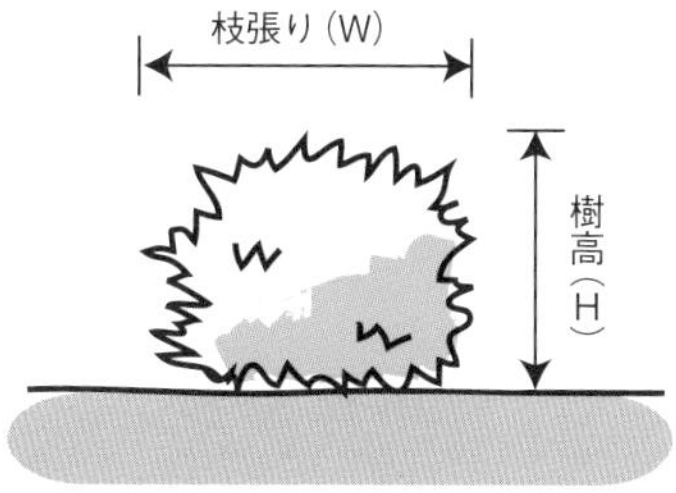

幹回りが10cm以下ならば、流通上、幹回りを表記しない

④ポット（鉢）

ポットで流通しているものは、ポットの直径でやりとりする

一般的なポットの寸法	
9号	9cm（3寸）
10.5号	10.5cm（3寸5分）
12号	12cm（4寸）
15号	15cm（5寸）

樹木の高さの分類

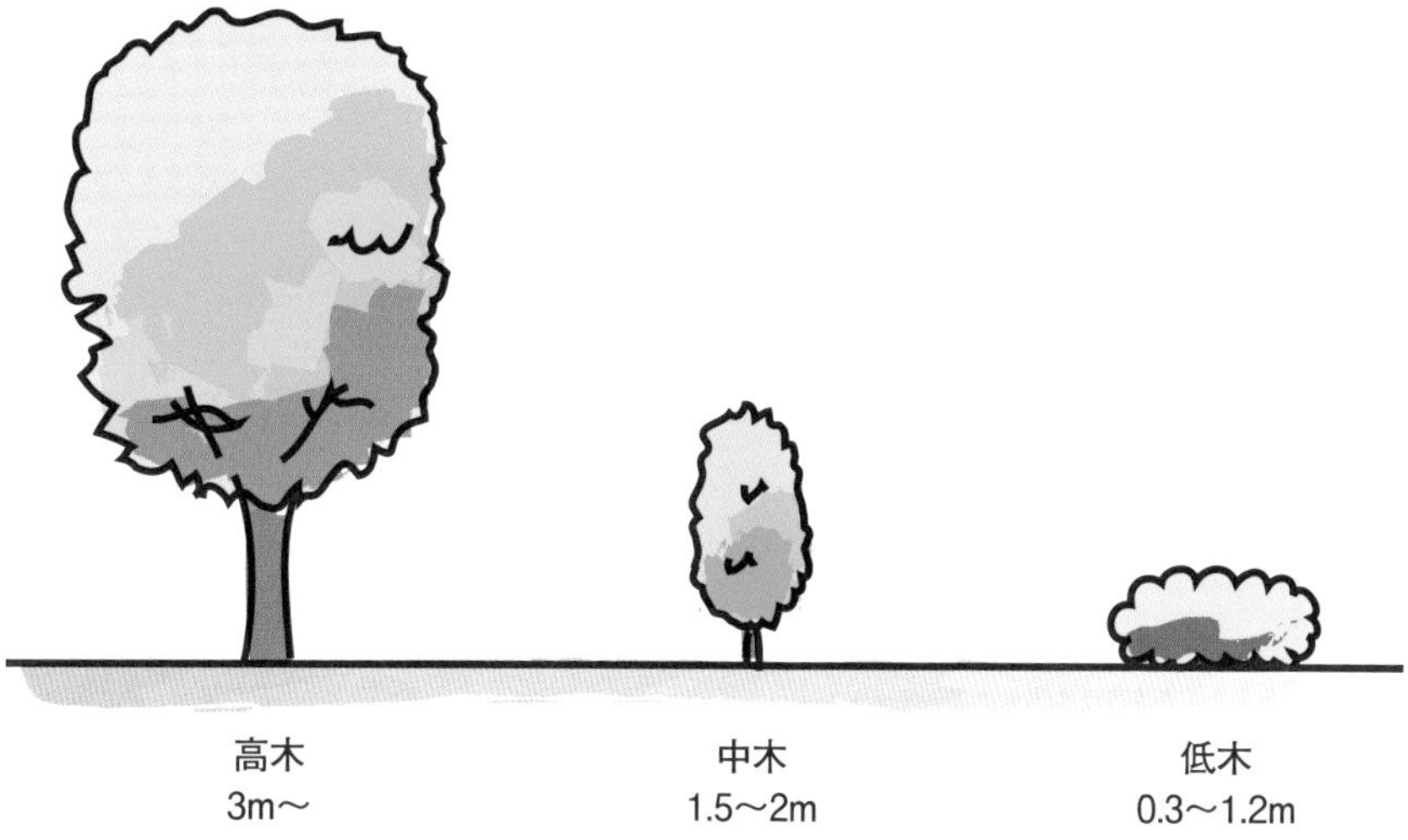

樹木の生長の早さ

ポイント

街路樹や外来種、タケは生長が早い。寒い地方に自生する常緑針葉樹は生長が遅い

生長の早い樹木、遅い樹木

樹木の生長の早さは樹種によって大きく異なる。管理方法や頻度などを考慮しながら庭木を選ぶことは、植栽設計には欠かせない要素である。

街路樹として植えられる樹木は、生長が早いものが多く、植栽後すぐに大きくなる。庭の規模が小さい場合、また剪定などの手間をあまりかけられない場合は、庭木として選択しないほうがよいだろう。ただし、近年、街路樹としてポピュラーになったハナミズキは、生長が遅いため高さのコントロールがしやすく、庭木に向いている。

外国から持ち込まれた樹木（外来種）は、比較的生長が早い。ミモザとして有名なモリシマアカシアや、ユーカリは1年で1mくらい伸びる。マメ科の樹木も生長が早いものが多い。要注意外来生物の指定を受けたモリシマアカシアは、生長が早く繁殖力もあるので、庭木に入れると管理が大変である。

「雨後のタケノコ」というように、モウソウチクやマダケなどのタケ類は、春先の芽吹きころには1日で地面から1mくらい生長するものもある。

逆に生長が遅い樹木は、アスナロやイチイなど、寒い地方に自生する常緑針葉樹の仲間に多い。

搬入時には枝が少ない？

造園業者から搬入される樹木は、運搬しやすいように、また新しい環境に根付きやすいように、枝をかなり刈り込んで現場に持ち込まれる。そのため、選んだ樹木と違うという印象を受けるかもしれない。

落葉樹など、比較的生長の早い樹木でも、枝打ち後、もとの木姿になるのに3年くらいかかる。生長の遅い木を植栽する場合は、搬入時になるべく枝を落とさないよう造園業者に依頼することが重要である。

要注意外来生物　外来生物法の規制対象ではないが、生態系に悪影響を及ぼしうるとして、適切な取扱いが求められている生物種

樹木の生長の早さ

遅い ⟷ 早い

アスナロ、イチイ、ヤマグルマ

タギョウショウ

タギョウショウ、イヌツゲ、オリーブ、キンモクセイ、タブノキ、モッコク、ヤマモモ、ナナカマド、ハナミズキ、ヤマボウシ、リョウブ、クルメツツジ、サツキツツジ、シャリンバイ、ヤマブキ

カツラ

コウヤマキ、スギ、ヒノキ、アラカシ、ウバメガシ、シラカシ、ウメ、カツラ、コブシ、ヒメシャラ、ユキヤナギ

アカマツ、ヒマラヤスギ、シマトネリコ、クスノキ、イチョウ、イヌシデ、シダレヤナギ、ソメイヨシノ、クヌギ、ケヤキ、コナラ、シラカンバ、トウカエデ、ナンキンハゼ、プラタナス、レンギョウ

アジサイ

ゴールドクレスト、アジサイ、ガクアジサイ、エニシダ、ハコネウツギ、ネムノキ、モリシマアカシア、メタセコイア、タケ類

マメ知識
驚異のメタセコイア

メタセコイアは落葉する針葉樹で、別名アケボノスギといわれる。日本の公園などの植栽樹木としてすっかりなじんでいるが、日本に導入されたのは意外と最近のことである。化石で発見されて絶滅した種だと思われていたが、1945年に中国四川省で発見され、49年に挿し木と種子が日本に持ち込まれた。

生長力と繁殖力が非常に強く、60年ほど前に種子と挿し木だったものが、いまや20mを超える大木となって各地に見られる。3mの木でも10mほどになるのに10年かからないので、庭木として植えるのは残念ながら、ひかえたい。

メタセコイア。新宿御苑

生長のコントロール

ポイント

剪定に弱かったり、樹形が乱れると戻りにくい樹木は、専門業者に剪定を依頼する

剪定による庭の管理

　樹木は寿命を迎えるまで、生長を続ける。住宅の庭など、限られた空間に植栽する場合は、樹木の大きさを適度に保つ必要がある。とくに日本は、樹木の生長に欠かせない日照、水、土、気温に恵まれた環境であるため、剪定《せんてい》などをして、樹木の生長をコントロールしなければならない。

　造園業者に剪定を依頼する場合は問題ないが、建築主自らが庭木を剪定する管理計画を立てている場合は、植栽樹の選定に少し注意が必要になる。生垣に使うカナメモチや、街路樹に用いるウバメガシなどは、枝を切ってもすぐに新しい枝が出る（萌芽力が強い）ため、時期を間違わなければ比較的容易に剪定できる。一方、ソメイヨシノやケヤキなどは、枝や葉を切って形を整える剪定を嫌うため、剪定方法や時期の選択が難しくなる。

剪定を嫌うとは？

　樹木が剪定を嫌う理由には、①剪定することで樹木が弱る、②剪定することで樹形が変わり、その樹木のよさが失われる、の2つがある。

　①の代表的な樹木がソメイヨシノである。「サクラ切る馬鹿、ウメ切らぬ馬鹿」というように、ソメイヨシノは枝の切り口から菌が入り、腐りやすい。また、フジも剪定すると、剪定した部分からしばらく花が咲かなくなることがある。針葉樹のなかには、古い幹から枝が出にくく、剪定後、なかなか新葉が出ないものがある。

　②の代表的な樹木はケヤキである。ケヤキ独特の美しい盃形の樹形は、いったん手を入れると、自然な樹形にするのは容易ではない。

　剪定を嫌う樹種を植栽する場合は、剪定などの管理は造園業者に任せたほうがよい。

剪定　樹高や枝幅を制限したり、枝数を減らしたり、枝分れをつくるなど、樹木の生育を考慮して、目的をもって幹や枝、葉、根などを切り取ること

剪定すべき枝

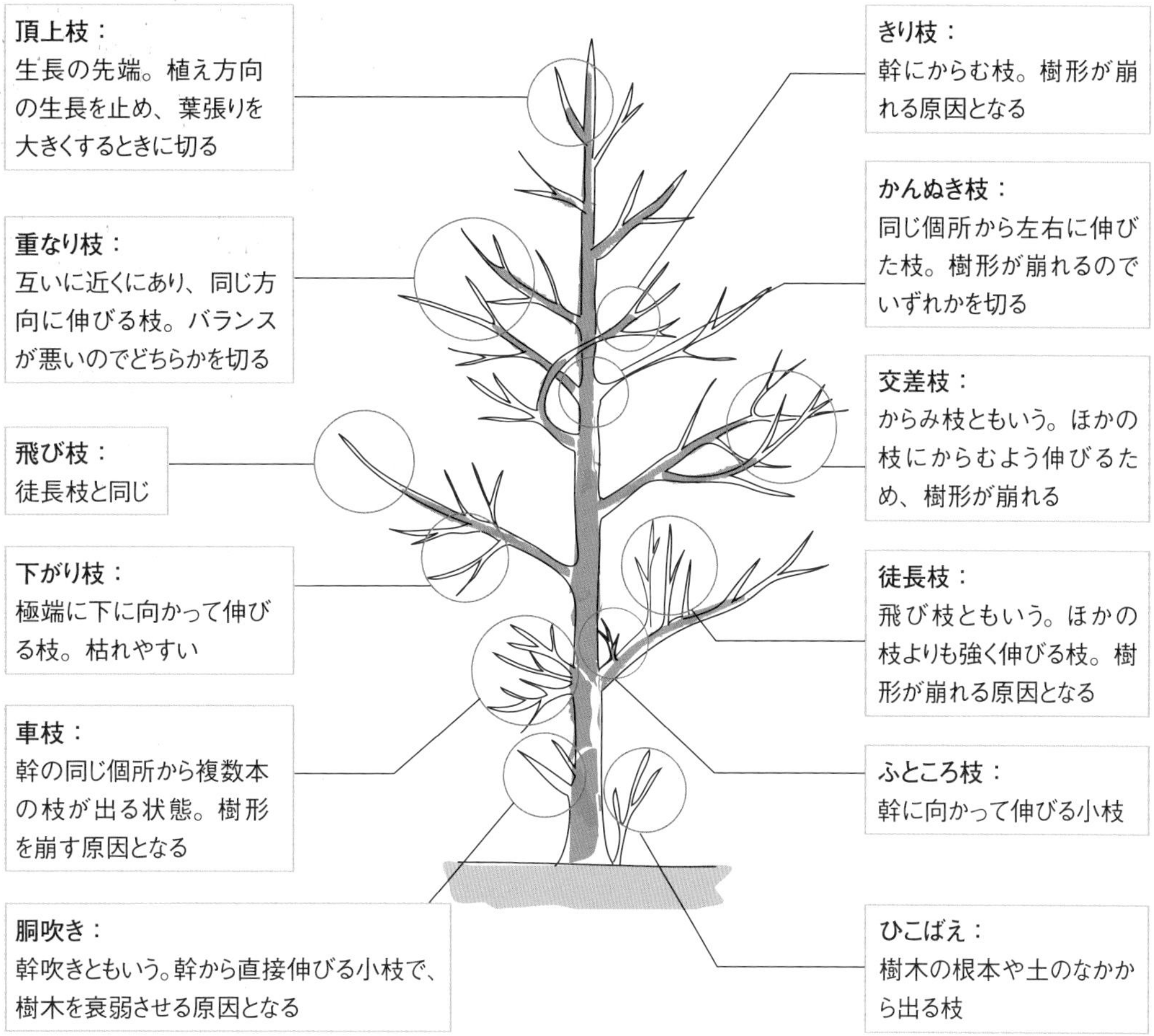
頂上枝：
生長の先端。植え方向の生長を止め、葉張りを大きくするときに切る
重なり枝：
互いに近くにあり、同じ方向に伸びる枝。バランスが悪いのでどちらかを切る
飛び枝：
徒長枝と同じ
下がり枝：
極端に下に向かって伸びる枝。枯れやすい
車枝：
幹の同じ個所から複数本の枝が出る状態。樹形を崩す原因となる
胴吹き：
幹吹きともいう。幹から直接伸びる小枝で、樹木を衰弱させる原因となる
きり枝：
幹にからむ枝。樹形が崩れる原因となる
かんぬき枝：
同じ個所から左右に伸びた枝。樹形が崩れるのでいずれかを切る
交差枝：
からみ枝ともいう。ほかの枝にからむよう伸びるため、樹形が崩れる
徒長枝：
飛び枝ともいう。ほかの枝よりも強く伸びる枝。樹形が崩れる原因となる
ふところ枝：
幹に向かって伸びる小枝
ひこばえ：
樹木の根本や土のなかから出る枝

主な剪定時期（東京周辺）

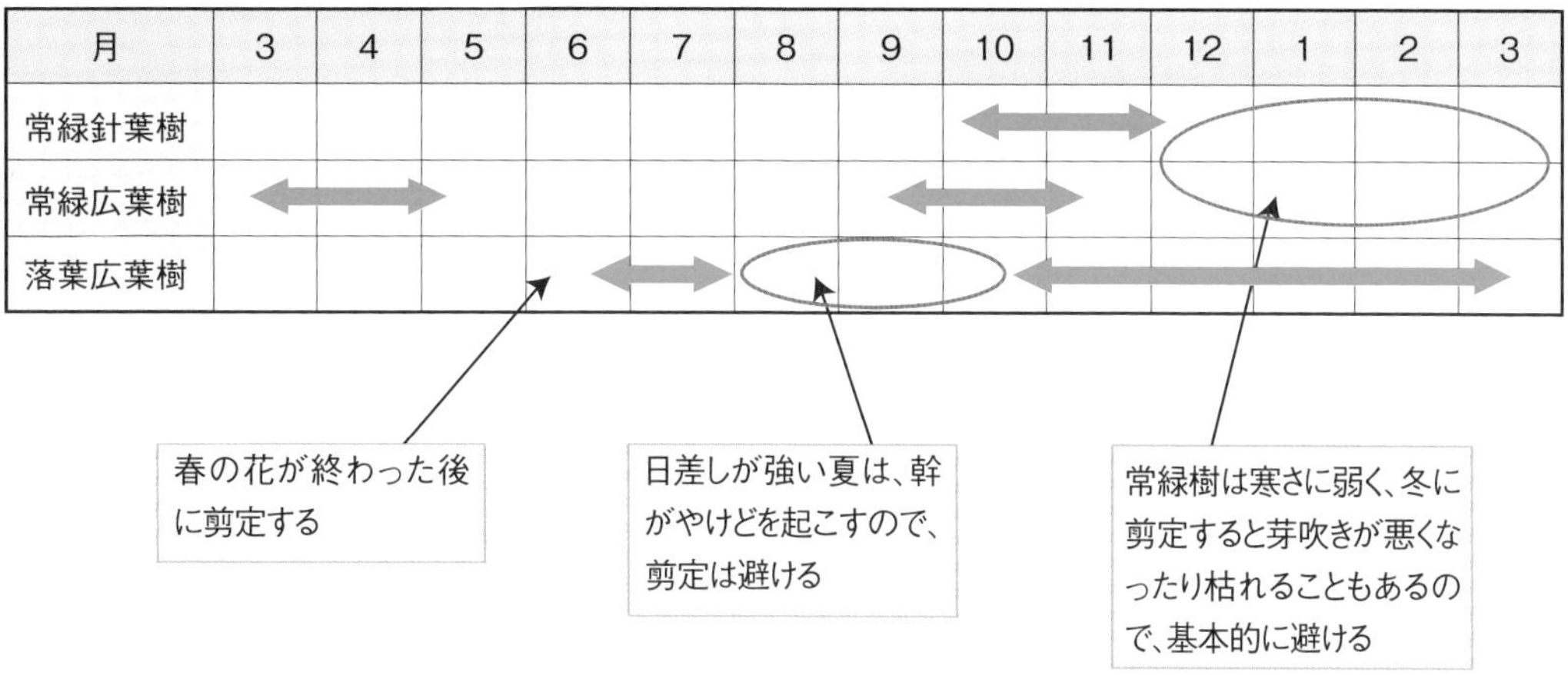
月
3
4
5
6
7
8
9
10
11
12
1
2
3
常緑針葉樹
常緑広葉樹
落葉広葉樹
春の花が終わった後に剪定する
日差しが強い夏は、幹がやけどを起こすので、剪定は避ける
常緑樹は寒さに弱く、冬に剪定すると芽吹きが悪くなったり枯れることもあるので、基本的に避ける

樹木による日照の好み

ポイント

日なたを好む樹木と暗く湿った場所を好む樹木があるので、日照条件に合わせて選ぶ

陽樹・陰樹・中庸樹

樹木は、生長に必要な日照量によって分類されている。

もともと日当たりがよい場所に生息し、日差しを好む樹木を陽樹《ようじゅ》（※）という。日当たりを嫌い、湿気のある暗い環境を好む樹木を陰樹《いんじゅ》という。また、陽樹と陰樹の中間的な性質をもち、適度の日当たりと日陰を好む樹木を中庸樹という。

陽樹は、南側の庭など、日当たりのよい場所への植栽が適している。陰樹は、日当たりの悪い北側の庭や高木や中木の陰になる部分の下木として植栽するとよい。中庸樹《ちゅうようじゅ》は、午前中の優しい日差しが当たる東側の庭に適しているものが多い。

ヒノキのように、陰樹のなかには日当たりのよい場所でも生育できる樹種もあるが、ほとんどの陽樹は日陰の環境では健全に生育できない。

日差しの好みの見分け方

日照条件は、樹木の生長に欠かせない要素の1つである。たいていの植物図鑑には、陽樹・陰樹・中庸樹の記載があるので、樹木を選定する際には、植栽する場所の日照条件に適しているか確認する必要がある。

手元に植物図鑑がない場合は、次のように考えておくと間違いが少ない。落葉広葉樹や落葉針葉樹はほとんどが陽樹か中庸樹、常緑広葉樹や常緑針葉樹は中庸樹か陰樹が多い。サクラ類やバラなどの花木は、基本的に陽樹で日当たりを好む。派手で目立つ花を付ける樹木も、おおむね陽樹か中庸樹と考えてよいだろう。

ただし例外もある。ツバキ類やサザンカは、派手な花を付け、日当たりに耐えるが、中庸樹～陰樹の性質をもち、日当たりの悪いところでも花を咲かせることができる。

※同じ陽樹でも、葉が薄い樹木や温帯に自生する落葉樹の多くは、朝日は好むが西日は嫌う傾向があるため、西側の庭は避けたほうがよい。逆に、常緑樹や暖地から亜熱帯で育った植物は、西日を好む傾向にある

代表的な陰樹・陽樹

	中木・高木	低木・地被植物
極陰樹	イチイ、イヌツゲ、クロモジ、コウヤマキ（大人になった成木は陽樹）、ヒイラギ、ヒイラギモクセイ、ヒノキ	アオキ、アセビ、ジンチョウゲ、センリョウ、マンリョウ、ヤツデ、ヤブコウジ
陰樹～中庸樹	シラカシ、ドイツトウヒ、ヒメシャラ	アジサイ、ガクアジサイ、シロヤマブキ、ナンテン、ヒイラギナンテン、ヒカゲツツジ、ヒサカキ、ヤマブキ
中庸樹	イチジク、エゴノキ、コバノトネリコ、コブシ、サワラ、シデコブシ、スギ、ツリバナ、ナツツバキ、ビワ	アベリア、カルミア、キブシ、サンショウ、トサミズキ、バイカウツギ、ビヨウヤナギ、ホザキシモツケ、ミツバツツジ、ムラサキツツジ、ロウバイ
中庸樹～陽樹	イロハモミジ、エノキ、カツラ、クヌギ、ゲッケイジュ、コナラ、ザイフリボク、ジューンベリー、スダジイ、セイヨウシャクナゲ、ソヨゴ、タブノキ、ツバキ類 トチノキ、ノリウツギ、ハクウンボク、ハナミズキ、ブナ、マユミ、モミ、ヤブデマリ、ヤマボウシ、ヤマモモ、ライラック、リョウブ	オオデマリ、カシワバアジサイ、ガマズミ、カンツバキ、キンシバイ、クチナシ、コクチナシ、シモツケ、チャノキ、ニシキギ、ハコネウツギ、ハマナス、ヒメウツギ、ヒラドツツジ、フジ、ボタンクサギ、ミツマタ、ユキヤナギ
陽　樹	アオギリ、アカマツ、アキニレ、アメリカデイゴ、アラカシ、ウバメガシ、ウメ、オリーブ、カイズカイブキ、カナメモチ、カリン、ギョリュウ、キンモクセイ、ギンヨウアカシア、クリ、クロガネモチ、ケヤキ、サクラ類 サルスベリ、サンザシ、サンシュユ、シコンノボタン、シダレヤナギ、シマサルスベリ、シマトネリコ、シモクレン、シラカンバ、タイサンボク、トウカエデ、ナンキンハゼ、ニオイヒバ、ハナズオウ、ハナモモ、ハルニレ、フェイジョア、ブッドレア、マサキ、マテバシイ、マンサク、ムクゲ、モチノキ、モッコク、リンゴ	ウツギ、ウメモドキ、エニシダ、オウバイ、オオムラサキツツジ、キョウチクトウ、キリシマツツジ、ギンバイカ、キンメツゲ、クサツゲ、コデマリ、コノテガシワ、サツキツツジ、シャリンバイ、ドウダンツツジ、トキワマンサク、トベラ、ナワシログミ、ニワウメ、ノウゼンカズラ、ハイビャクシン、ハギ類、ハクロニシキ、ハマヒサカキ、バラ類、ヒュウガミズキ、ピラカンサ、フヨウ、プリペット、ブルーベリー、ボケ、ボックスウッド、マメツゲ、メギ、ユスラウメ、レンギョウ、ローズマリー

高木の足元に植栽可能な樹種

高木の足元は日陰になるので、陰樹を植えるようにしたい。ただし、高木を落葉樹にすれば、冬にはある程度の日差しを確保できる。高木を落葉樹、下木を常緑樹、あるいは高木を常緑樹、下木を落葉樹とすると、季節の変化を楽しむことができる構成になる。

陰樹～半陰樹	アジサイ、アセビ、ガクアジサイ、カンツバキ、キチジョウソウ、クリスマスローズ、ササ類 センリョウ、タマリュウ、チャ、ナンテン、ハマヒサカキ、ヒイラギナンテン、ヒサカキ、フイリヤブラン、フッキソウ、ヘデラ類 マンリョウ、 ヤブコウジ、 ヤブラン、 リュウノヒゲ
陽　樹	アジュガ、アベリア、ツツジ類、キンシバイ、ディコンドラ、ドイツスズラン、ヒペリカムカリシナム、ヒュウガミズキ、レンギョウ

マメ知識
好みが変わる樹木たち

樹木は陽樹・陰樹と区別されるが、陽樹でも出芽したとき、あるいは種や苗木くらいのときは日陰を好むものが多い。種や苗はまだ葉や根がしっかり発達していないため、水分を蓄える力があまりなく、そのため日のよく当たるところや乾燥した所が苦手である。

逆に、イネ科の草本類やアカマツ、シラカバ、ヤナギ類などは、種や苗のころから比較的日を好む樹種だといえる。

また、コウヤマキは苗木より生長した幼木《ようぼく》のときは日陰を好む陰樹だが、成木《せいぼく》になると陽樹になるものもある。樹木は意外と移り気なものなのである。

コウヤマキ。コウヤマキ科コウヤマキ属の常緑針葉樹

日照と樹木選択

ポイント

日照条件は方位だけでなく、時間の推移や地域差も判断して検討する

日照条件から木を選ぶ

樹木にはそれぞれ好みとなる日照条件がある。植栽する場所の日照条件は重要なポイントになる。日中の日照条件の推移を、敷地の方位で考えてみる。

午前中は、柔らかい朝日が敷地の東側に差し込む。昼前から昼過ぎになると、強く明るい日が敷地の南側に降り注ぐようになる。昼過ぎから夕方になると、さらに強い日差し（いわゆる西日）が敷地を照らす。一方、敷地の北側は、終日日が当たらない、というのが一般的な日照条件だといえよう。

　これらの日照条件と陽樹・陰樹・中庸樹［56—57頁参照］を併せて考えてみると、敷地の東側につくる庭は中庸樹、南側と西側は陽樹、北側は陰樹に適した環境だということになる。

現地調査と日影図も活用

敷地やその周囲の建物の高さや隣接地の環境なども日照条件を左右する。敷地の建物が庭にどのような影を落とすかは、日影図を作成して検討する。

　周辺環境が敷地の日照にどのような影響を与えるかは、現地調査の際に確認するとよい。

　南側の敷地でも、隣地の地盤面が高い位置にあると、隣地の建物の影が大きくかかるため、日差しを好む陽樹の植栽に向かない。

　一方、敷地の北側でも、道路や公園などの開けた空間に面していれば、比較的、明るくなる。そこには、適度な日当たりと日陰の双方を好む、中庸樹の植栽が可能になる。

　地域差も日照条件を決める要因となる。東北以北は、もともと日差しがあまり強くない地域であるため、南側の庭でも中庸樹の植栽ができる。

　それに対し近畿南部〜沖縄では、日差しが強くなるため、南側の庭への中庸樹の植栽は避けるべきである。

日影図　基準とする水平面上に落ちる建物の影の、時間的変化を表したもの

日照条件に合わせた樹木選択

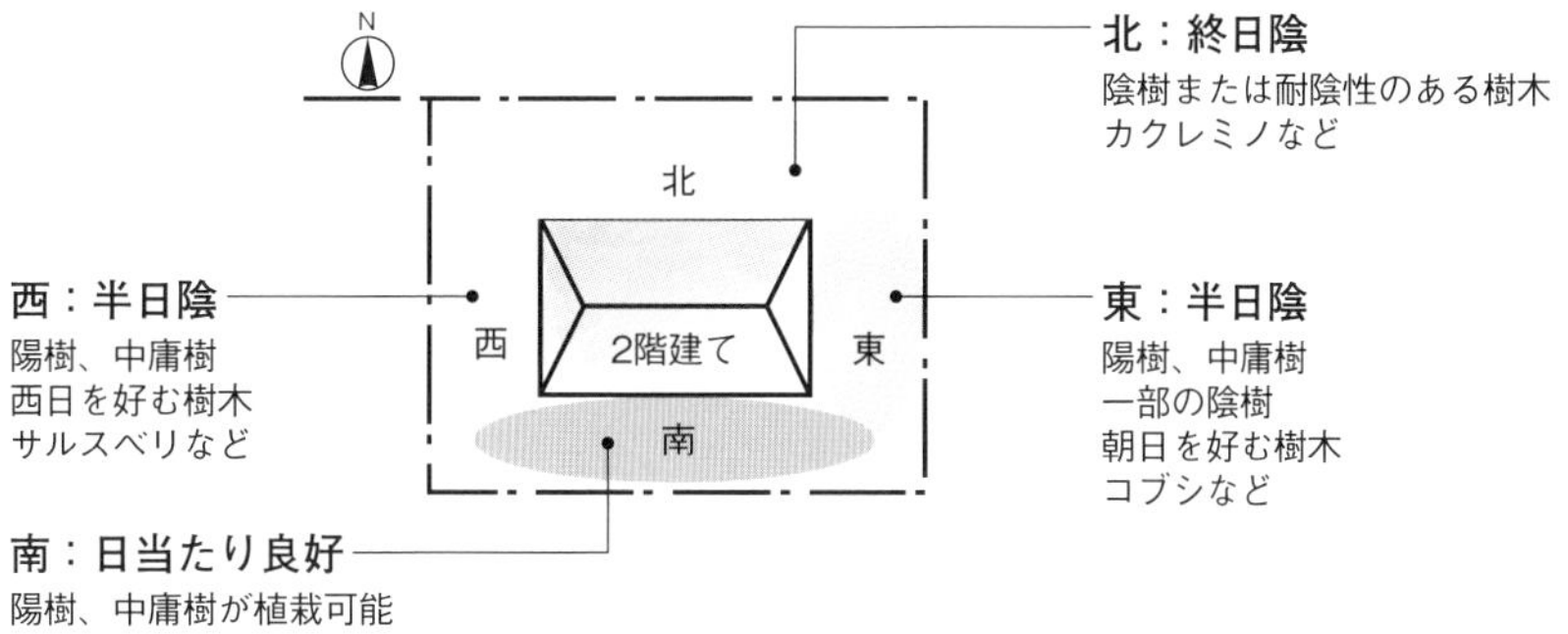

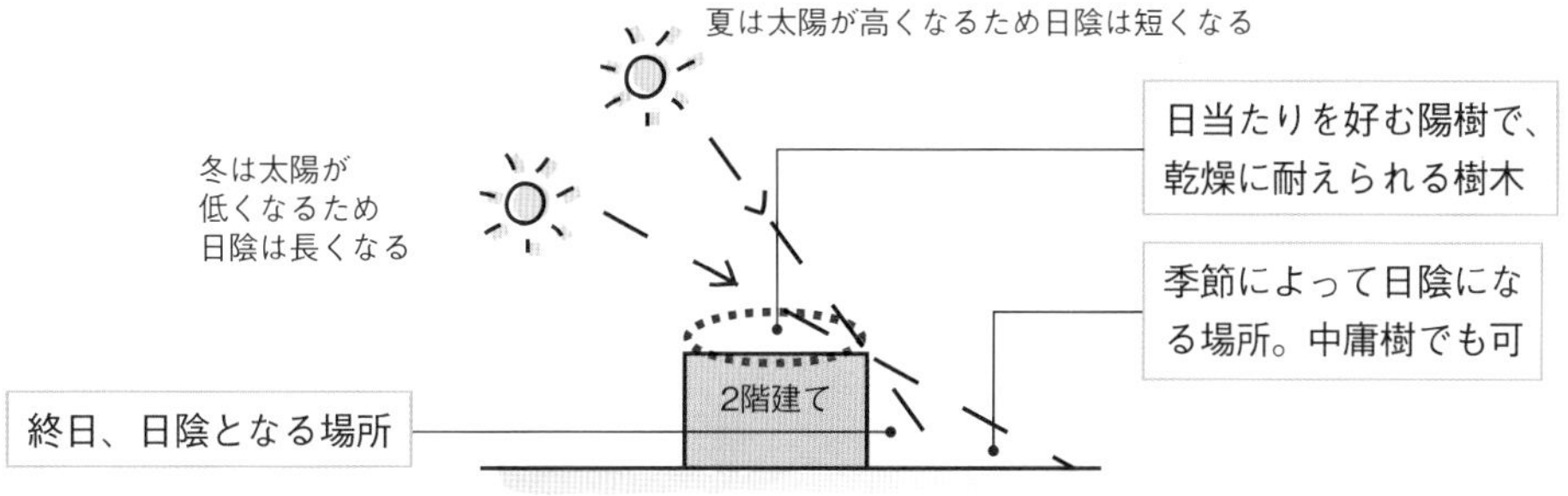

日影図による確認

① 夏至の日陰

測定面の高さ＝1m、緯度＝36度
測定時間8〜16時

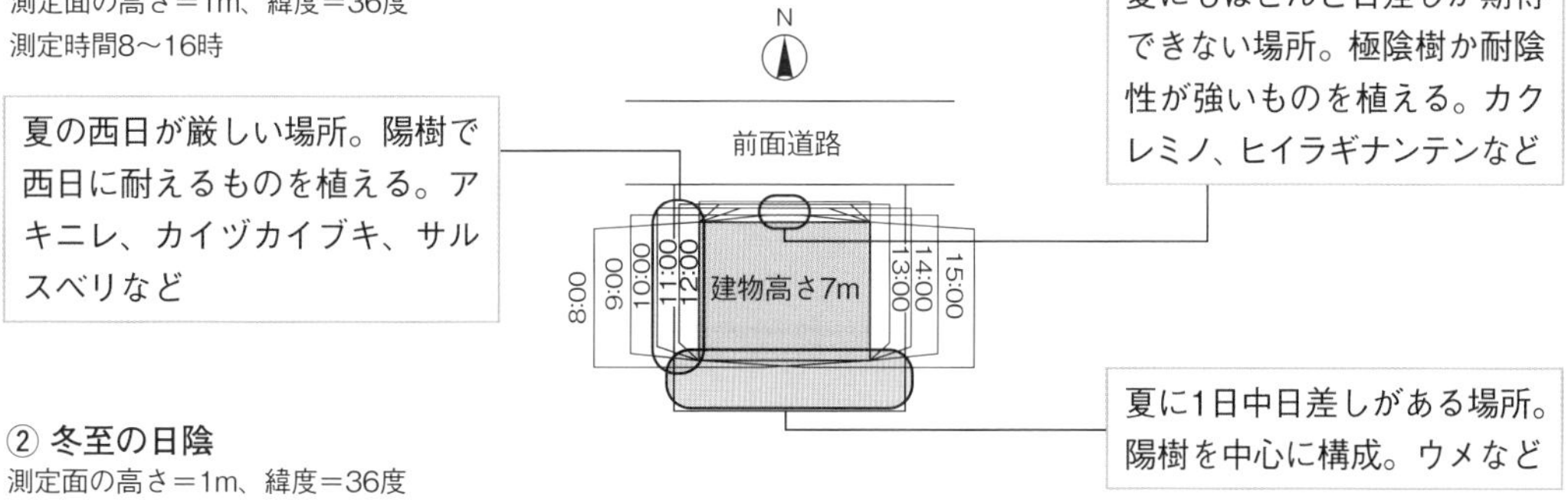
夏にもほとんど日差しが期待できない場所。極陰樹か耐陰性が強いものを植える。カクレミノ、ヒイラギナンテンなど

② 冬至の日陰

測定面の高さ＝1m、緯度＝36度
測定時間8〜16時

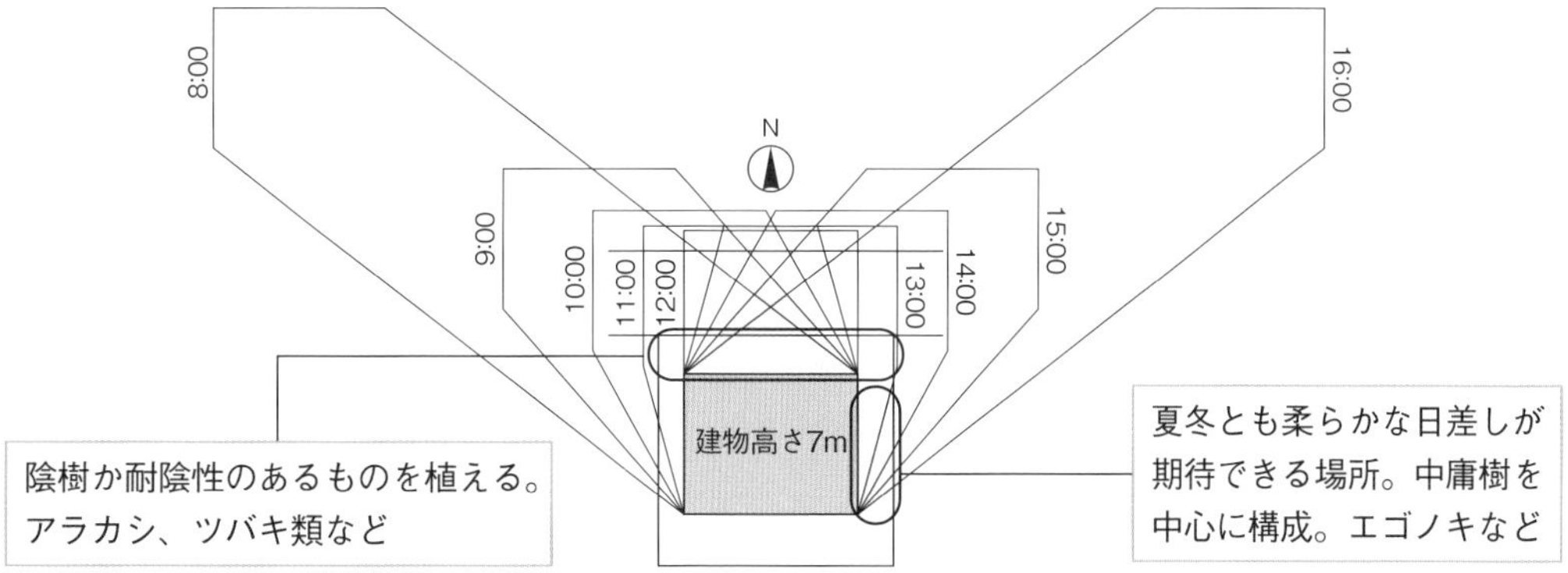

南・北の庭の樹木

ポイント

明るい日が差す南の庭には陽樹、終日、日陰となる北の庭には陰樹を植える

陽樹が好む南の庭

1日を通して明るい日が差す南側の庭は、植栽に適した環境といえる。ほとんどの樹木が植栽可能だが、なかでも日当たりを好む陽樹を中心に植栽樹を選ぶとよい。

サルスベリやムクゲ、フヨウなど、夏に花を咲かせる樹木や花が目立つ花木などは、ほとんどが陽樹である。また、早春に花を咲かせるウメやソメイヨシノ、5月に咲きはじめるバラなど、バラ科の樹木もだいたい陽樹と考えてよい。

南側からの日差しが強すぎる場合、高木を植栽して日陰をつくるとよい。その下にヤマブキやアジサイなどの中庸樹の低木を植栽できる。このような日陰をつくる樹木のことをシェイドツリーと呼び、落葉樹で日差しを好むアキニレ、エノキ、ネムノキなど、横に広がる樹形をもつ高木を入れるとよい。

陰樹しか育たない北の庭

北側の庭は、終日、日が当たらないため、日照が乏しくても生長できる、陰樹を選ぶことが基本となる。

代表的な陰樹は、高木ではカクレミノ、ヒメユズリハ、中木ではアオキ、ナンテン、低木ではセンリョウ、マンリョウなどの常緑広葉樹である。ただし北海道のように、冬の気温が非常に低い地域では、常緑広葉樹で寒さに耐えられるものが少ないため、針葉樹を植えたほうがよい。常緑針葉樹の陰樹にはイチイやアスナロなどがある。

地被植物類（グランドカバープランツ）ではリュウノヒゲ、フッキソウ、コグマザサ、ツル植物のヘデラなどがよく使われる。

また、建物の北側に植えた樹木は、植栽後の生長があまり期待できない。そのため、なるべく完成形に近い樹形の樹木を選ぶようにする。

南の庭の配植

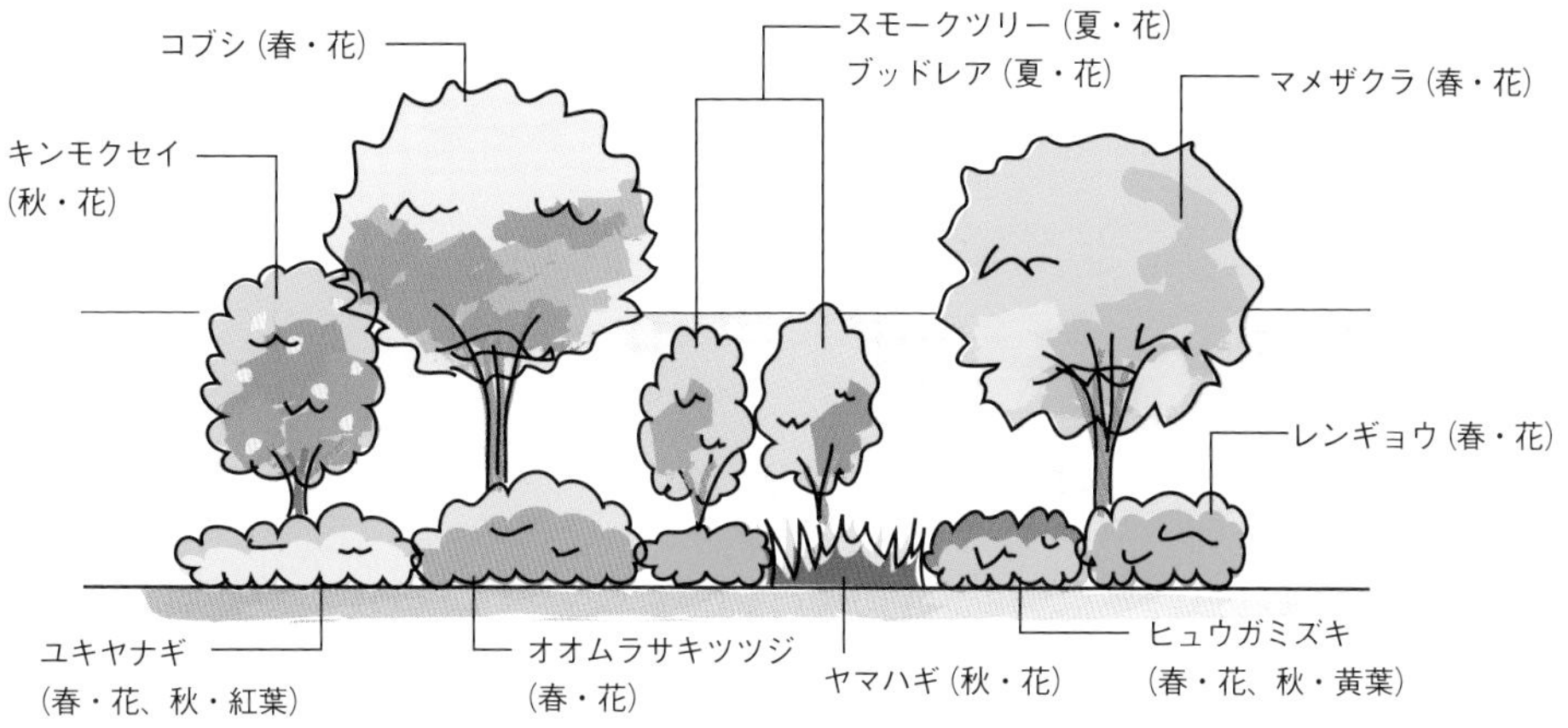

花や紅葉など、季節の変化を取り込んだ配植とする

北の庭の配植

①配植例（平面）

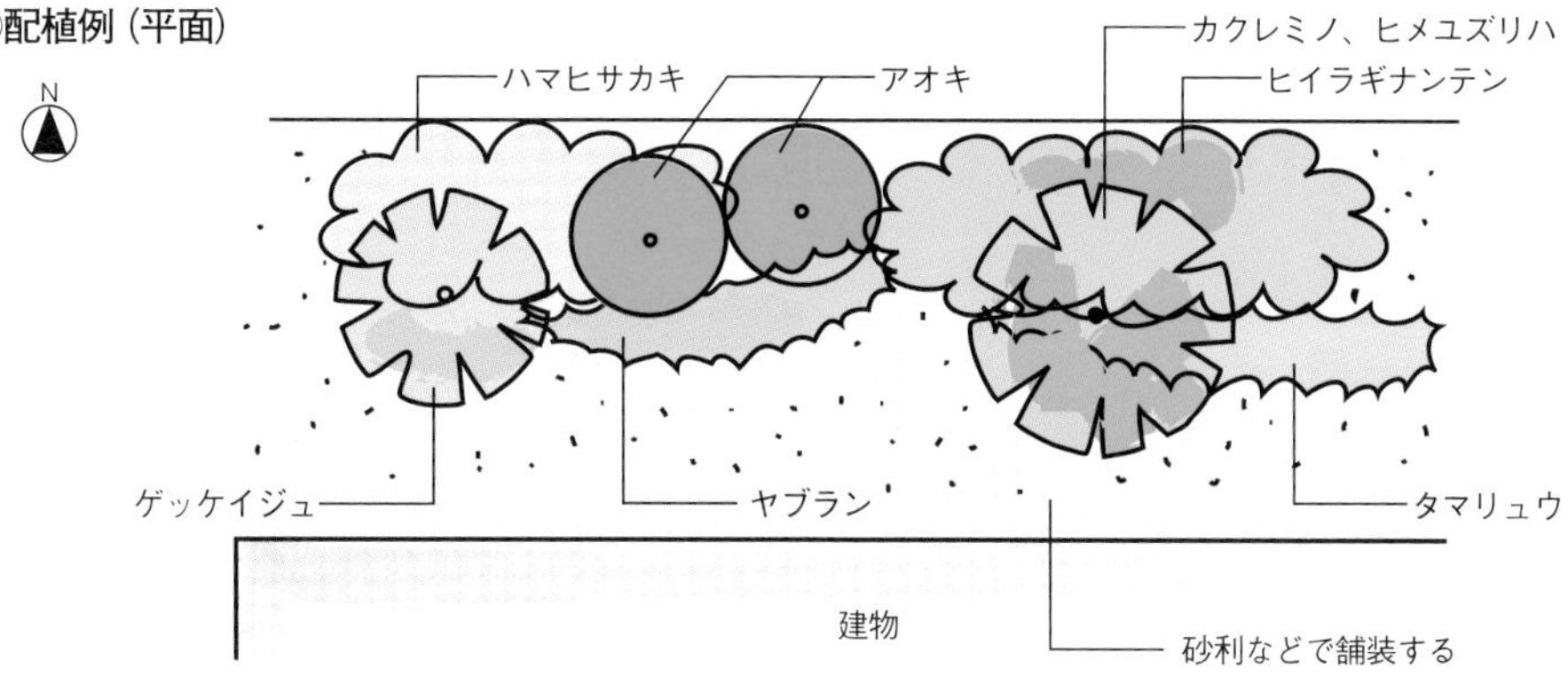

②北の庭の植栽のポイント

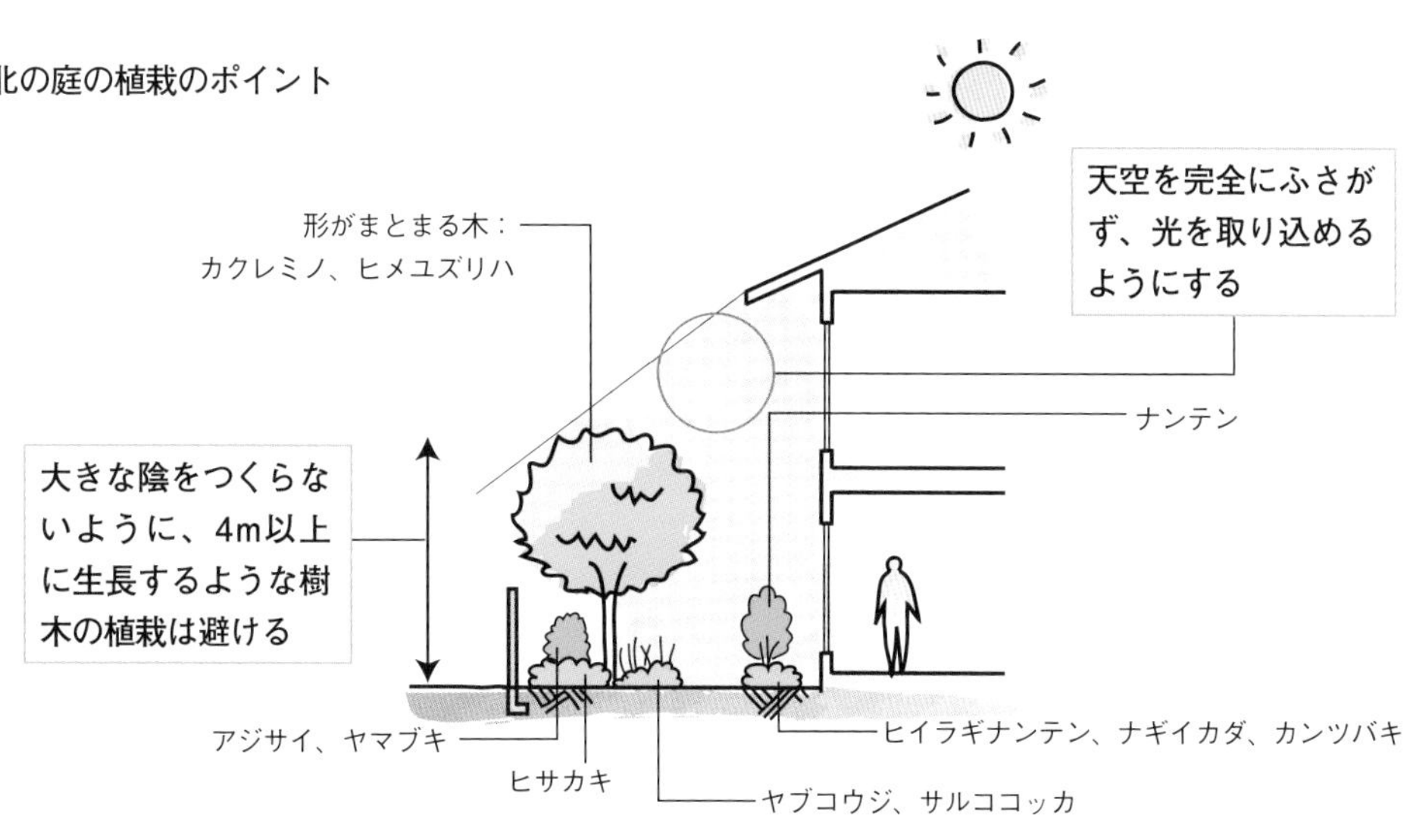

東・西の庭の樹木

ポイント

朝日が差す東の庭には中庸樹～陰樹、強い西日が差す西の庭には陽樹を植える

中庸樹が向く東の庭

東側の庭は、午前は明るく優しい朝日が差し、午後になると、建物の陰に入るため日照が不足気味になる。

したがって、適度の日差しを好む中庸樹を選ぶとよい。高木ではエゴノキやナツツバキ、ヒメシャラ、中木ではオトコヨウゾメやムラサキシキブ、低木ではウツギやヤマブキなどが適する。

また、日差しがさほど強くないので、ほとんどの陰樹も植栽可能である。逆に、強い日差しを好む陽樹は、十分な日差しを得られず、生長不良になる場合もある。

下草では、ギボウシやユキノシタなどが、東側の庭の日照条件を好む。

タケ類も東側の庭の植栽に適している。タケは、稈に日が当たりすぎると枯れてしまうため、東側の庭のように、適度の日照と日陰が得られる環境を好むからである。

陽樹が向く西の庭

西側の庭は、午前・午後の日差しの当たる順番が東の庭と逆になる。そのため、植栽樹は中庸樹が適していると思われがちだが、間違いである。

午後からの日差しは、午前中の日差しと比べて格段に強く、中庸樹や陰樹では、葉焼け・葉枯れを起こすなど、適切な生長が望めない。西側の庭には、シマサルスベリやシマトネリコなど、強い日差しを好む陽樹を植栽するべきである。

植栽樹は、南側の庭で挙げたような、夏に花を咲かせる、暖かい地方に自生する樹木が向いている。ヤマモモなどの常緑広葉樹のほか、ミカンのような柑橘類やオリーブ、ヤシ類、ローズマリーなどを植えるとよいだろう。

また、南側の庭同様、高木を入れて日陰をつくることで、その下に中庸樹を植栽することができる。

東の庭の配植

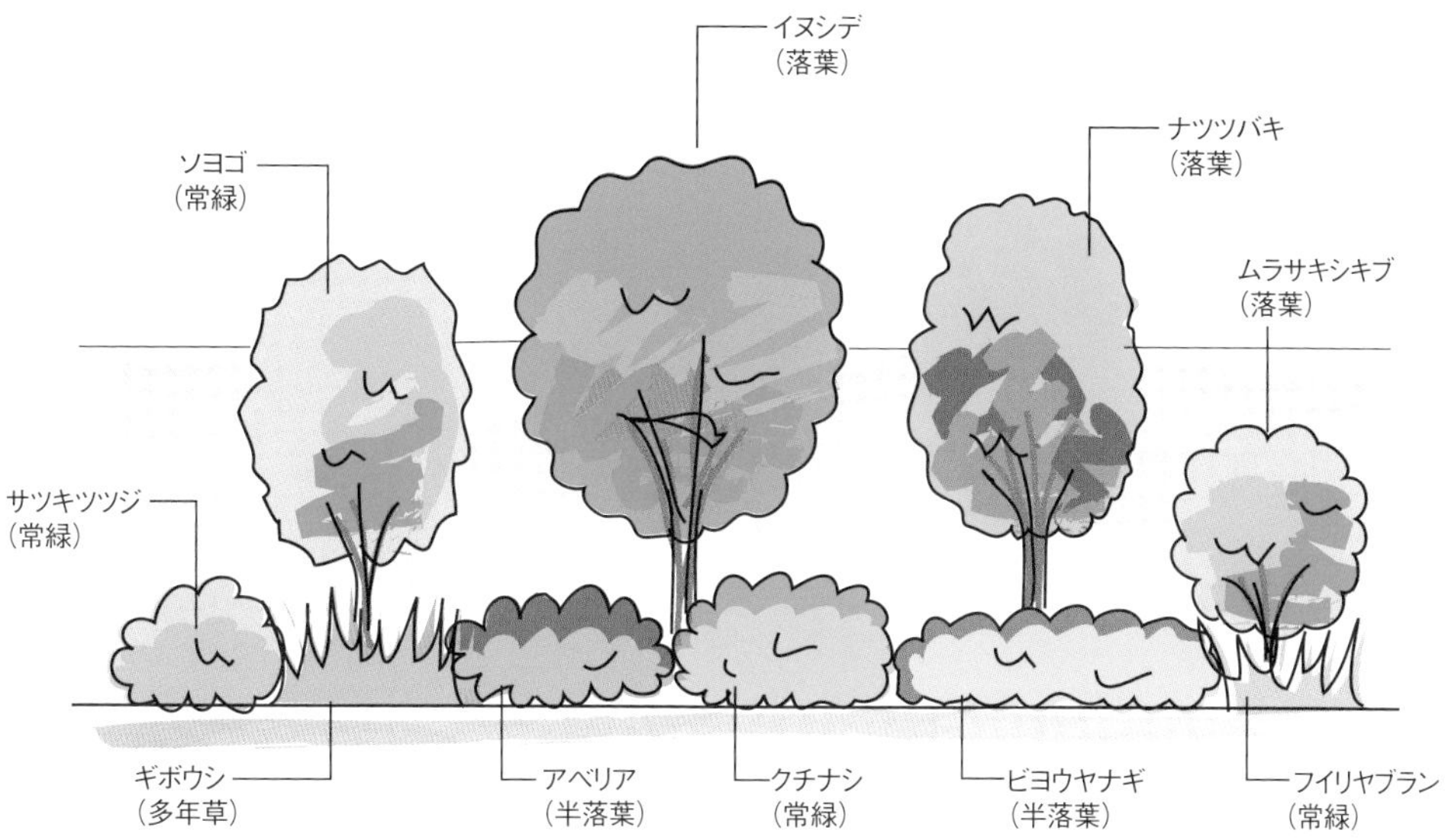

明るい葉色の落葉樹を主木にし、低木や中木の
常緑樹を周囲に配すると、1年中緑が楽しめる

西の庭の配植

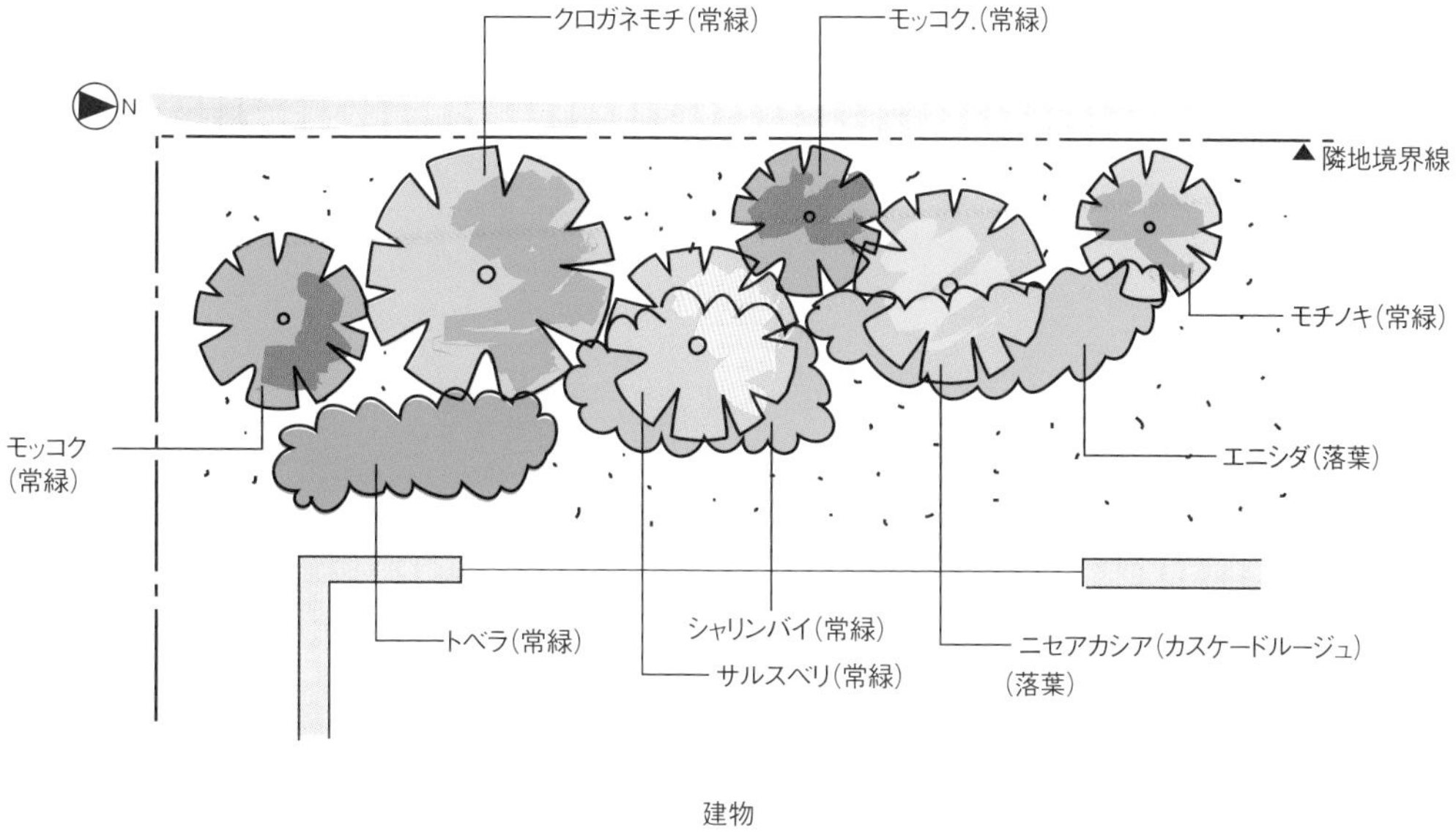

西側の庭は、常緑樹を主体に、夏の西日を抑えるように配植する

樹木選びの3つの条件

ポイント

「観賞価値がある」「管理・施工しやすい」「市場性がある」を基準に、植栽樹を選ぶ

植栽樹の3要素

自然に生えている樹木のすべてが植栽に向いているわけではない。植栽樹を選択する際には、次の3要素を兼ね備えているかを確認するとよい。

①観賞価値のあるもの

花や紅葉、果実が楽しめる、樹形が美しいなど、観賞上の魅力があることは、植栽樹として最も重要な要素である。

またそのものに魅力がなくても、ほかの樹木を引き立てる樹木も、観賞価値があるものとみなすことができる。

②管理・施工しやすい

住宅用植栽では、施肥や剪定にあまり手間がかからないものを選ぶことが重要である。また、生長が非常に速いものや、病虫害に弱いものも植栽樹に向いていない。

移植しやすいことも大切だ。ただし老木は移植が難しいので、植栽樹にはなるべく若木を選ぶようにする。

③市場性がある

コストと流通量が安定していることも、植栽樹に求められる要件である。樹木を種から育てると（実生《みしょう》）、ある程度の大きさになるのに数年かかる。そのため造園業者は、挿木《さしき》や接木《つぎき》などで樹木の数を増やしている。現在、植栽樹としてよく用いられるもののほとんどがこの方法で生産されているため、価格や流通量が安定している。

一方、大木や、珍しい樹木は、山に自生するものを掘り出して（山取り）、市場に流通させたものがほとんどである。このような樹木は価格や納期が安定していないため、予算や工期に余裕がなければ、植栽樹に採用することは避けたほうが無難だ。

また、植栽樹には流行があるため、ある時期に大量に市場に流れていても、流行が終わると急に市場から消えることもあるので注意が必要だ。

実生　種を播いて繁殖させること
挿木　植物の枝・葉・根などを親木から切り取り、土に挿して根を出させる繁殖方法

よく使われる植栽樹

ソヨゴ
モチノキ科モチノキ属
常緑広葉樹
深緑色の葉は革質で光沢があり、長い葉柄をもつ。これが風にそよぎ、さわさわと音を立てることからこの名が付けられた。初夏に白い小花を咲かせ、長い果柄の先に付いた実は10月～11月に赤く熟す。樹形は自然に整い、病虫害にも強い

シラカシ
ブナ科コナラ属
常緑広葉樹
高木から中木までさまざまな大きさで使われる。花木ではないが、やや明るい緑の葉が付き、軽やかなイメージの庭に合う。高い垣根などをつくるときにもよく用いられる。日差しの強い場所や、やや日陰の場所など比較的場所を選ばずに植栽可能

ハナミズキ
ミズキ科ミズキ属
落葉広葉樹
春は花、夏は葉、秋は紅葉と実が楽しめる。花木として非常によく使われる。生長しても6m以上にならないので、狭い庭でも広い庭でも庭木として扱いやすい。病虫害もソメイヨシのほど発生しない。剪定にも耐える。近年の植栽樹の定番で、生産も安定しているため手に入りやすい。ただし、暑さと乾燥を嫌う

セイヨウベニカナメモチ（レッドロビン）
バラ科カナメモチ属
常緑広葉樹
生垣に非常によく使われる。新芽が赤くなるため、常緑の生垣のなかでも色の変化が楽しめる。病虫害も少なく、生長が早い。市場性があり比較的安価

サツキツツジ
ツツジ科ツツジ属
常緑広葉樹
春の花として代表的な低木の花木。古くから庭木として利用され、盆栽や街路樹、公園樹としても欠かせない。剪定しやすく、病虫害も比較的少ない。日本原産で生産地は和歌山が有名。品種も多数で花色も代表的な濃いピンクから白、薄いピンクなどある

接木　植物の幹・枝・芽・根などを切り取り、別の植物の幹・枝・根・球根に接いで、新しい個体を得る繁殖方法

植栽可能な樹木

ポイント

現地調査によって植生を知る。樹木の自然分布や植栽分布でも、当たりはつけられる

敷地周辺の植生を調べる

樹木にはそれぞれ生長に適した環境がある。せっかく樹木を植えても、環境になじめなければ弱ったり、枯れたりしてしまう。

計画敷地でどのような植生《しょくせい》が生長可能かを調べる簡単な方法は、現地に出向き、敷地周辺の庭や公園にどのような樹種が植えられているかを確認することである。長い間、生長できているということは、それらの樹木が環境に合っていると考えられるからだ。

自然分布と植栽分布

現地調査をしなくても、樹木の「自然分布」を調べることで、計画地での植栽が可能か当たりをつけることができる。自然分布とは、樹木が自生・繁殖をしている地域の広がりをいう。

また、自然分布と並んで参考になるのが「植栽分布」である。公園樹や街路樹に用いられることの多いクスノキは、自然分布では九州から本州南部までだが、実際は本州の東北南部でも植栽されている。このように、ある樹木にとって本来の自生地ではないが、移植後も生長が確認できたエリアが植栽分布である。

植栽分布は、植物図鑑に記載されているので、簡単に確認できる。ただし、温暖化の影響で、植栽分布は年々変化しているため、最新の図鑑を用いることが望ましい。

園芸種・外来種の分布図

園芸用に改良された品種は、そもそも自然分布をもたない。そのため、該当地域で植栽可能かを確認するには、改良された元の品種の自然分布を参考にするとよい。外来種の場合、自生地の環境を調べ、植栽の現場がそれに近い環境であれば植栽に向くという判断になる。

植生　ある土地に生育している植物の集団の総称

樹木の生育地の目安

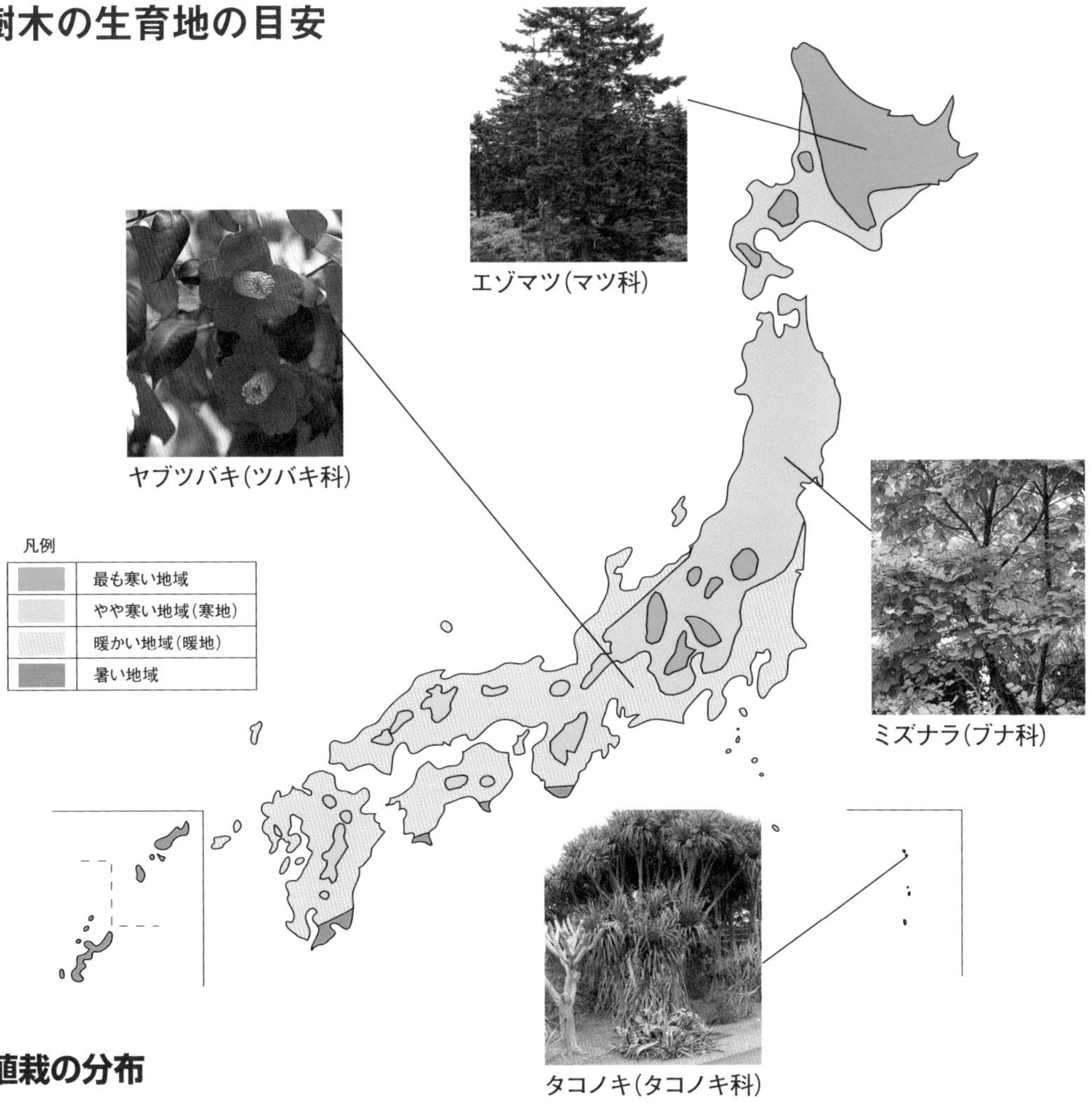

植栽の分布

分布		代表的な樹種 中高木	代表的な樹種 低木・地被植物
水平分布	最も寒い地域	エゾマツ、トドマツ、ナナカマド、ミネカエデ	ウスノキ、オオバスノキ、コヨウラクツツジ
	やや寒い地域	オオバクロモジ、シラカンバ、タムシバ、ブナ、ミズナラ	エゾアジサイ、ヤブデマリ
	暖かい地域	クスノキ、シロダモ、スダジイ、タブノキ、ヤブツバキ	アオキ、テイカカズラ、ヤブコウジ
	暑い地域	アコウ、ガジュマル、ソテツ、タコノキ、ハスノハギリ	ギンネム、グンバイヒルガオ、タマシダ
垂直分布	高山帯	—	キバナシャクナゲ、コマクサ、ハイマツ
	亜高山帯	コメツガ、シラビソ、ダケカンバ、ナナカマド、ミネカエデ	ヒロハツリバナ、マイヅルソウ
	低山帯	アカマツ、オオカメノキ、シラカンバ、ズミ、ブナ	アセビ、カマツカ、レンゲツツジ、ヤナギラン
	丘陵地	アカメガシワ、ケヤキ、スダジイ、ネムノキ	アオキ、ヒサカキ、ヤブラン、ヤマツツジ

風に強い樹木

ポイント

あまりに風の強い場所では、樹木だけに頼らず、工作物などで緩衝帯をつくる

風に強い樹木の選び方

風の強い敷地では、枝葉のつくりがしっかりとした樹木を選ぶとよい。防風林に用いられるスギやクロマツ、イヌマキなどの常緑針葉樹が代表的な樹種である。常緑広葉樹では、シラカシやアラカシなどのカシ類が比較的風に強い。

また、硬く細い葉がつながっているヤシ類は、強い風が吹いても受け流すことができるので、風に強い樹木といえる。逆に、枝が細く、葉が薄い樹木は風に弱いものが多いと考えてよい。とくにカエデ類のように、新芽が柔らかく葉が薄い樹木や、枝が細い樹木は、風の影響を受けやすいため、風の強い場所での植栽には注意が必要である。

ただし、柔らかい葉でも、ヤナギ類は、枝がよくしなり、風を効果的に受け渡すことができるため比較的強い樹種といえる。

強風は工作物で避ける

樹木が生長するために、風はなくてはならない要素である。葉の周りの空気を循環させ光合成を効率よく行い、風を媒介にして花粉を飛ばすのに、風の力が必要になる。

しかし、あまりに強すぎる風は、樹木の生長を妨げることになる。特に枝の先端にある生長点が、常時、強い風で押さえ込まれるような刺激を受けると、樹木の生長は鈍くなる。山の尾根や頂上部など、強い風が吹く場所に生える樹木が地を這うような樹形をしているのは、風の影響をなるべく抑えようとしているためである。

したがって、常時強風が吹くような場所に植栽する場合は、風に強い樹木を植えるだけでなく、風除けとなるフェンスや壁などの工作物で緩衝帯を設けて、風の力を弱めるような対処が必要となる。

光合成　植物が太陽の光のエネルギーを用いて、大気中の二酸化炭素と土中から吸収した水をもとに炭水化物を合成すること。植物の成分は、水分を除く85〜90%が光合成でつくられた炭素化合物でできており、二酸化炭素は植物の「主食」ともいえる

風に強い樹木の植生

①山間部

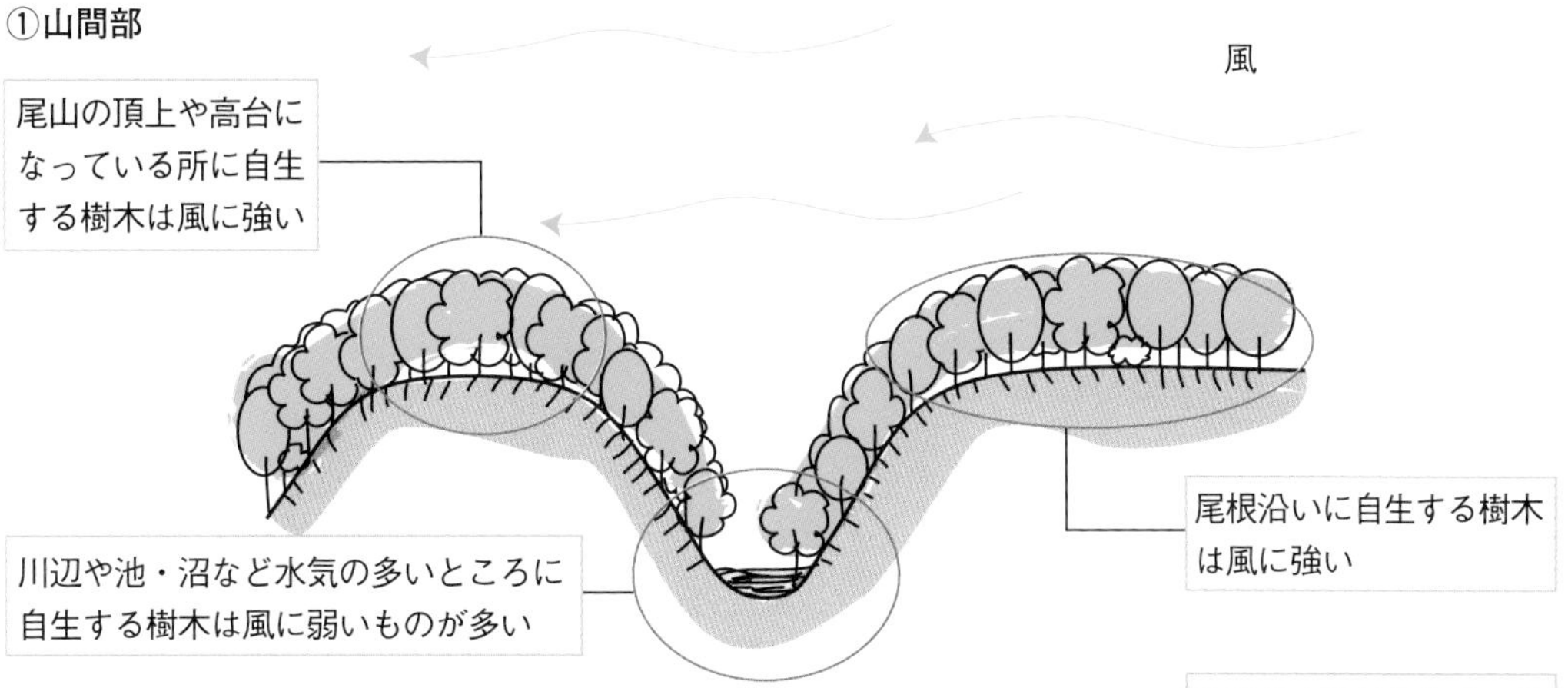
風
尾山の頂上や高台になっている所に自生する樹木は風に強い
尾根沿いに自生する樹木は風に強い
川辺や池・沼など水気の多いところに自生する樹木は風に弱いものが多い

②海辺

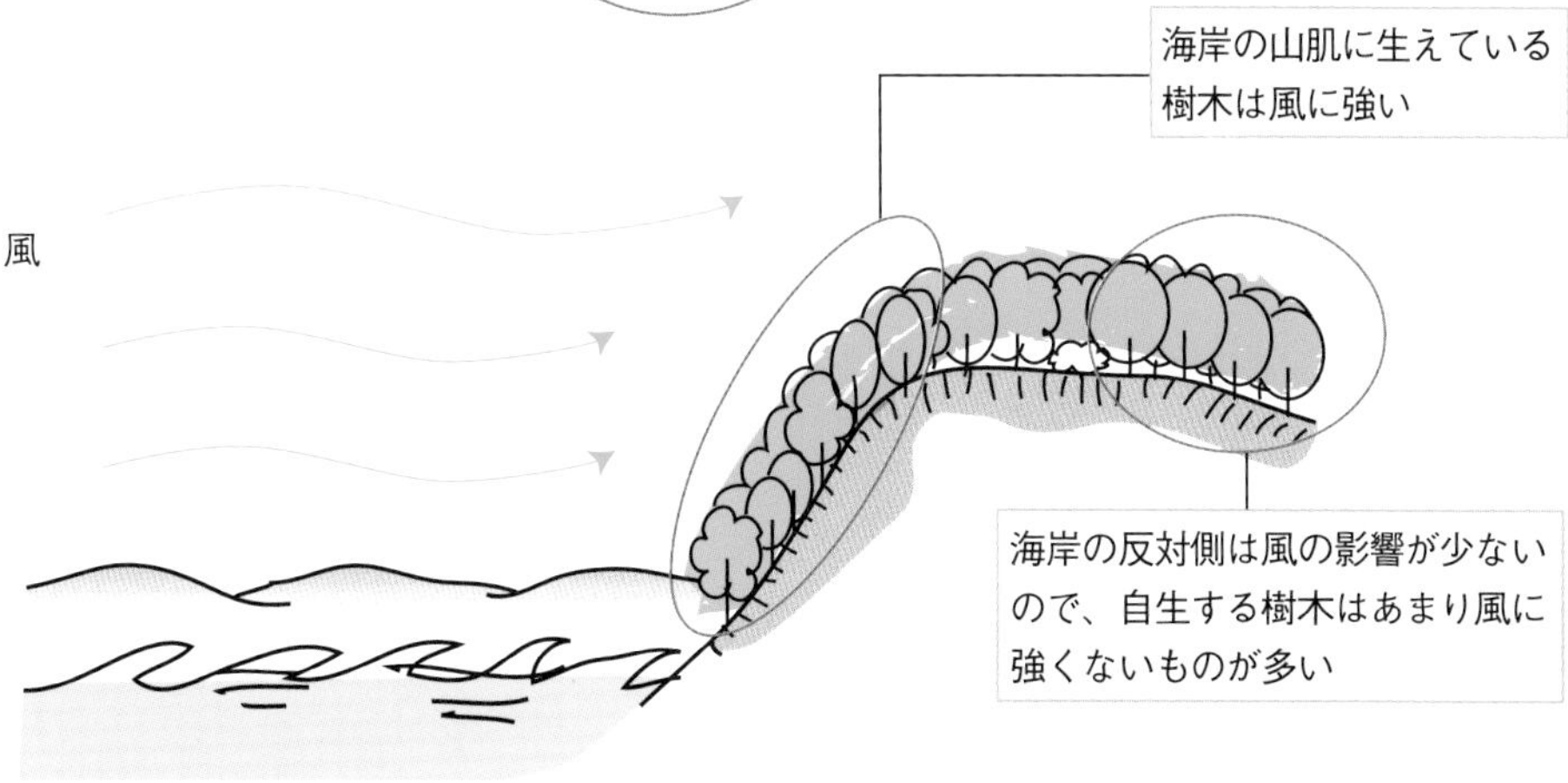
海岸の山肌に生えている樹木は風に強い
風
海岸の反対側は風の影響が少ないので、自生する樹木はあまり風に強くないものが多い

風に強い代表的な樹種

	常緑樹	落葉樹
高　木 中　木	アカマツ、イヌマキ、クロマツ、スギ、アラカシ、クスノキ、サザンカ、シマトネリコ、シラカシ、スダジイ、タブノキ、マテバシイ、マサキ、ヤブツバキ、ヤマモモ	アキニレ、イチョウ、エノキ、ムクノキ
低　木 地被植物	カンツバキ、シャリンバイ、トベラ、ナワシログミ、ネズミモチ、ハマヒサカキ、ニオイシュロラン	アキグミ
特殊樹	カナリーヤシ、シュロ、ソテツ、トウジュロ、ワシントンヤシ	—

海辺の住宅の生垣に使われるイヌマキ

潮風に耐える樹木

ポイント

海辺の植栽では、塩分が付いても洗い流せるか、土壌に含まれていないかを確認する

潮に強い植栽樹はない

「青菜に塩」の喩えがあるように、多くの植物は塩分を嫌うため、潮風に耐えられる樹木はほとんどないと考えたほうが賢明である。常時、潮風が当たり、塩を被るような場所で植栽できるのはマングローブくらいだろう。

比較的潮風に強い樹木は、海岸に自生するカナリーヤシなどのヤシ類のほかに、クロマツなどのマツ類やイヌマキなどのマキ類などの硬い葉をもつ常緑針葉樹である。これらの樹木ならば、海岸線から少し離れた場所での植栽が可能である。

もう少し離れた場所では、ヤブツバキやスダジイ、ヤマモモ、タブノキ、ウバメガシなどの常緑広葉樹の植栽が可能になる。これらは比較的厚い葉と、風にも耐えられる丈夫で太い枝・幹をもっている。落葉広葉樹では、エノキやアキニレならば植栽できる。

海辺の植栽のポイント

海の近くでの植栽では、上記の塩分に比較的強い樹木を選ぶことが基本である。ただしそれらの樹木も、葉に塩が付着したまま放置すると生長が阻害される。雨で葉に付いた塩が自然に流される場所や、葉を水洗いしやすい場所に配植することがポイントとなる。

潮風が非常に強い場所では、工作物などで潮風を遮蔽し、さらに耐潮性のある樹木を植栽するようにする。

海岸近くの敷地は直接潮風が当たらなくても、土壌が塩分を多く含んでいることがある。土壌の表面が白っぽく塩を吹いていたり、雑草がまったく生えていなかったりすると、土壌の塩分が高いと考えられる。この場合は、腐葉土やバーク肥などで土壌を改良して水はけをよくし、土中に塩分が留まらないようにするか、植栽する部分の土をすべて入れ替える必要がある。

マングローブ　亜熱帯や熱帯の河口など、塩分の多い湿地帯に発達する特異な植物群落。ヒルギ科などの高木・低木からなり、常緑で葉が厚く、耐塩性に優れる。土壌が泥質のため、地表に呼吸根を発達させている

海からの距離と植栽可能な植物

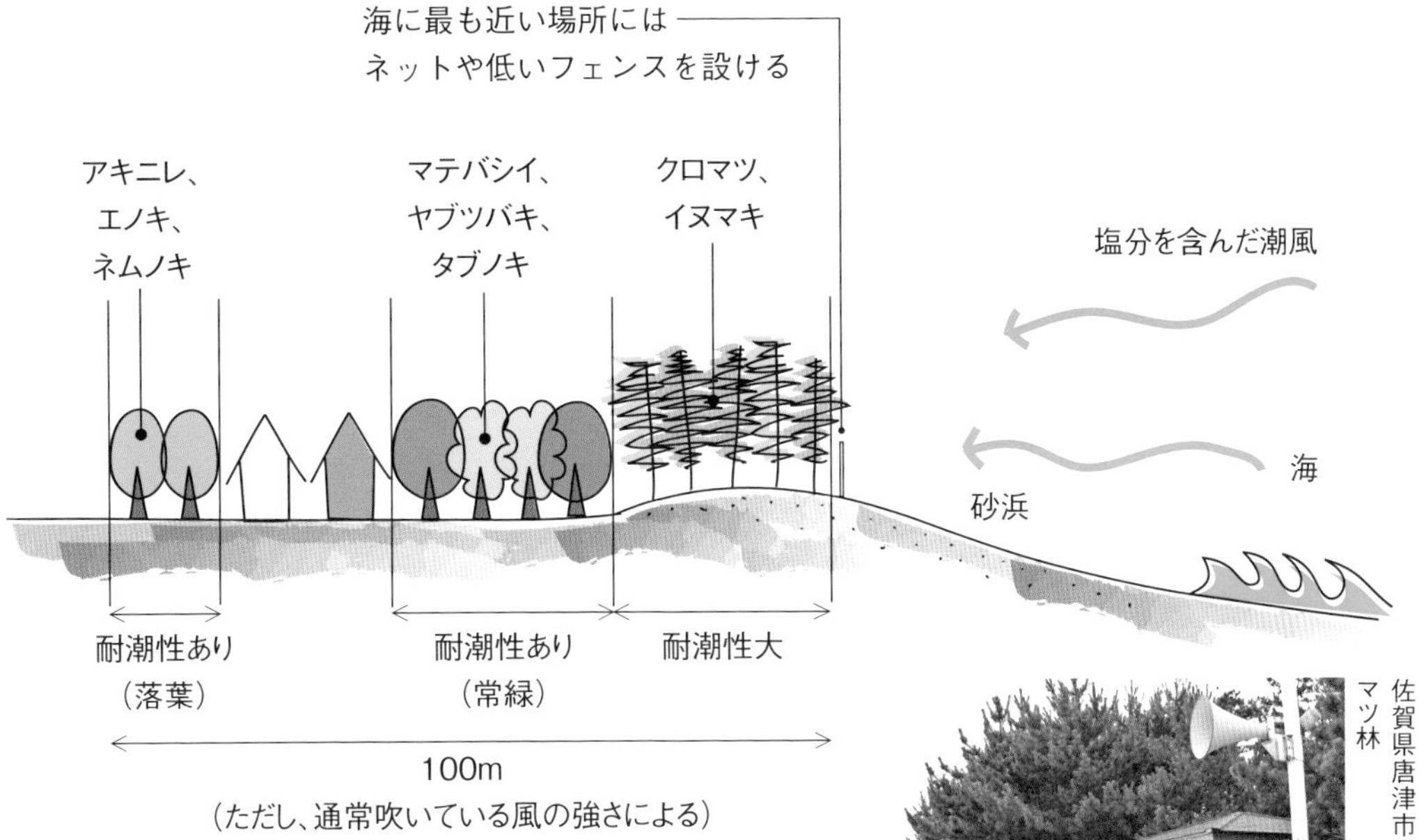

佐賀県唐津市の海岸のクロマツ林

潮風に耐える代表的な樹種

	耐える	やや強い	強い
高 木 中 木	カヤ、マキバブラシノキ、オリーブ、アキニレ、イヌビワ、エノキ、カラスザンショウ、クサギ、柑橘類、シダレヤナギ、サルスベリ、ネムノキ	カイヅカイブキ、ウバメガシ、キョウチクトウ、ギョリュウ、タブノキ、サンゴジュ、スダジイ、マサキ、マテバシイ、ヤブツバキ、ヤマモモ、ユーカリ類、アメリカデイゴ、オオシマザクラ、シマサルスベリ、メラノキシロン	クロマツ、イヌマキ
低 木 地被植物	アベリア、アオキ、ヒラドツツジ、ヒサカキ	シャリンバイ、トベラ、マルバグミ、ガクアジサイ、ハイビャクシン、ローズマリー、ノシバ	ハマゴウ、ハマヒサカキ、グンバイヒルガオ、ウェデリア、クサトベラ、ウラジロギク、ツワブキ
特殊樹	－	シュロ、トウジュロ	カナリーヤシ、ソテツ、ヤタイヤシ、ワシントンヤシ、ハマユウ、ユッカ、ニオイシュロラン、バショウ  奄美大島の海岸崖のソテツ林

排ガスを遮る樹木

ポイント

排ガスに強いのは高速道路や幹線道路の街路樹。ただしケヤキとソメイヨシノはNG

抵抗性のある常緑広葉樹

工場の排気や車の排ガスなど、汚れた大気を好む樹木はほとんどない。幹線道路沿いなどでは、汚染された空気に対して、できるだけ抵抗性のある樹木を選ぶのが基本である。

樹木は光合成でCO_2を取り込む際に、大気中に飛散している汚染物質が葉に吸着しても、比較的抵抗性のある、葉の厚く硬い常緑広葉樹が最も適している。キョウチクトウやマサキをはじめ、高木ではウバメガシ、ヤマモモ、中木ではサザンカ、サンゴジュ、ヤブツバキ、低木ではオオムラサキツツジ、ヒサカキなどが排ガスに強い。落葉樹では、高木のイチョウも空気の汚れに比較的強い樹木である。

逆に、ブナやモミなど、きれいな空気を好むため山に自生する樹種は、道路沿いなど排ガスの影響を受けやすい場所への植栽は避けるべきである。

排ガスを防ぐ「緑の層」

植え付ける際は、低木から高木までまんべんなく緑の層をつくるようにするとよい。ただし、どんなに抵抗性のある樹種でも汚染物質が葉の表面を覆いつくしてしまうと、光合成も呼吸もできなくなるので、雨水で自然と洗い流されるような環境か、あるいは必要ならば水で洗い流すことができるようにしておくことが重要だ。

樹木は大気汚染がひどくても急に枯れず、徐々に調子を崩し、ある日突然枯れる。葉を洗う目安だが、上部の葉が黒くなってきたら汚れを流すようにするとよい。

幹線道路など車の往来の多いところに植栽してある街路樹は、排ガスに対して抵抗力があるものが多い。とくに高速道路の脇の植栽帯はあまり管理を必要としない植物が選ばれている。樹種選択の参考にするとよいだろう。

排ガスを防ぐ配植

①立面

②平面

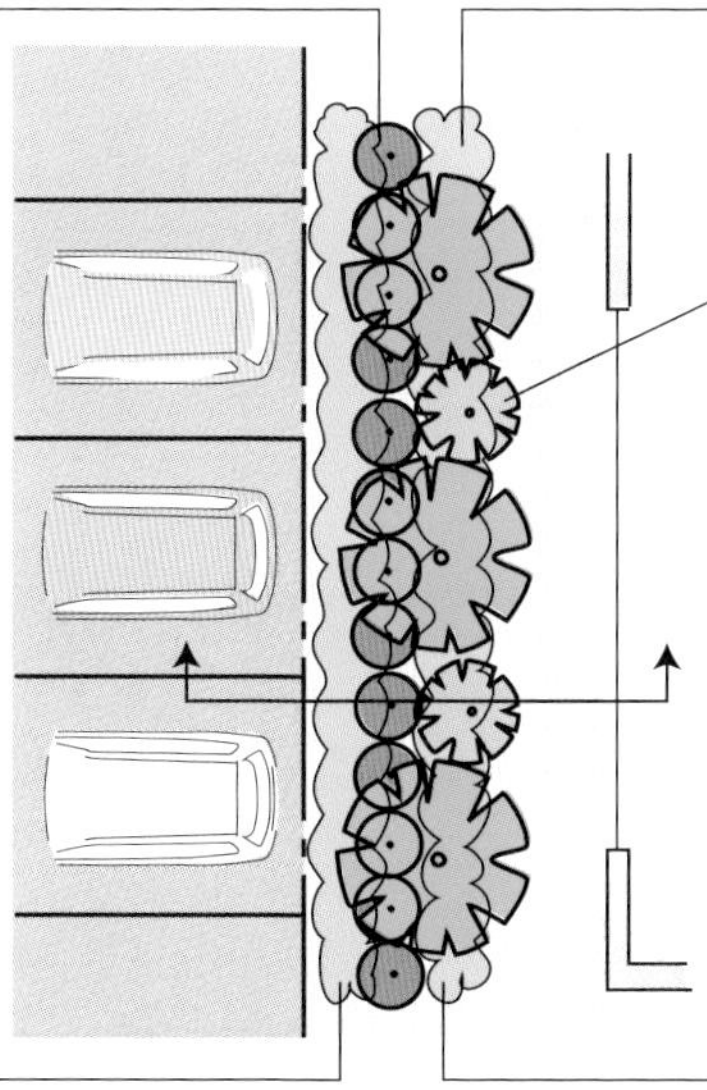

排ガスに強い代表的な樹種

高木・中木	低木・地被植物
イチョウ、エンジュ、カイズカイブキ、キョウチクトウ、サザンカ、サンゴジュ、タブノキ、ムクゲ、モミジバフウ、ヤブツバキ、ヤマモモ	アオキ、アセビ、シャリンバイ、トベラ、ナツヅタ、ハナゾノツクバネウツギ（アベリア）、ハマヒサカキ、ヒサカキ

サザンカ。
ツバキ科ツバキ属の常緑広葉樹

乾燥に強い樹木

ポイント

都市部は乾燥に弱い樹木の植栽を避ける。葉が厚く硬い常緑樹は比較的乾燥に強い

都市部は土中が乾燥気味

樹木の生長に、水は欠かせない。しかし、都市部では、舗装された道が多く、しかも温暖化の影響で湿度が低い。

そのため、地中に雨水を蓄えることができず、土壌が乾き気味のことが多いのである。

そこで、自動灌水設備が必要となる。この自動灌水設備を用いれば、比較的手間をかけず、樹木の生長に適切な環境をつくることができる。

ただし、機械に頼りすぎると、万が一、機械が故障した際には、すぐに樹木が枯れる心配がある。また、機械を維持するためには、それなりのコストが必要になる。

これらの条件を考えると、都市部では、乾燥に強い樹種を植栽樹として選定することが植栽後の管理にとって重要なポイントとなる。

葉が厚い樹木は乾燥に強い

乾燥に強い樹木を見分けるポイントは、葉が厚く硬くしっかりとしていることである。常緑広葉樹や常緑針葉樹には、乾燥した土壌に強いものが多い。落葉樹では、シラカンバやヤナギ類が乾燥に強い性質をもつ。

街路樹に選ばれるものも乾燥に強いものが多い。ただし、ケヤキやサツキは水分が多い環境を好む樹木であるので、乾燥気味な敷地には向かない。

山の尾根や、海岸線近くに自生する樹木も比較的乾燥に強いものが多い。高木ではアカマツやクロマツ、地被植物ではハイビャクシンなどが代表的な樹種である。特殊樹のソテツやユッカ類も乾燥に強い。

ただし、これらの乾燥に強い樹木といえども、まったく水がなければ枯れてしまう。土が乾燥しすぎている場合は、水分を補給する必要がある。

灌水　植物の正常な生育を維持するために、土壌に不足した水分を補給すること。温度の降下、汚れの除去のために行うこともある
ユッカ類　リュウゼツラン科ユッカ属の樹木。乾燥地に適応し、北米から南米にかけて約60種が分布。葉は線状で先端にトゲを持つものが多い

乾燥した庭の配植

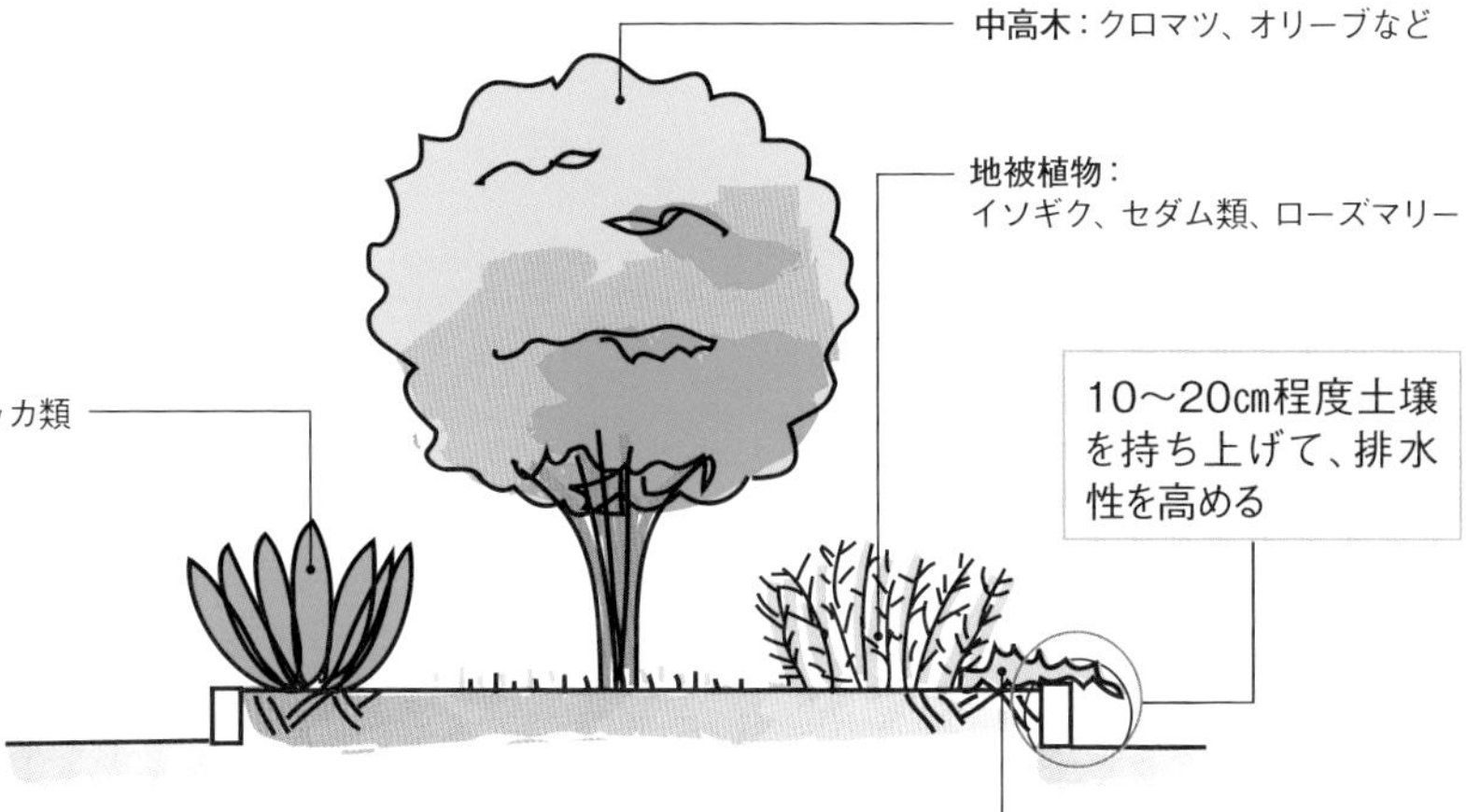

一般的な灌水システム

①土に灌水するタイプ

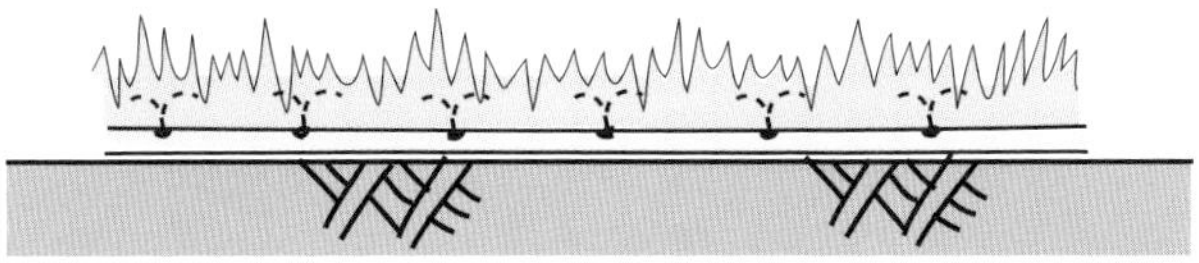

土に直接水を浸透させるシステム。灌水方法は右図の(3)タイプが代表的。上葉に水が当たらないため、葉がやや乾燥しやすい。葉の厚いフッキソウ、シャガなど向き

②葉に灌水するタイプ

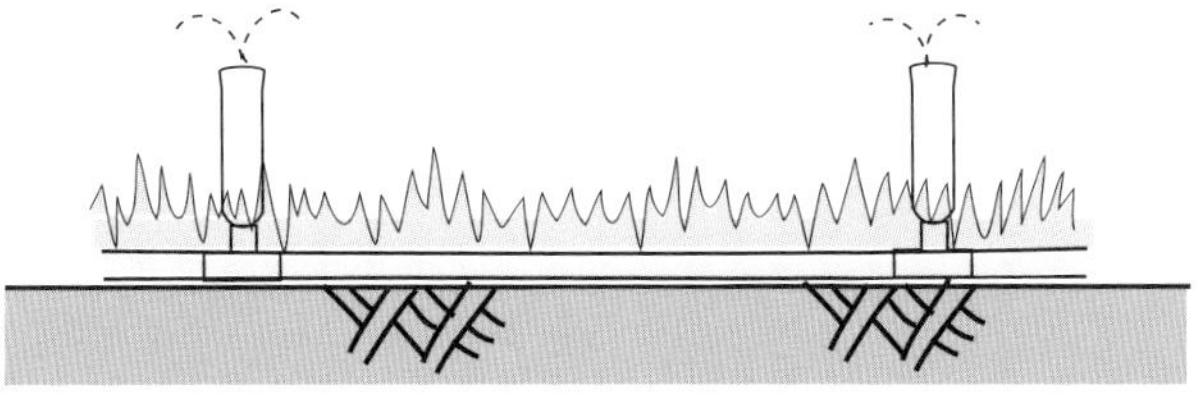

葉の上から水をかけるため、葉が乾燥しづらい。ただし、風の強いところでは散水範囲にむらができる。葉の薄いシバやササなど向き

(1) ドリップ式

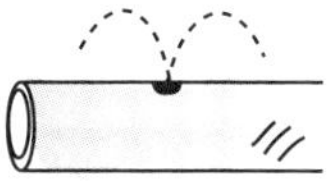

(2) 染み出し式

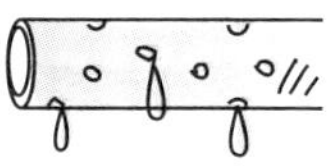

(3) 点滴式

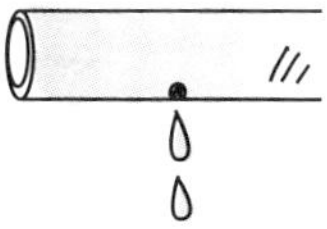

乾燥に強い代表的な樹種

高木・中木	低木・地被植物	特殊樹
アカマツ、オリーブ、クロマツ、シラカンバ、ニセアカシア（ハリエンジュ）、ブラシノキ、ベニカナメモチ、ネズミサシ（ネズ）、ヤマハンノキ	イソギク、ギンバイカ、シャリンバイ、セダム類、ハイビャクシン、ローズマリー	ソテツ、ユッカ類

暑さに強い樹木

ポイント

温暖化で暑さを好む樹木の植栽もできるようになった。ただし、寒さへの対策も重要

都市部の植栽は暑さに注意

温暖化の影響で、都市部の気温は、かなり上昇している。実際、近年の平均気温を比べると、東京23区内と沖縄で、ほとんど変わらない。30年前の東京都内では室内用の観葉植物だったシマトネリコやタマシダが、今では屋外での植栽が可能になっている。近年、都市部では暑さに強い樹木を植栽しなければならなくなっている。

暑さに強い樹木は基本的に、沖縄や南九州、南四国、南紀など、もともと暑い地域に自生するものが中心となっている。クスノキなどの常緑広葉樹が代表的な樹種である。外来種では、ギリシャやイタリア、スペインなどの南欧に自生するオリーブも暑さを好む。サルスベリなど、夏に長期間花を咲かせる樹木も暑さに強いものが多い。

特殊樹では、タケ類が暑さを好む。ヤシ類も暑さに強く、カナリーヤシやワシントンヤシなどは、東京近郊での植栽が可能だ。日本庭園などにも用いられるソテツも暑さを好む。

冬の寒さ対策も重要

夏の都市部は暑いが、冬はそれなりに気温が下がるもの。暑さに強い樹木の多くは、寒さを苦手とするため、これらの樹木を植栽する場合は、冬の寒さへの配慮が必要となる。

たとえば、夏は日当たりがあるが、冬になると日が当たらないような場所は、暑さに強い樹木の植栽には向かない。冬に冷たい北風が通り抜ける場所では、クロガネモチのように葉をすっかり落としてしまうものもある。

ソテツのように、菰《こも》巻きなどの寒さ対策をとれるものは、あらかじめ管理方法を建て主に伝えておく。ただし、ほとんどの樹木は有効な耐寒策がない。とくに冬の寒さが厳しい場所では植栽を避けたほうがよい。

観葉植物　主として熱帯・亜熱帯産の葉を観賞対象とする植物
特殊樹　形態的にも、栽培や管理においても取り扱いが特殊な樹木

暑さに強い代表的な樹種

	常緑樹	落葉樹
高　木 中　木	イヌマキ、ウバメガシ、オリーブ、シマナンヨウスギ、柑橘類、キダチチョウセンアサガオ、キョウチクトウ、クスノキ、クロガネモチ、クロマツ、ゲッケイジュ、サンゴジュ、シマトネリコ（※）、タブノキ、ビワ、フクギ、ホルトノキ、ヤマモモ	アメリカデイゴ、オオシマザクラ、サルスベリ、シマサルスベリ、ナンキンハゼ、フヨウ、プラタナス、ムクゲ
低　木 地被植物	ギンバイカ、シャリンバイ、トベラ、ハイビャクシン、ハマヒサカキ、ヒイラギナンテン、ローズマリー	ナツヅタ
特殊樹	カナリーヤシ、ソテツ、バショウ、ハマユウ、ヤタイヤシ、ワシントンヤシ、シュロ、トウジュロ	─

※ 寒い冬になった場合や寒風にあたると葉が落ちる。半落葉

都市部で植栽が可能になったニューフェイスたち

シマトネリコ

モクセイ科トネリコ属の半落葉高木。沖縄や台湾など亜熱帯や熱帯の山地に自生する。暖かい気候を維持できる場所では、常緑状態を保つ。細かい葉がさわやかな雰囲気で、1本立ち、株立ちなど樹形もいろいろあり、利用範囲が広い

オリーブ

モクセイ科オリーブ属の常緑広葉樹。地中海地方が原産とされ、イタリア、スペインなどの地中海沿岸地方で多く栽培されている。日あたりを好み、乾燥に強い。弱アルカリ土壌を好むため、酸性を好む植物との混植は避る

キダチチョウセンアサガオ

ナス科キダチチョウセンアサガオ属の常緑中木。初夏から晩秋までトランペットに似た大きな花を付ける。有毒植物なので、植栽場所に注意する

菰巻き　日焼けや寒さによる樹皮われを防ぐために、幹や枝に、菰（むしろ）を巻きつけてシュロ縄などで止める養生方法

病虫害の制御

ポイント

病虫害の被害を抑えるためには、樹木の生育環境のバランスに注意する

病虫害が発生する環境

植栽樹として流通している樹木は、比較的、病虫害の被害を受けにくい。しかし、近年の気候変動により、以前では見られなかった虫や菌が発生するケースが増えている。

農薬の規制が厳しい日本では、それらの予防にあらかじめ薬を撒くという措置がとりづらい。そのため、なるべく虫や菌が発生しにくい環境をつくることが重要になる。とくに樹木の生長に欠かせない日照や水、土、風、気温の5つの条件に問題があると、樹木は病虫害を受けやすくなる。

また、樹木のなかには、特定の虫に被害を受けるものがある。ツバキ類につくチャドクガ、サンゴジュにつくサンゴジュハムシ、イヌツゲやマメツゲなどのツゲ類につくツゲノメイガなどが代表的な例である。これらの虫は高温多湿の環境を好むので、通風を十分に確保することが必要である。5月末から7月にかけて発生するので、見つけしだい取り除くようにする（※）。

病虫害を防ぐ工夫

敷地に余裕がない場合、先に挙げた5つの条件をすべて満たすことは困難だ。そこで最低限、以下の点に注意して配植や樹種選択を行えば、病虫害が発生する確率を抑えることができる。

まず、アラカシやシキミなど、病虫害に強い樹木を植栽することが大前提である。改良品種や外国種は、病虫害を受けやすいので、生育環境が厳しい場所では植栽は避けるべきである。

樹木を密に植えること（密植）も避けたい。密植すると生長に欠かせないわずかな栄養資源を複数の樹木で取り合うことになり、樹木の抵抗力が落ち病虫害に侵されやすくなる。隣り合う樹木の間隔は、高木2m以上、中木1m以上、低木0.5m以上はとりたい。

※薬剤は周りの生き物すべてに影響を与えるので、まずは捕殺することからはじめたい。薬剤を使用する場合も、残留性の少ない農業用の薬剤を選ぶ

病虫害にかかりやすい環境

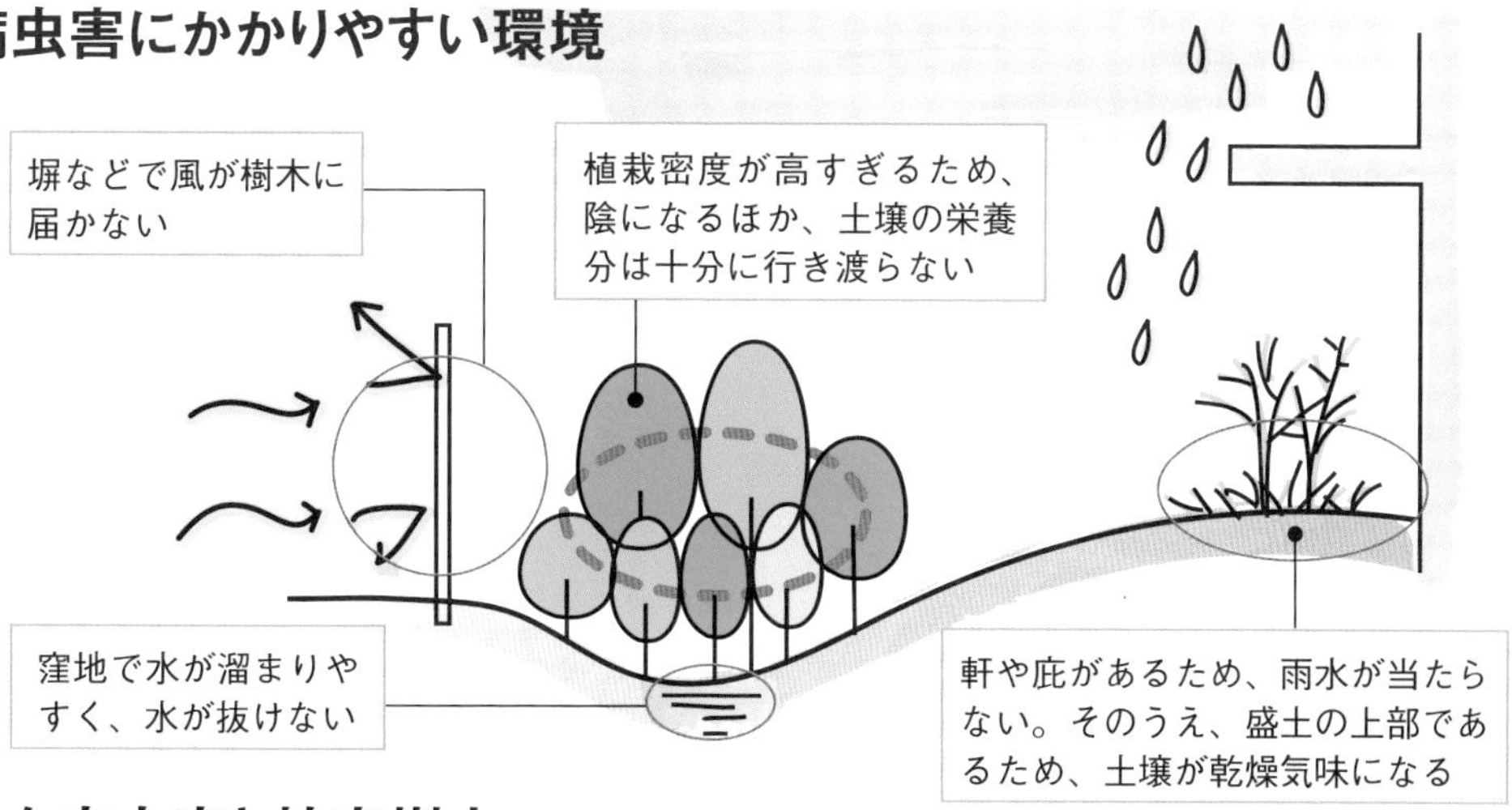
塀などで風が樹木に届かない
植栽密度が高すぎるため、陰になるほか、土壌の栄養分は十分に行き渡らない
窪地で水が溜まりやすく、水が抜けない
軒や庇があるため、雨水が当たらない。そのうえ、盛土の上部であるため、土壌が乾燥気味になる

主な病虫害と被害樹木

	病虫害名	特　徴	被害を受けやすい樹木
病害	ウドン粉病	新芽や花にウドン粉が吹いたような白い粉が付く。症状が進むと樹木の生長が阻害される	ウメ、ケヤキ、サルスベリ、ハナミズキ、バラ類、マサキ、リンゴ
	黒点病	濡れた葉の表面で広がり、葉面が乾くと赤黒い斑点が現れ、後に黒くなる	柑橘類、バラ類、リンゴ
	すす病	葉や枝、幹などの表面が黒いすす状のもので覆われる。葉が覆われると光合成が妨げられ、樹木の生長が阻害される	ゲッケイジュ、ザクロ、サルスベリ、ツバキ類、ハナミズキ、ヤマモモ
	白絹病	全体的に萎えてくる（酸性土壌で夏期高温時期や排水不良地に出やすい）	ジンチョゲ、スギ、ニセアカシア、マキ
虫害	アゲハ類の幼虫による食害	相当量の葉を食べるため、すべての葉がなくなることもある。幼虫を刺激すると嫌な臭いを放つ	柑橘類、サンショウ
	アブラムシによる吸汁害	アブラムシが樹液を吸い、樹木の生長が阻害される	イロハモミジ、ウメ、バラ類
	カイガラムシによる吸汁害	白い塊が枝や葉に点々と付き、木が弱る。虫のフンですす病を誘発する	柑橘類、シャリンバイ、ブルーベリー、マサキ
	オオスカシバの幼虫による食害	スズメガの一種で若葉を中心にほとんどの葉がなくなる	クチナシ、コクチナシ
	コスカシバによる食害	ハチに似たガで幹の傷などに成虫が産卵。樹皮内側で幼虫が成長し食害が起き、樹木は枯れる。幹からゼリー状の塊が出て固まる	ウメ、サクラ類、モモ
	サンゴジュハムシによる食害	甲虫の一種で幼虫・成虫とも葉を食す。とくに幼虫は新芽を穴だらけにする	サンゴジュ
	チャドクガによる食害	年に２回発生。葉を食べる。チャドクガの毛に人が触れると発疹したり、かぶれたりする	サザンカ、ツバキ類
	ツゲノメイガによる食害	幼虫が枝先に群れ、糸を張って営巣。食害を起こす	ツゲ類

TOPICS

BOTANICAL GARDEN GUIDE 2

真鍋庭園

プンゲンストウヒとプンゲンストウヒ「グロボーサ」(手前)

カナダトウヒ「コニカ」

日本一広大なコニファーガーデン

北海道帯広市に位置する日本初のコニファーガーデン。このガーデン自体は、さまざまな植物園や緑化センターに設けられているが、コニファーをメインとしたガーデンとしては日本一の面積を誇る。

造園会社・真鍋庭園苗畑が経営する庭園で、鑑賞はもちろん、扱い方や育て方も学べる。2万5千坪の庭園内には日本庭園、ヨーロッパガーデン、風景式庭園の三つのテーマガーデンを設置し、それぞれの間に芝生広場や渓谷、池などがある。

北ヨーロッパ、カナダなどから輸入された北方系外来種以外にも、さまざまな園芸樹種が数百種設置されており、生産・販売も行っている。

DATA

住所/北海道帯広市稲田町東2-6
電話/0155-48-2120
開園時間/8:30~17:30
(最終入園17:00)
※10月、11月は時間短縮あり
休園日/期間(4月下旬~11月下旬)は無休
入園料/大人1,000円、小中学生200円

第3章
空間ごとの緑の演出

狭い庭の植栽

ポイント

狭いスペースには、生長が遅く、剪定しやすい樹種を選ぶ。生長は早いがタケも最適

中木の落葉広葉樹を選択

面積が小さくても、垂直方向に空間がとれるならば、植栽は可能である。室内から外の景色や緑が見えると、外部空間の広さを感じることができる。敷地に余裕がない都市部の住宅でも、多少の空間は意外と確保できるもので、ぜひそこに植栽することをすすめたい。

狭いスペースの植栽では、「生長が遅く、剪定しやすい」性質をもつ樹木を選ぶことがポイントとなる。

高木は避け、中木の落葉広葉樹を選ぶとよい。葉のボリュームが少なく、サラッとした印象の木姿になるエゴノキやヤマボウシ、ハナミズキなどを1本植栽し、足もとを地被植物類で被うとちょうどよい収まりになる。

常緑広葉樹は、葉のボリュームが出すぎるため、狭いスペースだと圧迫感が生まれるので避けたほうがよい。

スギやヒノキなどの針葉樹は、高さのわりに横幅（葉張り）が小さいため植栽可能である。

ただし、針葉樹には常緑樹が多く、少し圧迫感があるうえ、葉が密に付くため風通しが悪くなる。

特殊樹では、タケ類のモウソウチクやマダケがある。タケ類は生長点（先端）に日が当たり、稈には日が当たらないような環境を好むので、狭い庭での植栽には適しているといえる。

狭い庭に合う園芸種

狭い庭に向く落葉広葉樹でも、生長すると樹高の0.5～1.0倍くらいの横幅になるので、管理には注意が必要だ。

近年、ケヤキの園芸種「武蔵野シリーズ」や、モモの園芸種「ホウキモモ」など、横に広がらない園芸種が流通しているので、これらを使えば、狭い空間でも高木の植栽を楽しむことができる。

狭い庭の配植

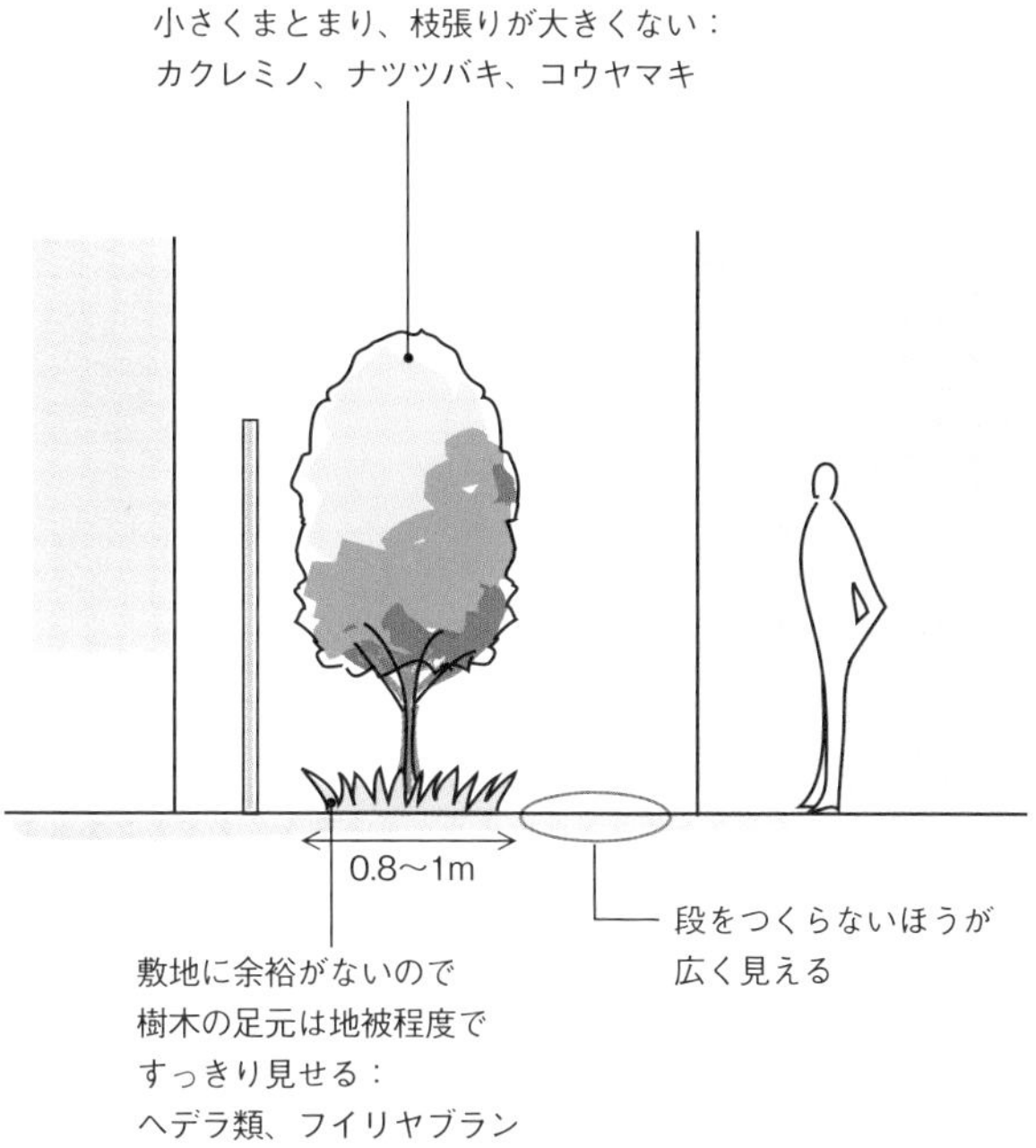
小さくまとまり、枝張りが大きくない：
カクレミノ、ナツツバキ、コウヤマキ
0.8〜1m
敷地に余裕がないので
樹木の足元は地被程度で
すっきり見せる：
ヘデラ類、フイリヤブラン
段をつくらないほうが
広く見える

樹形が小さくまとまる樹木

エゴノキ、カクレミノ、カツラ、ケヤキ園芸種「武蔵野シリーズ」、コウヤマキ、スギ、ナツツバキ、ハナミズキ、ヒノキ、ホウキモモ、マダケ、モウソウチク、ヤマボウシ、ラカンマキ

タケの配植のポイント

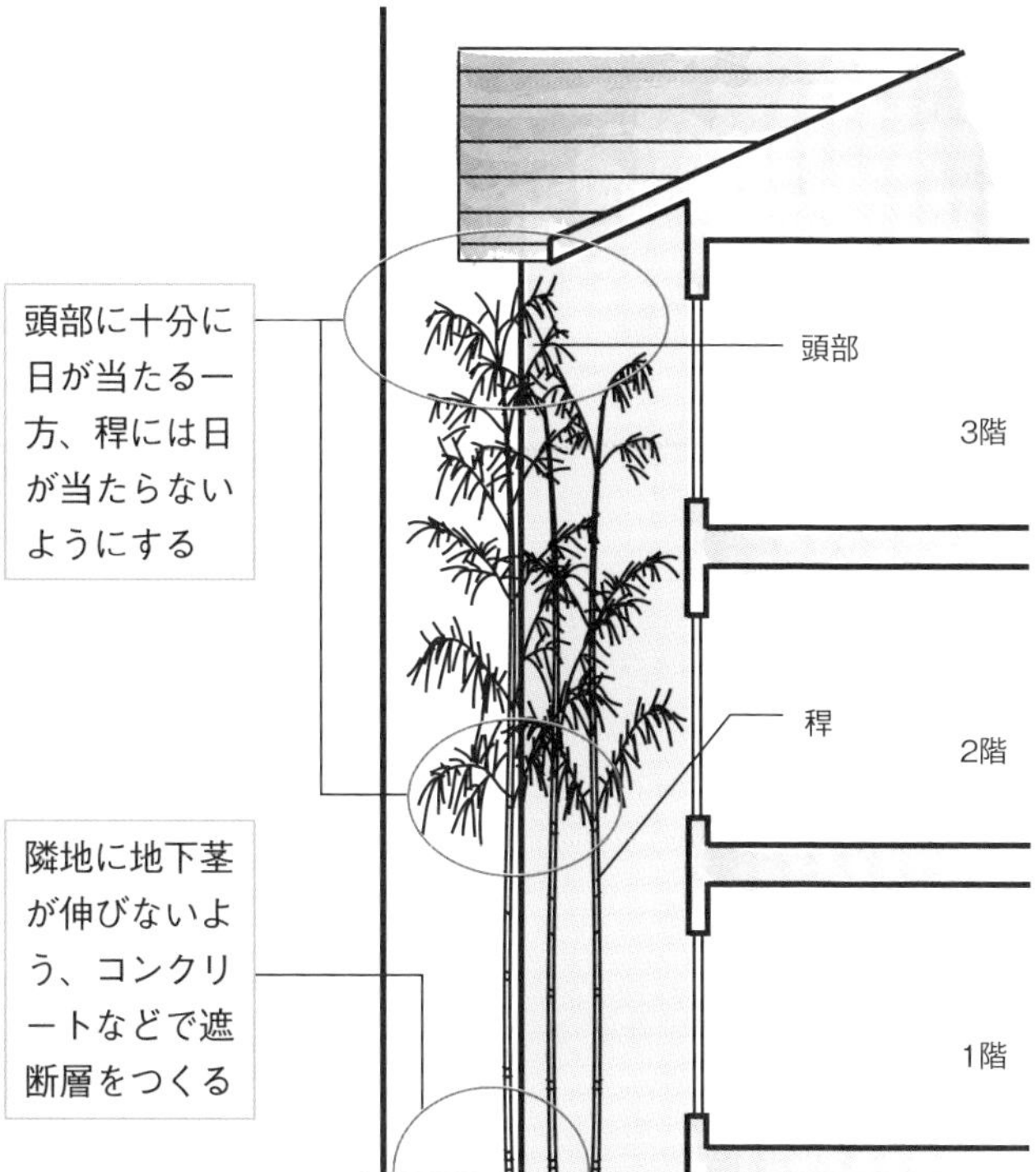
頭部に十分に日が当たる一方、稈には日が当たらないようにする
隣地に地下茎が伸びないよう、コンクリートなどで遮断層をつくる
頭部
稈
3階
2階
1階

※タケの植栽方法は
210−211頁も参照

狭い庭に向く園芸種

モモの園芸種「ホウキモモ」。モモは横に枝が広がりやすいが、ホウキモモは狭楕円形の樹形になる

門廻り・アプローチの植栽

ポイント

門廻りやアプローチには、花木や季節の移り変わりが分かる樹種を選ぶ

門廻りの植栽

個人住宅の門周辺では、植栽スペースをあまり多く確保できない場合が多い。したがって門廻りに植栽する場合は、樹高の低い、葉や枝のボリュームがあまり出ないものを選ぶ。

花の色や香りが楽しめる花木を配植すると、門廻りが明るい印象になる[156—163頁参照]。低木の花木には、花の色を楽しめるツツジ類や、花の香りを楽しめるジンチョウゲなどがある。

1㎡くらいのスペースがとれれば、樹高3m程度の中木を植えるのもよい。ハナミズキやムクゲなどを植えると、季節が感じられるスペースになる。

門と道路との間に植栽スペースがとれない場合は、門近い庭に高さ2.5m以上の明るい葉をもつ常緑樹（モッコク、マツ、シマトネリコなど）を植栽すると、樹木と門が一体となったような視覚的効果が生まれる。

アプローチの植栽

短く、狭いアプローチでも、枝張りがあまり大きくなく、葉の密度が低い樹木を効果的に配植すると、実際以上に長く広いスペースに感じさせることができる。

人は、目標物がダイレクトに見えるよりも、手前に何かあり、その奥に目標物が見えるほうが、奥行きを感じる。したがって、アプローチの植栽では、目標物（玄関）が少し隠れるように配植することがポイントになる。

植栽樹は、小ぶりで姿がよい落葉樹で、樹形がまとまるものを選ぶ。ハナミズキやヤマボウシ、エゴノキ、ヒメシャラ、ナツツバキ、コバノトネリコなどがよいだろう。樹木の際や足もとは、ササ類やフッキソウなどの丈の低い地被植物類を植える。樹木と地被植物の間に空間を確保できるため、圧迫感はなく、狭さもさほど感じさせない。

門廻りの印象を変える植栽

①門廻りに1㎡程度のスペースがとれる場合

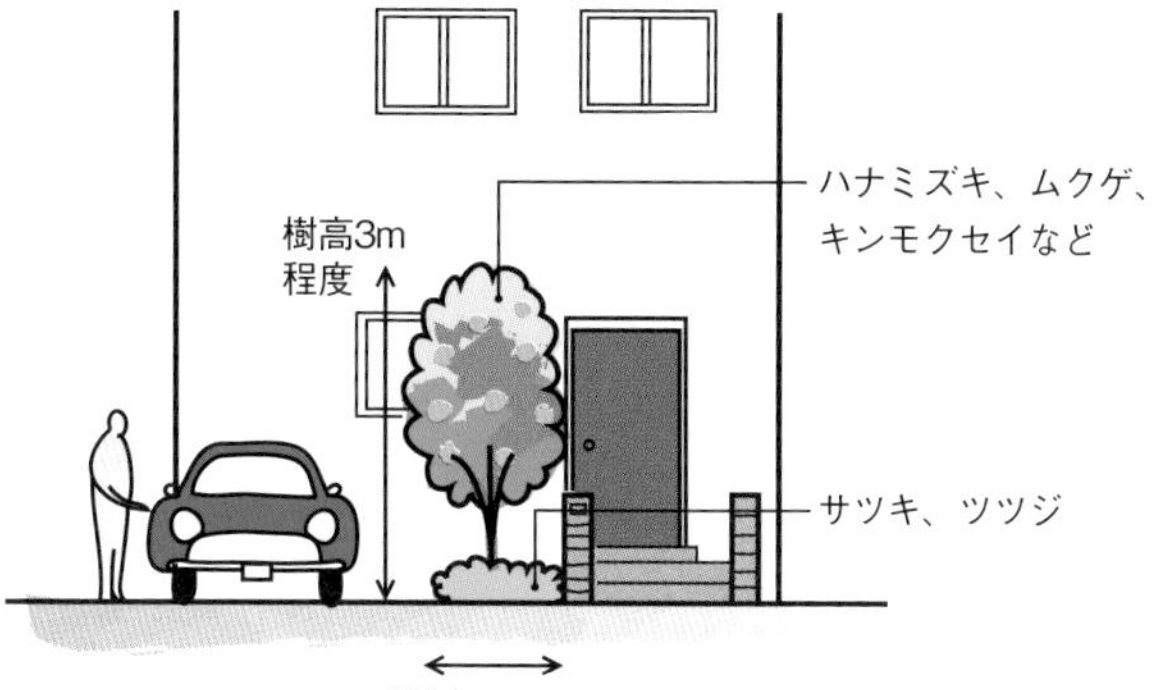

②門・塀の内側に樹木を植える場合

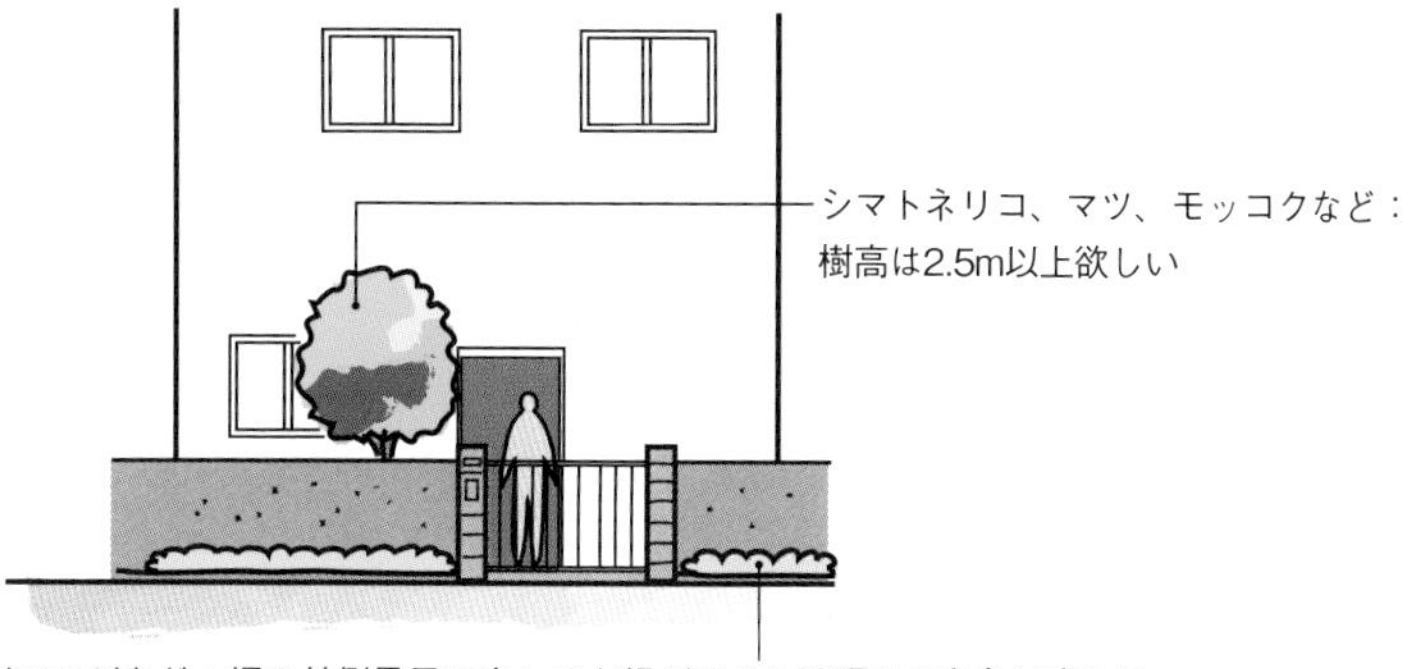
ヒラドツツジなど：塀の外側足元に少しでも緑があると門廻りの印象は変わる

アプローチを広く感じさせる植栽

①立面

大きさの対比が遠近感を生む

ヒメシャラ。ツバキ科の落葉広葉樹。花期は6～7月、直径2㎝ほどの白い花を付ける

②平面

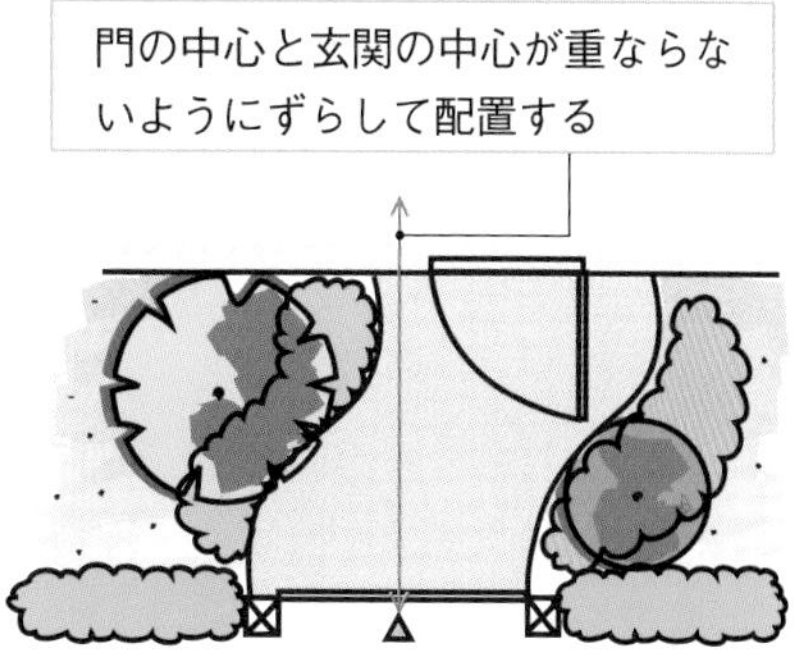

中心をずらすことで奥行き感が出る

坪庭の植栽

ポイント

規模の小さい中庭である坪庭。この植栽では、正面を定め、窓からの眺めに景色を配する

坪庭に合う樹木

建物に囲まれた場所に設ける坪庭は、日照が限られ、湿気が溜まりやすい。そのため、日陰や湿気の多い環境を好む樹木を選ぶとよい。また、植栽スペースが非常に狭くなるため、大きく生長するものは避ける。

日照が乏しくても生長できる樹木は、常緑広葉樹に多い。カクレミノやツバキ類、サザンカなどは、小ぶりで形をつけやすいので、坪庭に向いた樹木である。形がまとまるコハウチワカエデ、タムケヤマなどのカエデ類も向いている。

ヤツデやヒイラギナンテンなどの葉の形が特徴的なものや、ナンテンやフイリアオキのように変わった模様や色をした葉をもつ樹木を少し取り入れると、景色のアクセントとなる。

逆に、サクラのように花が派手で大きく生長するものや、柑橘類《かんきつるい》など日照を好む果樹は植栽しないほうがよい。

坪庭のデザイン

坪庭は、庭に臨む開口部から見える景色で完結するようにまとめるのが基本。樹木の高さを庭に向いた部屋の天井高以下になるように抑え、緑の量が開口部の面積の半分以下くらいに収まるように配植する。複数の部屋から庭が見える場合、どの部屋からの眺めを庭の正面にするかを検討する。

1本でも形になるような樹木を数点植えると、景色としてまとめやすい。あまり多くの樹木を植えると、雑然とした印象を与えてしまう。また、通風や採光を妨げるので、樹木に虫や病気がつきやすく、不衛生な空間になる。

建物の内装工事を終えた後に坪庭をつくる場合、室内を通して樹木や土を搬入しなければならず、養生に手間がかかる。建築工事のタイミングを調整して、植栽工事の段取りをするとよい。

坪庭の配植例

①和風の坪庭

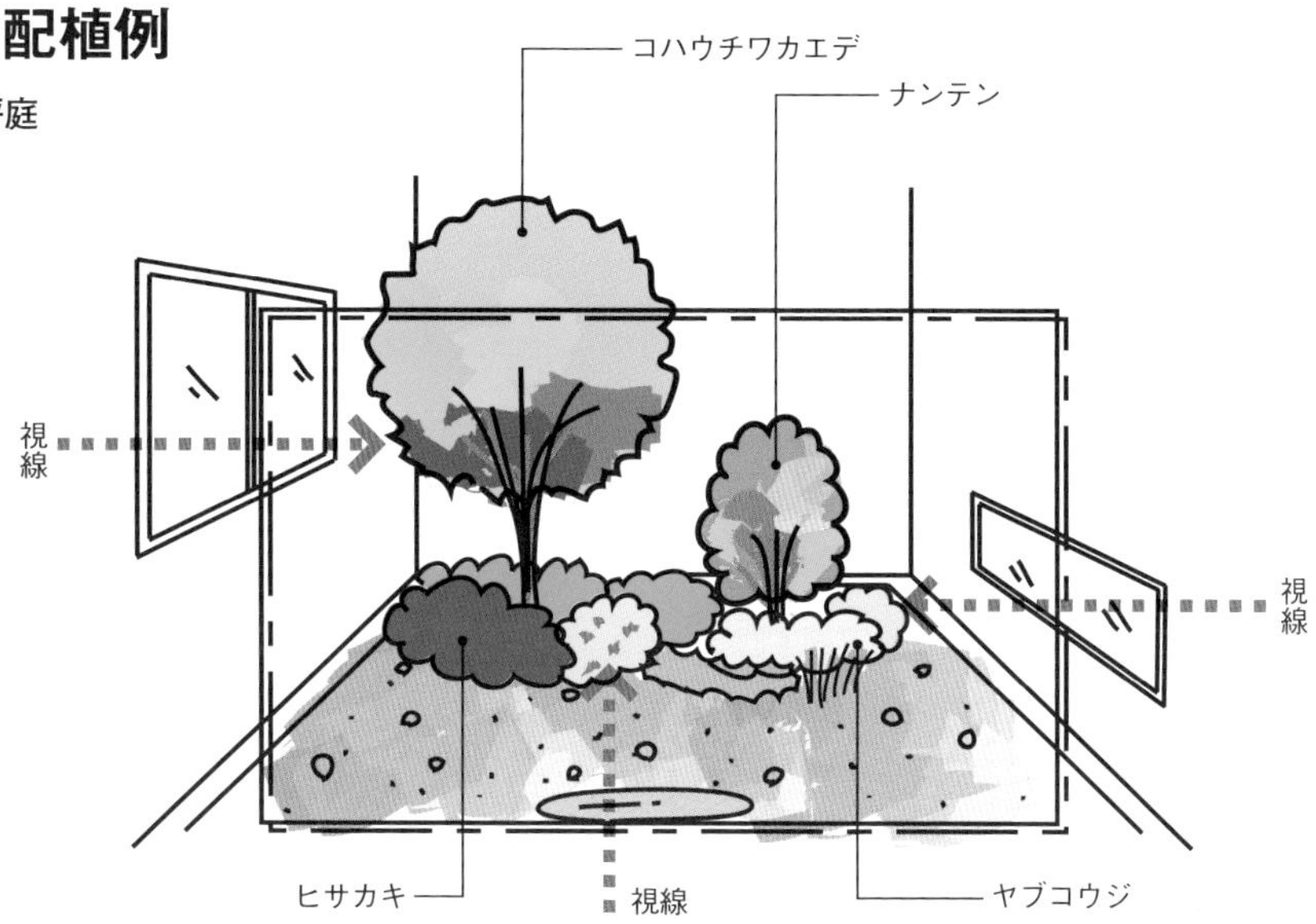

どの部屋から主に観賞するかを想定して配植する

②洋風の坪庭

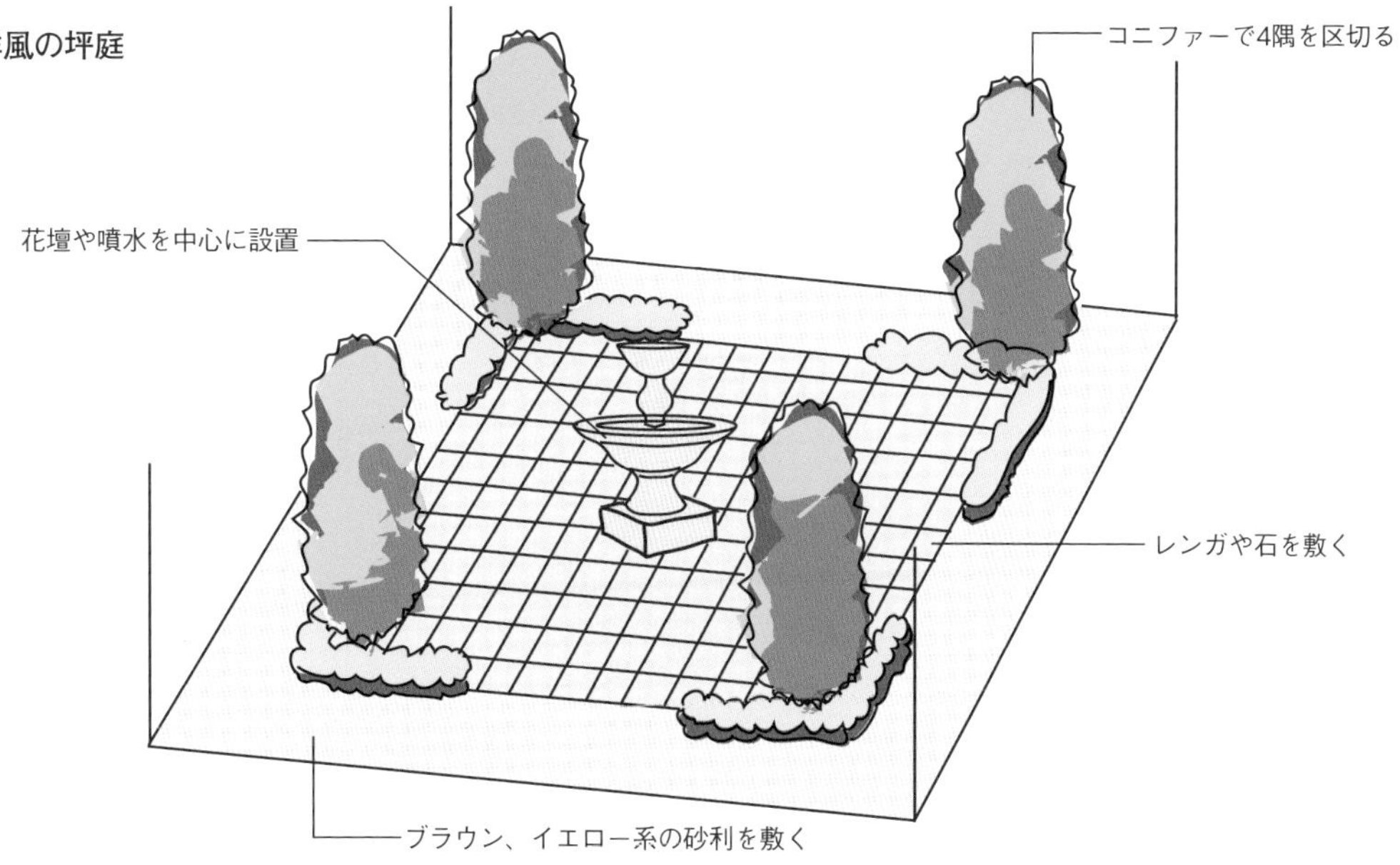

どの部屋から見ても整形・左右対称といった規則性を感じられるようにつくる

坪庭に向く樹種

高木・中木	低木・地被植物
アラカシ、エゴノキ、カクレミノ、カエデ類（コハウチワカエデ、タムケヤマ、ノムラモミジ）、サザンカ、ソヨゴ、タケ類、ツバキ類、ナツツバキ、ナンテン、ハナミズキ、ヒメシャラ	アオキ、アベリア、コムラサキシキブ、シャリンバイ、ジンチョウゲ、ニシキギ、ヒイラギナンテン、ヒサカキ、ヤツデ

中庭の植栽

ポイント

中庭への植栽では、日照や風をコントロールしたり、花や実が楽しめる樹種を選ぶ

樹木で環境をコントロール

中庭は、人の出入りがあり、通風や採光など、住環境に快適さをもたらす機能も担っている。そのため、中庭への植栽においても、日照や風をコントロールする樹木が最適である。

たとえば、中庭に落葉広葉樹の中木を植栽すると、夏は葉が室内への日射を防ぎ、冬は落葉して日照を確保できるため、室内の温熱環境をある程度調整することができる。植栽樹には、1本か株立ちで形よくまとまり、剪定しても樹形が崩れないものを選ぶとよい。代表的な樹種には、中庸樹のコブシやヤマボウシ、カツラ、カエデ類などがある。ただし、街路樹に用いられるケヤキは、非常に大きくなるため、戸建住宅での植栽には向かない。

また、中庭への植栽では、動線を意識し、樹木はコンテナや鉢に植えるのが基本である。

花木や果樹も選択肢に

切花にも用いられるような日立つ花が咲く花木や、実が収穫できる樹木を植栽するのも、生活に彩りや楽しみをもたらしてくれるだろう。

花木には、あまり日が当たらなくても生長できる樹種を植えるとよい。低木や中木を数株ずつ植栽し、切花だけでなく室内から花を楽しめるよう植栽する。ヤマブキやコデマリ（春の花）、アジサイやウツギ（初夏の花）、ムクゲ（夏の花）、サザンカやツバキ（冬～早春の花）などが向いている。

実を収穫できる樹木では、ユスラウメやウメ、カリン、ブラックベリー、ジューンベリーなどが比較的簡単に実を付ける。単木で植栽すると実が付きづらいので、数本ずつ植えるのがポイントである。中庭にスペースがなく、日当たりも悪いときは、ゲッケイジュやサンショウなどを植えるとよい。

中庭の植栽

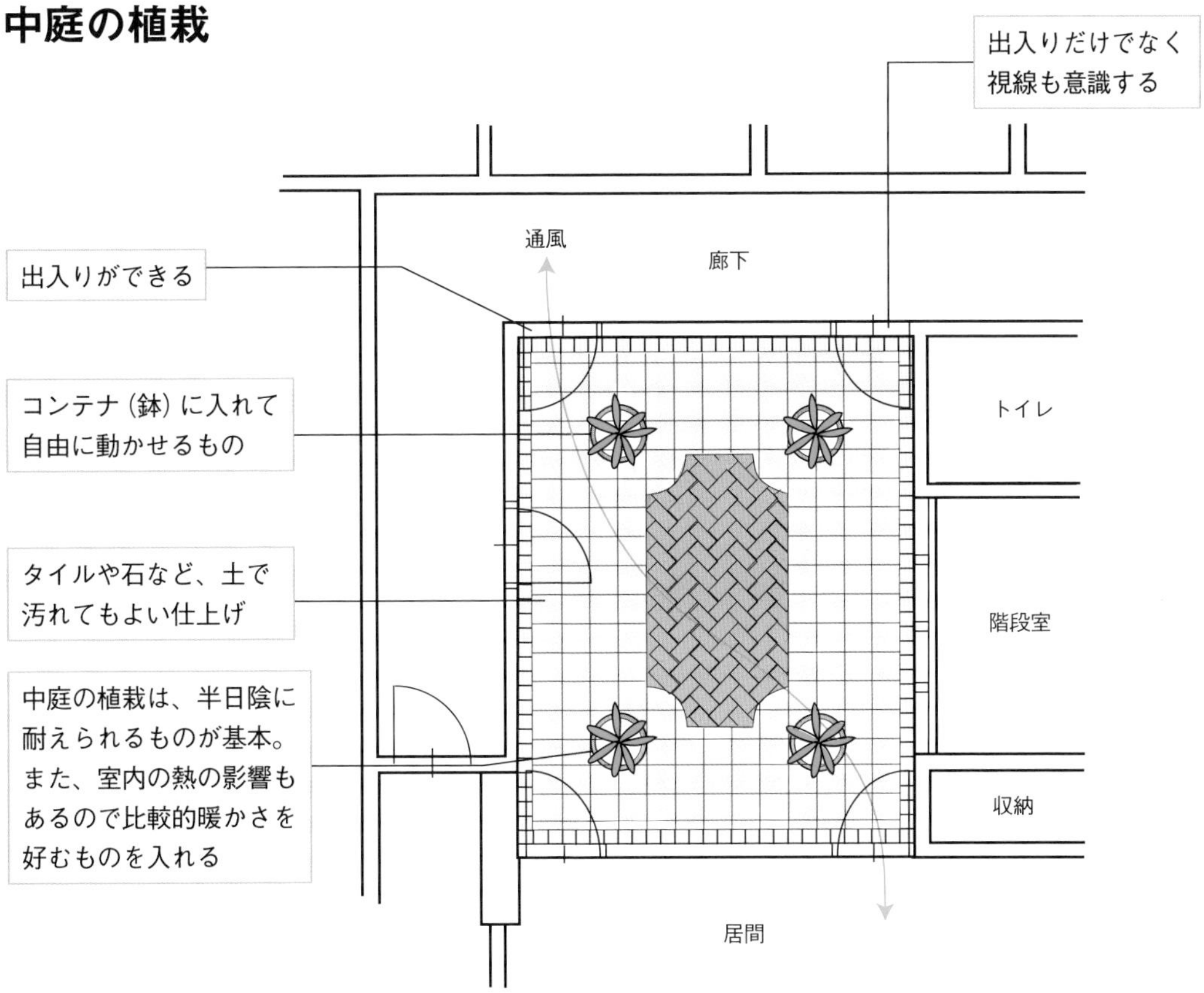
出入りだけでなく
視線も意識する
出入りができる
コンテナ（鉢）に入れて
自由に動かせるもの
タイルや石など、土で
汚れてもよい仕上げ
中庭の植栽は、半日陰に
耐えられるものが基本。
また、室内の熱の影響も
あるので比較的暖かさを
好むものを入れる
通風
廊下
トイレ
階段室
収納
居間

中庭に向く、コンテナ・鉢植えにできる／小ぶりに剪定できる樹種

	常緑樹	落葉樹
高木・中木	アスナロ、イチイ、イヌマキ、コノテガシワ、ゴヨウマツ、シマナンヨウスギ、ニオイヒバ、アラカシ、イヌツゲ、オリーブ、キンカン、ゲッケイジュ、サカキ、サザンカ、シマトネリコ、シラカシ、ソヨゴ、ナツミカン、ハイノキ、ピラカンサ、フェイジョア、マサキ、ヤツデ、ヤブツバキ	ウメ、ウメモドキ、エゴノキ、オトコヨウゾメ、ガマズミ、コハウチワカエデ、コバノトネリコ、サンシュユ、シコンノボタン、シデコブシ、シモクレン、ニワトコ、ハナカイドウ、ハナミズキ、ヒメリンゴ、ブッドレア、マメザクラ、ムラサキシキブ、ヤマボウシ、リョウブ
低木・地被植物	アオキ、アセビ、カンツバキ、キリシマツツジ、キンシバイ、クチナシ、クルメツツジ、サツキツツジ、シャリンバイ、セイヨウバクチノキ、センリョウ、チャノキ、ナンテン、ネズミモチ、ハクサンボク、ハマヒサカキ、ヒイラギナンテン、ヒカゲツツジ、ヒサカキ、ヒラドツツジ、ローズマリー、アカンサス、アガパンサス、キチジョウソウ、コクリュウ、シャガ、テイカカズラ、ハラン、フイリヤブラン、フッキソウ、ヘデラ類、マンリョウ、クリスマスローズ、ヤブコウジ、ヤブラン、リュウノヒゲ	アジサイ、アベリア、ウツギ、ガクアジサイ、コムラサキ、シモツケ、ドウダンツツジ、ハコネウツギ、ヒュウガミズキ、ホザキシモツケ、ミツバツツジ、ヤマブキ、ユキヤナギ、ギボウシ
特殊樹	シュロ、シュロチク、ソテツ、トウジュロ、キッコウチク、シホウチク、ホウライチク、クロチク、カムロザサ、クマザサ、コグマザサ	―

園路の植栽 〜和風の庭〜

ポイント

和風の園路への植栽では、低木や地被植物を主体に、接続する庭に合った樹種を選ぶ

園路の植栽の基本

園路の植栽は、通路としての機能をもたせながら、接続する空間へといざなう演出をすることがポイントである。通路としては狭い空間となることが多いので、安全に配慮し、高木や中木の数は控えてボリュームを抑え、低木や地被植物を主体にまとめることが基本となる。

低木や地被植物は、日陰でも耐える性質をもつものを植え、触れるとけがをしたり、虫が付いたりしやすいものは避ける。足もとはコンクリートや石などで舗装する。

樹種選択の際には、接続する庭のテイストに合わせたものを選ぶことで、庭との連続性を明確にする。

日本庭園に続く園路

和風の庭につなぐ場合、通路部分を石や砂利で舗装し、中木扱いで常緑針葉樹のアカマツやイヌマキ、落葉広葉樹のイロハモミジなどを植栽すると、和を感じさせる空間となる。

ポイントとなる部分以外は、樹木は少なめにし、地被植物のササ類や、ヤブランなどの草本でさっぱり仕上げるとよいだろう。

やや広く長い園路をつくる場合は、両脇に同じ樹木を続けるのではなく、一方にエゴノキやモッコクなどのボリュームのある少し丈のある樹木を植え、もう一方には樹高の低い、ボリュームが出ないツツジやヒサカキ、ヤマブキなどを組み合わせて配植すると、空間にメリハリがつき、広がりをもたせることができる。

また、ボリュームを抑えるために、園路脇の樹木を板状に仕立てて生垣［98―99頁参照］とすることも有効である。生垣とする場合、単一種類で使うのも簡単だが、少し長い園路ならば樹種を変えてアクセントをつける。

和風の園路の配植例

①平面

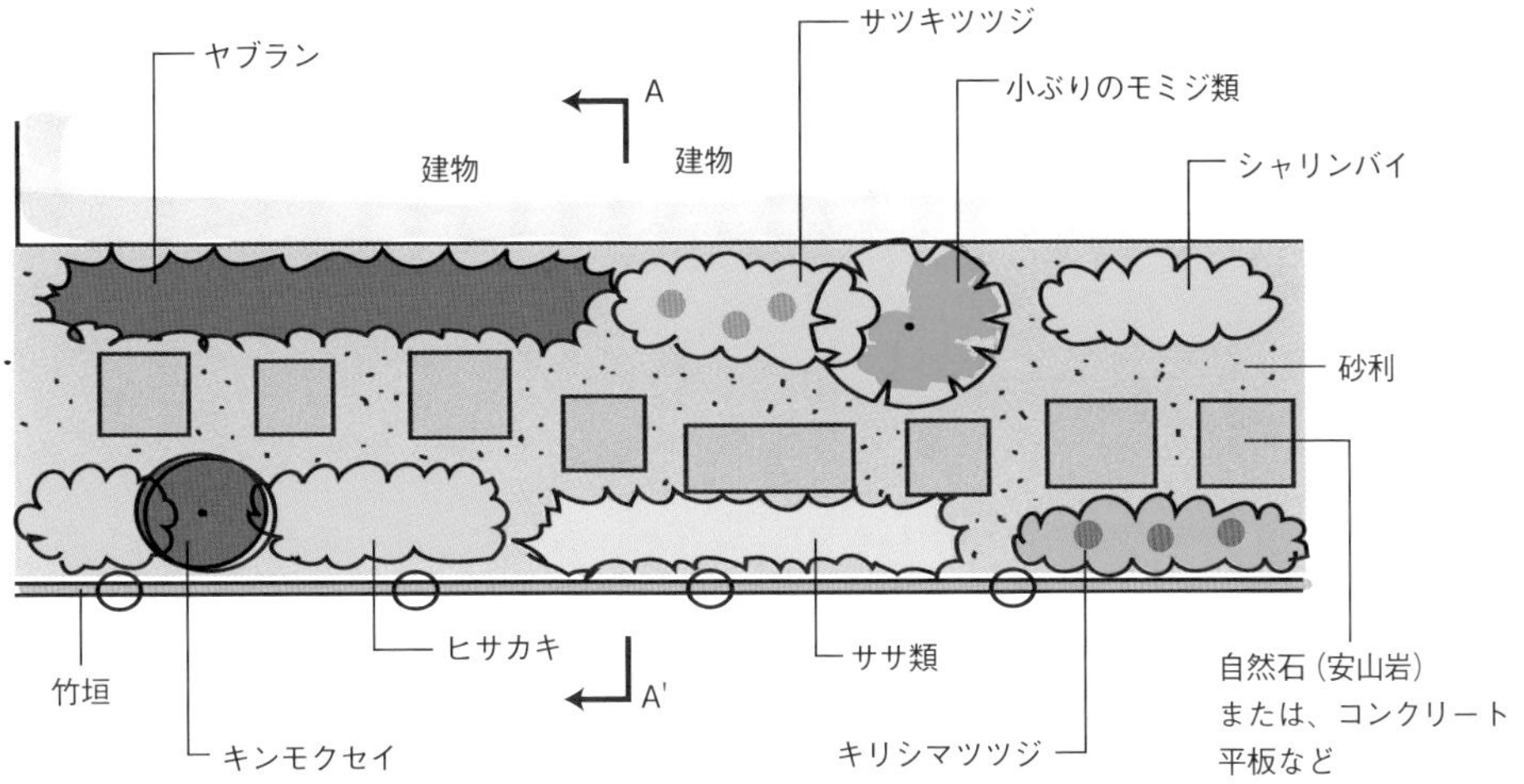

②立面

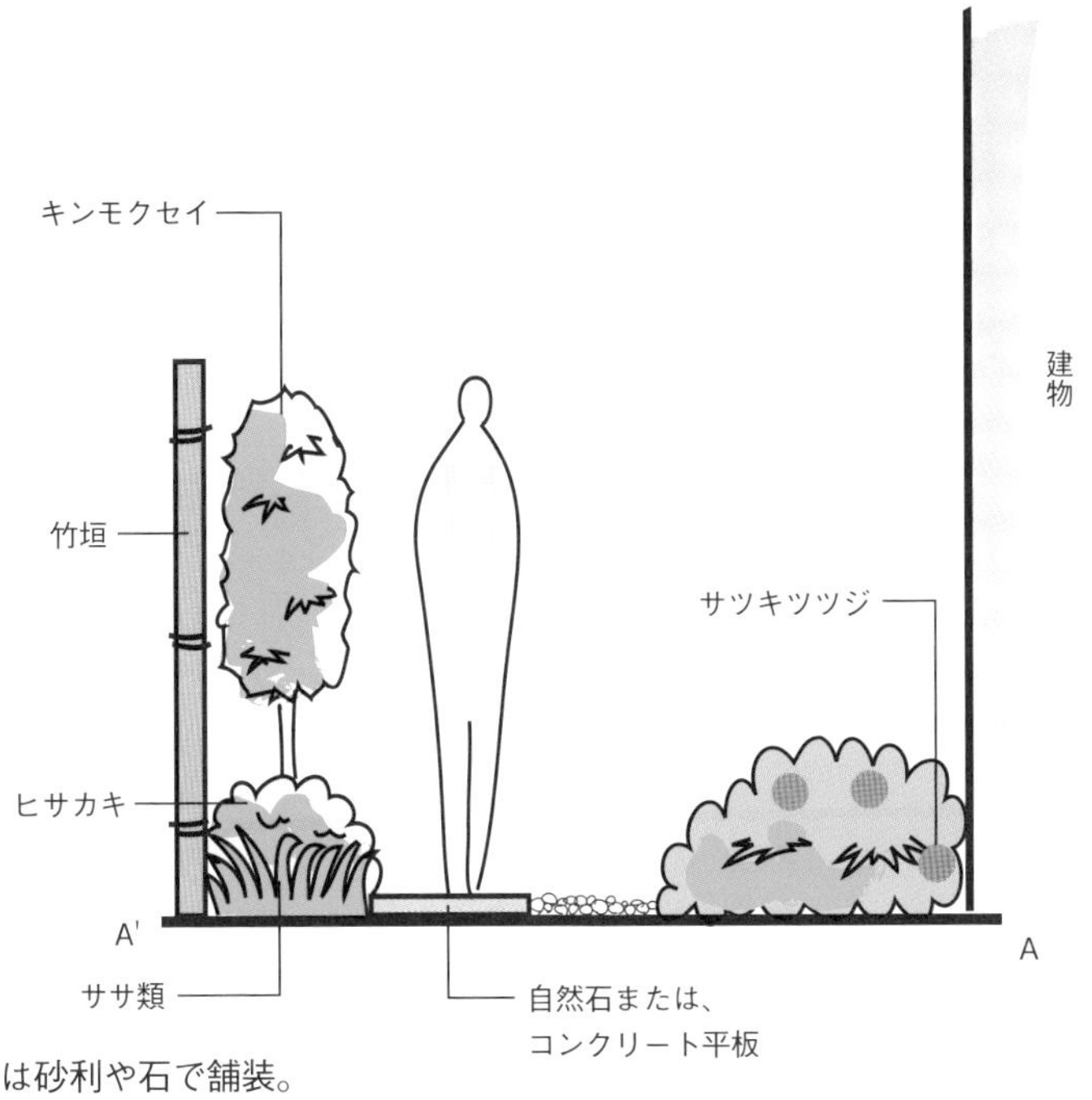

通路部分は砂利や石で舗装。
モミジ類など、和を感じさせる樹木をボリュームを抑えながら配植。
樹高に差をつけることで奥行き感を演出する

和風の園路に向く樹種

高木・中木	低木・地被植物
アカマツ、アラカシ、イヌマキ、ウバメガシ、エゴノキ、カイズカイブキ、カエデ類（イロハモミジ）、カナメモチ、ガマズミ、キンモクセイ、シラカシ、ソヨゴ、ツバキ類、マンサク、モッコク、クロチク	ウツギ、ササ類、シャリンバイ、ツツジ類（キリシマツツジ、サツキツツジ、ドウダンツツジ）、ヒサカキ、ヒメウツギ、ヤブラン、ヤマブキ

園路の植栽 ～洋風・雑木の庭～

ポイント

洋風の園路では幾何学的に、雑木の庭に続く園路ではランダムに樹木等を配する

洋風の庭に続く園路

洋風の庭は、幾何学的につくられることが多い。そのため、小道周囲の樹木はなるべく高さをそろえ、ニオイヒバなどの中木を1m以上のピッチで、等間隔に植栽することが基本になる。また、低木や地被植物なども、同じパターンを繰り返すように入れると、より雰囲気が出る。

樹木や草花を多用した、園路の植栽方法もある。これはボーダーガーデンと呼ばれ、建物や塀に沿っていろいろな種類の樹木や草花を、1㎡前後の範囲で配する。その際、ボリュームや花の色、葉の色・形などを計算しながらデザインする。草花が主体のイングリッシュガーデンと異なり、中木や低木で骨格をつくり、草本で肉付けするように植栽することがポイントである。

シバを主体とした洋風の庭は、接続する園路にもシバを植栽する。ただしシバは、半日以上日当たりがあることが植栽の条件［212―213頁参照］。また、植栽すると雨上がりや朝露・夜露で足元が濡れやすくなるので、レンガや石で舗装する必要がある。

雑木の庭に続く園路

雑木の庭に接続する場合は、同じく野趣に富んだイメージの樹木を選ぶようにする。雑木の庭を代表する樹種は、コナラやクヌギ、イヌシデなどの落葉広葉樹だが、生長が非常に早くて大木になるため、園路の植栽には向かない。代わりに園路では、中木程度のマユミ、ツリバナ、リョウブなどを数本でまとめ、ボリュームをつくるように配植する。洋風の庭のように整然と植えるのではなく、複数本をランダムに植えるのがコツである。

樹木の足もとは、ササ類などの低木・地被植物を添えると、雑木林のような雰囲気を演出できる。

洋風の園路の配植例

①平面

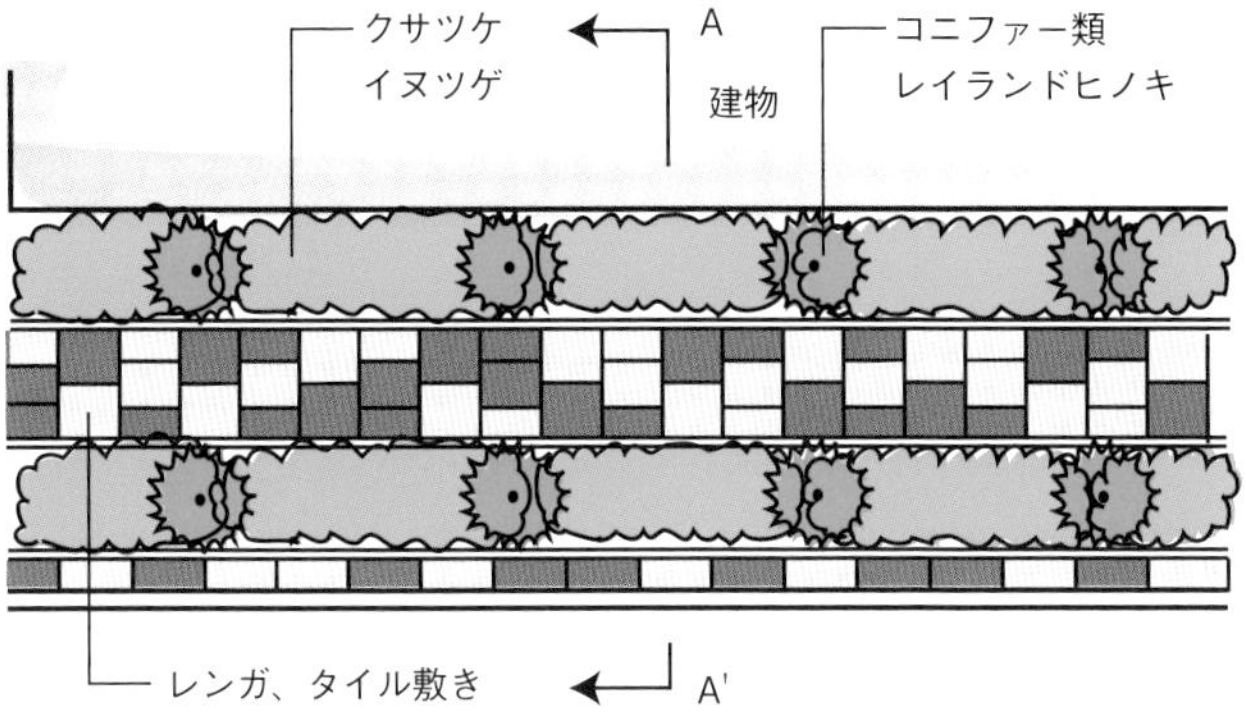

②立面

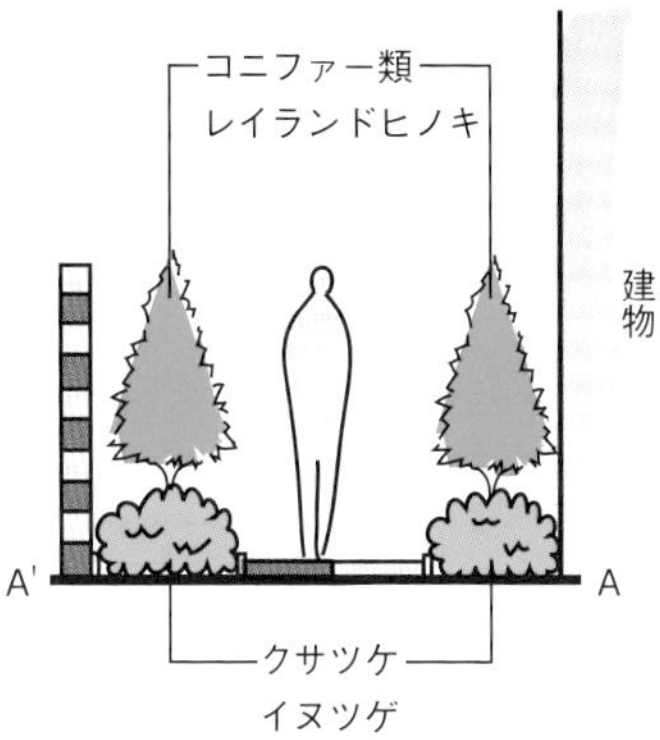

洋風の園路は左右対称、幾何学的につくる

雑木の庭に続く園路の配植例

①平面

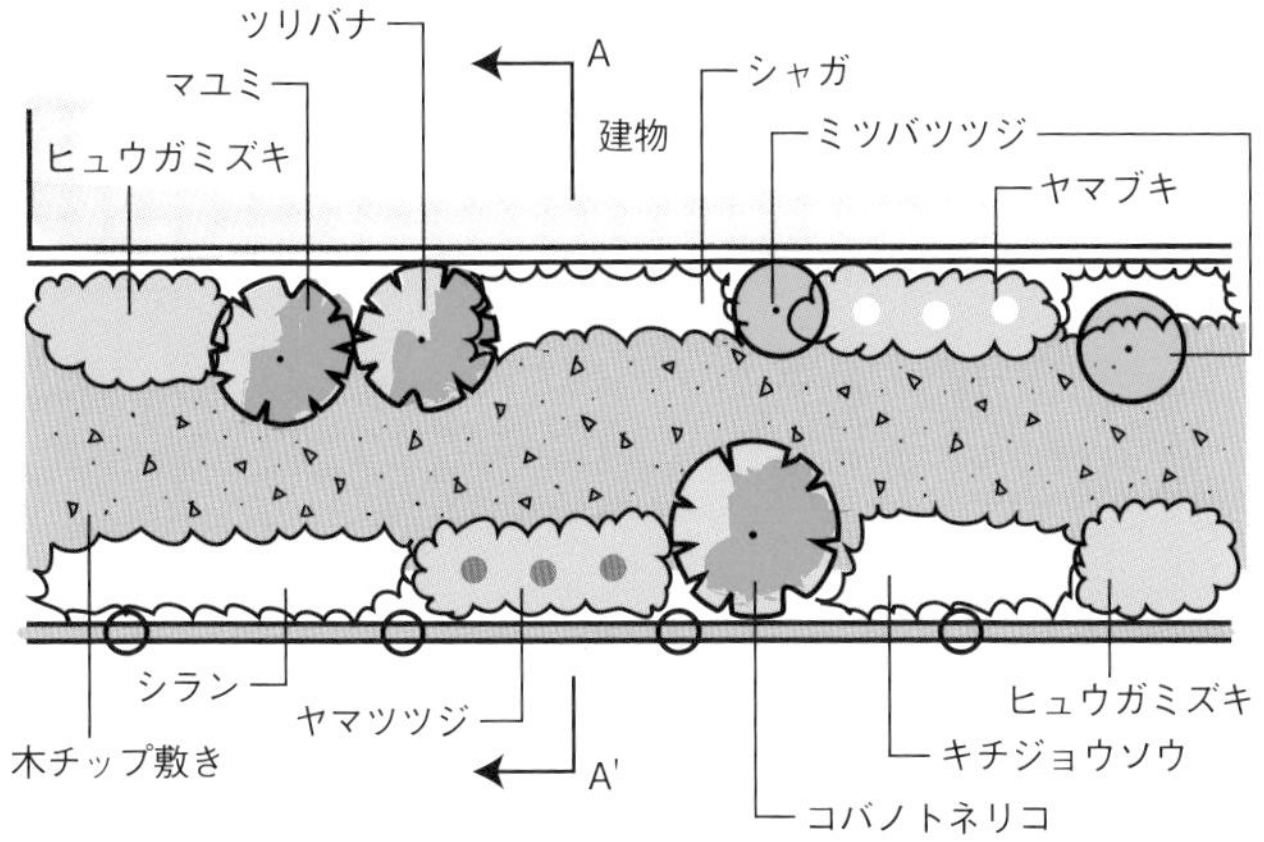

②立面

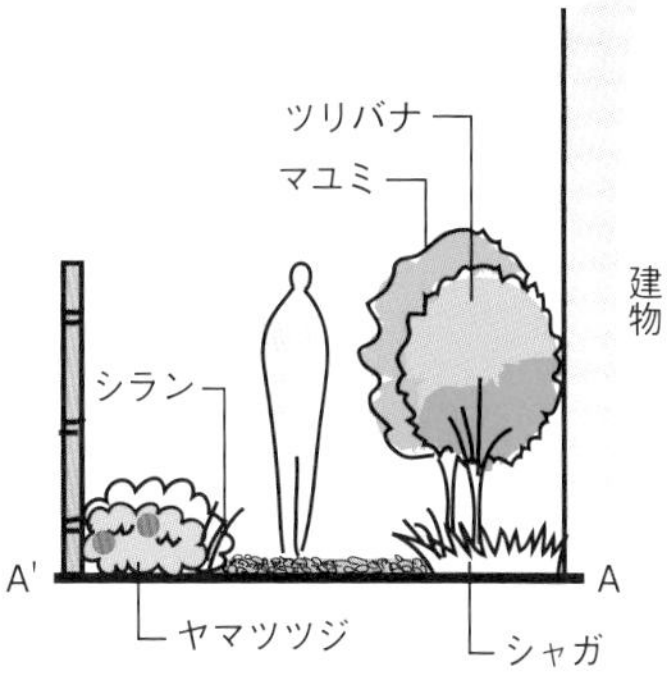

雑木の園路は野趣に富んだイメージの樹木［172―173頁参照］を選んで配植する

洋風・雑木の庭に続く園路に向く樹種

先の庭の種類	高木・中木	低木・地被植物
洋風	コニファー類（セイヨウイチイ、ニオイヒバ、レイランドヒノキ）	イヌツゲ、クサツゲ、セイヨウヒイラギ
雑木	エゴノキ、コバノトネリコ、キブシ、クロモジ、ダンコウバイ、ツリバナ、マユミ、ムラサキシキブ、ヤマボウシ、リョウブ	キチジョウソウ、ササ類、シャガ、シラン、ツツジ類（ミツバツツジ、ヤマツツジ）、ヒュウガミズキ

車庫・カーポートの植栽

ポイント

車庫には使用頻度に合わせて低木などを、カーポートにはつる性植物を這わせても

車庫への植栽

車のタイヤが当たるところや、車から乗降を繰り返す場所以外で、20cm程度のスペースを確保できれば、駐車場での植栽が可能である。

樹種は、駐車のじゃまにならない低木、草木、地被植物から、車の使用状況を考慮して選ぶ。

日中は車を利用し、夜にしか駐車しないような場合は、日当たりがある程度確保できるので、シバやクローバーなどの丈の低い草本を植栽することができる。

ときどき車を利用するような場合は、日照時間が少なくなるので、タマリュウやコグマザサなど、日当たりを好まない、丈の低い草本を植栽する。

ほとんど車を使わずに1日中駐車しているような場合は、水（雨）も日照も不足気味になるので、植栽を避けたほうがよい。

カーポートへの植栽

カーポートの場合、支柱を利用してつる性植物などで緑化すると木陰のような空間になる［104―105頁参照］。日当たりがよい場所にあり、明るい印象のカーポートにするならば、ナツヅタやフジなどの落葉樹で植栽するとよい。ブドウやアケビを植えると果実を楽しむことができる。

常緑樹では、カロライナジャスミンやツキヌキニンドウなどが、比較的軽い感じの印象になる。キウイもとても丈夫な樹種なので植栽できるが、葉が大きく密度も高いので、やや重たい印象になる。

日当たりがよいと支柱が高温になるので、シュロ縄を補助誘引材としてつける。また支柱を白く塗装するなどもある程度、有効である。日当たりの悪いカーポートでは、常緑のムベやキヅタが植栽可能である。

補助誘引材　植物の栽培に便宜となるよう、枝やツルを支柱に縛り、生育を誘導するもの

車庫への植栽

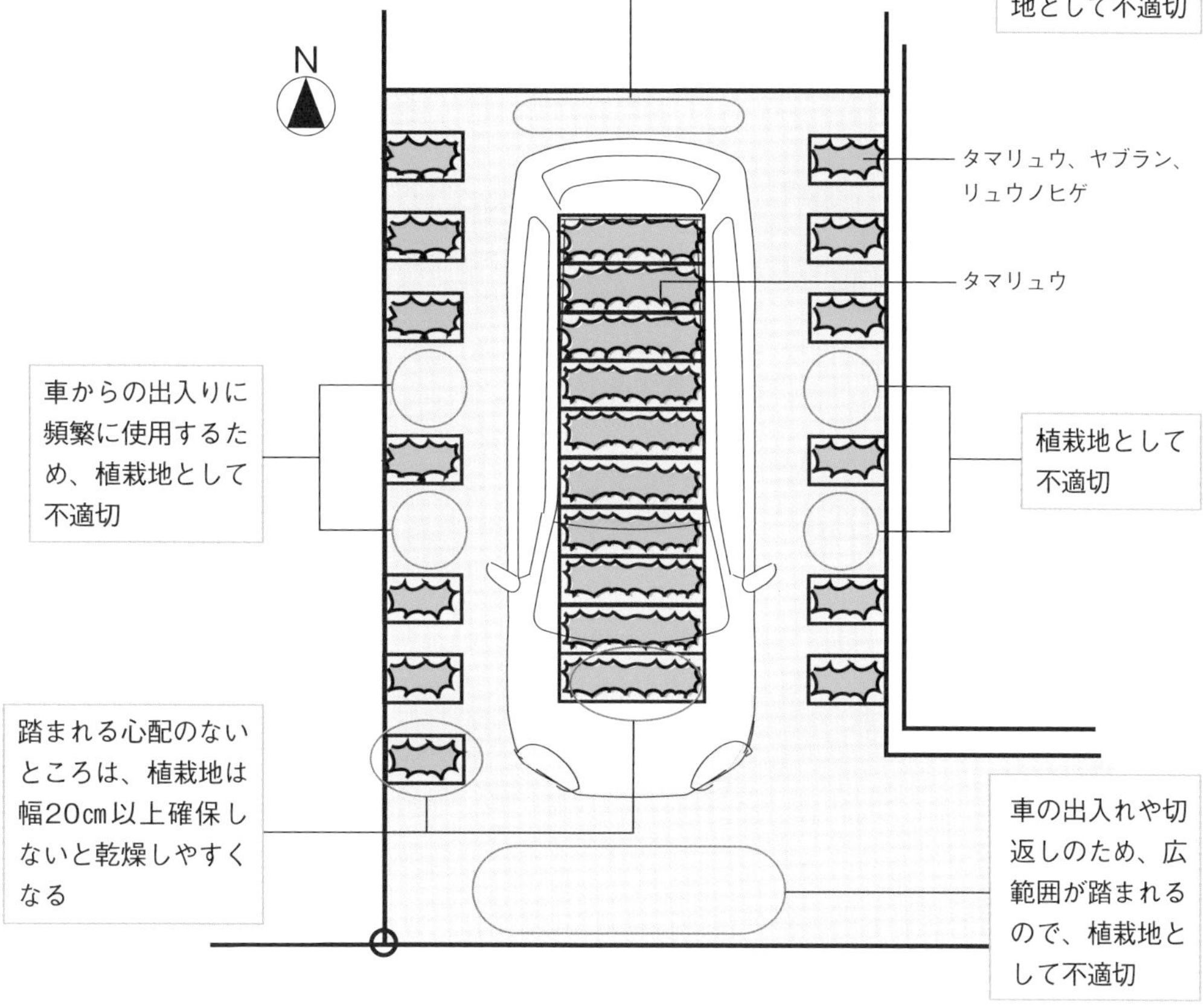
荷物の出入れを行うので、植栽地として不適切

カーポートへの植栽

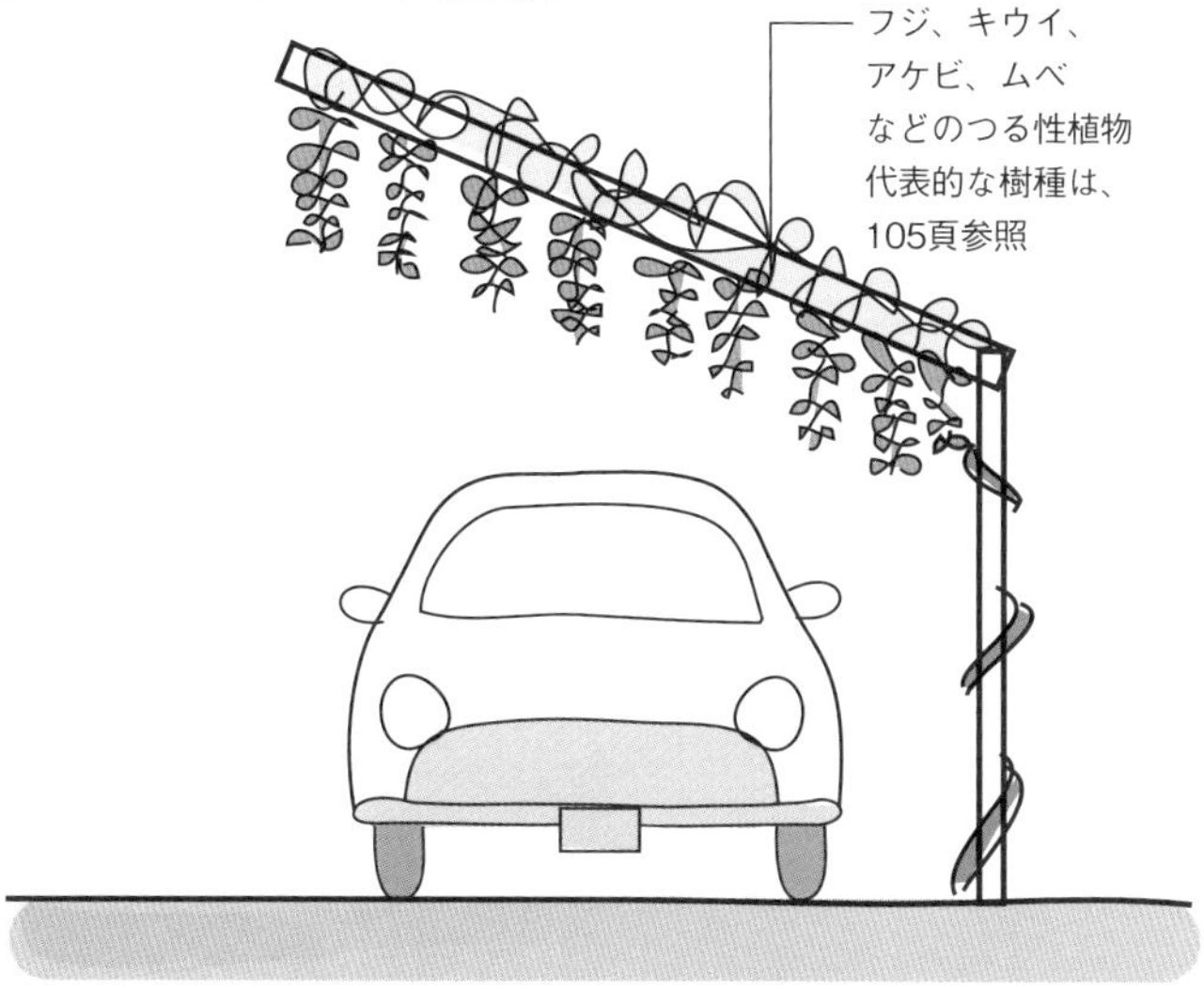

カーポートを植栽すると葉や花柄、実が落ちるため
カーポートの下はこまめに掃除しなければならない

つる性植物を植栽したカーポート

浴室から楽しむバスコートの植栽

ポイント

バスコートには、視線に合う小さめの樹高で、湿度を好む樹種を選ぶ。観葉植物も一考

湿度を好む樹種を選択

浴室から外に向けた開口部がある場合は、開口部前にバスコートをつくり、植栽を楽しめる空間としたい。浴槽に浸かったときや風呂のイスに腰掛けたときの目の高さを意識しながら、小さな景色をつくるように植栽するのがポイントである。

樹姿がすべて視界に収まるよう、樹高は高くても2mくらいのものを選び、緑のボリュームをつくる。高さの強弱をつけると広さを感じられるので、1mくらいのものに地被植物などを合わせながら植栽するとよい。

浴室廻りはどうしても湿気が溜りやすくなるので、湿度を好む樹種を選ぶ。カエデやタケ、ヤブランなどの地被植物が向いている。

日当りが悪ければ、常緑広葉樹が環境的に適している。ただし、葉が茂りうっそうとすると、通風が悪くなり湿気が溜りやすくなる。数は控えめにし、枝葉の少ないものや、剪定を適宜して風通しをよくする。

最近、都市部を中心に気温が上がっている。高温多湿を好む観葉植物を外に植えることができるようになった。そこでこれらをバスコートに植栽すると、トロピカルなバスコートにすることができる。実際に東京23区内では、これまで室内用の観葉植物と考えられていたゴムノキやガジュマルなどの植栽もできるようになった。

出入り可能なバスコート

浴室から出入り可能なバスコートを設ける場合、植栽地（樹木を植える地面）に水がかかりやすくなるため、出入りなどで浴室が土で汚れるなどの心配がある。

このようなコートでは、地面に直接植栽するのではなく、鉢やコンテナを使って植栽するとよい［89頁参照］。

バスコート　浴室専用の、囲われた庭。入浴時に眺めを楽しんだり、風呂上がりにくつろぐ場所になったりする

バスコートへの植栽

①出入りを想定していないバスコート

窓からの眺めに庭の景色が収まるように
樹木を配置する

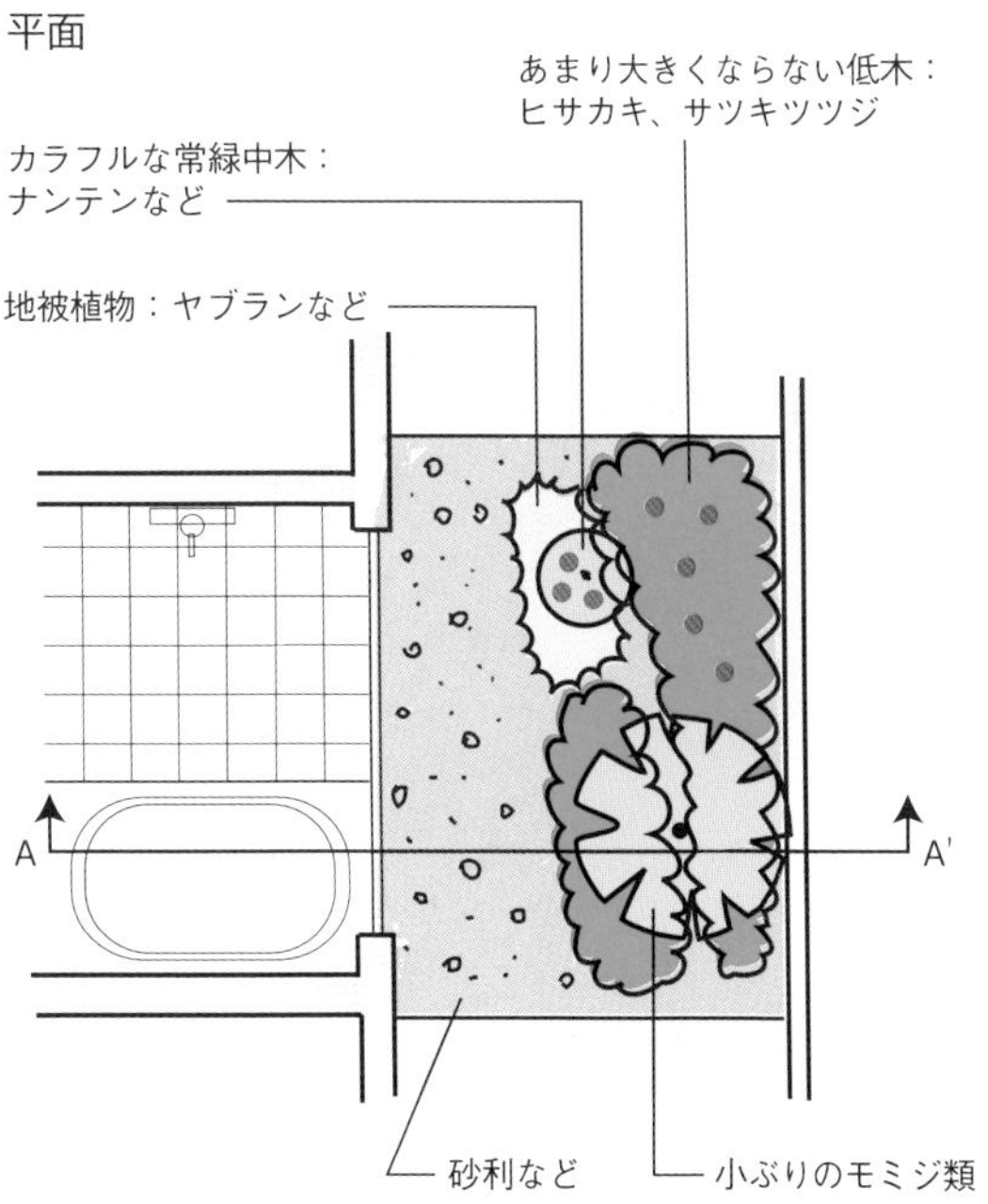

②出入りができるバスコート

空間の広がりを感じさせるため、浴槽から
空が眺められるように樹木を配置する

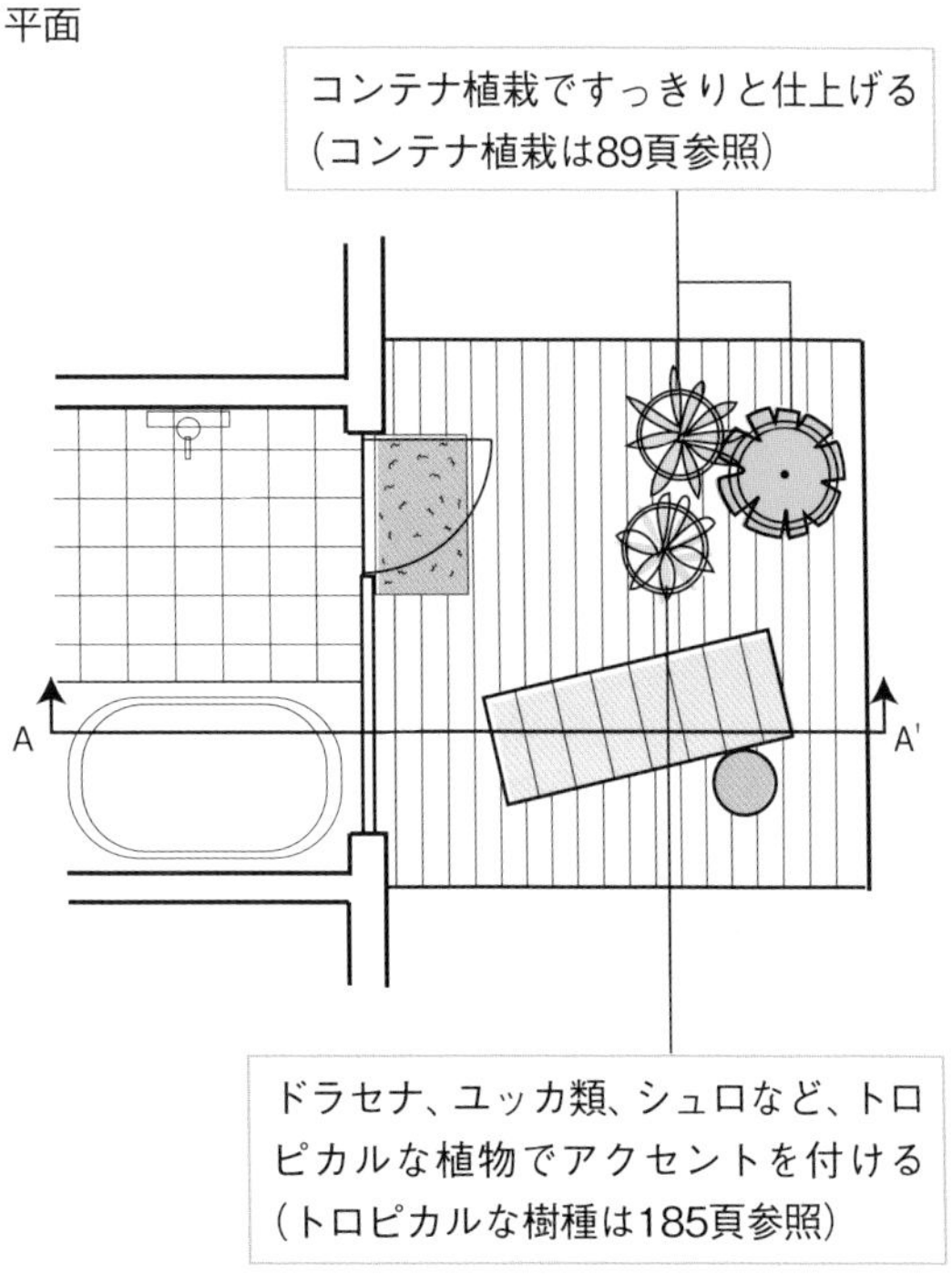

生垣の植栽

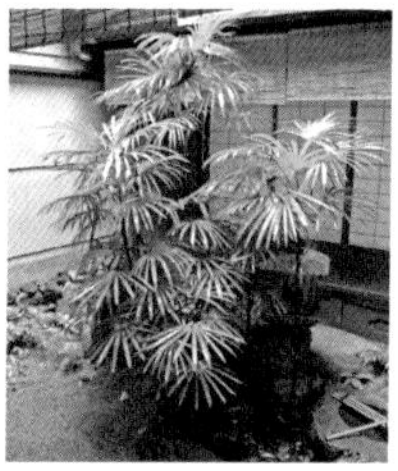

ポイント

生垣は用途に合わせて、樹種・樹高・植栽ピッチを変更する。根張りの確認も重要

樹木でつくるスクリーン

樹木をスクリーン状に連ねて生垣をつくる場合は、隣り合う樹木の枝先が5cmくらい重なるように、30～100cmくらいの間隔で密栽させる。敷地に余裕がある場合は、地被植物、低木、中木、高木のすべてを使ってスクリーンを構成するとよいが、あまり余裕のない場合は、樹種を統一して列植する。

樹種の選択に際しては、生垣にテーマを与えると面白い。サザンカやヤブツバキを使った「花を楽しめる生垣」や、ニシキギやベニカナメモチなどでつくる「紅葉が楽しめる生垣」がその例である。また、カイヅカイブキなどの常緑針葉樹を生垣として用いれば、目隠し効果を高めることもできる。

メギやヒイラギモクセイなど、葉や枝にトゲがあるような樹種を選ぶと、人の侵入を躊躇させることができ、防犯の面からも効果的だ。

生垣にしたときの印象

生垣は低木をそのまま並べた高さ50cmのものから、5mくらいの高垣まで、さまざま高さで仕立てることができる。区切りをつける程度ならば高さ1.2m以下でまとめる。目線を切りたい場合は1.5～2mくらいにするとよい。人の乗り越えを防止するためには2m以上、寒風を防ぐ場合には3m以上の高さが欲しいところだ。

1本の樹姿で眺める場合と、1m当たり2～3本くらいのピッチで寄せ植えし、刈り込んでつくる生垣では、同じ樹種でもかなり印象が異なる。都道府県の緑化センターに生垣のサンプルがあるので、見学してみるとよい。

自治体によっては、緑の景観づくりのために生垣を奨励しているところもある。生垣の作成に対する補助金制度もあるので、工事前に役所に相談してみるとよいだろう。

生垣の植栽の間隔

①樹高1.2〜2mのもの

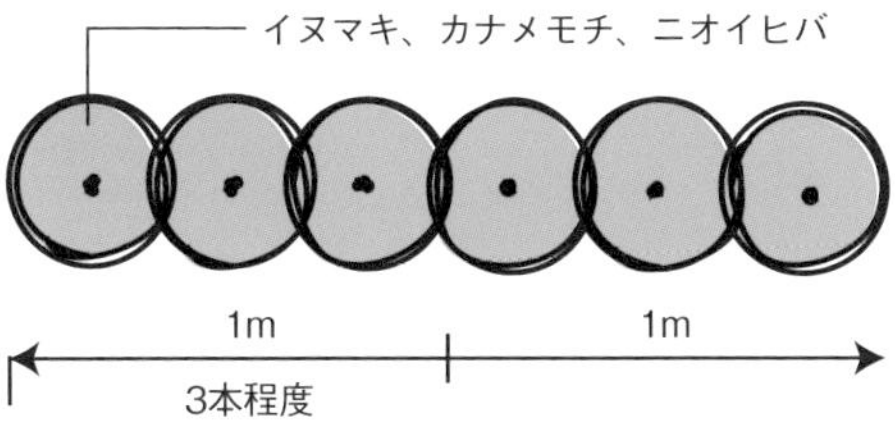

②樹高2m以上のもの

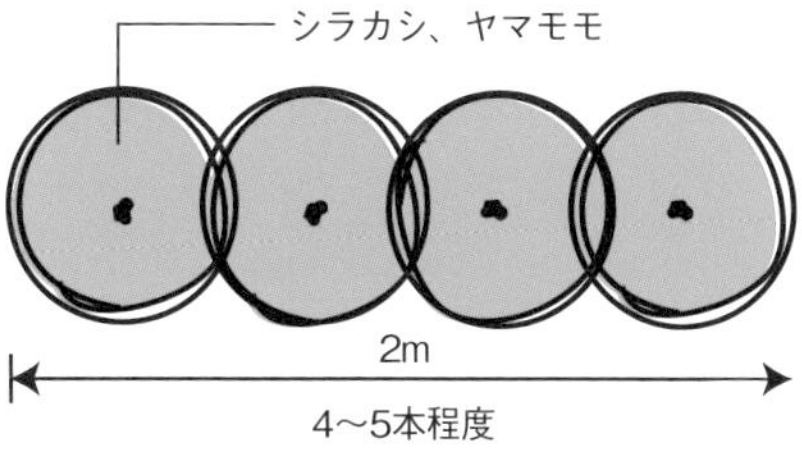

③根の広がりでピッチが決まる場合

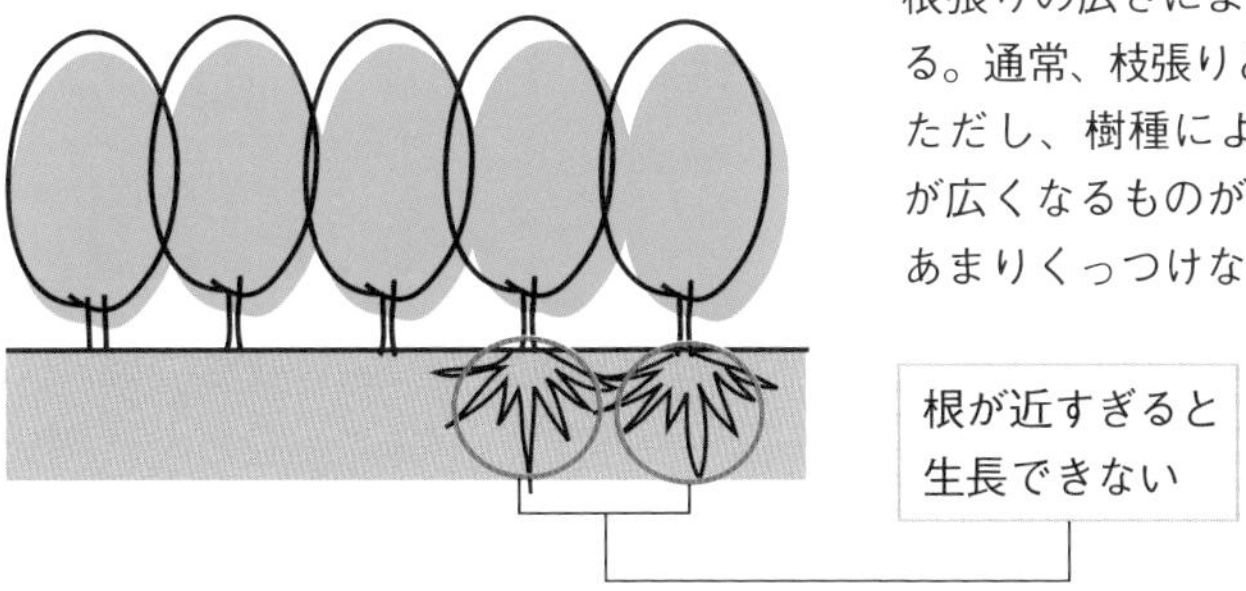

根張りの広さによっても配植のピッチが決まる場合がある。通常、枝張りとほぼ同じ広さの根が張るといわれる。ただし、樹種によっては、葉張りよりも根張りのほうが広くなるものがあるので、そのような樹木の場合は、あまりくっつけないで植栽する必要がある

生垣の樹木の高さ

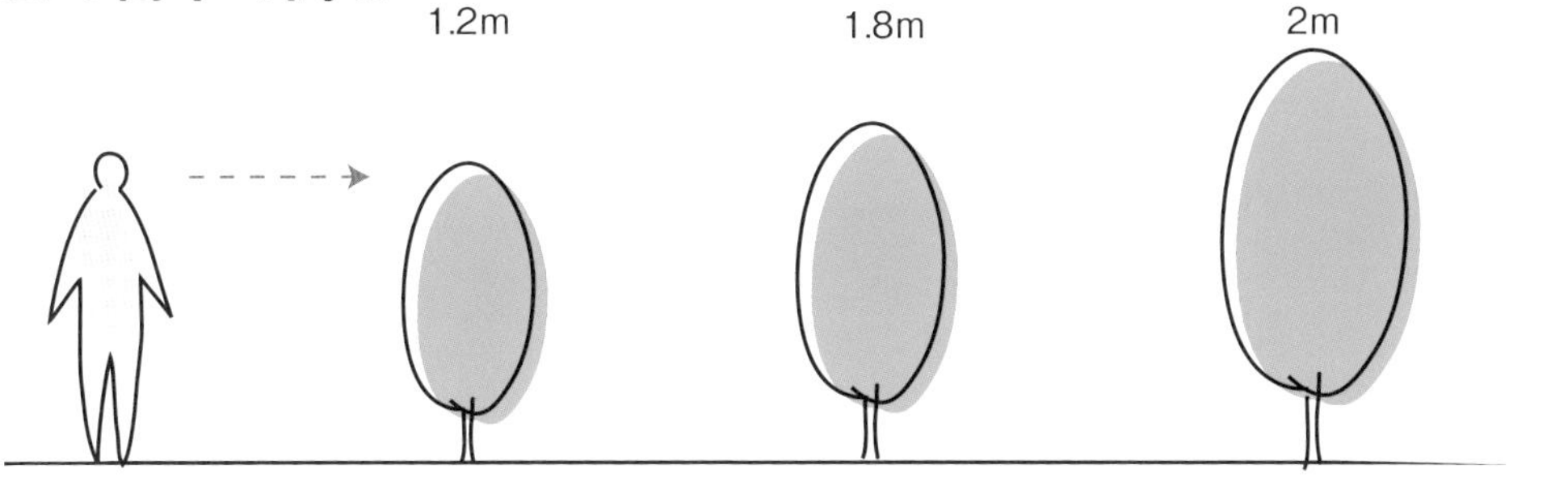

視線程度。緩やかな境界。室内をのぞける場合がある。防犯性はやや低い

視線が隠れる程度。明確な境界。プライバシーはやや守れる。防犯性はやや高い

頭が隠れる程度。明確な境界。プライバシーもしっかり守れる。防犯性は高い

生垣の配植

アラカシ、カイヅカイブキ、カナメモチ、サンゴジュ、シラカシ、ニオイヒバなど：
中木の常緑樹で生垣を30cm間隔で列植する

クサツゲ、クルメツツジ、サツキツツジ、マメツゲ、フッキソウなど：
葉が密に付く常緑低木を20〜30cm間隔で植える

アガパンサス、シャガ、ノシラン、リュウノヒゲなど：
草丈のある地被植物を植える

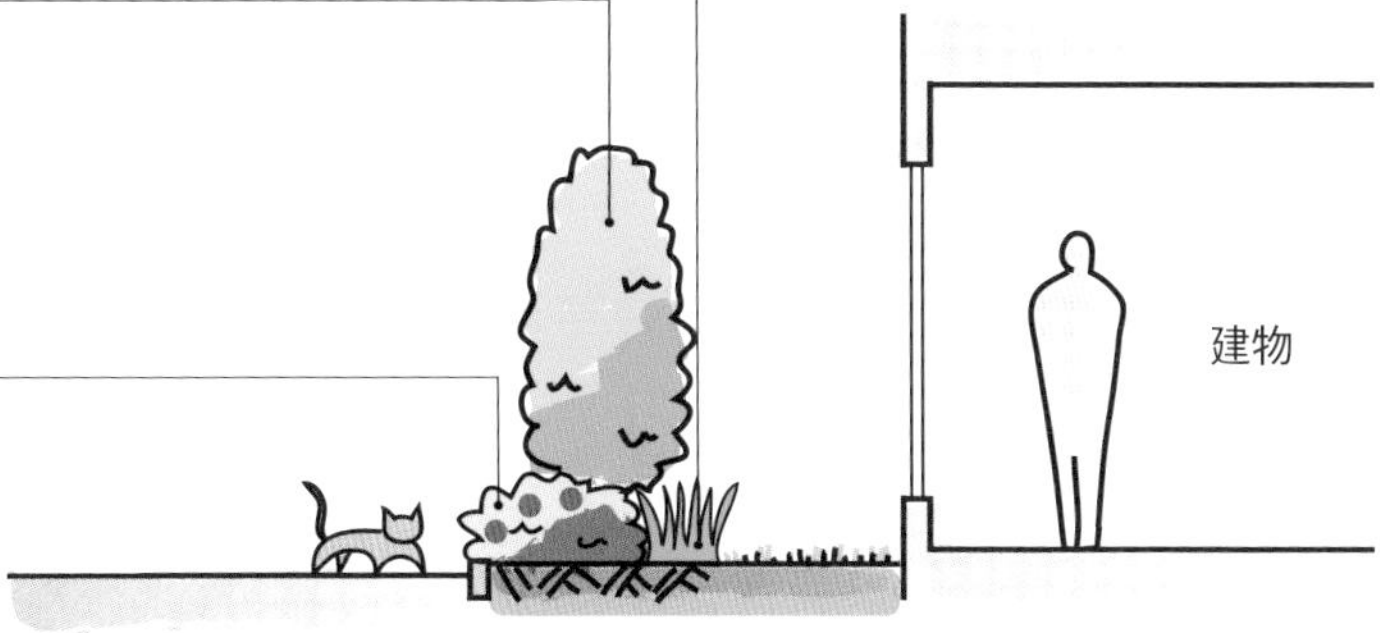

オープン外構の植栽

ポイント

オープン外構は樹木で表情を付け、土の法面を生かし、柔らかなイメージを意識する

広い空間を意識

道路や隣地との境界部分は、鉄製フェンスやコンクリートブロックなどで区切らず、樹木を効果的に配せば、ソフトな印象になる。

オープン外構とは、生垣や庭木を植栽することにより、街並みに対して緑の景観を与え、なおかつ庭も魅力あふれる空間のことをいう。

生垣の幅を比較的広めに確保できればオープン外構にできるが、道路に面している部屋は通行人に見られる心配があるので、開口のある部分は1.5～2mくらいの常緑樹を植栽するとよい。

壁やあまり人との目線が合わないところは、低木や落葉樹を組み込むと、表情のある外構植栽になる。樹木の足もと30cmほどは、密に葉や枝がないので、小さな動物などが侵入してくることもある。低木や地被植物で、しっかりガードたい。

広いスペースを確保できる場合、土《ど》塁《るい》（マウンド）のように土を盛るのもおすすめ。動物や水の浸入を防ぐと同時に、植栽によって緑の柔らかいエッジをつくることができる。

土の法面を活用

道路と敷地の高低差は、コンクリートやブロックで覆うのでなく、土の法《のり》面《めん》をつくり、緑でまとめる。傾斜が45度くらいであればシバや地被植物も植栽可能。

また、数個積んだ自然石の間に土を入れ、小低木や地被植物を入れると柔らかいイメージになる。

法面や石積みは日がよく当たる南・西面では乾燥しやすいので、夏期を考え、タイムやマツバギクなど乾燥に強い植物を用いるか、頻繁に水遣りを行う。種類をシンプルに絞り込み、低木や地被植物は、1m範囲には同じものを植えるようにしたほうがよい。

土塁（マウンド）　土を盛り上げ、連ねたもの
法面　地盤を切り取って低くする「切土（きりど）」や、地盤に土砂を盛り上げて高くする「盛土（もりど）」によってつくられる、人工的な斜面

オープン外構の樹木の高さ

①通常のオープン外構の場合

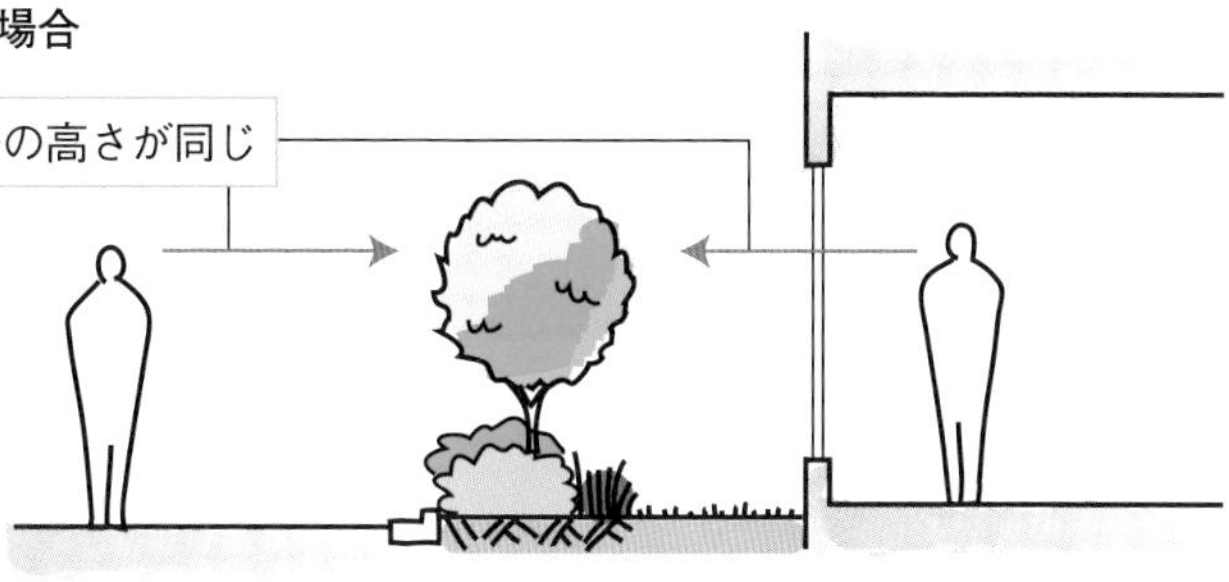
見る部分の高さが同じ

1.8m程度の樹木を中心に植栽すると視線が緩やかに遮断できる。ただし、視線は最も緑のボリュームがあるところに集まりやすいので、室内と外部の視線が重なる場合もある

②土盛りを活用したオープン外構の場合

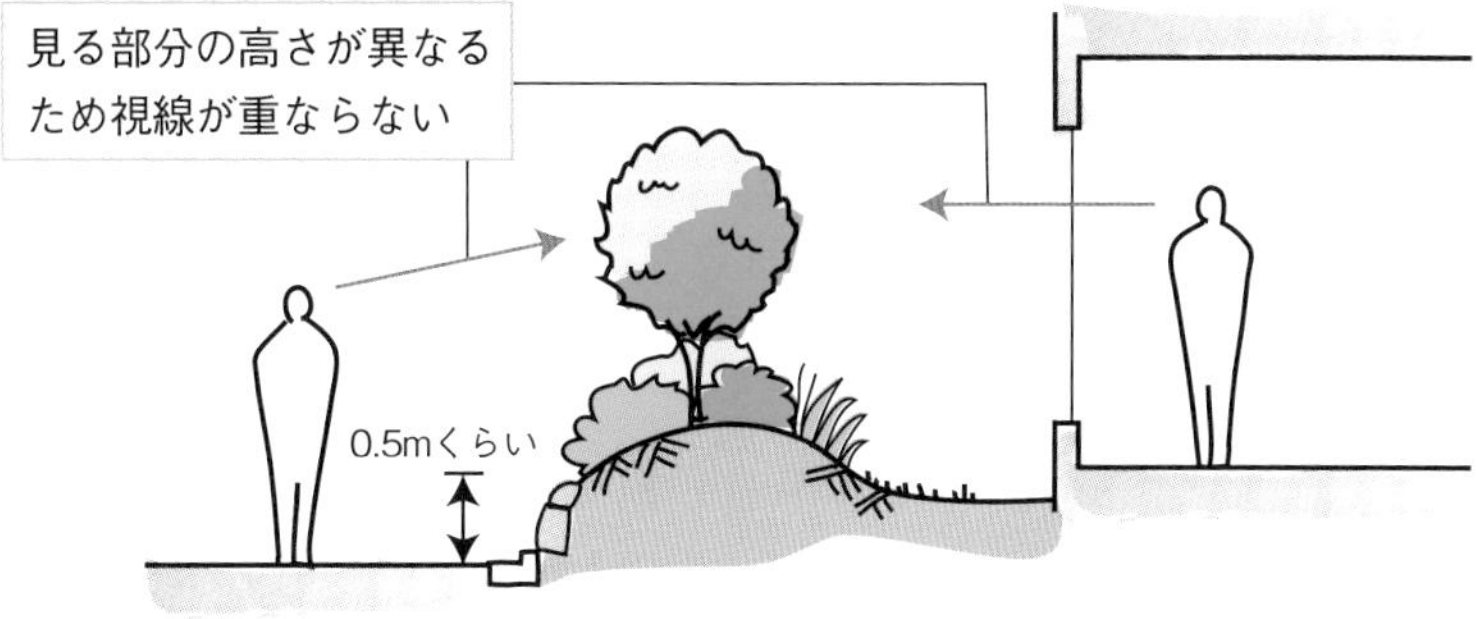

土盛りして0.5〜1mほど植栽地を持ち上げることで、室内と外部で樹木の目に留まりやすい部分の高さが異なるようになり、視線が交差しづらくなる

オープン外構の配植例

①立面

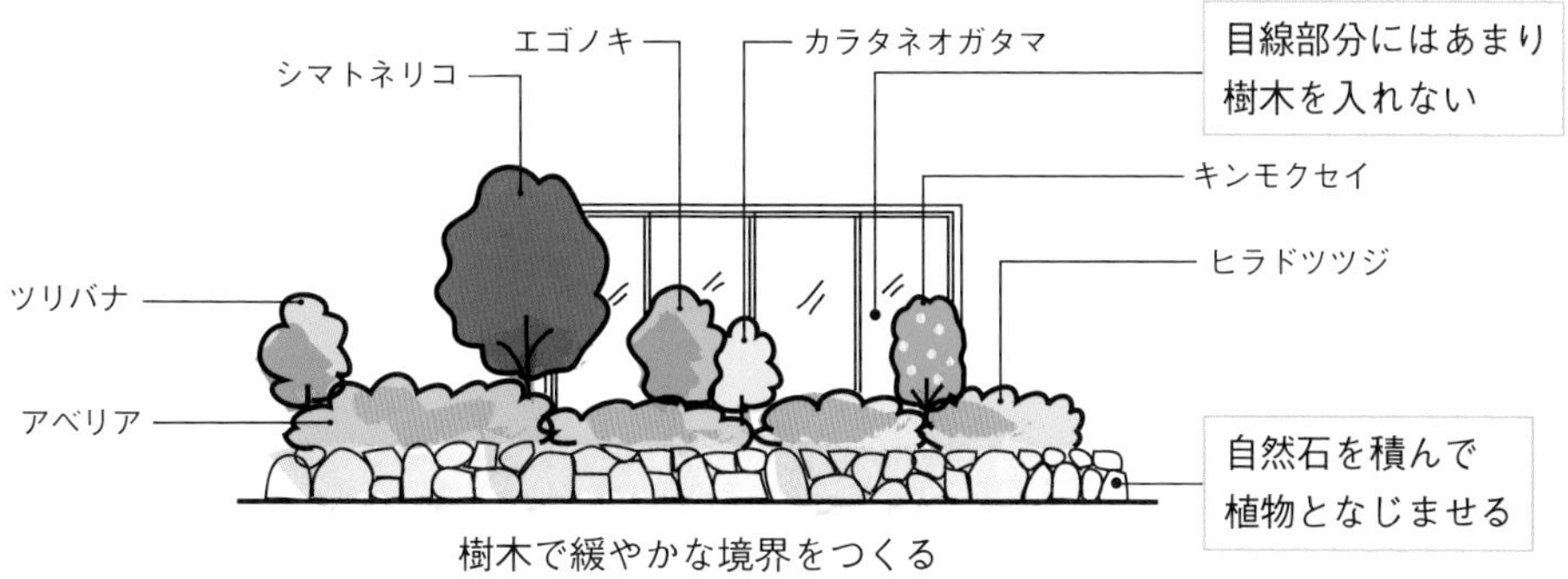

樹木で緩やかな境界をつくる

②平面

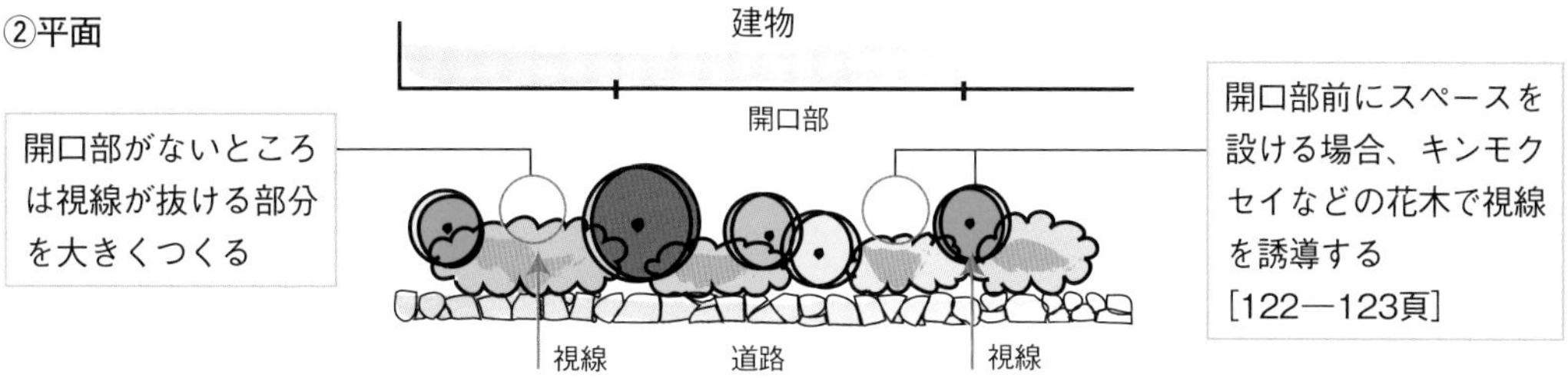

デッキ・ベランダの植栽

ポイント

デッキ・ベランダは鉢植えを用いる。鉢の種類はインテリアに合わせるとまとまる

土の乾燥に注意

植物を直接植えられないデッキやベランダなどでは、植木鉢（コンテナ・ポット）を利用したり、床面に花壇をつくったりして植栽を行う。

鉢植えや花壇は限られた空間なので、樹木は根が深く張らない、小ぶりなものや草本をうまく活用するとよい。鉢植えや花壇では土の量が限られるために乾燥しやすくなるので、水遣りを頻繁に行う必要がある。オリーブや柑橘類、ローズマリーなど、乾燥を好むものを用いると水遣りの手間を減らすことができる。日差しの強い夏期の水遣りは、株もとに与えるだけでなく、時折樹木全体に、上から灌水すると葉焼けなどが抑えられる。

また、マンションの高層階では強風が吹くので、葉の薄いタイプの樹木は避け、鉢が転倒することも考えてしっかり固定したい。

鉢選びと設置方法

鉢にはさまざまな種類がある。植栽する種類や設置場所によって、その素材やサイズ、形、デザインを選ぶとよい。できれば、デッキやベランダに面したインテリアのテイストに合わせて選びたい。

和室であれば木製、陶器、磁器質のもの、エスニックであればタケや木材や素焼きもの、洋風であれば素焼きの鉢など。さらに色のイメージも大切で、その部屋の雰囲気に合わせて色を塗ると、多少違ったデザインでもまとまりやすくなる。

また、鉢は平坦に並べるのではなく、棚やスタンドを使って立体的に置くとそれぞれの樹木が見やすくなり、同時に豊かな空間づくりにも役立つ。樹木は直接触れ合わないように配置し、日当たりと風通しをよくすることもポイントになる。

コンテナ・ポット　造園用語では植物を栽培する容器を指し、箱状のものをコンテナ、鉢状のものをポットと呼ぶ。素材はプラスチック、木、金属、ソイルブロック（培養土を角状に固めたもの）など多種多様

ベランダの植栽

①ベランダ植栽の基本

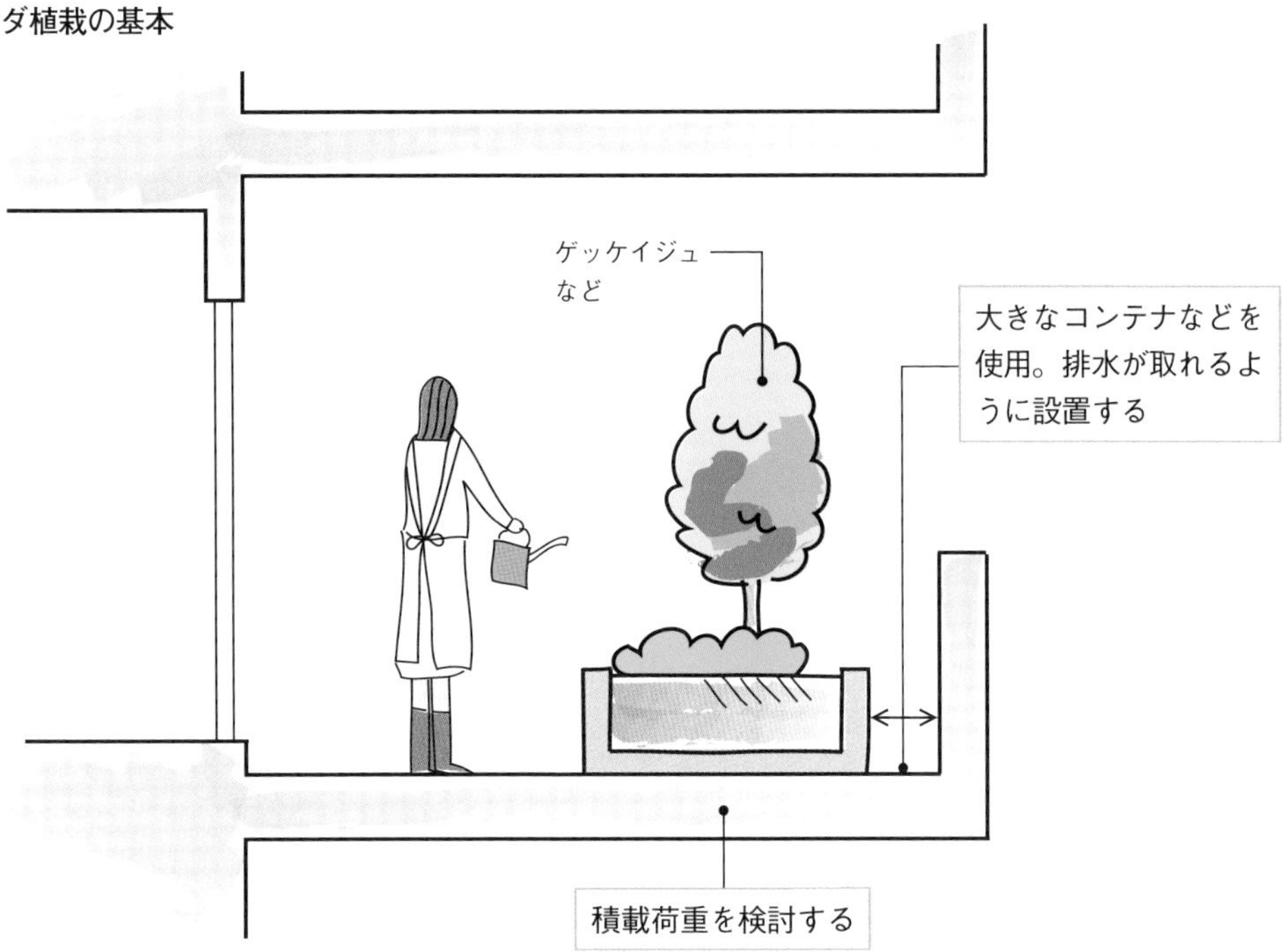
ゲッケイジュ
など
大きなコンテナなどを使用。排水が取れるように設置する
積載荷重を検討する

②鉢植えの場合

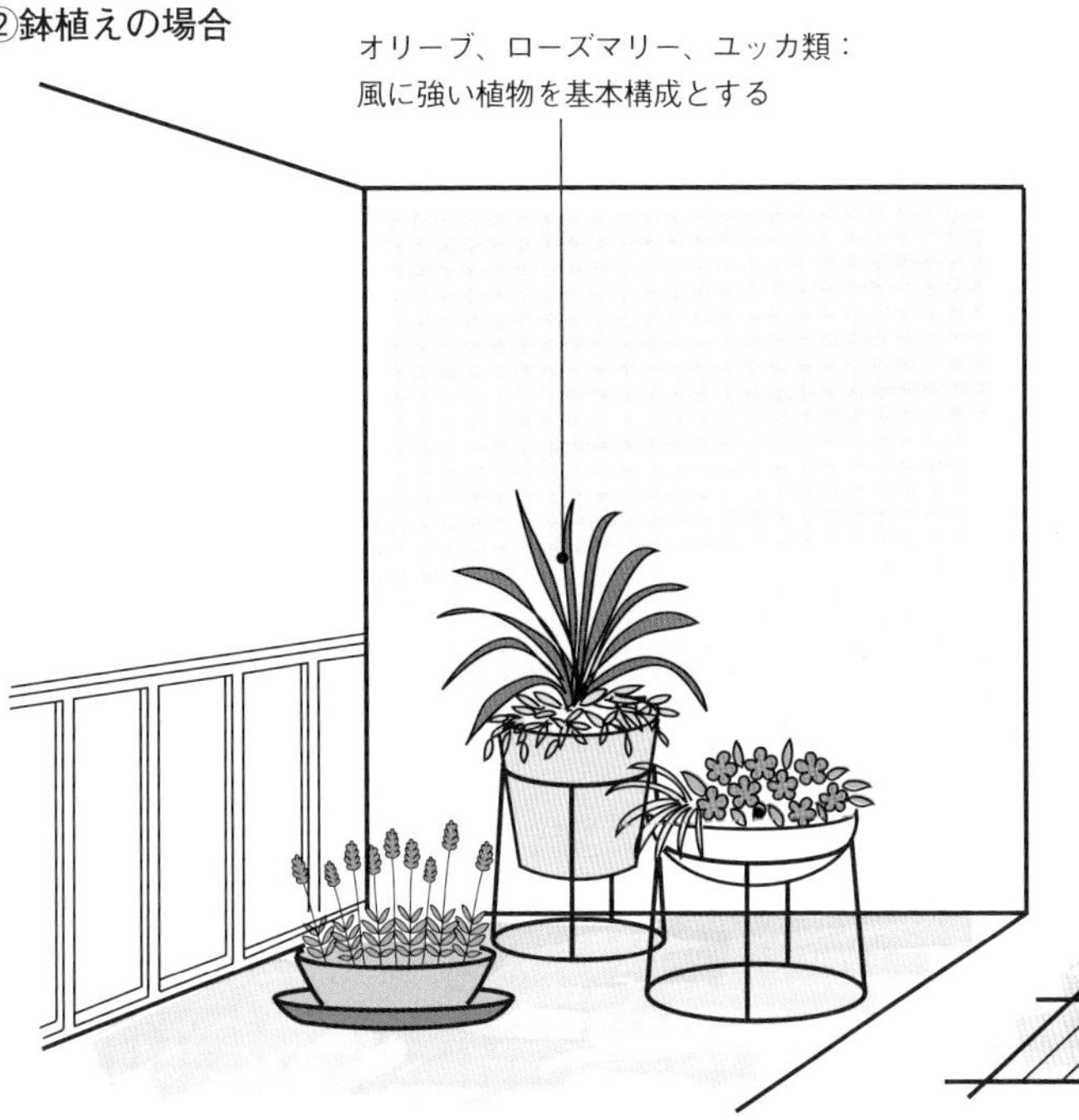
オリーブ、ローズマリー、ユッカ類：
風に強い植物を基本構成とする

デッキの植栽

デッキ材に水が浸み込まないよう受け皿を準備する。ただし、受け皿に常時水がある状態は避ける
柑橘類、
オリーブなど

ベランダ・デッキの植栽は植木鉢やコンテナが基本。植栽に適した樹種は89頁参照

棚の植栽

ポイント

花や実が楽しめるつる性植物で、緑陰スペースをつくる。下にテーブルセットを置いても

棚の高さと桟の間隔

棚といえば「藤棚」を思い浮かべる人が多いのではないか。棚はフジのようにつる状に伸びる植物の習性を生かし、天然の緑の屋根で木陰をつくり、花や果実を楽しむスタイルを指す。

つる性植物は、高くなる樹木の幹に絡み、日光を求めて上へ伸びていく。ある程度は人の手で誘引しないとバランスが悪くなる。したがって、棚の高さは小さな脚立で届くくらいを目安につくるとよい。棚の桟の間隔は5㎝くらいがおすすめ。狭いほうが植物にとっては絡みやすく、誘引の手間が少なくてすむ。10㎝を超えると人の手が必要だ。

生長が早いつる性植物

夏の日除けとして利用する場合は、落葉樹が適している。フジやアケビなどの落葉樹は葉に光が当たらないと生育が悪くなる。

枝が棚の上部に広がりはじめると、柱に絡んだ部分はほとんど葉が付かなくなる。その点、ムベやキヅタなどの常緑樹は、柱に絡む部分でも葉が展開する習性をもつ。

つる性植物は1本立ちの樹木に比べ、生長がずっと速い。ナツヅタなどは環境条件がそろえば、ひと夏で5mくらい伸びるので、広がる範囲をよく考慮しなくてはならない。植栽密度は5㎡に1株で十分だが、当初、空間がさびしい場合は1㎡に1株にしておいてもよいだろう。

棚の下はベンチやテーブルを置いて休憩スペースにしたり、ガレージ代わりにしたりすることができる。緑に覆われた素敵な空間だが、植物からは樹液、蜜、花殻、落葉、植物に付いてくる虫、鳥のフンなどが落下するおそれがあるので、棚の下部は掃除しやすい利用法としたほうが無難だ。

棚の植栽

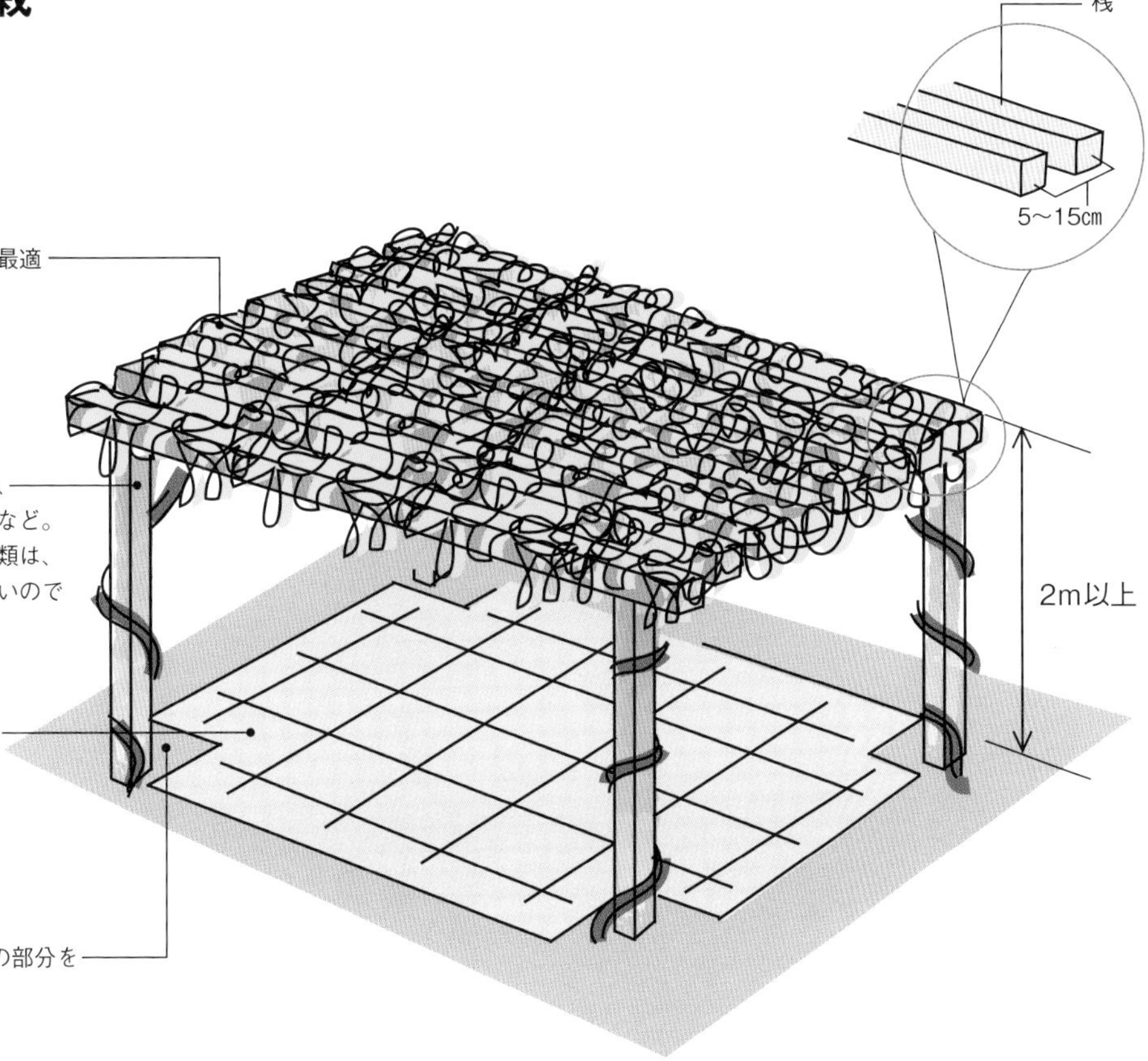
栈
木材が最適
レンガ、木材、
コンクリートなど。
鉄などの金属類は、
熱くなりやすいので
避ける
掃除しやすい
舗装
1㎡以上の土の部分を
確保する

棚に向く樹種

	常緑樹	落葉樹
花を楽しむ	カロライナジャスミン、ツキヌキニンドウ、ハゴロモジャスミン、 ルリマツリ 暑いところでは以下のもの アラマンダ、アリアケカズラ、ブーゲンビリア、ベンガルヤハズカスラ、モミジバヒルガオ	キングサリ、クレマチス、ジャケツイバラ、ツルバラ類、トケイソウ、ナツユキカズラ、ノウゼンカズラ、フジ、ルコウソウ
実を楽しむ	キウイ、 ビナンカズラ、 ムベ  ムベ（アケビ科）	アケビ、ツルウメモドキ、ニガウリ、ヒョウタン、フウセンカズラ、ブラックベリー、ブドウ、ヘチマ  アケビ（アケビ科）

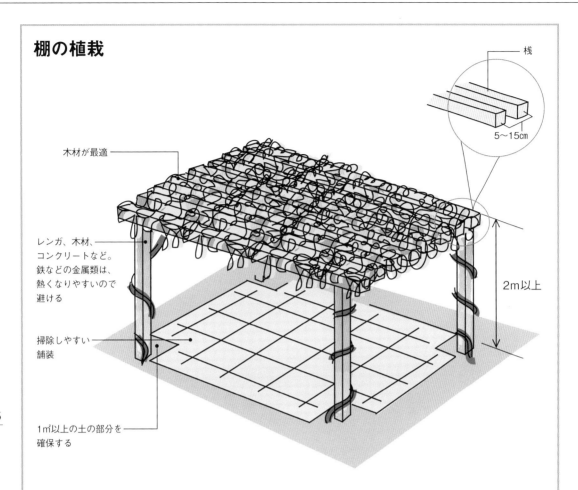

屋上の緑化

ポイント

屋上緑化には、乾燥に強い常緑広葉樹を選ぶ。とくに暖地性の果樹がおすすめ

建物の構造を確認

屋上に緑を植栽すると、建物の断熱効果と同時に、水分の蒸散作用から周囲の冷却効果が期待できる。建物の寒暖を緩やかにする省エネルギーと、都市のヒートアイランド化を防ぐ意味で、小規模な建築でもよく行われるようになった。

屋上緑化導入時には、まず建物の構造性能を確認する。最も重要なのが土を入れるため、建築が耐えられる積載《せきさい》荷重《かじゅう》である。厚さ10㎝の普通土壌であれば、1㎡当たり約160㎏、草花や地被植物を育てるには20㎝、低木なら30㎝、3m以上の高木であれば60㎝以上の土が必要になる。高木を植えると、1㎡の土で800㎏を超えるので、建築の構造耐力《たいりょく》を確認する必要がある。最近では、重量が普通土壌の1／2～2／3程度の軽い人工土壌が、屋上緑化用として開発されている。

屋上緑化に向く植物

屋上は風を受けやすく、乾燥しがちなので、乾燥に強い植物で構成すると管理が楽になる。

屋上緑化でよく使われるセダム類は乾燥に強く、土壌の厚さがあまり必要ない。しかし、雑草抜きや施肥などに手間がかかるうえ、蒸散をあまり行わないため断熱の効果が低いことから、最近は主流ではない。

屋上は一般に日当たりと風が強いため、常緑広葉樹が向いている。なかでも乾燥気味の環境でも育つ柑橘類などの暖地性の果樹がおすすめ。風が当たることによって虫も付きにくくなる。ただし、大きな果実が落ちると危険なので、屋上からはみ出さないように植えること。鳥の食害を防ぐには、ネットや釣り糸などで防護するとよい。一方、カエデ類などの葉の薄い落葉樹は風に弱いので植栽は避ける。

積載荷重　人間や家具、そのほか文字どおり建物に積載され、床に加わる荷重
構造耐力　垂直・水平方向の力に対し、建築物が垂直方向の力を支え、水平方向の力による変形に対抗すること

コンテナ植栽に必要な土の深さと代表的な樹種

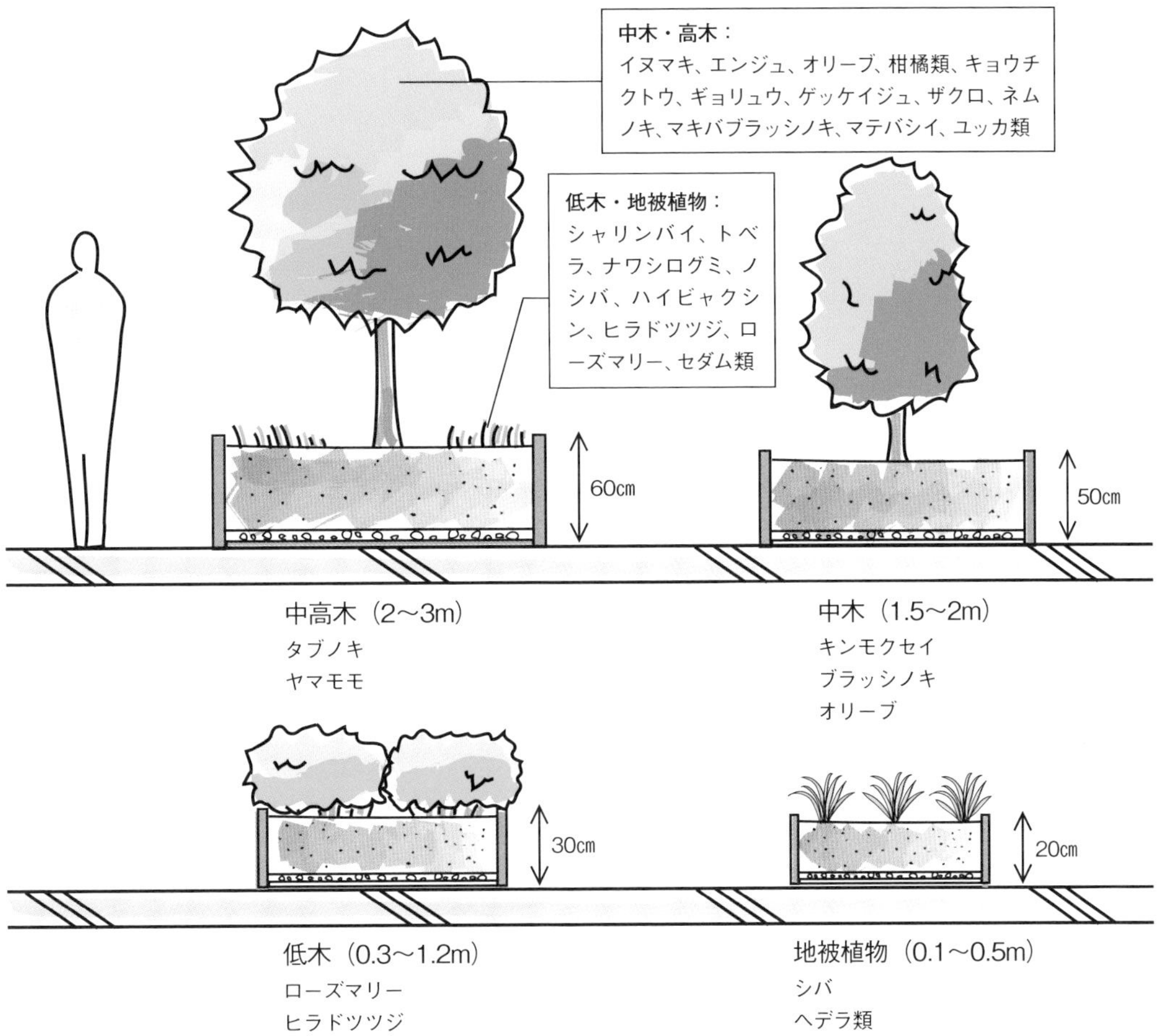

屋上緑化に向く代表的な樹種とコンテナの設置のポイント

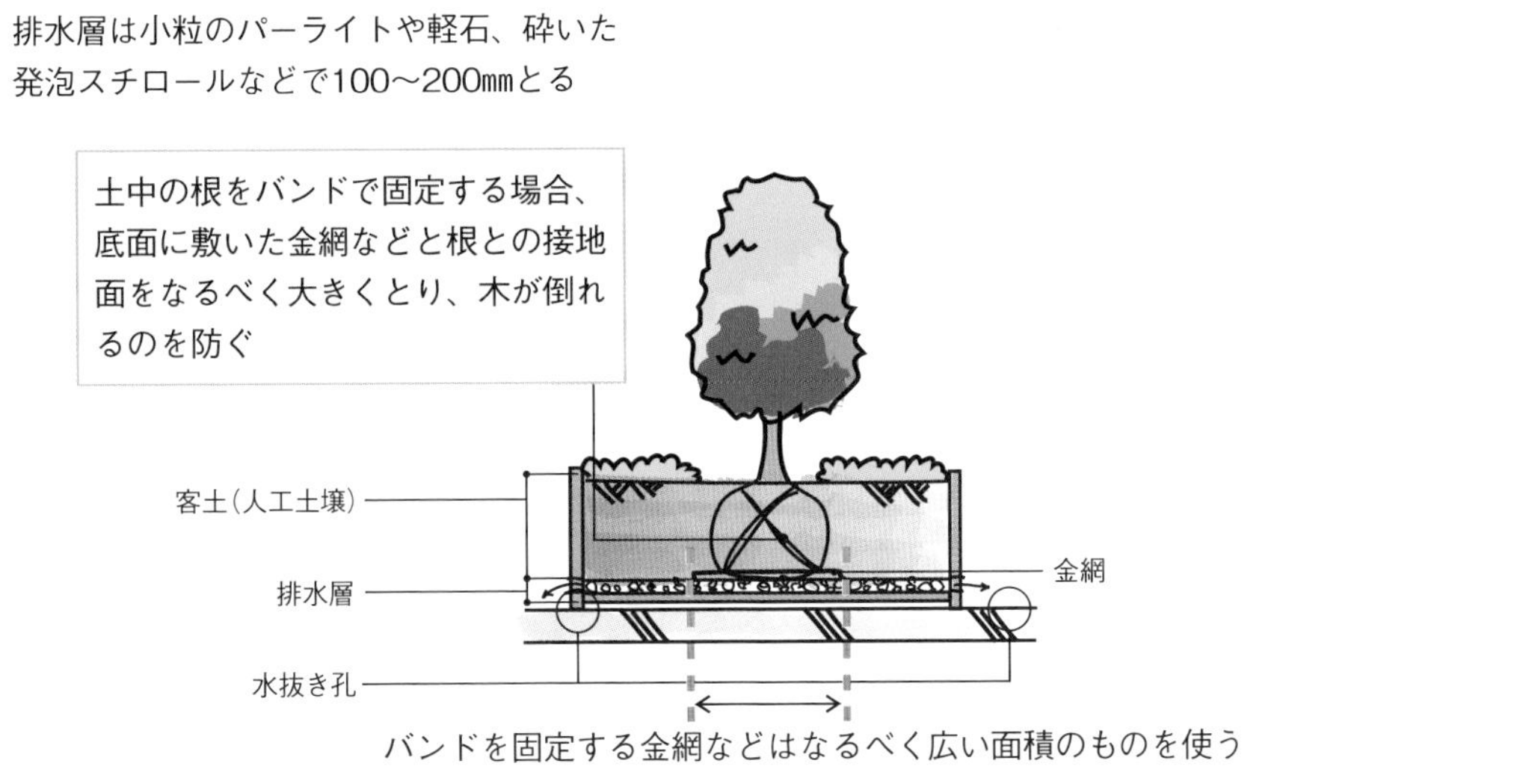

人工土壌　新しい、科学的な素材を用いてつくられた土壌

屋根の緑化

ポイント

土の保水性と灌水システムに留意する。また、頻繁な管理を必要としない樹種を選ぶ

勾配屋根の植栽

屋根面に土かそれに代わるものを敷きつめることができれば、屋根への植栽は可能である。

勾配がほとんどない屋根であれば、保水性を高めた土壌を入れ、適宜灌水できるシステムを導入すればよい。

ただし日本の住宅の多くの屋根は、雨水が流れやすくなるために勾配が付けられている。つまり屋根は常に乾燥しやすい状態になっているのである。

したがって、乾燥する勾配屋根に植栽する場合は、水分が蒸発しにくいシステムを導入するか、始終水遣りを行うことができる仕組みをつくる必要がある。最近では、60度くらいの急な勾配でもシバを導入し、屋根全体を緑化している事例もある。これが可能なのも、勾配の上部と下部に均一に水が行き渡るようなシステムを設けているからである。

管理が楽な樹種を選択

屋根の緑化では、土が落ちるのを防ぐために、シバを植栽するのが基本である。土と水の問題をクリアできれば、日当りや乾燥を好む樹種のほとんどが植栽可能である。屋根の上は日常的な手入れが難しいため、頻繁に管理を必要としない樹種を選ぶのがよい。

さらに屋根は、風や鳥のフンなどにまぎれて、植栽したもの以外の植物の種《たね》が運ばれてくることが少なくない。日常的な手入れができない以上、ある程度の雑草が生えることは覚悟しておいたほうがよいだろう。

春や夏など、植物の葉が青い間はまだよいが、雑草が繁茂したまま秋、冬を迎えると、葉が枯れて見映えがあまりよくない。また、屋根面に枯れ草が多くあるのは防火上も大変危険である。そこで、夏の終わりごろに草刈りをして、余分な草を取り除くようにする。

屋根勾配と緑化の状況

①2寸勾配程度（約10度）

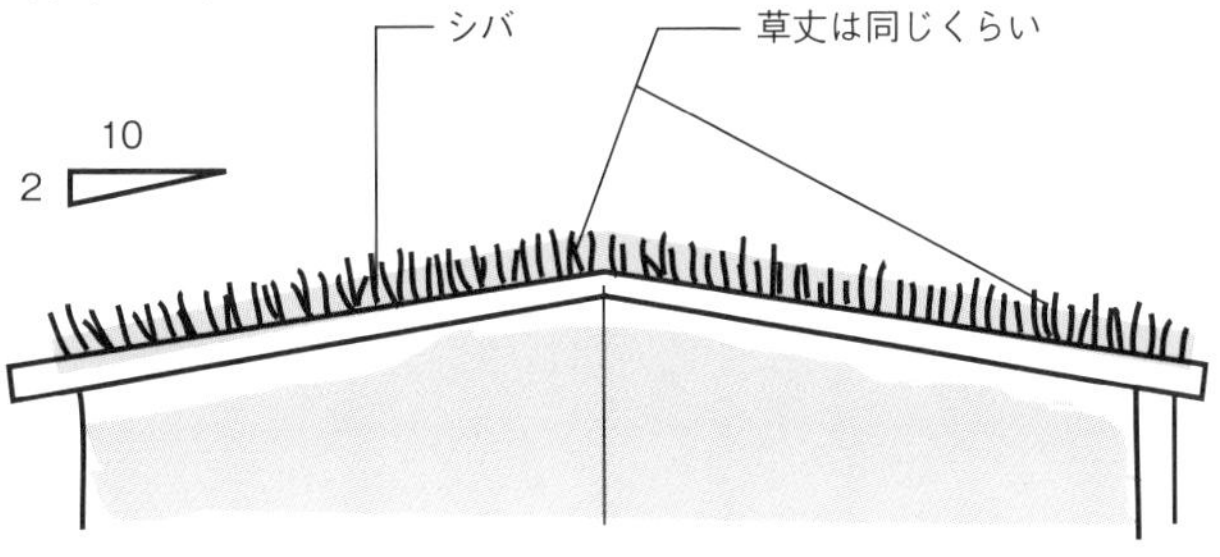
水上
水上

勾配が緩く、屋根の水上と水下で乾湿の差ができにくいため、均質な草丈・密度になる

②4寸勾配程度（約20度）

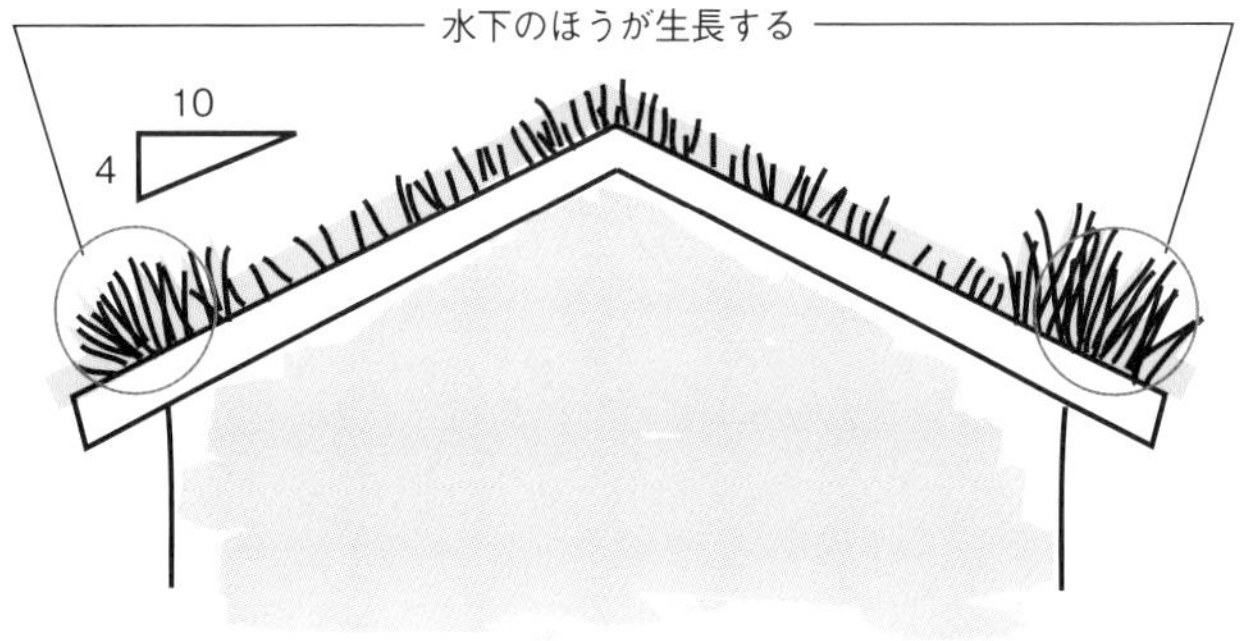

勾配が強くなると屋根の水上・水下に乾湿の差が生まれ、生長に違いがでる。これ以上急勾配になると水分調整が難しく生長が阻害される。施工・管理にも危険

③8寸勾配程度（約38度）

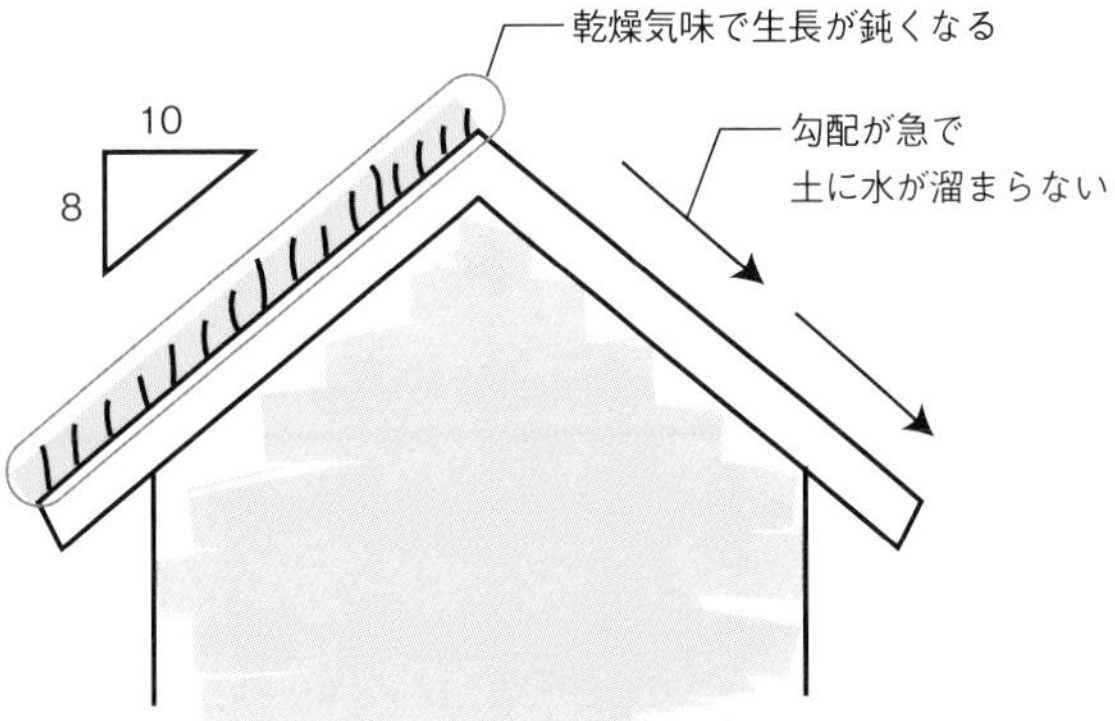

勾配が急すぎて水分調整が難しく生長が阻害される。施工・管理にも危険である

屋根の収まり

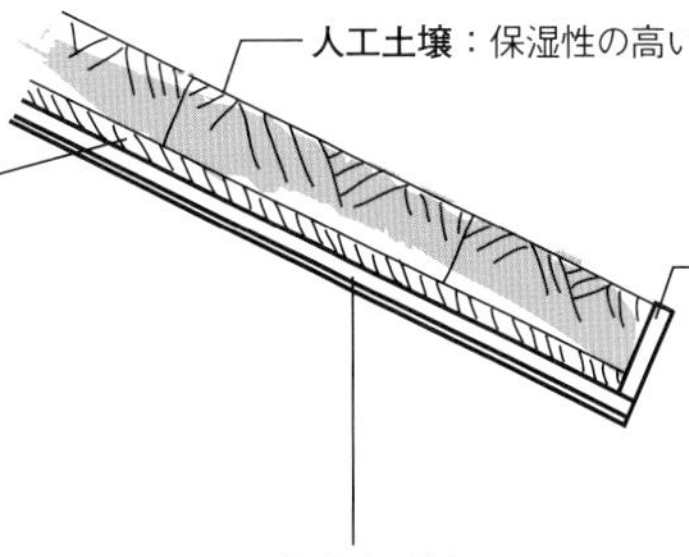
人工土壌：保湿性の高いものを使用
防根シート：
植物の根が屋根材を突き破るのを防ぐ。
土の流出防止効果もある
止め板：
水が溜りやすいので
プラスチック製か金属製のものを使う
屋根仕上げ材

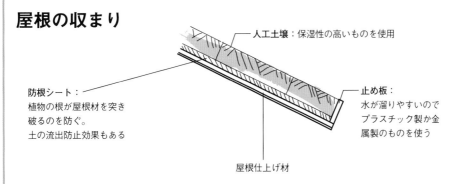

壁面の緑化

ポイント

壁面への直接の植栽と屋上からの緑化では灌水に、地面からは誘引資材に留意する

壁面緑化のパターン

壁面緑化は大きく分けて、３つのパターンがある。地面に植物を植えて、壁面を下から緑化していく方法と、屋上などに植栽して上から壁面を緑化する方法。そして、壁面自体に土の代用品を設置して側面植栽する方法だ。

壁に直接植栽する方法と、上から下ろすパターンは、土の部分が限られていて、乾燥しやすくなるため、水遣りを定期的に行う必要がある。灌水設備をあらかじめ設置しておくとよい。

灌水設備は、すべての面に水が行き渡るよう、計画的に設置することが大切。とくに、高層建築で、日当たりの条件が場所によって異なる場合は、灌水時間を場所によって調整するとよいだろう。また、建物の隅部分は風の通り道になっていることが多いため、日当たりが悪くても乾燥しやすいので、注意が必要である。

壁面を下から緑化するケースは、つる性植物がよく使われる。その植物がどのように生長していくかを把握して、フェンスやネットなどの誘引資材を用いるかを検討する。

壁面緑化に向く植物

壁面の素材によって、つる性植物が勝手に生長するものと、そうでないものがある。イタビカズラやナツヅタ、ヘデラは壁に吸着しながら生長するため、壁面に多少の凹凸があれば、自力で這っていく。

一方、フジ、アケビ、スイカズラ、カロライナジャスミンはものに絡んで上っていくので、ネットやワイヤー、フェンスを設置する。資材は市販されているもの以外でも、絡みつくものであればどのような素材でも問題はない。生長する先端の部分は柔らかく弱いので、日が当たっても熱をもたないものを選択するとよい。

壁面緑化の3パターン

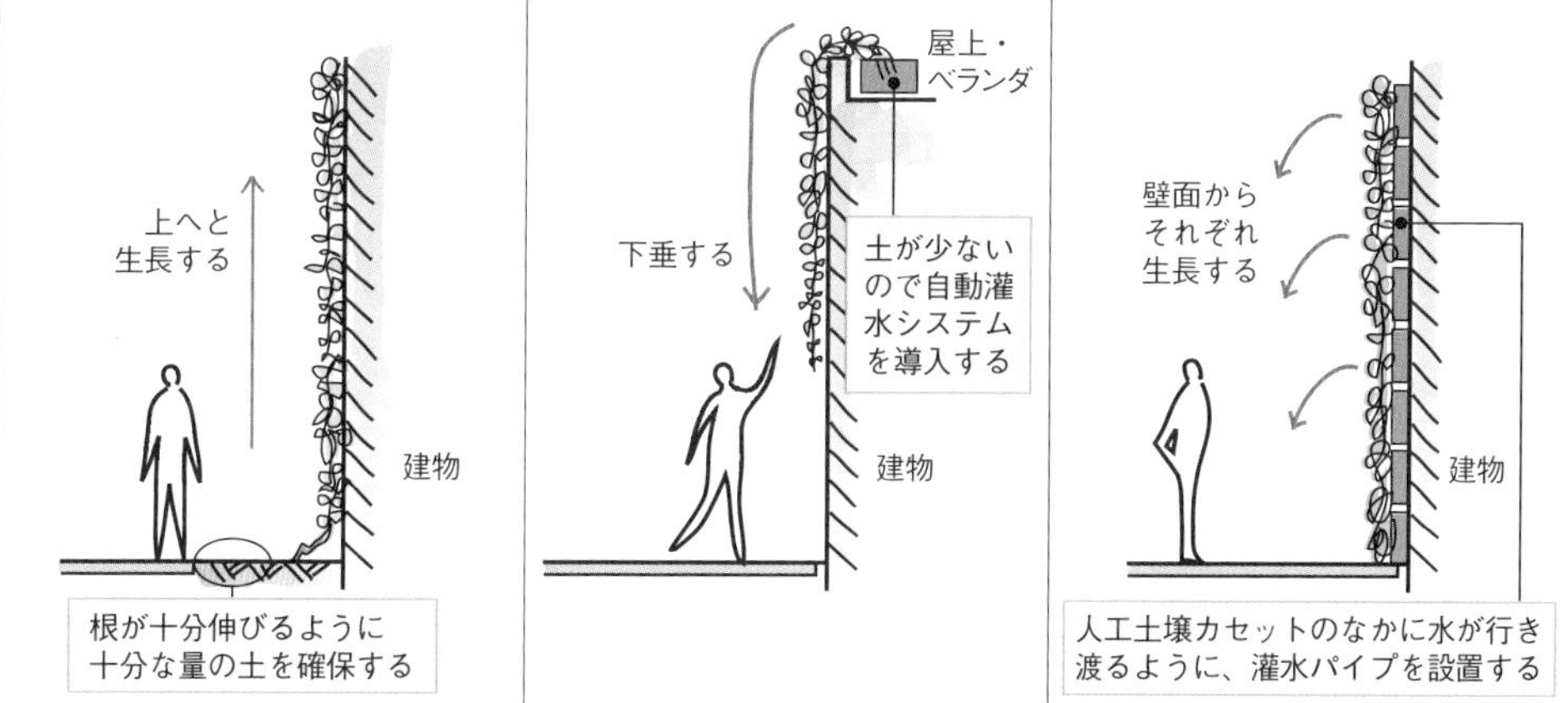

	①地面から上へと緑化	②屋上などから下垂して緑化	③土の代用物を壁面に設置した緑化
緑化のパターン	地面から壁を伝わせて上方へ緑化	屋上やベランダに設置したコンテナから下方に向けて緑化	壁面に設置した代用品（コンテナ、繊維マット）から下方へ緑化
代表的な樹種	アケビ、イタビカズラ、カロライナジャスミン、スイカズラ、テイカカズラ、フジ、ナツツダ、ヘデラ類	テイカカズラ、ハイビャクシン、ヘデラ類、ワイヤープランツ	イタビカズラ、コケ類、セダム類、タマシダ、ハイビャクシン、ヒューケラ
特徴	・根が十分張れるように植栽地の土を確保する ・樹種によってはフェンスやロープなどの誘引資材が必要	・コンテナや繊維マットによる植栽のため、1株で大面積の緑化はできない ・定期的な灌水が必要 ・あるいは、自動灌水システムを導入する	・コンテナや繊維マットによる植栽のため、1株で大面積の緑化はできない ・定期的な灌水が必要 ・あるいは、人口土壌のなかに水が行きわたるように、灌水パイプを設置する

壁面緑化の事例

ケ・ブランリー美術館（パリ）の壁面緑化（側面植栽）。壁面に植栽基盤となるマットを取り付け、セダム類やコケ類などが植栽されている

クレモナロープを利用した壁面緑化（鹿児島マルヤガーデンズ）

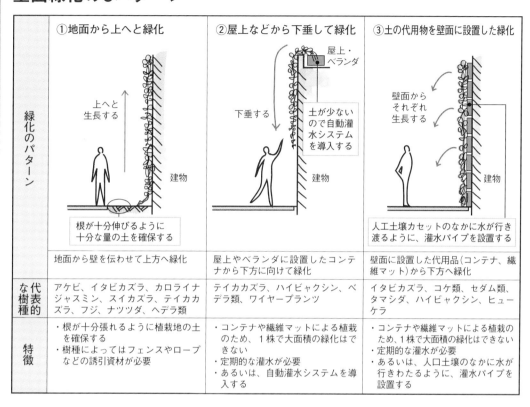

TOPICS

確実園園芸場

BOTANICAL GARDEN GUIDE 3

アジサイの原種の「ガクアジサイ」。日本の自生地は伊豆半島や伊豆諸島等太平洋側の海べりなので比較的暑さに耐える

アジサイの知識豊富な園主

1917年、茨城県牛久市で植木屋（植物の生産・販売）からスタートした園芸店。

大きなジョーロの風見が目印のガーデンショップと2haの園内にはアジサイ、フジ、イカリソウ、ツツジの古典品種、水生植物、シダレ品種などを特に多く扱っているほか、ギボウシ、クリスマスローズなどの斑入り品種も揃えている。特にフジには力を入れており、約50品種も揃え、人工交配で良い品種ができないかの試験も行っている。

オーナーの川原田氏はNHK趣味の園芸などで園芸研究家として植物の解説もしている。また、植栽の相談、造園工事・設計・管理なども行っている。

DATA

住所／茨城県牛久市田宮町2-51-35
電話／029-872-0051
開園時間／10：00〜18：00
休園日／毎週月曜日
（月曜日が祝日の場合はその翌日）
入園料／無料

第4章
緑の効果を生かす

微気候のコントロール

ポイント

その地域の気象条件だけでなく、敷地周辺の微気候も参考に、樹木を選定する

立地による気候の違い

微気候とは、温度・湿度・日照・風など、ある限られたエリアにおける気象の条件のことである。

たとえば、東京都23区といった広範囲な地域の気候データは、標準値が発表される。しかし23区内でも、一部の地域では、微妙に異なる場合がある。これが微気候である。

微気候は、地形や立地環境、周囲の建物などによってつくり出される。アスファルトで舗装された日当たりのよい駐車場では、夏の晴天時に高温になり周囲の気温を上げることになる。逆に、池や川が近くにあると日が当たっていても、アスファルトのように水温は上がらないため、やや涼しい。

高層ビルが建ち並ぶ都会では、風がほとんどないという予報でも、ビルの隙間に強い風（ビル風）が吹いていることがたびたびある。

微気候の把握

気温や風などの外部環境を機械でコントロールするのは難しい。しかし、たとえばアスファルトの舗装でも、ところどころ芝生の空間を設けたり、高木を植栽して日陰をつくったりすれば、暑さが和らぐように、植栽によって環境を調節することは可能だ。

古く、電気やガスがない時代から日本人は植物を使って外気や日照をコントロールし、1年を快適に過ごしてきた。屋上緑化や壁面緑化も、適材適所を間違えなければ微気候を十分コントロールできるものだ。そのためにも、気象データを研究するだけでなく、微気候がどの程度か、計画地に出向いて住宅の周囲を調査することが重要となる。微気候に合う樹種を知るうえでは、周辺にどのような植栽がなされ、どのような樹木が良好に育っているかも参考になる。

屋上緑化・壁面緑化　屋上や壁面を植栽で覆うこと。建物内の寒暖を和らげるだけでなく、都市部のヒートアイランド現象や大気汚染の緩和なども期待できる

微気候がつくられる条件

微気候とは、限られたエリアにおける気象条件のこと。地形や立地環境、周囲の建物などによってつくりだされる

①地形による影響

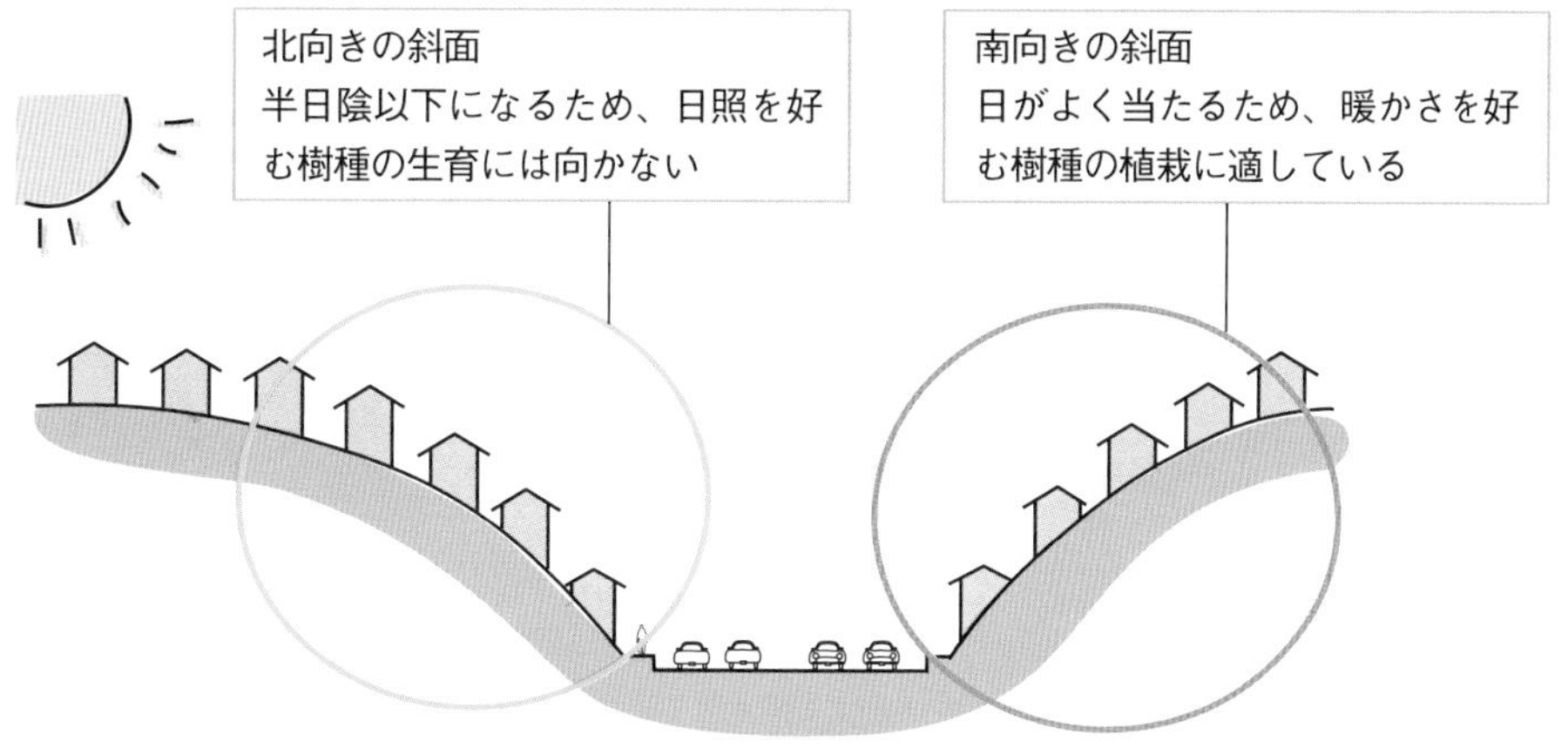
北向きの斜面
半日陰以下になるため、日照を好む樹種の生育には向かない
南向きの斜面
日がよく当たるため、暖かさを好む樹種の植栽に適している

②周囲の建物による影響

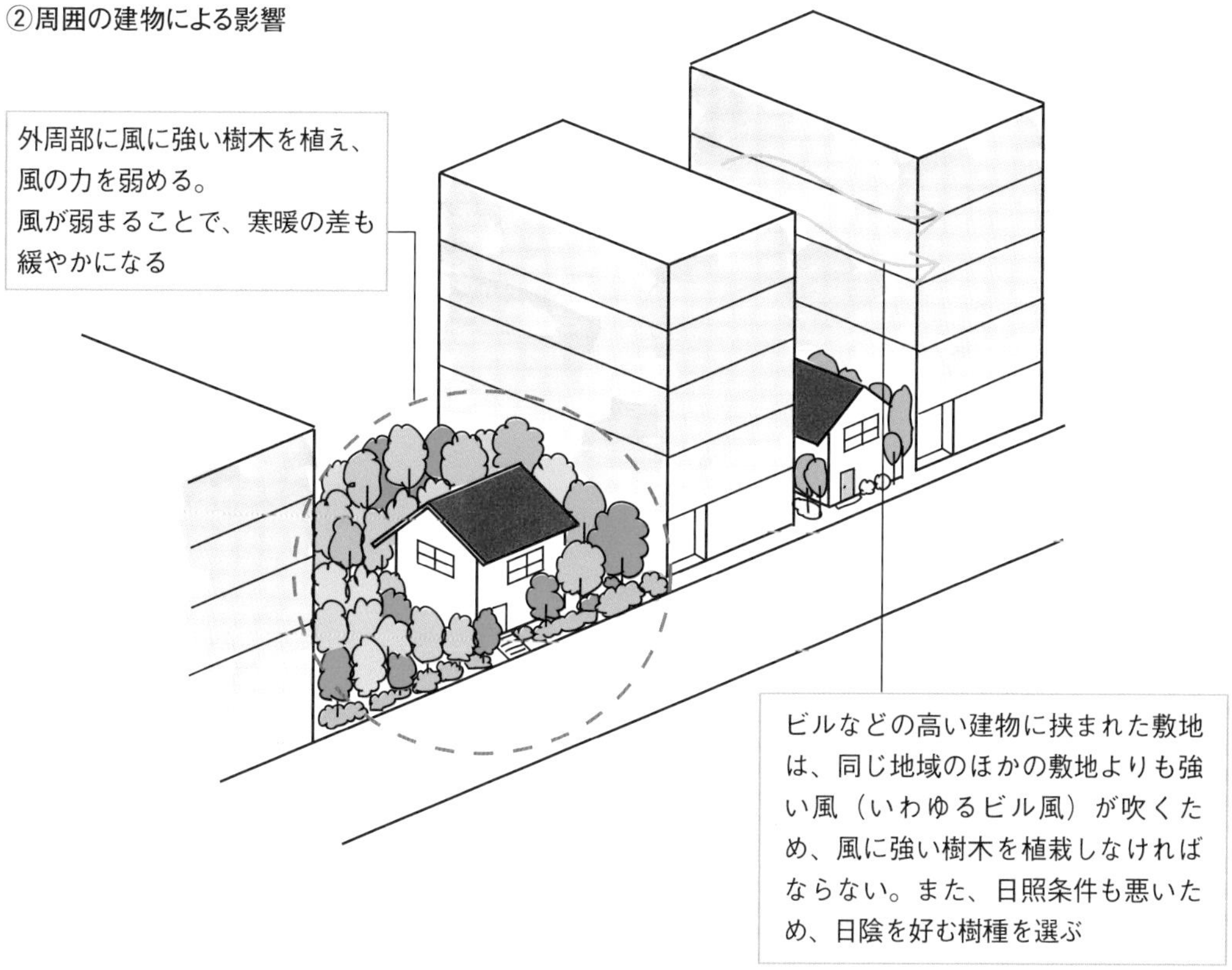
外周部に風に強い樹木を植え、風の力を弱める。
風が弱まることで、寒暖の差も緩やかになる
ビルなどの高い建物に挟まれた敷地は、同じ地域のほかの敷地よりも強い風（いわゆるビル風）が吹くため、風に強い樹木を植栽しなければならない。また、日照条件も悪いため、日陰を好む樹種を選ぶ

日差しのコントロール

ポイント

シェイドツリーには、夏の強い日差しを遮り、冬の日差しを妨げない落葉樹を選ぶ

植栽で強い日差しを制御

日当りのよい部屋をつくることは、良好な住環境をつくるうえで重要な要素の1つである。しかし、日当りがよすぎると、夏には室温が上昇しすぎることになる。エアコンで温度をコントロールすることは簡単だが、省エネルギーが叫ばれている現在では、なるべく資源エネルギーを使わないように工夫することが求められている。

このように日当たりがよすぎる場合には、植栽を利用して、室内に入る日差しをコントロールするのも手である。日差しの強すぎる部分に樹木（シェイドツリー）を取り入れることで、日差しは和らぎ、室温を下げる効果が期待できる。

ただし夏には厄介な日差しも、冬には逆に必要になる。したがって、樹木は冬季には落葉して、日当たりをよくする落葉樹を選ぶことが基本となる。

樹木と建物の距離

建物に対して日差しをカバーする目的で植栽する場合、どの程度建物から離して植えればよいかが問題になる。開口部の方角を確認し、時間や季節による日の入り方をしっかり把握しておかなければならない。

また、植物は年々生長していくことも考慮しておく。植えた当初は建物と樹木に距離があったとしても、ケヤキのように生長の速い樹種はすぐに建物と接してしまうことがある。

樹種によって違いがあるが、一般に樹木の枝が広がるだけ、土中の根も広がるといわれる。樹冠直径の50～100％の範囲で根が張っていると考えておけばよいだろう。樹木の高さと樹冠の広がりの関係は高さを1とすると樹冠は0.5～1.0になるので、高さ6ｍの樹木を導入する場合は、建物から最低でも3ｍは離して植えたい。

落葉樹による日差しのコントロール

①夏季の日差し

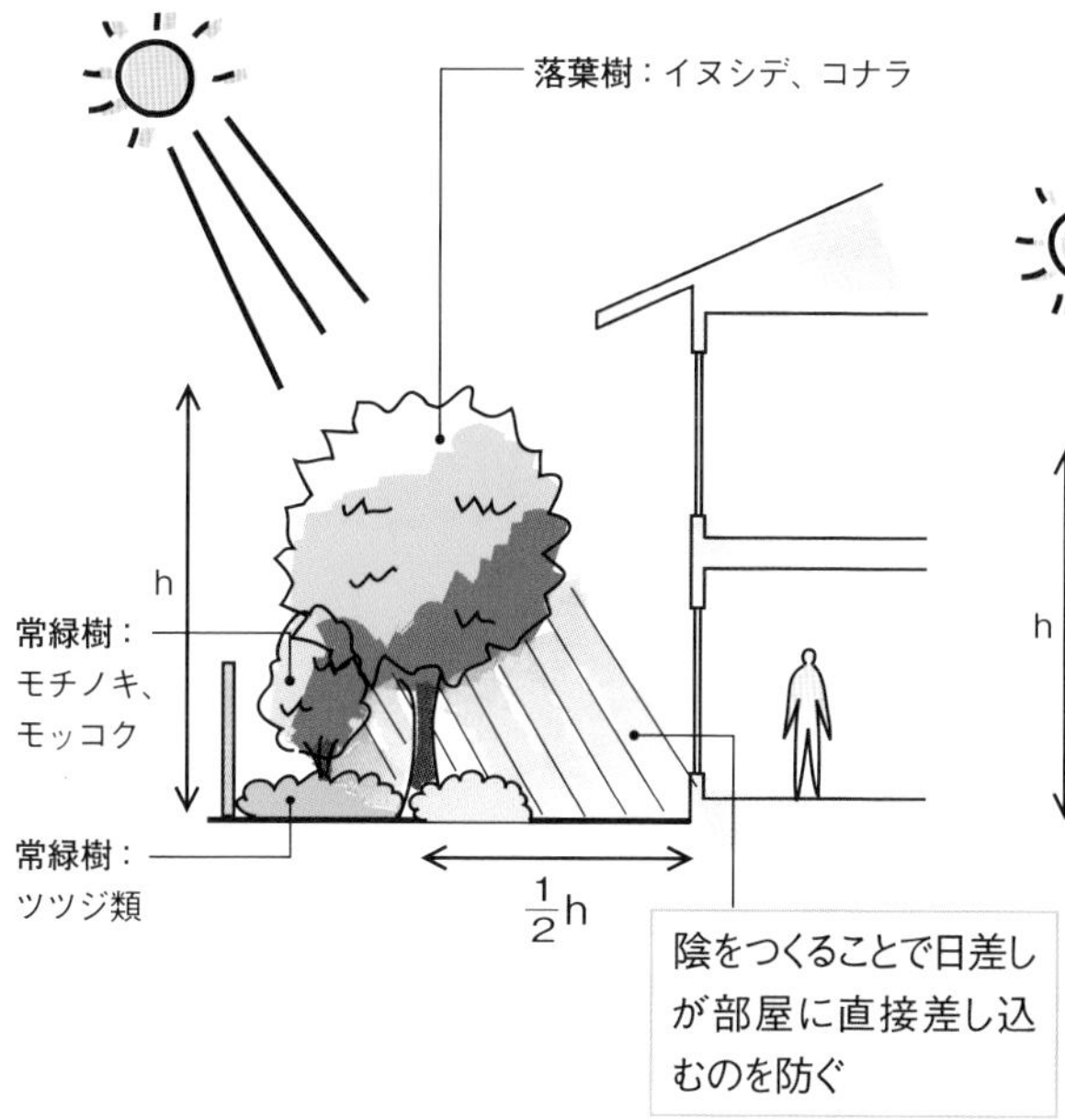
落葉樹：イヌシデ、コナラ
h
常緑樹：
モチノキ、
モッコク
常緑樹：
ツツジ類
1/2h
陰をつくることで日差しが部屋に直接差し込むのを防ぐ

②冬季の日差し

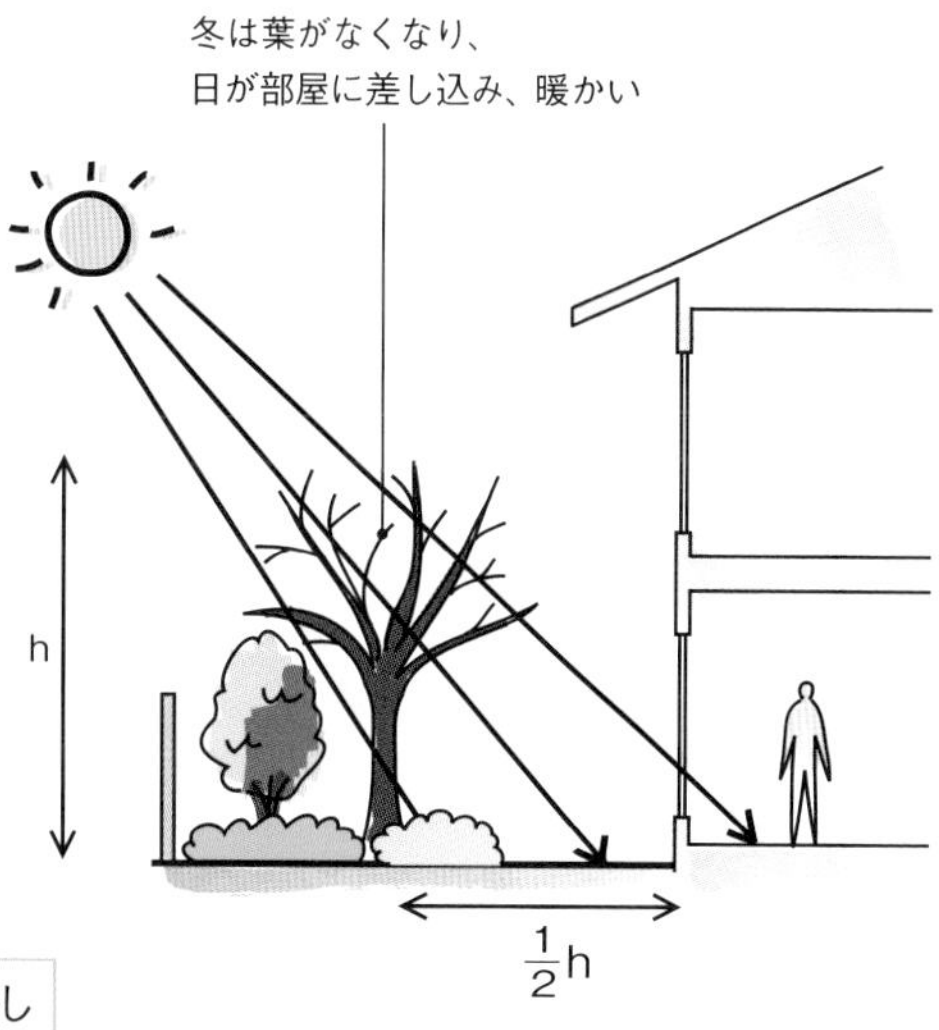
冬は葉がなくなり、
日が部屋に差し込み、暖かい
h
1/2h

樹木と建物の距離

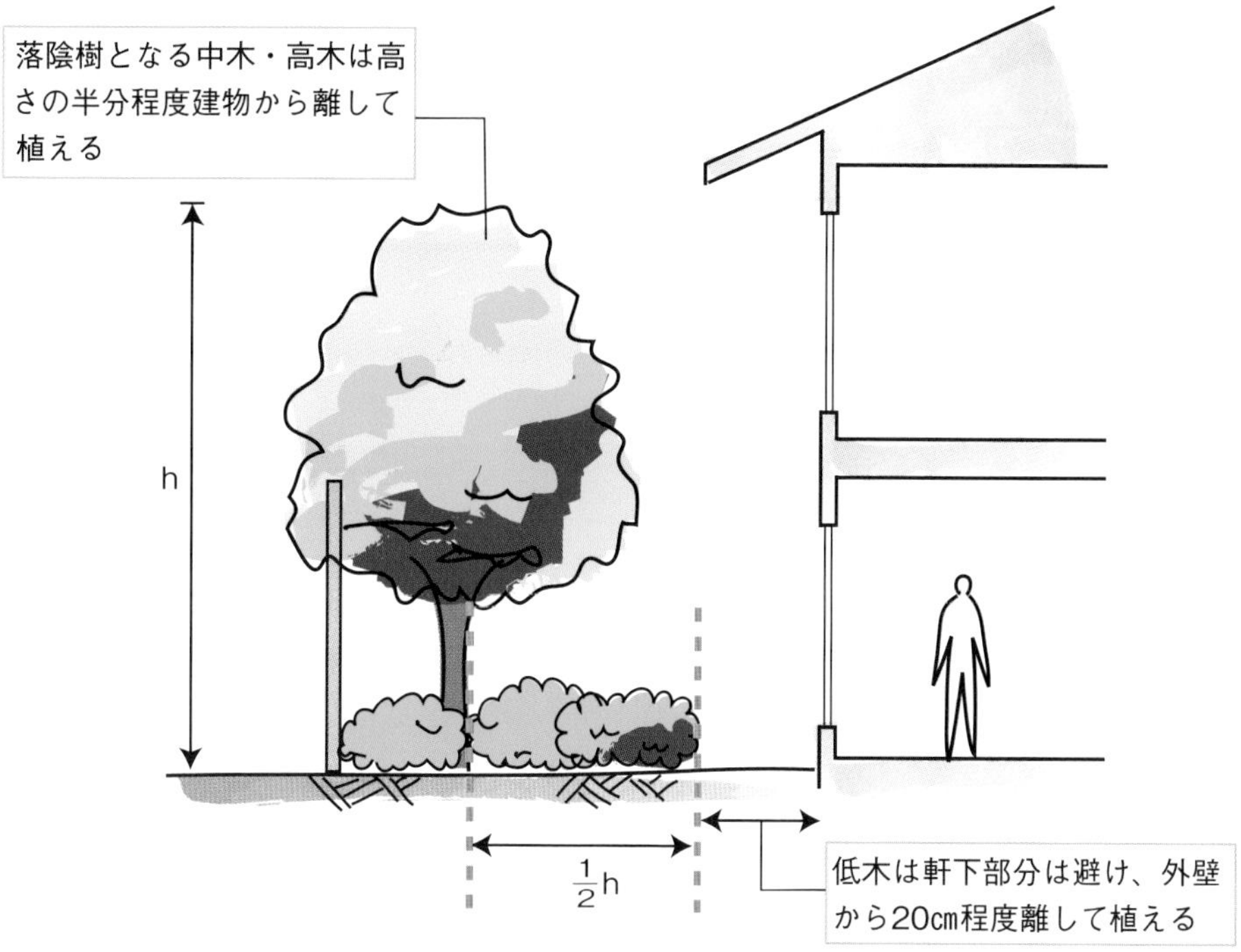
落陰樹となる中木・高木は高さの半分程度建物から離して植える
h
1/2h
低木は軒下部分は避け、外壁から20cm程度離して植える

温度のコントロール

ポイント

日差しや風に対して樹木を効果的に配置し、庭や室内の温度をコントロールする

気温の影響に応じた植栽

林や森のように樹木が豊富な場所では、葉の蒸散作用や樹木がつくる陰のおかげであまり気温が上がらない。一方、水が少なく、樹木が育たない砂漠や砂浜は、日中は温度が上昇し、夜は気温が急激に下がる。夏の砂浜は、はだしで歩けないが、シバや草地ならはだしでも気持ちよく歩けるものだ。

このように樹木があることで高温が和らぎ、気温の変化も緩やかになる。ただし樹木を密植させると、風の通りが悪くなり、空気が湿って蒸し暑い状態になることもある。風通しを考えて植栽密度を設定することがポイント。後方の景色がやや見えるように植栽するとよいだろう。また、北側の日当たりの悪い場所は、植栽することでさらに日当たりが悪くなり、寒くなる場合があるので注意したい。

また、冬の北風が当たる場合には、シラカシやスギなどの風に強い樹木を多めに取り入れれば風が当たりにくくなり、室内が暖かく保たれやすい。

体感温度の調整

五感を刺激することで体感温度や感覚温度をコントロールすることもできる。

たとえば、軒先に吊した風鈴の音色に涼しさを感じるように、風にそよぐ葉ずれの音は涼やかなイメージを与える。葉音が柔らかい樹木にはソヨゴやアカシデなどがある。

視覚的な要素では、色の濃いものは暑苦しさを感じさせる。常緑樹の葉は色の濃い種類が多いので、暖かさを演出するには効果的である。またソテツやカナリーヤシのようなトロピカルな種類も印象で暑さを感じる典型的な樹木である。逆に涼しさを演出するには葉色の薄いものを選ぶ。落葉広葉樹のカエデ類や、コナラなどがよいだろう。

葉の蒸散作用　植物が根から吸収した水は、茎を通って枝・葉に吸収される。その大部分が葉の裏にある気孔から水蒸気として放散され、この蒸散作用の気化熱によって体内温度を調整している

植栽による温度のコントロール（南向きの庭の場合）

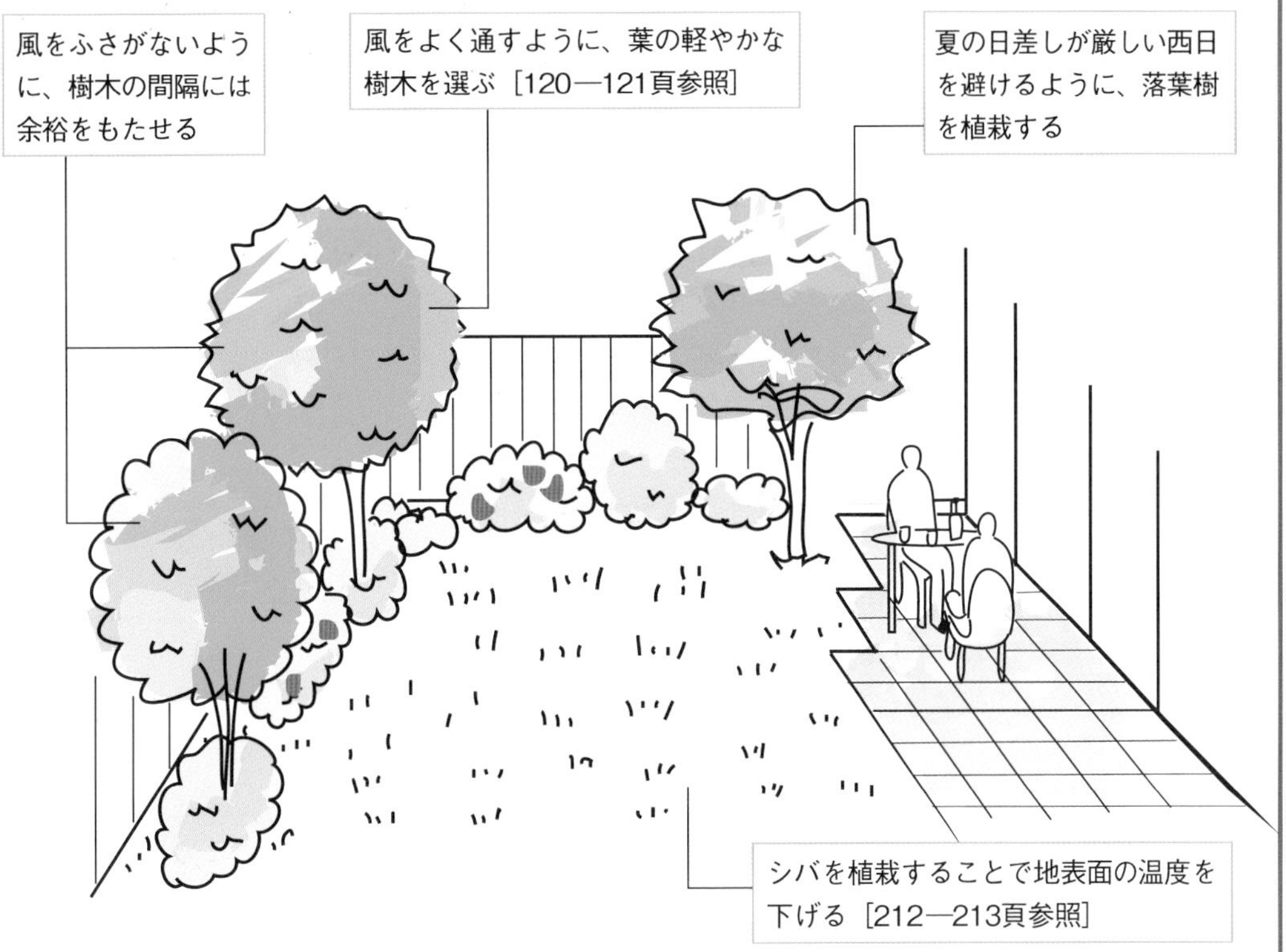
風をふさがないように、樹木の間隔には余裕をもたせる
風をよく通すように、葉の軽やかな樹木を選ぶ［120―121頁参照］
夏の日差しが厳しい西日を避けるように、落葉樹を植栽する
シバを植栽することで地表面の温度を下げる［212―213頁参照］

植栽による温度のコントロールは、日照と風をいかに調整するかがポイント

季節の風を考えた植栽

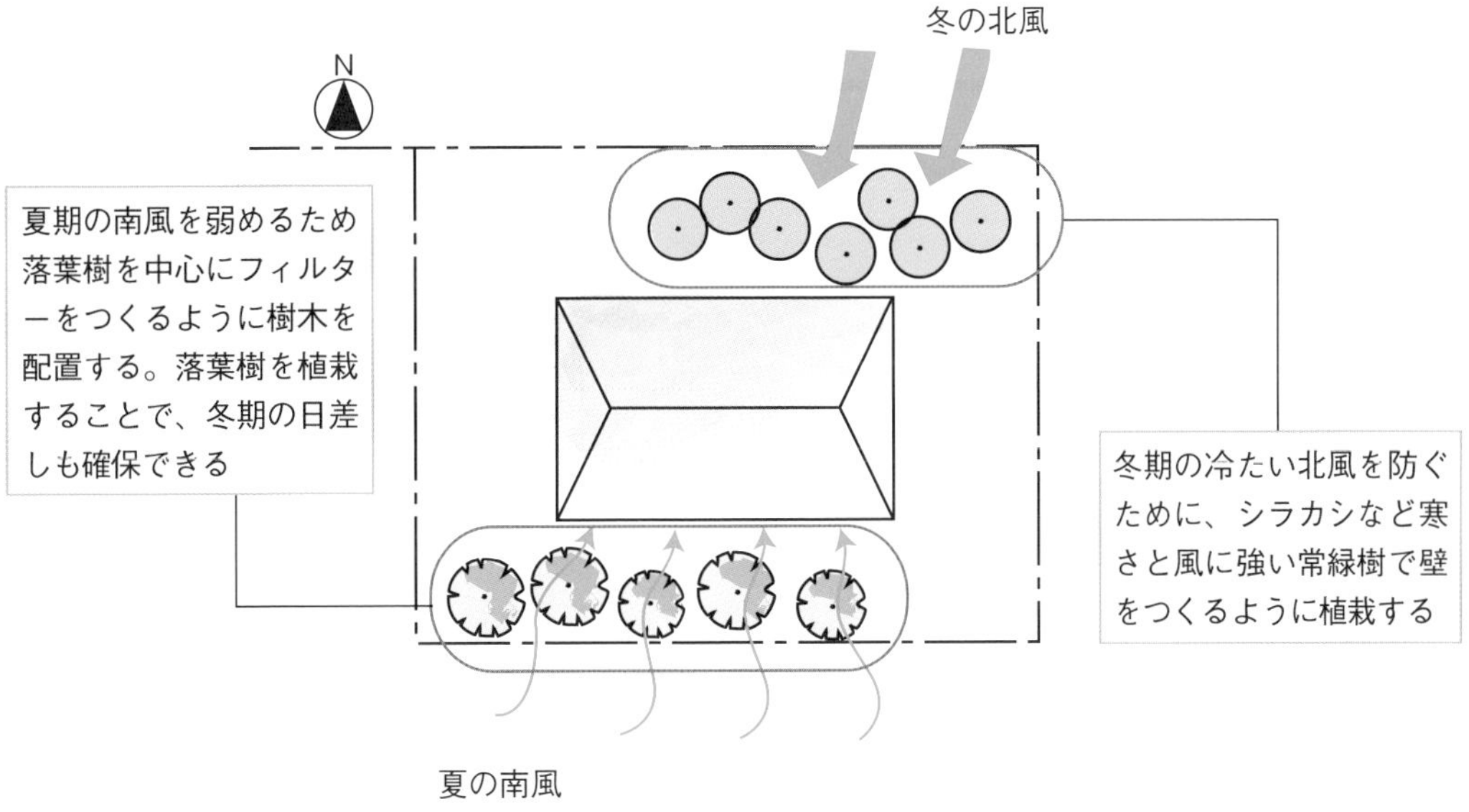
冬の北風
N
夏期の南風を弱めるため落葉樹を中心にフィルターをつくるように樹木を配置する。落葉樹を植栽することで、冬期の日差しも確保できる
冬期の冷たい北風を防ぐために、シラカシなど寒さと風に強い常緑樹で壁をつくるように植栽する
夏の南風

風のコントロール

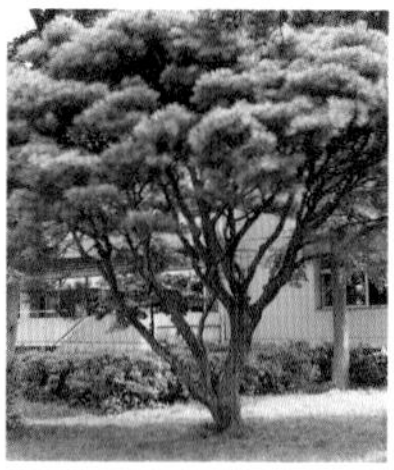

ポイント

風を防ぐには常緑樹を密に、弱めるには常緑樹＋落葉樹を混在させて配植する

季節の風を呼び込む植栽

風は室内外の気温をコントロールするのに重要な要素である。室内に入る風が樹木の間を通過すると、新鮮な空気や湿度が含まれて、より快適なものになるはずだ。

季節の風を呼び込む植栽は気象データをもとに考える。その地域のおおよその気象データは気象庁ホームページに公開されているので、参考にしたい。

春から夏に入ってくる風に対して壁をつくらないように、樹木を点在させて植栽する。風通しをよくするために、葉の付き方が密でないものを選ぶ。

落葉広葉樹のカエデやエゴノキ、ヒメシャラ、マユミなどがよいが、これらは強風の当たる場所には不向き。このような場所では少し手前に常緑樹を置くなどして風を弱めるとよい。

常緑広葉樹のスダジイやヤブツバキ、針葉樹のスギやマツのように葉と葉の間が密な樹種は、風通しをよくする植栽には向かない。ただし、落葉樹だけの庭は落葉期に味気ないので、シラカシやソヨゴなど葉があまり密でない常緑広葉樹も利用するとよい。

強風の遮断

冬の北風や海風、山風など、地形や季節によって起こる強風や、高層建物周囲に吹くビル風などを防ぐためにも樹木を活用するとよい。

まず風に強い樹種を選ぶことが基本である。関東南部ではクロマツ、イヌマキ、関東北部や寒冷地ではスギやシラカシなどがおすすめ。東京・新宿副都心の高層ビル周辺には防風植栽として、クスやスダジイ、タブノキ、ヤマモモなどが植栽されている。

常緑の広葉樹や針葉樹は、風に強い性質をもつ種類が多いが、風の温度で選ぶ樹種が変わるので、その地区の微気候を確認する［20―21頁参照］。

植栽による風のコントロール

①風を穏やかにする配植

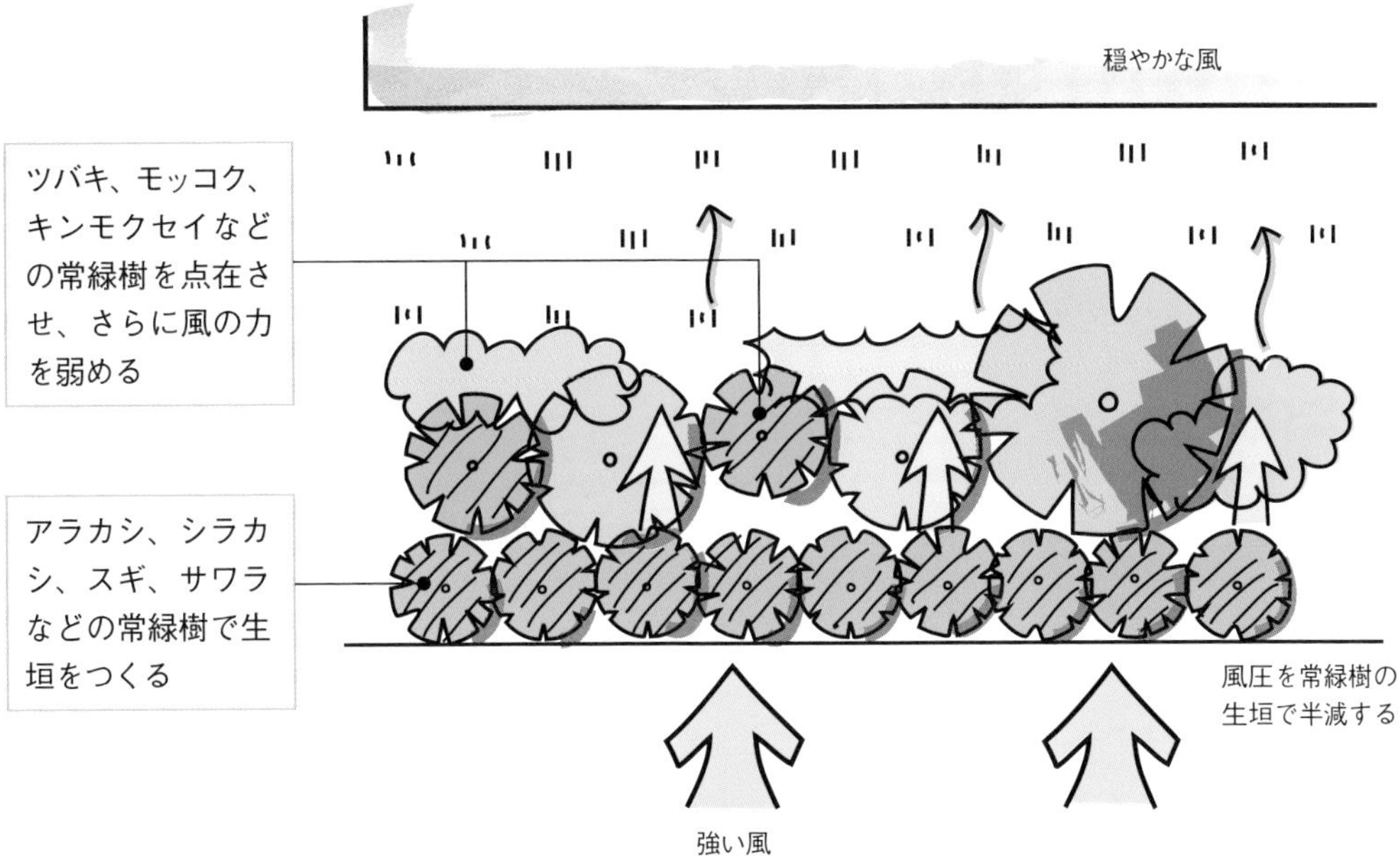
穏やかな風
ツバキ、モッコク、キンモクセイなどの常緑樹を点在させ、さらに風の力を弱める
アラカシ、シラカシ、スギ、サワラなどの常緑樹で生垣をつくる
風圧を常緑樹の生垣で半減する
強い風

常緑樹の生垣で風圧を減らす。
さらに常緑樹と落葉樹を点在させながら配置し
風を弱めるとともに庭の景色をつくる

②風を防ぐ配植

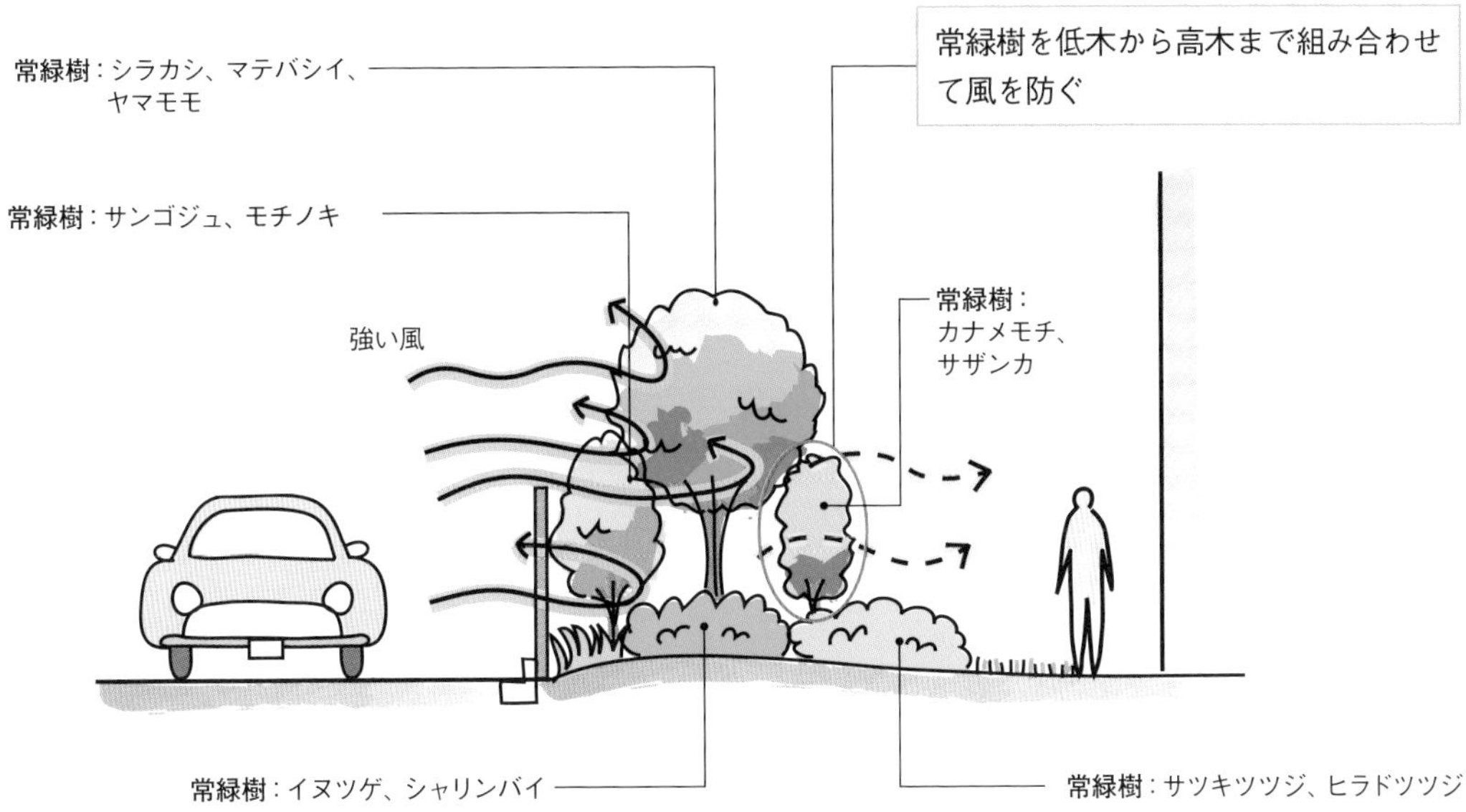
常緑樹：シラカシ、マテバシイ、ヤマモモ
常緑樹を低木から高木まで組み合わせて風を防ぐ
常緑樹：サンゴジュ、モチノキ
常緑樹：カナメモチ、サザンカ
強い風
常緑樹：イヌツゲ、シャリンバイ
常緑樹：サツキツツジ、ヒラドツツジ

低木から中木まで常緑樹を組み合わせ、隣り合う樹木と枝が触れあうよう密に植える

視線のコントロール

ポイント

植栽によって壁をつくったり、視線を誘導し、なおかつ窮屈な印象を和らげる

緑の壁で視線を遮断

都市の住宅の多くは、プライバシーを確保するために、周囲からの視線を閉ざすように道路や隣地にコンクリートなどで塀を立ててしまっている。ところが、配植を工夫することで、人工物の塀などを使わなくても樹木でもそれと同じ効果を得ることができる。

通常の住宅では、1階の床高は道路から40㎝程度上がっている。したがって、道路から見て、1.5～2.5ｍくらいの高さまで緑の壁をつくることができれば、視線を遮ることができる。

樹木で壁をつくる場合、植栽間隔が重要になる。

常緑の広葉樹や針葉樹ならば、高さ2ｍ程度の中木で生垣状の植栽をするとき、最低でも株間50㎝は確保したい。高さ50㎝程度の低木を列植するならば、幹と幹の間を30㎝程度あけるように植栽する。

花や緑で視線を誘導

建物のどの面も緑の壁で覆われるように植栽すると窮屈な印象になる。開口部がなくプライバシーがさほど問題にならない部分は少し樹木を透かしぎみにしたり、落葉樹の枝の密なもの（ニシキギなど）で緑の壁をつくるなどして変化を出すと、窮屈な印象が和らぐ。

植栽で壁をつくることができない場合でも、手前に少し緑があるだけで視線が誘導されて、案外プライバシーは守られるものだ。

手前にアジサイやクチナシなど、大きめの花を咲かせる樹木を添えると、さらに効果的。花に視線を奪われるので、その後ろの景色は目に入りにくくなるからである。見られたくない場所に目立つ花木を植栽するのも一案である。花木が植えられない場合は、パンジーやサルビアなど花が目立つ草本を植えてもある程度効果が期待できる。

植栽による視線のコントロール

①視線を遮る配植

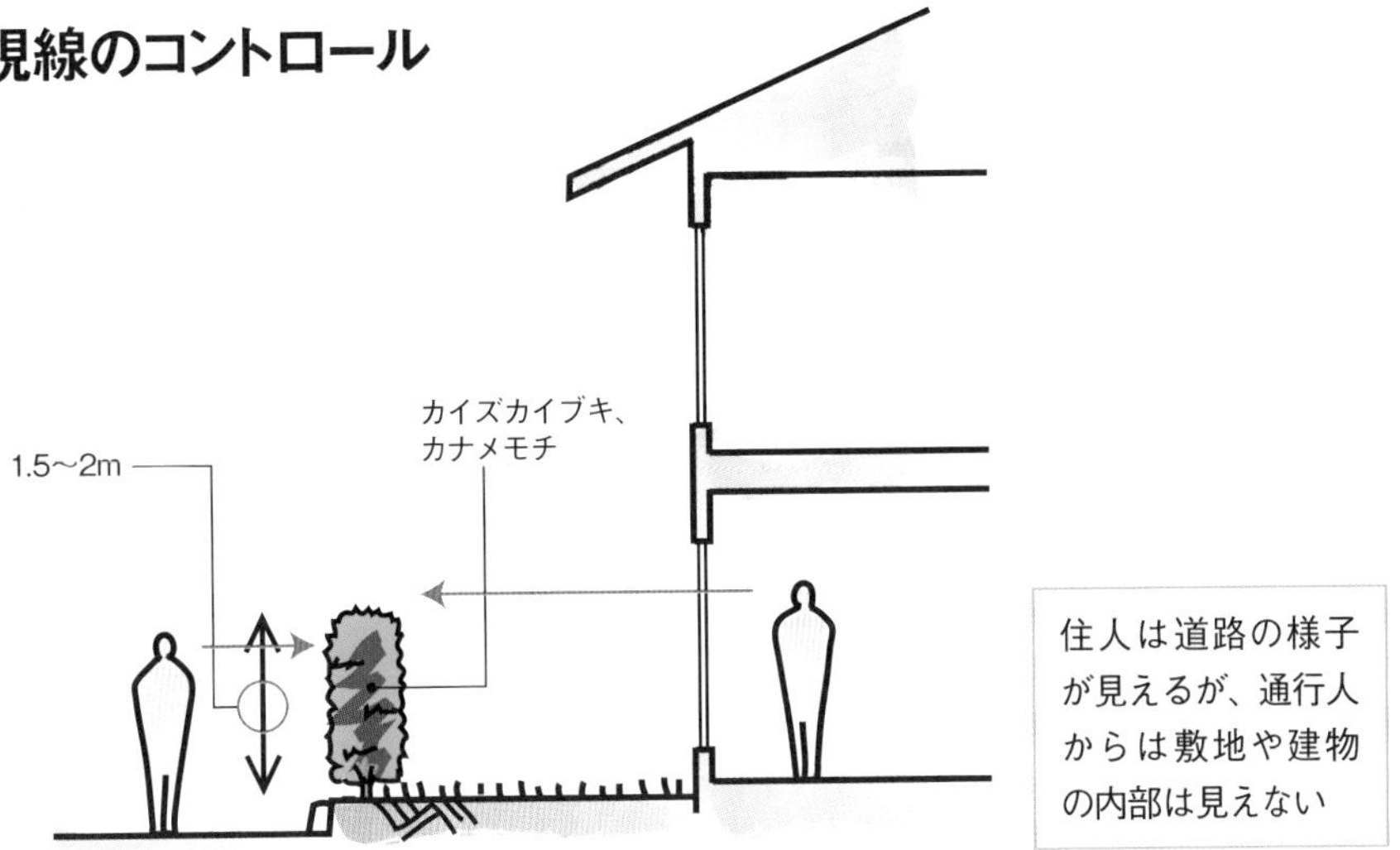

②視線を誘導する配植

目立つ花をもつ樹木を植えることで視線が自然と花に移り
開口部前に樹木を植えなくてもある程度のプライバシーを確保できる

マメ知識 上から目線の植栽

植栽スペースを広く取れない都会の庭では、上から見る植栽もおすすめ。樹木は通常、庭に出たときや窓からの眺めを意識し、横からの視線を基本にして配植する。ただし、3階以上の戸建住戸や集合住宅では、窓や通路から庭を見下ろす眺めを意識して庭をつくるのもよい。

花木を植える場合は、上向きに花が咲くものを選ぶ。代表的な樹種は、タイサンボクやホオノキ。また、星形の花が上に向いて咲くヤマボウシやハナミズキもよいだろう。

モミジなども紅葉の時期も上から見ると、渓谷でみるような角度の景色を楽しむこともできる。

ヤマボウシ。ミズキ科ミズキ属の落葉広葉樹。5〜6月に上向きの白い花を付ける

防犯への活用

ポイント

四つ目垣は、防犯にも装飾としても有効。防犯にはトゲのある樹木を用いると効果大

生垣の支柱のコツ

道路や隣地の境界部分に植栽する生垣の高さが1mを超える場合、支柱が必要になる。ただし樹木1本ずつに支柱を設置すると、設置場所を多くとらなければならない。列のように植える場合（列植）や、生垣に支柱を付けるときは、何本かごとに1本の支柱を設け、横に張った材料でつなぐ、布掛け支柱で仕立てるとよい。

四つ目垣の利用

生垣は、支柱のつくり方や樹種の選び方によっては、侵入者を防ぐ効果をもたせることもできる。

布掛け支柱は、支柱の間に隙間ができ、枝の柔らかい樹木を植栽すると小さな動物であれば簡単に侵入できるという欠点をもつ。小動物の侵入を防ぐには、支柱間をつなぐ材の間隔を狭めた、四つ目垣などを採用するとよい。

四つ目垣は20～30㎝くらいの升目をつくり、それに樹木をくくりつけるものである。見た目も格子のようで美しく、装飾的な要素としても、よく利用される。ただし、竹垣は生の竹でつくるので、竹が徐々に朽ちるため、数年おきに仕立て直す必要がある。

人や動物が乗り越えることを防止するには、生垣に使う植栽の高さは1.5m以上にする必要がある。また日当たりのよい場所では、葉が上部に密になるが、下部は葉の密度が低くなるので、下部のほうに低木や地被植物などを足しておくと万全だ。

手入れする際に注意が必要だが、枝にトゲのあるメギやバラ、サンショウ、葉自体が尖っているヒイラギモクセイやチャイニーズホーリーなどの樹種は外部からの人の侵入を防ぐことも可能である。ほかの常緑樹と組み合わせて、足元に配植するだけでも防犯機能を高めることができる。

生垣の支柱による防犯性

①布掛けタイプ

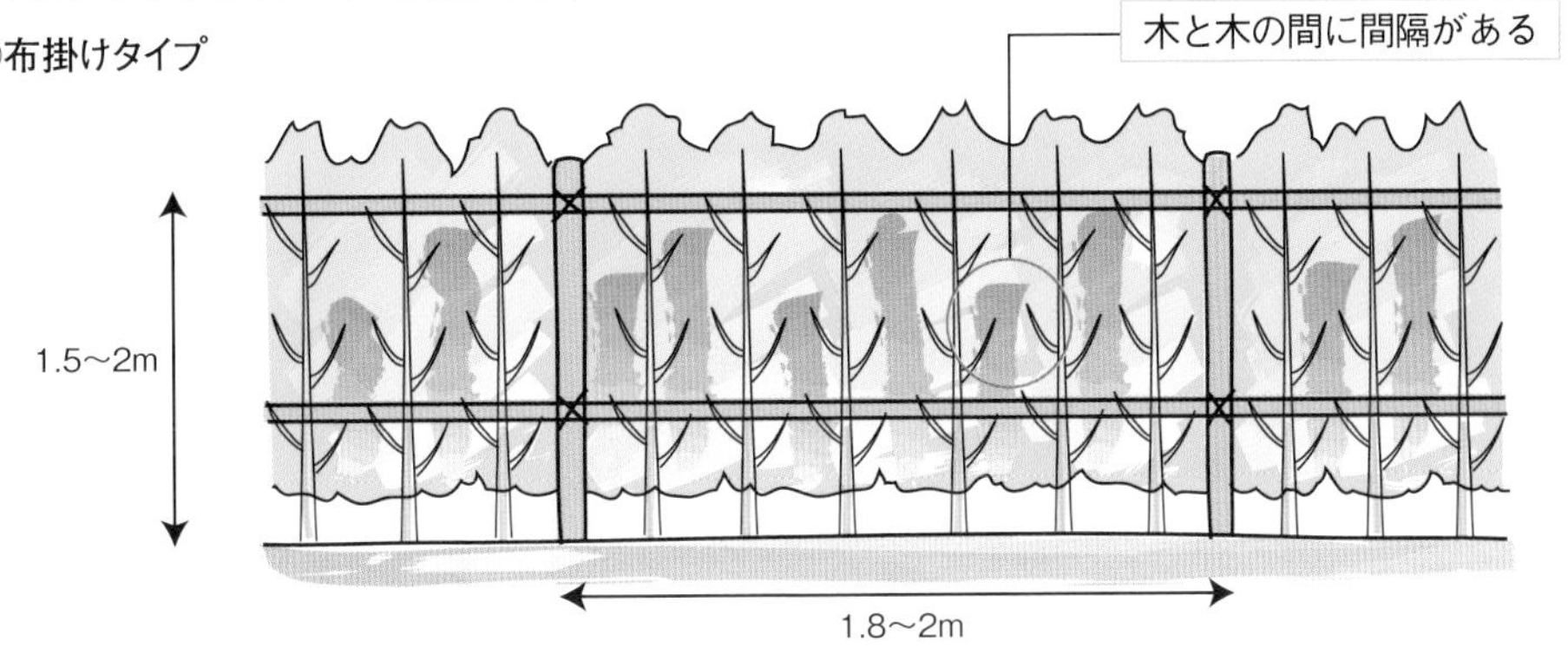

手を使って、木を左右に動かせるため、その隙間から大人が侵入可能

②四つ目垣タイプ

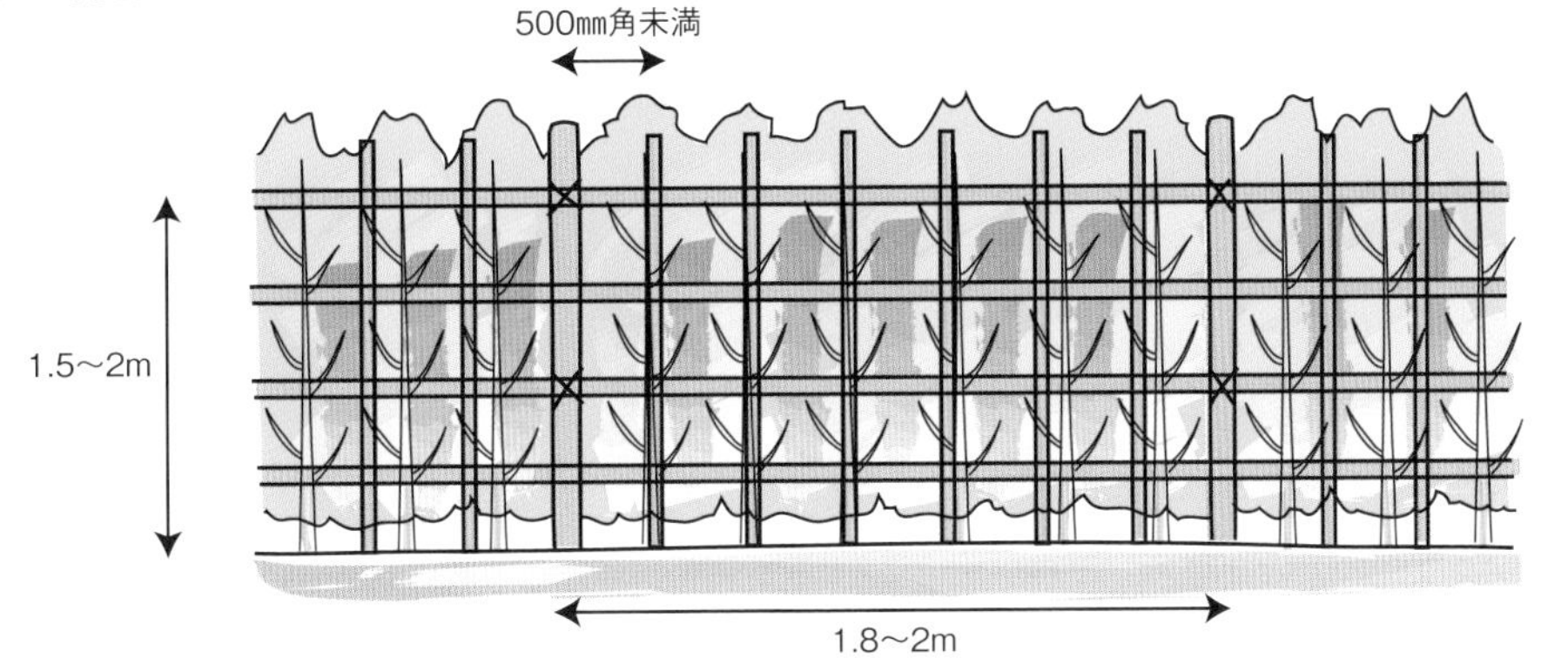

支柱の編み目を500㎜角未満にすると、大人は侵入できない

防犯に向く樹種

ヒイラギモクセイ。モクセイ科モクセイ属の常緑樹。葉にトゲがある

アカバメギ。メギ科メギ属の落葉樹。枝にトゲがある

チャイニーズホーリー。モチノキ科モチノキ属の常緑樹。葉にトゲがある

防火への活用

ポイント

火に強い常緑樹を密に植えて防火壁をつくる。ただし、あくまでも補助的な役割

樹木の高さを確保

震災や火事に見舞われた際、植栽のおかげで延焼を免れたという話を聞く。水分を多く含んだ樹木は燃えにくいため、防火壁のような役割を果たすこともある。建物の防火については法規定があり、それらを守ることは当然だが、そのうえで、樹木の防火効果にも期待してみるのもよいだろう。家と家の境界に火に強い樹木を植えてみてはどうだろうか。

緑の壁は高いほど防火の効果も高まる。2階建て住宅なら、高さ6m程度の樹木が欲しいところだ。植栽の層は2m以上確保したい。

火に強い樹種

最も火事が心配になる季節は乾燥する冬である。したがって冬期に葉を落としてしまう落葉樹はあまり向いているとはいえない。植栽樹には常緑樹で水を多く含む樹種をおすすめしたい。大きな葉のツバキやスダジイ、サンゴジュのような肉厚なもの、あるいは葉が密に付いている常緑針葉樹のナギやカイヅカイブキなどが適している。

落葉樹だがイチョウもとても火に強い性質をもっている。関東の公園や寺社に大木として残っている樹木のほとんどがイチョウだが、このことからも震災や戦火でもなお生き続け、一部が焼けても復活する強力な樹木であることが分かるだろう。また、原爆で破壊された広島の街で最初に芽吹いたのがユリノキだという。このように、落葉樹にも火に強いものが少なくない。

緑の防火壁は足もとまで常緑樹で構成する。冬期に上部が枯れ、根の部分だけになる宿根草や、夏芝のノシバやコウライシバは、乾燥すると引火しやすくなるため、防火には逆効果である。人の往来のあるような場所では、早めに枯れ草を刈っておく必要がある。

防火樹の効果的な配置

ここでいう防火樹とは、あくまでも補助的な役割を期待するものである。樹木による防火壁をつくったとしても、建物の防火・耐火の安全性は建築基準法などに定められた基準を守らなければならない

①立面

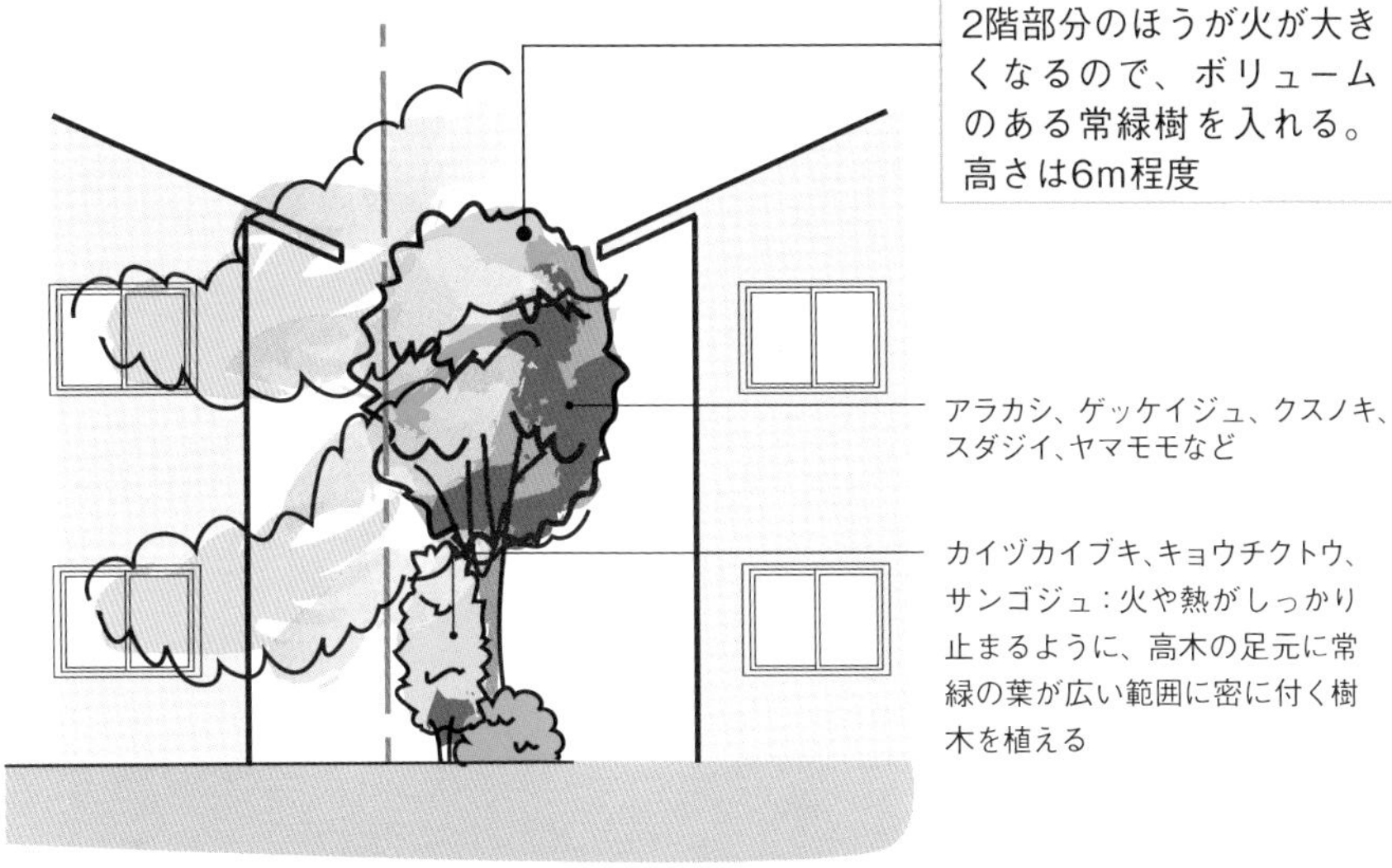

2階部分のほうが火が大きくなるので、ボリュームのある常緑樹を入れる。高さは6m程度
アラカシ、ゲッケイジュ、クスノキ、スダジイ、ヤマモモなど
カイヅカイブキ、キョウチクトウ、サンゴジュ：火や熱がしっかり止まるように、高木の足元に常緑の葉が広い範囲に密に付く樹木を植える

②平面

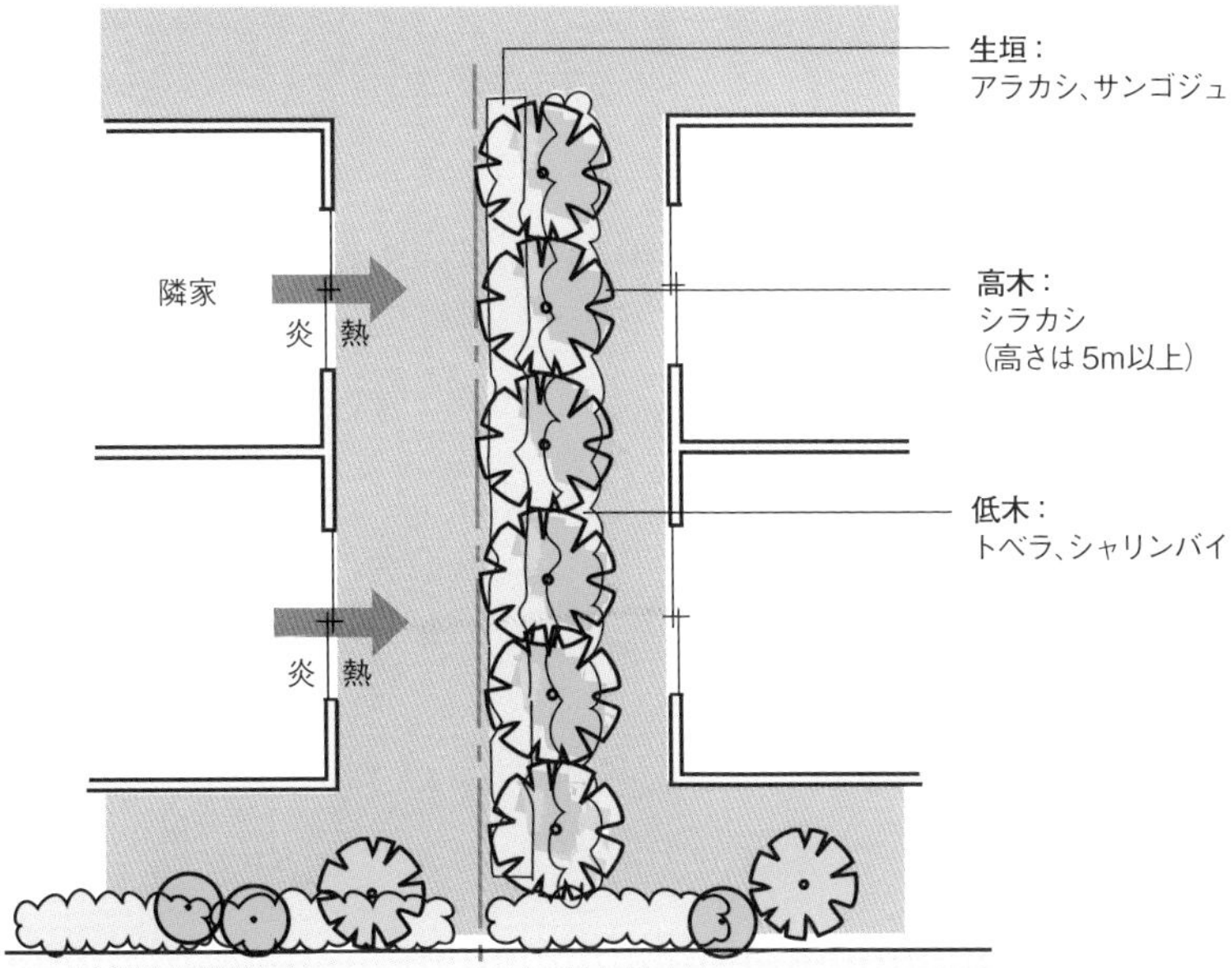

隣家
炎
熱
炎
熱
生垣：
アラカシ、サンゴジュ
高木：
シラカシ
（高さは5m以上）
低木：
トベラ、シャリンバイ

火に比較的強い樹種

高木・中木	低　木
アラカシ、イヌマキ、カイズカイブキ、キョウチクトウ、ゲッケイジュ、コウヤマキ、サカキ、サザンカ、サンゴジュ、シラカシ、スダジイ、タブノキ、ナギ、マテバシイ、モチノキ、モッコク、ヤブツバキ、ユズリハ	アオキ、シャリンバイ、トベラ、ヤツデ

防煙への活用

ポイント

防煙には、汚染に強く、葉が厚くて硬い常緑広葉樹を活用し、緑の層をつくる

汚染に強い常緑広葉樹

工場の排気や車の排ガスなど、汚れた大気を好む樹木はほとんどない。したがって工場の近くや幹線道路沿いなど、防煙が必要な場所での植栽では、汚染された空気に対して、できるだけ抵抗性のある樹木を選ぶのが基本である［72―73頁参照］。

樹木は光合成を行う際に、CO_2を取り込み、大気中に飛散している汚染物質を葉に吸着させる。そのため、汚染物質が付いても平気な、葉の厚く硬い常緑広葉樹が抵抗性のある樹種となり、最も適している。

しかし、どんなに抵抗性のある樹種でも汚染物質が葉の表面を覆いつくしてしまうと、光合成も呼吸もできなくなるので、雨水で自然と洗い流されるような環境か、あるいは必要ならば水で洗い流すことができるようにしておくことが重要だ。

緑の層による防煙

最近はあまり見かけなくなったが、幹線道路の中央分離帯に、サザンカがよく植栽されていた。

このような大きな道路で車の往来の多いところに植栽してある街路樹は、だいたい防煙に対して抵抗力があるものなので、樹種選択の際には参考にするとよいだろう。とくに高速道路の脇の植栽帯は簡単に植栽できないため、あまり管理を必要としない植物が植栽されている。

植え付ける際は、低木から高木までまんべんなく用いながら、緑の層をつくるようにするとよい。葉が雨水や灌水で洗われやすいように植栽するのがコツである。樹木は大気汚染がひどくても急に枯れず、徐々に調子を崩し、ある日突然、枯れる。葉を洗う目安だが、上部の葉が黒くなってきたら汚れを流すようにするとよい。

防煙のための効果的な植栽

①標準的な配植

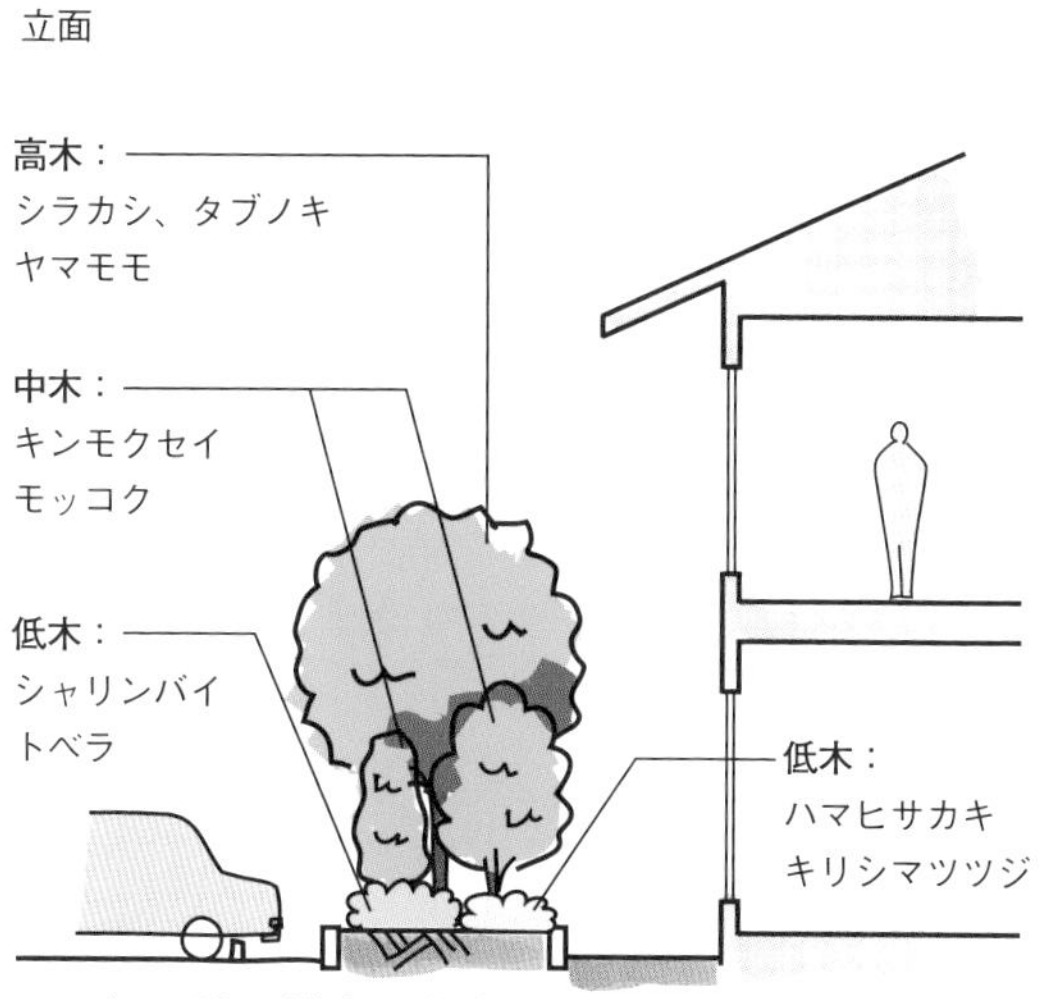

煙に強い樹木を高木～低木まで密に植える

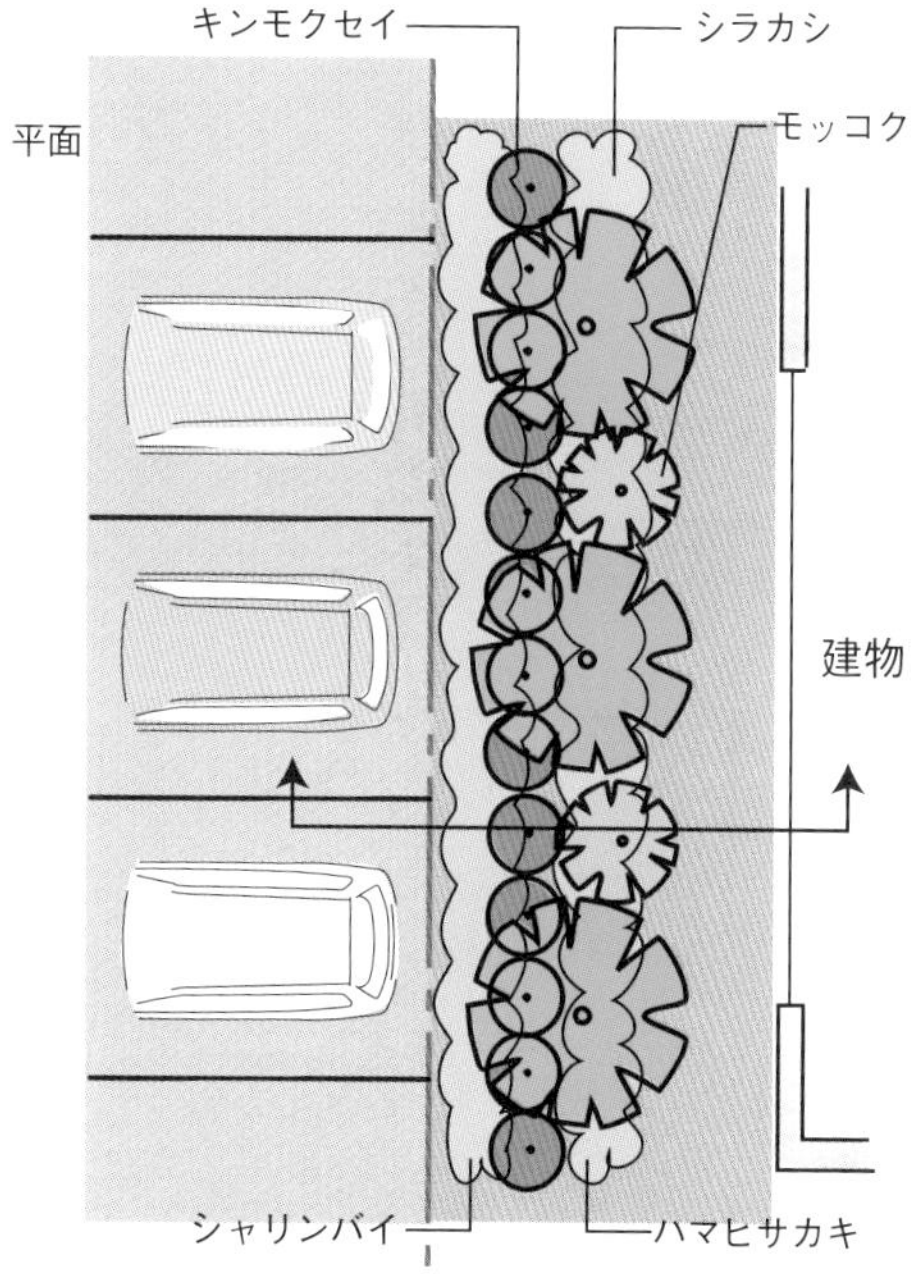

②敷地に余裕がある場合の配植

樹木で防煙壁をつくる場合、5mくらい奥行きを取れるのが理想

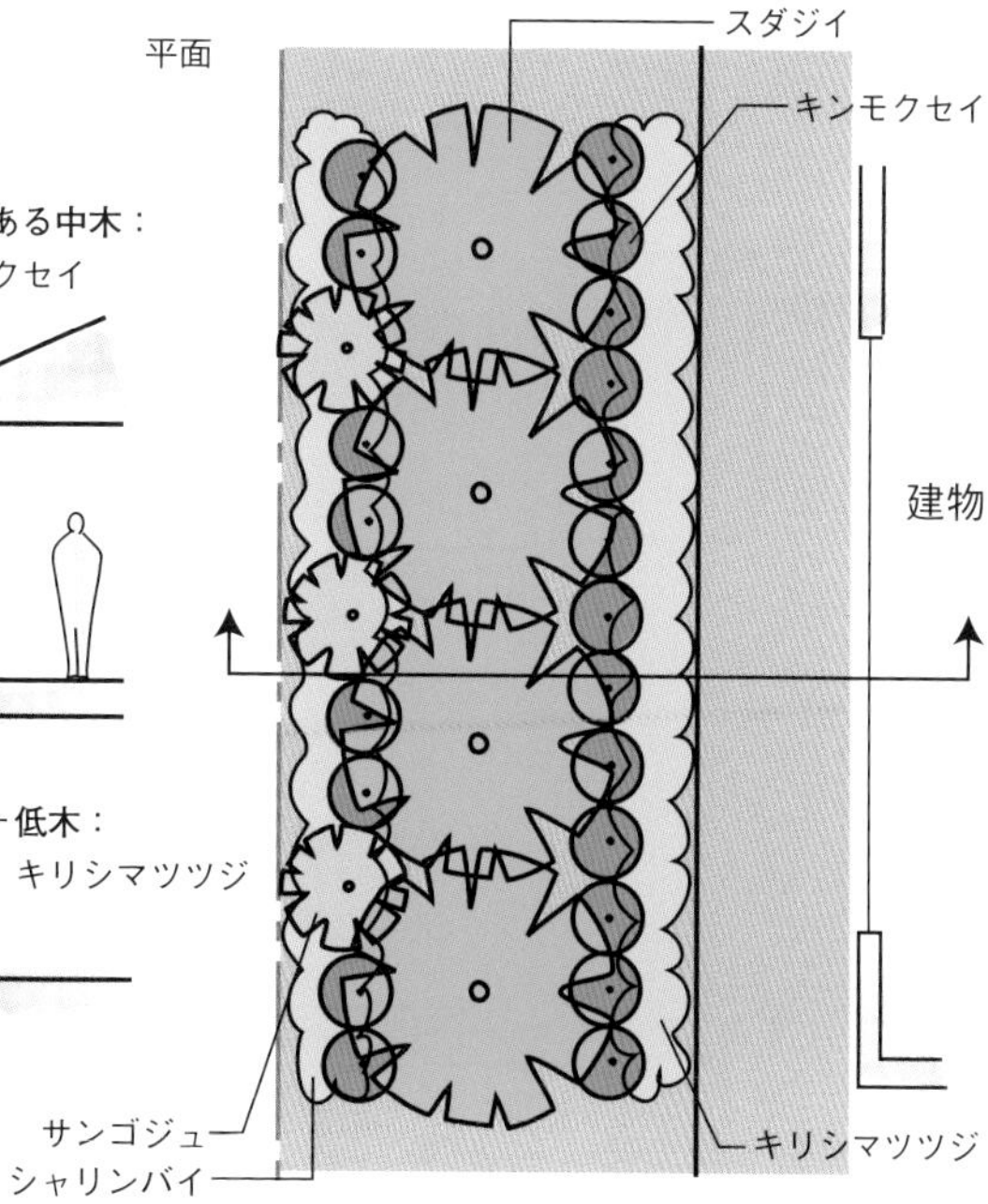

防煙に向く樹木

高木・中木	低木・地被植物
イチョウ、エンジュ、カイズカイブキ、キョウチクトウ、キンモクセイ、サザンカ、サンゴジュ、シラカシ、スダジイ、タブノキ、ムクゲ、モチノキ、モッコク、モミジバフウ、ヤツデ、ヤブツバキ、ヤマモモ	アオキ、アセビ、ハナゾノツクバネウツギ（アベリア）、キリシマツツジ、シャリンバイ、トベラ、ナツヅタ、ハマヒサカキ、ヒサカキ

防音への活用

ポイント

さまざまな常緑樹などを組み合わせ、心理・物理的相乗効果によって騒音を緩和する

防音に役立つ植栽

音は、発生すると全方位に放たれるので、一部だけ植栽されていても、食い止めることはできない。1列の植栽でも効果は薄く、樹木で音を弱めることは相当な樹木の層をもたせないと不可能である。その厚さは最低10mは欲しいので、個人住宅などで防音植栽をすることはほとんど無理だといえる。

しかし、ほんのわずかしか音を弱めることができなくても、緑があることで実際の効果以上に音が弱まったと感じるものだ。騒音が発生する方向に対して緑の壁をつくり、音源が見えないように植栽するとよい。

また音は上へ抜けることが多いので、植栽樹は高いほど防音の効果は高まる。下からの音抜けも考慮して、地被植物～高木を組み合わせて緑の壁をつくるとよい。

植栽された空間で反射を繰り返して減音していくので、葉や枝が密になっている常緑樹で構成すると効果的である。マテバシイやサンゴジュなどは、葉が厚くて大きく、大きな面で音をとらえるものがよい。常緑針葉樹のカイヅカイブキやコノテガシワは、1枚の葉は小さいが、葉が密に付くため効果がある。

鳥を呼ぶ樹木による防虫

最近は虫の音など自然の音が耳障りだと思う人もいる。夏の代表的な虫の音といえばセミだが、都市のなかの限られたところで緑が集中するとそこに一斉にやってくる。また、夏の終わりから秋にかけて草むらに潜むコオロギなども同様である。

虫の音を防ぐには、植栽しないことが一番効果的だが、それでは味気ない。虫を食べる鳥たちが増えるように花木や果実を付ける木などを植栽するとよいだろう［194―195頁参照］。

防音のための効果的な植栽

①標準的な配植

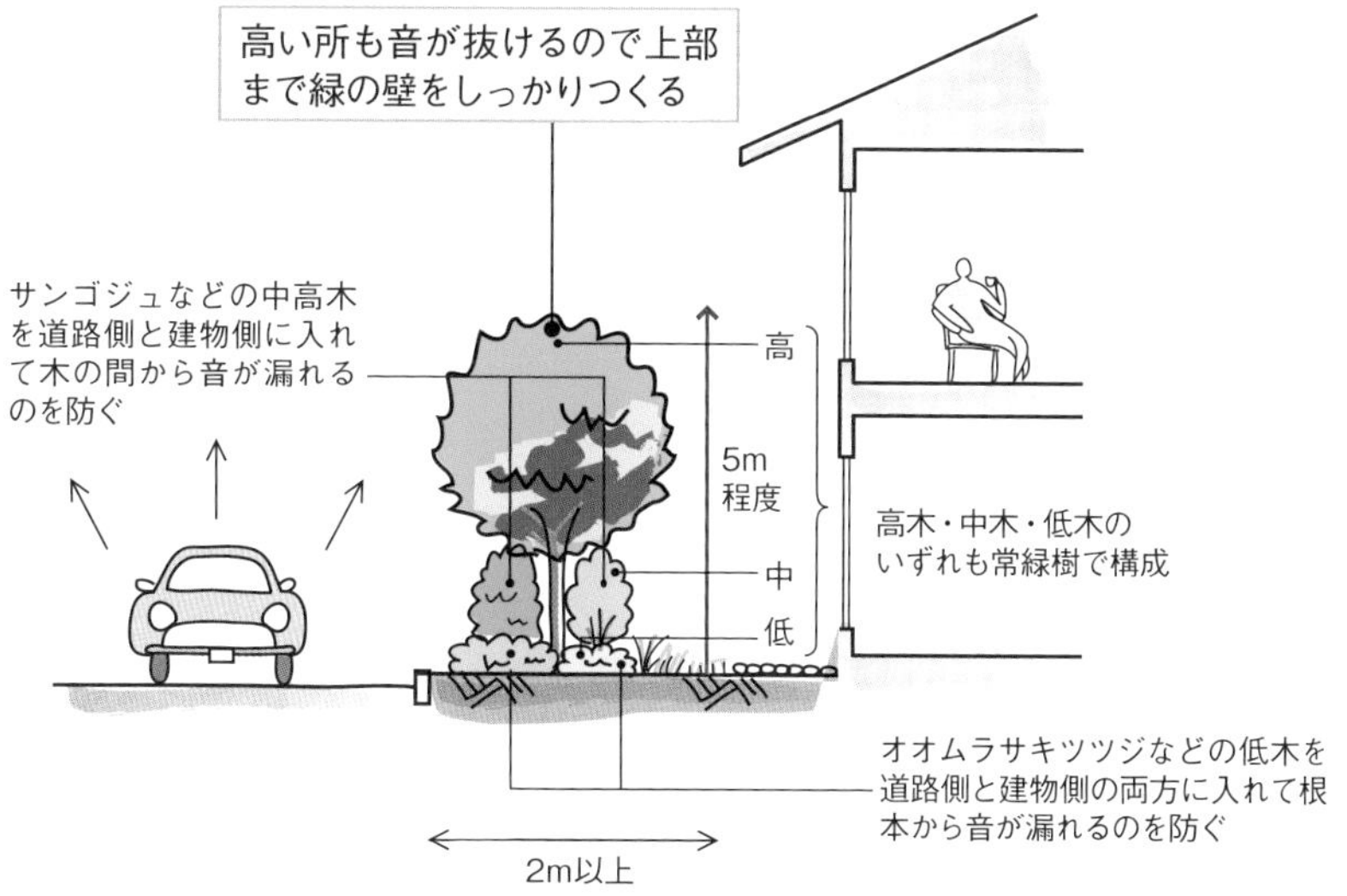
高い所も音が抜けるので上部
まで緑の壁をしっかりつくる
サンゴジュなどの中高木
を道路側と建物側に入れ
て木の間から音が漏れる
のを防ぐ
高
5m
程度
中
低
高木・中木・低木の
いずれも常緑樹で構成
オオムラサキツツジなどの低木を
道路側と建物側の両方に入れて根
本から音が漏れるのを防ぐ
2m以上

②車の往来が激しい場所の配植

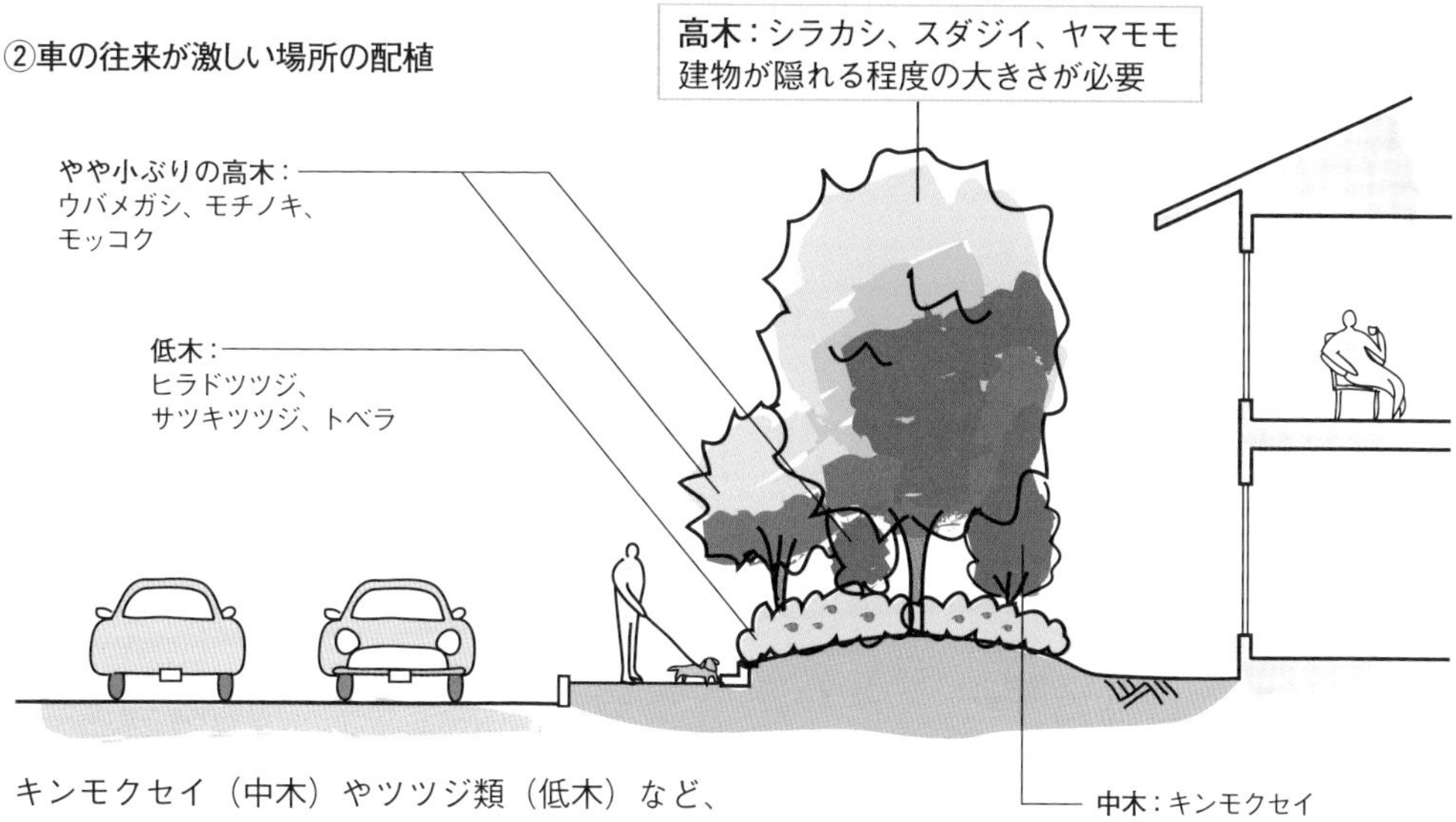
高木：シラカシ、スダジイ、ヤマモモ
建物が隠れる程度の大きさが必要
やや小ぶりの高木：
ウバメガシ、モチノキ、
モッコク
低木：
ヒラドツツジ、
サツキツツジ、トベラ
中木：キンモクセイ

キンモクセイ（中木）やツツジ類（低木）など、常緑樹のなかでも花が楽しめるものを入れることで、庭に変化が出る

防音に向く樹木

高木・中木	低木・地被植物
アラカシ、ウバメガシ、カイズカイブキ、カクレミノ、キンモクセイ、サザンカ、サンゴジュ、シラカシ、スダジイ、タイサンボク、タブノキ、マテバシイ、モチノキ、モッコク、ヤツデ、ヤマツバキ、ヤマモモ	アオキ、カンツバキ、セイヨウバクチノキ、トベラ、ツツジ類（オオムラサキツツジ、ヒラドツツジ、サツキツツジ）、ハマヒサカキ、ヘデラ類

土留めへの活用

ポイント

シバやタケを土留めに利用する。それ以外を使う場合、多くの樹種を混植する

樹木の土留め効果

高低さまざまな樹木や草本が繁茂している森は、樹木や草本の根が浅場から深場まで複雑に絡み合いながら張り巡らされているため、強い雨でも土壌の流失が食い止められる。一方、樹木を無計画に伐採してしまった山は、わずかな雨でも表土が流失してしまう。

樹木の根が表土を押さえる効果は絶大である。樹木を多数植栽したり、根を広く張り巡らせる樹種を効果的に配するなどして、敷地の土留めに利用することができる。

シバやタケが最も有効

土留めの効果が期待できる樹種の代表はシバである。シバの植栽には、「張芝」と「播芝」がある。張芝は、あらかじめ生長させたシバをマットのように敷いて植栽する方法で、植栽した段階ですでに土留めの効果が期待できる。一方、播芝は種をまいてシバを育てる方法で、土留めの効果が出るまである程度時間がかかる。

モウソウチクやマダケなど、タケ類は横に根を張るものが多いので、土留めの効果が期待できる。シバやタケなどで土留めをしても、根が新しい環境に落ち着くまでは表土は流れやすい。施工初期は土で排水層がつまらないように注意が必要となる。

シバやタケ類以外の樹木で土留めをする場合は、なるべく多くの樹種を植えたほうがよい。とくにスギやヒノキなどの針葉樹は根が横に広がらず下方に伸びるため、下草なしに植栽すると大雨で表土が流される場合がある。

土留めの効果は土質によっても変わる。関東周辺に見られるローム層は、土壌自体に粘りがあるため、少し締め固めることで土壌の流失を防げるが、砂質土などは粘りが少ないため、植栽だけでは土留め効果が得にくい。

樹木による土留めと、その効果

①シバによる土留め

シバによる土留め（マルチング）の事例

②タケによる土留め

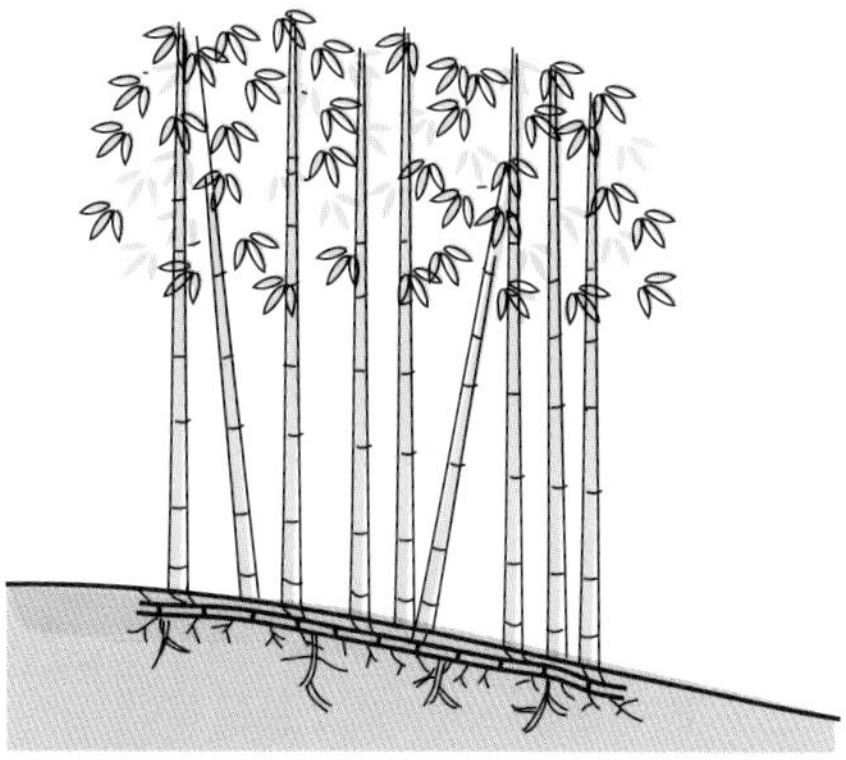

タケは地表近くに広く密に根を張るため、土留め効果が高い

③シバ・タケ類以外の土留めの配植の基本

シバやタケ類以外の樹種で土留めをする場合は、できるだけ高・中・低木の常緑樹・落葉樹を混ぜて配植したほうが、樹木の根が複雑に広がり効果が得られる

④単一種による土留めの問題

樹種が少ないと、根の張り方に偏りが生まれる。とくにスギやヒノキなどの針葉樹は、根が下方へと伸びる性質をもつため、低木や下草を入れないと、強い雨で表土が流失してしまうおそれがある

フェンスによる境界への活用

ポイント

つる性植物をフェンスに絡ませたり塀の前後に樹木を植栽し、薄めの境界をつくる

つる性植物からなる境界

樹木でつくる生垣［98―99頁参照］は、コンクリートブロックやフェンスなどの工作物にはない魅力を持っている。ところが、都市部では敷地に余裕がなく、緑地の幅があまり取れないことが少なくない。その場合、生垣の代わりにネットフェンスを立て、つる性植物を絡ませることで緑のスクリーンをつくり、薄い生垣状の境界をつくるとよいだろう。

つる性植物にはつるが絡むタイプと吸着根で付着するタイプがある。ネットフェンスではカロライナジャスミンやスイカズラ、ヘデラ類などのつるが絡むタイプがよい。

つる性植物は、先端が光を求めて伸びる性質がある。逆に日当たりの悪い下部は、枝の伸びが遅いので、人の手で誘引しないと、透けるおそれがある。

ネットフェンスは目が細かいほどつるが絡まりやすく、ネットの目が50㎜角以上になる場合は誘引しないとつるがうまく絡まない場合がある。また、日当たりのよい側面は葉がよく繁るため、ある程度生長した後でも、適宜、誘引・剪定が必要となる。

美しく見せる植栽

塀などと組み合わせて植栽する場合があるが、このとき樹木と塀との位置関係で見え方が大きく異なる。

樹木を塀の建物側にだけ植栽すると室内からは美しいが、道路側は塀がむき出しになり、無機質で閉鎖的になりがちである。スペースが確保できるならば、塀の両側に植栽すると室内からも街並みに対しても美しい境界となる。

ただし、このように塀際に植栽する場合は、風通しが期待できない。塀はすべて遮蔽するのではなく、開口部を設けたり、一部を格子状にするなどして、通風を確保することが好ましい。

緑のスクリーンのための効果的な植栽

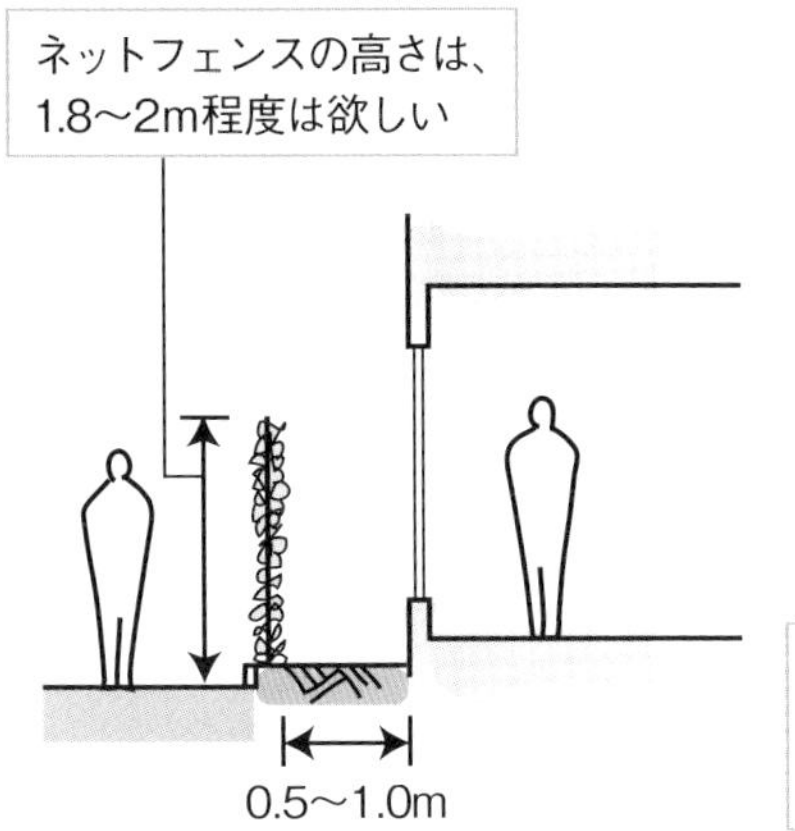
ネットフェンスの高さは、1.8〜2m程度は欲しい
0.5〜1.0m

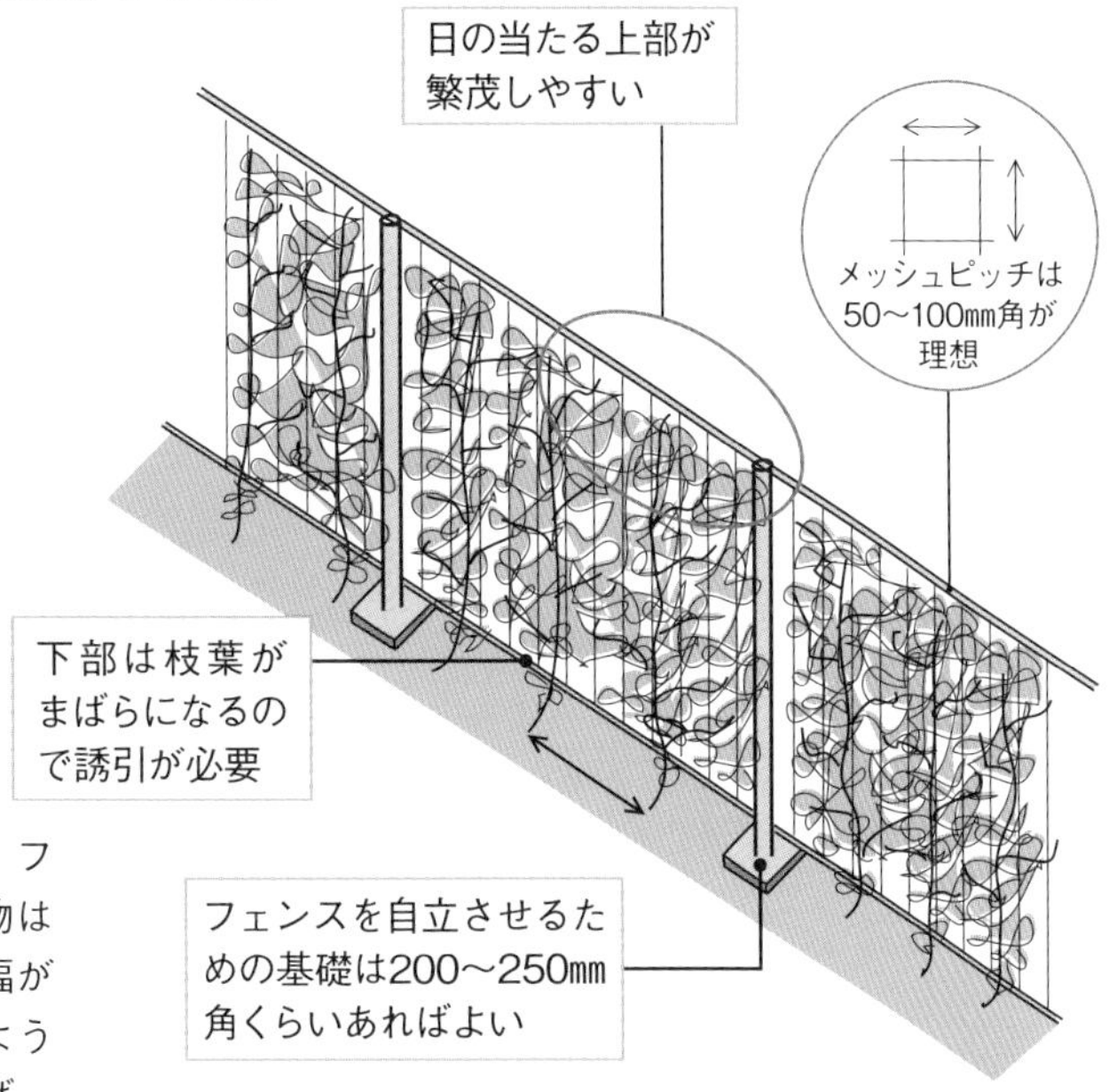
日の当たる上部が繁茂しやすい
メッシュピッチは50〜100mm角が理想
下部は枝葉がまばらになるので誘引が必要
フェンスを自立させるための基礎は200〜250mm角くらいあればよい

狭いスペースに生垣をつくる場合は、フェンスを利用するとよい。つる性植物は根が十分に張れる環境を好むため、幅が狭くても土の体積を多く確保できるようにすること。スペースに余裕があれば、生垣［98―99頁参照］やオープン外構［100―101頁参照］を選択してもよいだろう

ツル植物の生長には、根が十分に伸びるスペースが必要。土壌部分は、幅が狭くても体積をできるだけ多くとれるようにする

植栽位置で変わる境界の印象

①塀の建物側に植栽

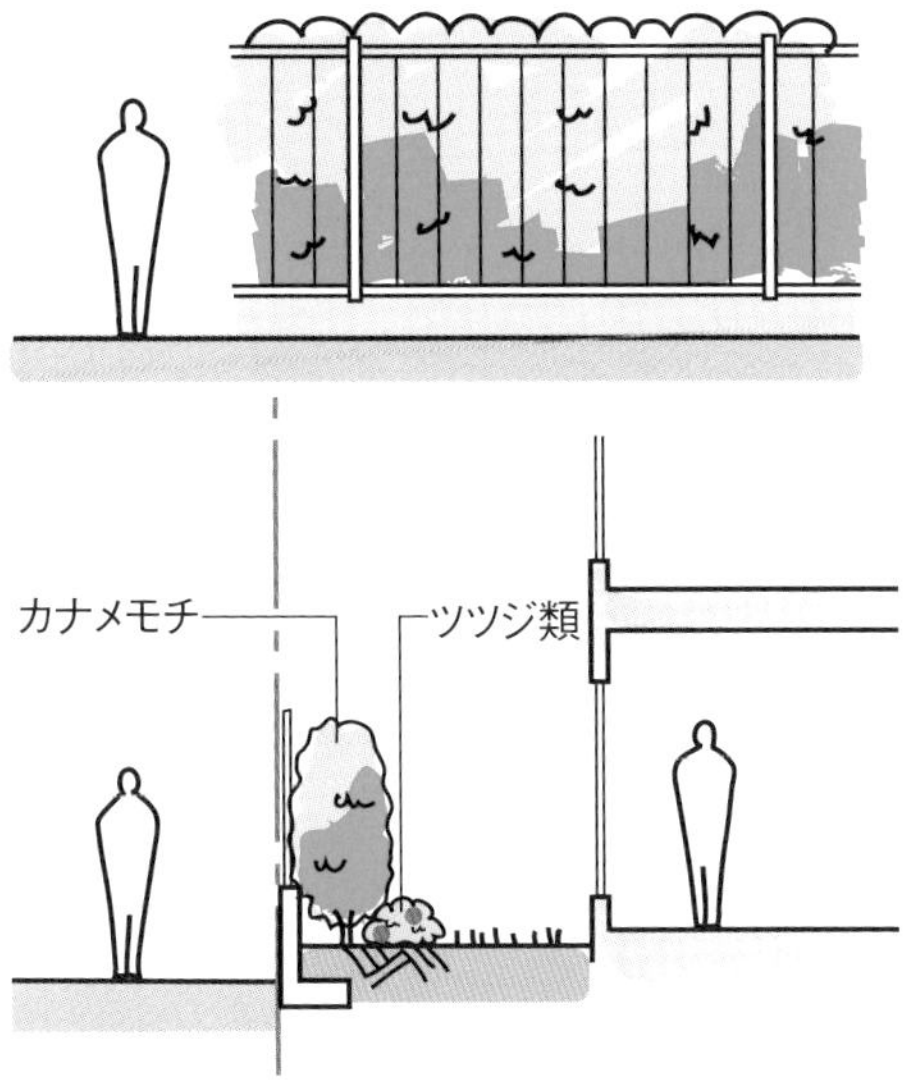
カナメモチ
ツツジ類

建物側のみに植栽すると、室内側からは美しい境界となるが、道路側は塀がむき出しになるため、閉じた印象の境界となる

②塀の両側に植栽

カナメモチ
ツツジ類
ツツジ類

スペースが必要だが、塀の両側に植栽することで、室内側からも道路側からも美しい境界となる

広い庭に見せるための活用

ポイント

高さや間隔に変化をもたせた配植で、空間を演出し、立体感と奥行きをもたらす

落葉樹などで空間を演出

庭を広く感じさせるには、空間にメリハリをつけることが基本である。「緑がないスペース」をどのように配置するかで、庭の印象は変わる。落葉樹で葉や枝や花の隙間があるタイプは、効果的に空間をつくれるため、狭い空間を広く見せることができる。

樹種のボリュームも重要。ミニチュアガーデン［202－203頁参照］のように、通常の大きさより少し小さいサイズの樹木を植栽するだけで、狭い庭も広く感じるものである。逆に、狭い空間に葉張りのよい樹木を植栽すると、たとえ1本でもとても狭く感じる。

奥行きを感じさせる配植

樹木の配置で、庭の広さの感覚をコントロールすることも可能。同じ大きさのものを等間隔で並べると空間が区切られ、狭く感じる。列植した樹木の高さに変化をつけたり、間隔を不規則にするなどして、空間にリズムを与え、立体感と奥行き感を出すとよい。

配植では、どの角度から見ても3本以上の樹木が直線状に並ばないようにすることを心がける。針葉樹のように幾何学的な樹形より、イロハモミジやコバノトネリコのように丸形や楕円形で、ふわっとしたような樹木を組み合わせると、背景と樹木との境があいまいに感じられて、奥行きを感じることができる。また、地被植物～高木と、高さの異なる樹木を混ぜながら、背後の塀や壁を隠すように植えると、奥行き感を演出できる。

配植は、「手前に低いもの、背後に高いもの」が基本だが、樹木の生長の度合いを見極めることが重要だ。住宅の植栽で3年後くらいの景色を完成形と考えるならば、高木2m以上、中木1m以上、低木0.5m以上、地被植物では15cm以上離して植栽する。

庭を広く見せるために効果的な植栽

①樹木の大きさと配植の原則

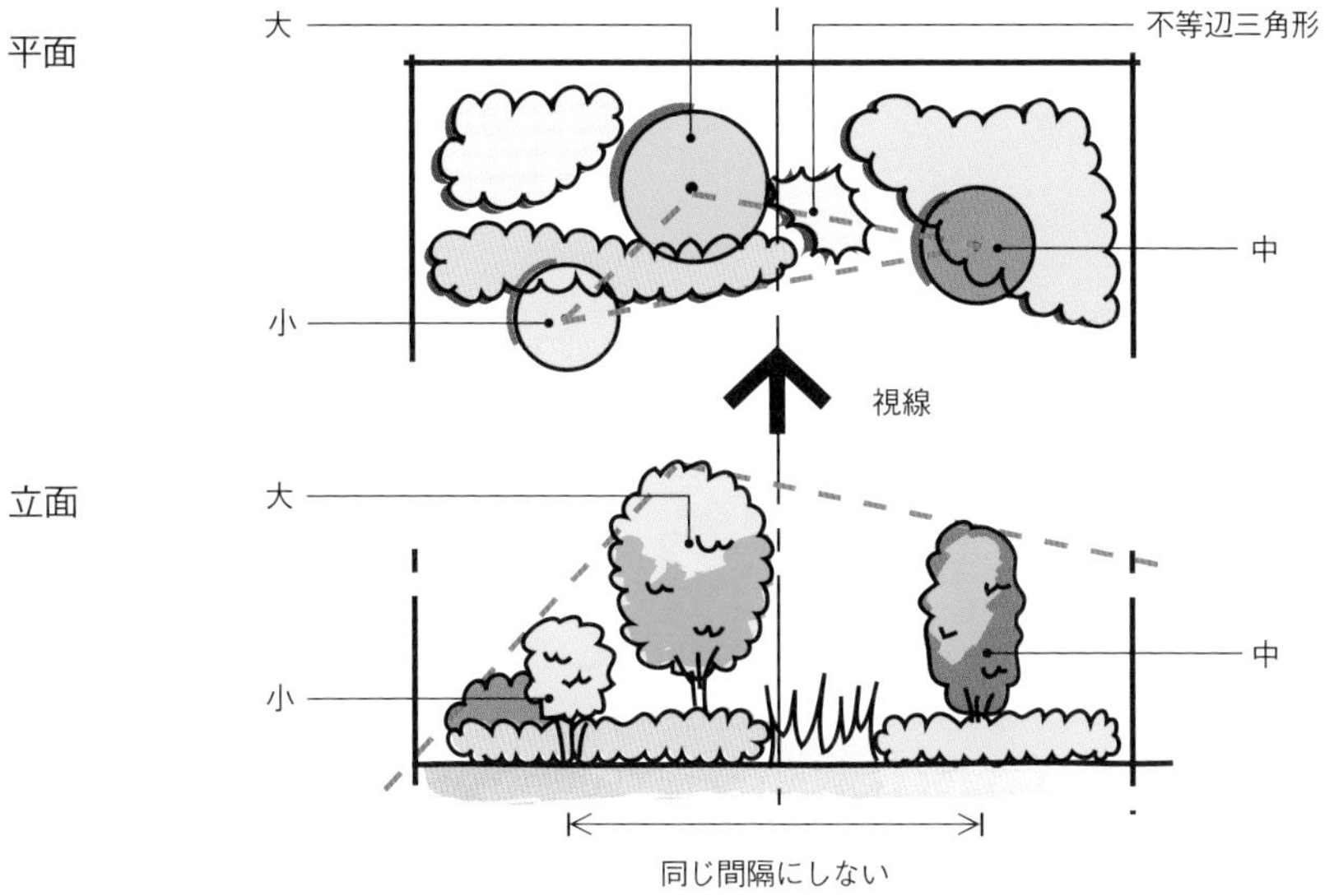

平均的な不等辺三角形になるように配置する。樹木の大きさにもメリハリをつける

②広がりを演出する配植

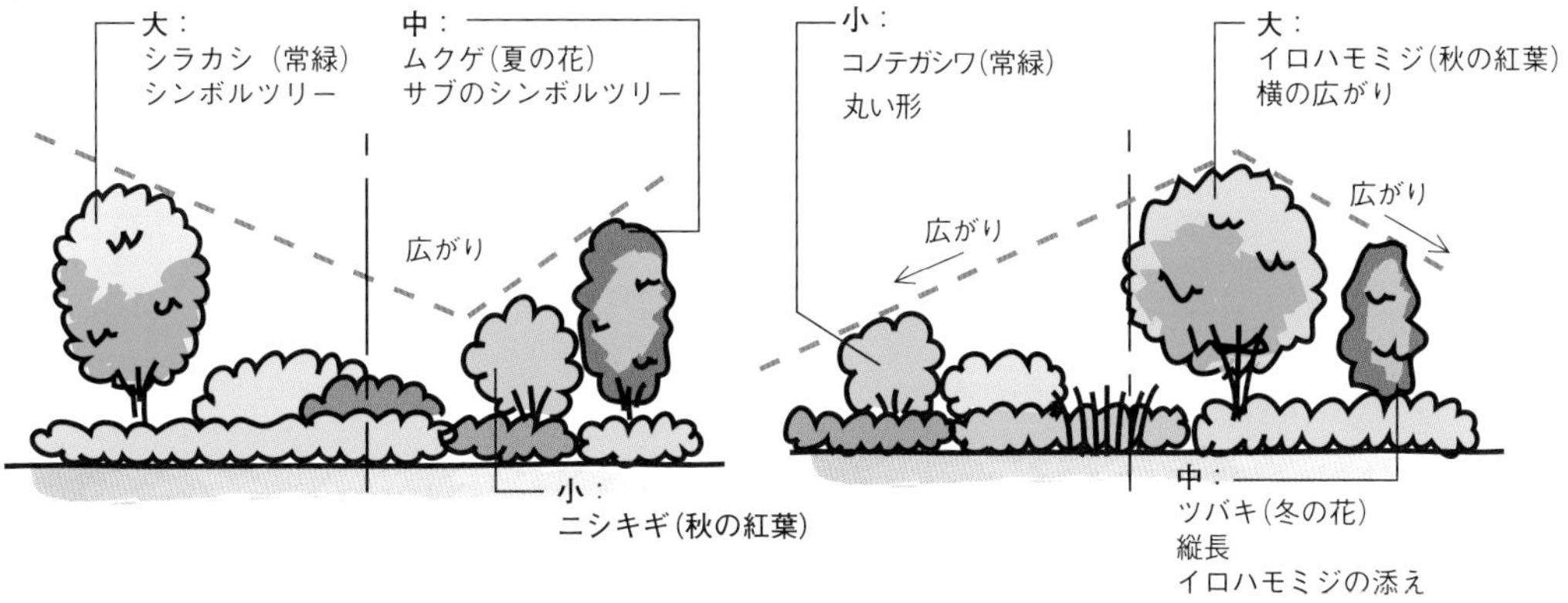

大きな木は中心からずらす。高さの変化に合わせて樹形に差をつけると、さらに強弱がはっきりする

③奥行きを出す配植

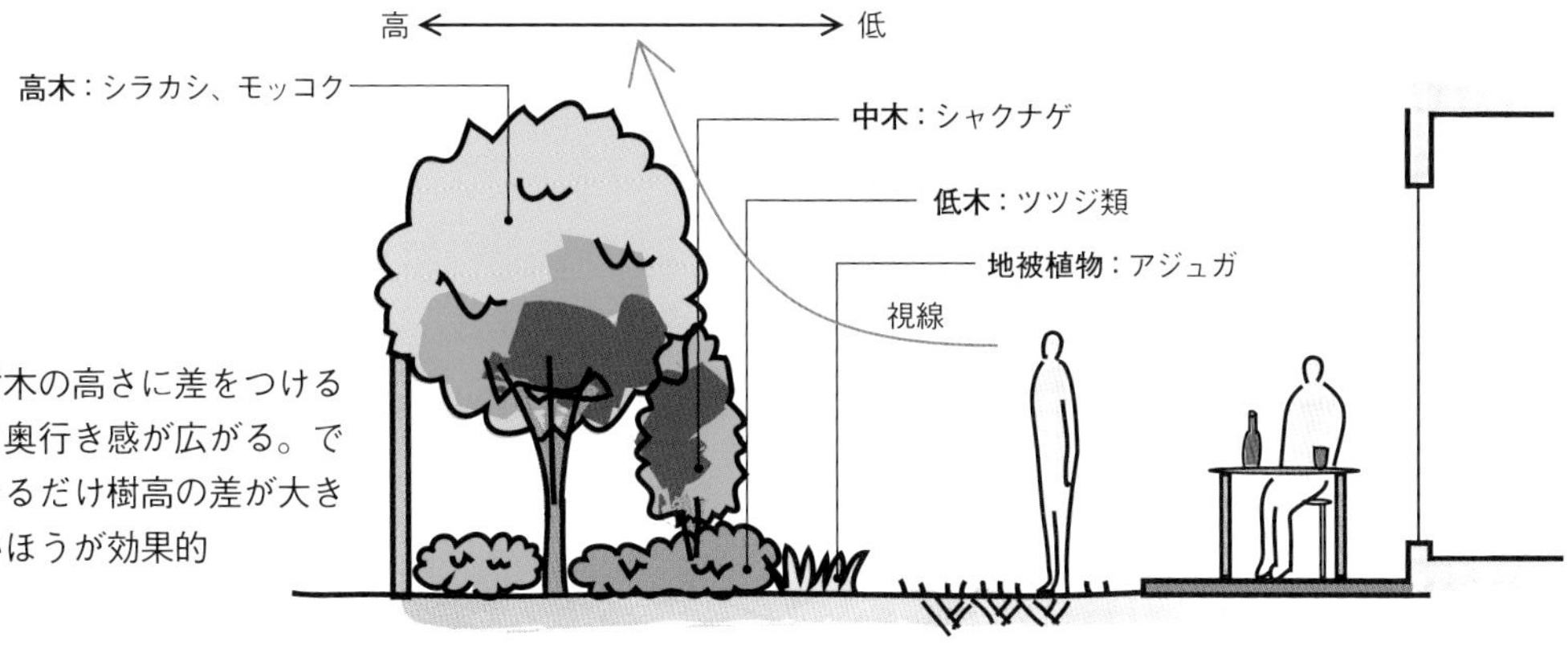

樹木の高さに差をつけると奥行き感が広がる。できるだけ樹高の差が大きいほうが効果的

建物のボリュームを抑えるための活用

ポイント

集合住宅は近景・遠景を考慮し、通常の住宅では6mの樹木を基準に植栽を考える

建物と植栽のバランス

中・高層の集合住宅では、建物の近景だけでなく、遠景についてもバランスを考慮して、樹種を選定する必要がある。

近景でバランスを考えるとき、建物の圧迫感をいかに抑えられるかがポイントになる。樹木が何も植えられていない建物の近くでは、建物が覆い被さるように感じられる。樹木でこれを和らげるには、建物近くを通行する人の視野からなるべく建物が消えるように配植することを心がけるとよい。

たとえば、10階建て程度の建物なら、樹高5m前後の樹木を建物にできるだけ近づけて植えると、見上げたときに建物と人との間に緑が十分入り、建物から受ける圧迫感を軽減することができる。

遠景でのバランスを考えるときは、建物のボリュームと樹木のバランスが重要。60mを超えるような、いわゆる超高層建物に負けないボリュームをもつ樹木はさすがにないが、ケヤキやクスノキならば15mクラスのものが流通しているので、ある程度の大きな建物でもバランスをとりやすい。

樹木は同じ高さにそろえず、建物隅部分を高く、中心部分を低くすると、バランスが取りやすいうえに、視線に動きが出るので建物のボリュームを際立たせることも可能である。

住宅のボリューム

住宅の場合、2階建てくらいなら、圧迫感はあまり考える必要はない。樹高6m前後のものを植えると比較的バランスが取りやすい。

また、建物のボリュームの印象を変えたい場合、6mよりも高い樹木を植えると建物は実際よりも小さく、6mよりも低い樹木を植えると大きく感じさせることができる。

建物と植栽のバランス

①近景での建物と植栽のバランス

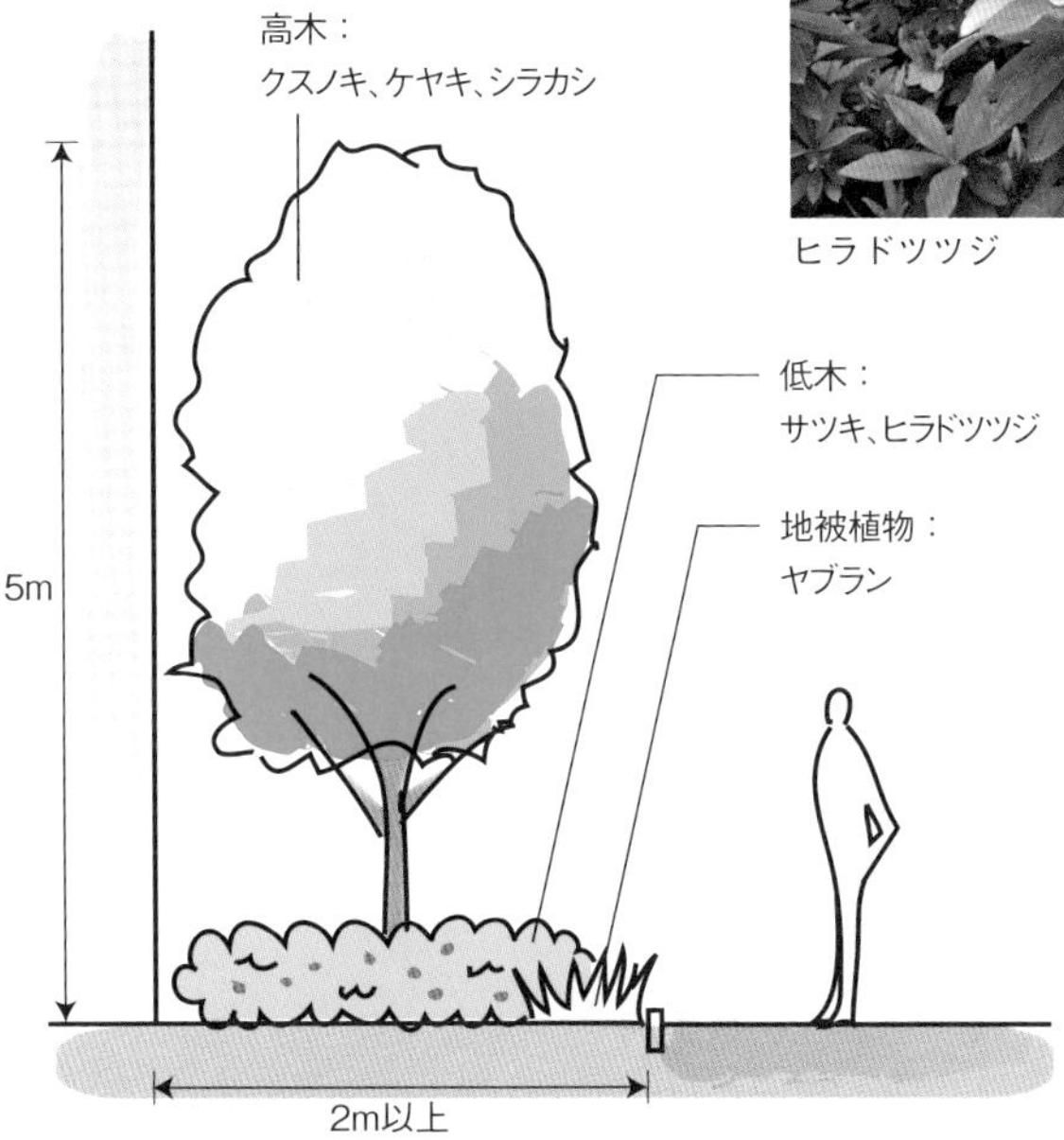

ヒラドツツジ

クスノキ

10階建て程度の高層の建物の圧迫感を植栽で和らげることは可能。ただし、その際に樹木と建物のバランスが重要になる。樹高が5m前後あれば、建物の近くを通行していても、あまり圧迫感を感じない

②遠景での建物と植栽のバランス

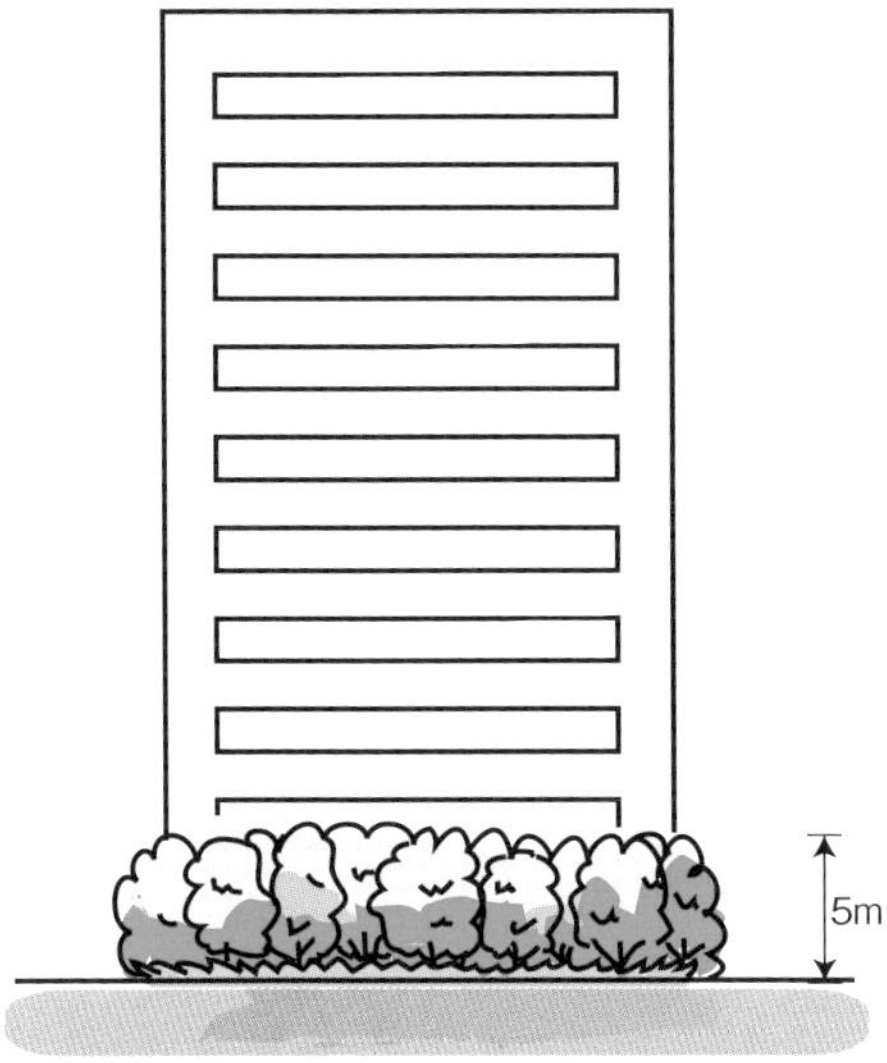

建物近くでは違和感がないが、遠景で考えると、10階建て程度の建物に5m前後の高さの樹木だけを植栽するとバランスがよいとはいえない

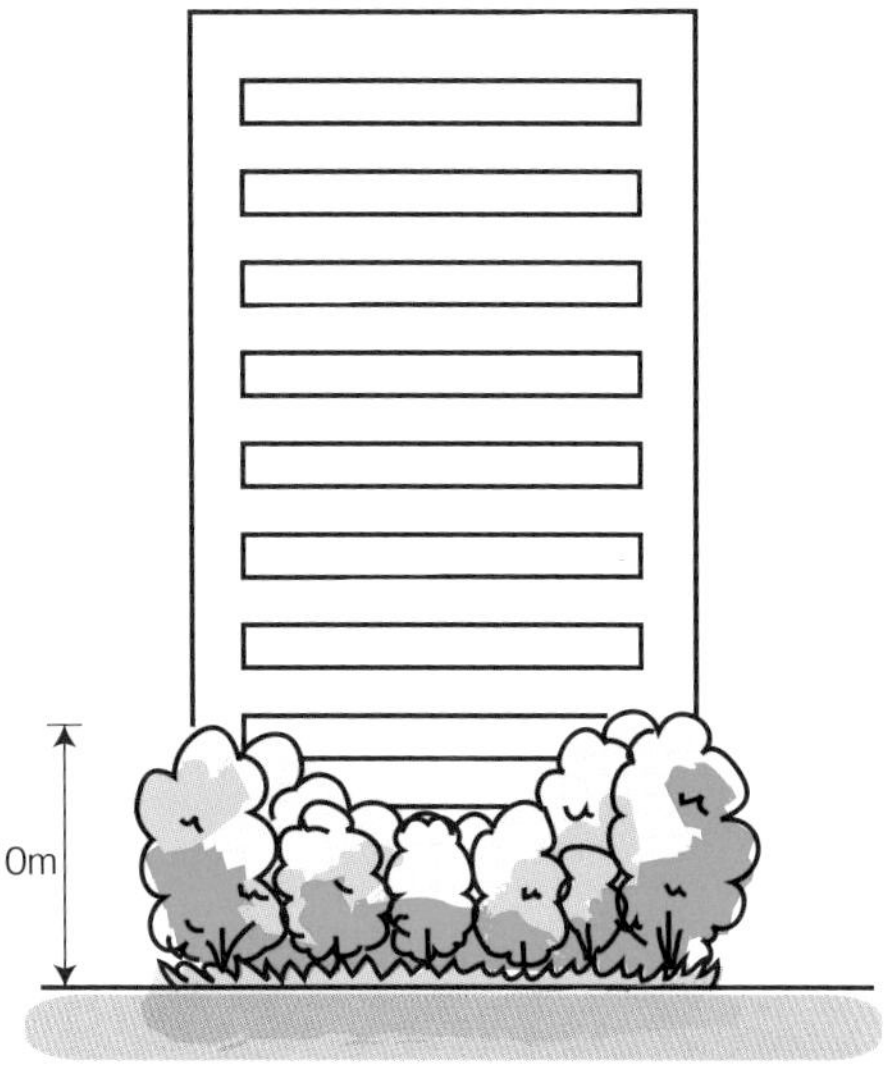

10m前後の高さの樹木だとバランスがよい。ただし、すべての樹木の高さをそろえるとかえって、樹木による圧迫感が生まれる。凹凸を付けることで広がりを感じさせ、印象を和らげるとよい

建物の印象を操作するための活用

ポイント

広葉樹でエッジを隠せばソフトに、針葉樹中心にすればハードさが強調される

建物を引き立てる植栽

葉・幹・花の色や模様、明暗などをうまく組み合わせて配植すると、建物の印象を操作することができる。建物の外装材やデザインに合わせて樹種や樹形を選ぶことがポイントである。

たとえば、コンクリート打放しのような硬質な建物でも、たった1本樹木を植えるだけで印象が変わる。硬質さを抑えたいならば、広葉樹など葉の形が丸いものを選ぶとよい。常緑広葉樹は葉色が濃いものが多く、多用すると重い印象になりがちなので、ヒメシャラやヤマボウシなど、なるべく葉色の薄い落葉広葉樹と合わせて配植するとよいだろう。

自然の樹形のままか、仕立物でも丸型や縦丸型に刈り込んだものを植えても、建物の印象を和らげることができる。さらに、建物の隅部（エッジ）に、緑を被せるように配植すると、角が見えなくなるためより効果的である。

逆に建物の硬質さを強調したい場合は、マツやスギなどの針葉樹を植えるとよい。

直線的に仕立てた樹木を大きさや間隔をそろえて植栽しても、人工的・機械的になり、硬い印象を強調することができる。

おすすめは外壁と反対色

建物の近くに植える木を選ぶ際は、外壁の色と葉色との相性を考慮する必要がある。

外壁の色が濃い場合、エゴノキやシャラなど明るい葉色のものを選ぶと、外壁の色と葉色が干渉しないですっきりとした印象になる。

白色やコンクリート打放しのような比較的明るい色の壁の場合は、ツバキやクスなど濃い緑の葉をもつ樹木を中心に配植すると、緑を際立たせることができる。

建物の部分的な印象を和らげる配植

①配植する場所

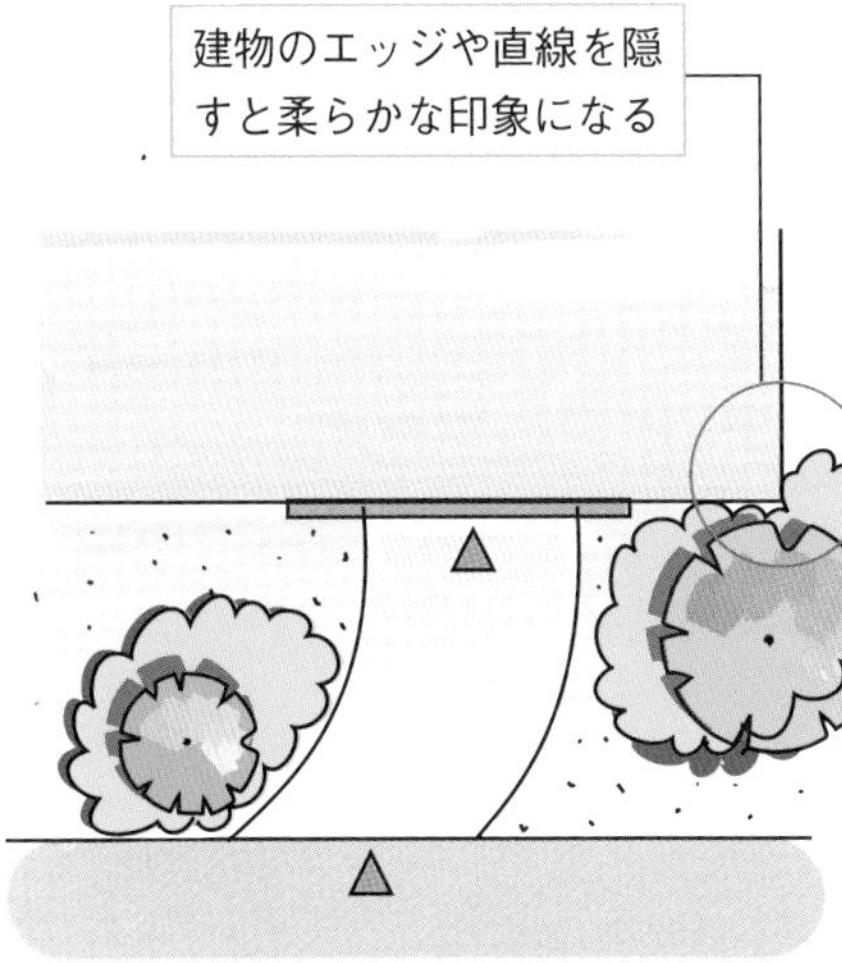
建物のエッジや直線を隠すと柔らかな印象になる

②緑の位置と見え方

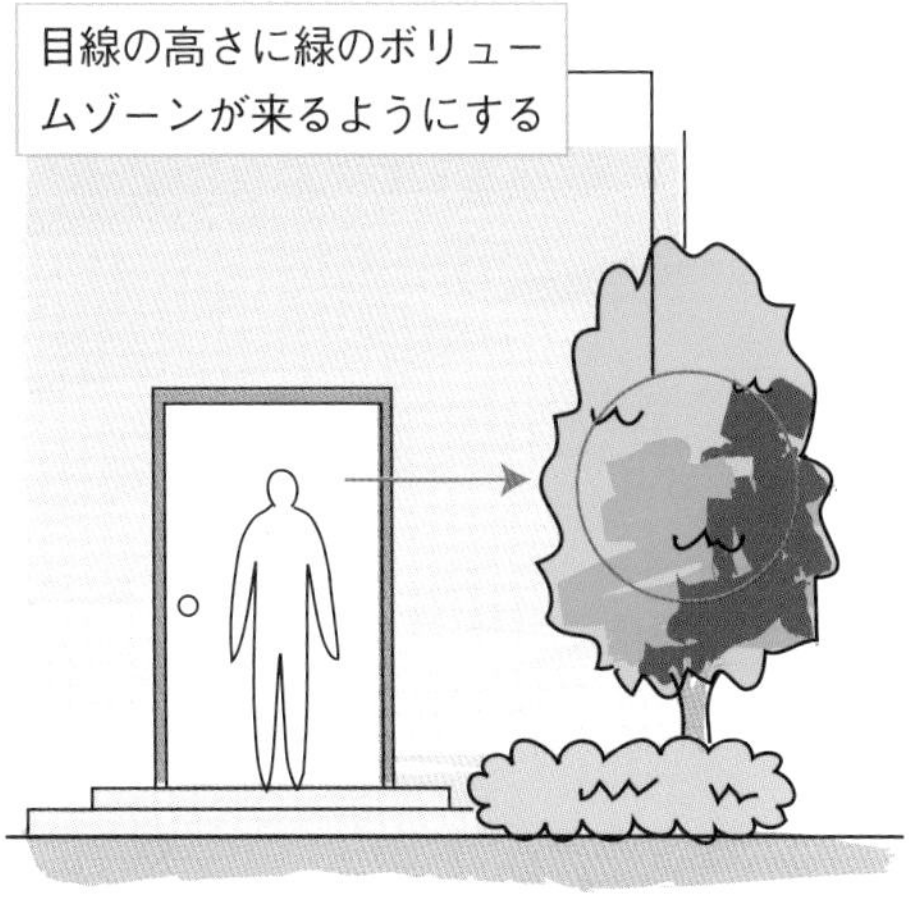
目線の高さに緑のボリュームゾーンが来るようにする

コンクリート打放しのように、重厚で硬質な趣のある建物の印象を和らげるためには、建物の隅や、直線といった幾何学的な部分をなるべく隠すように配植することがポイントとなる

建物全体の印象を操作する配植

①建物全体の印象を和らげる

葉の幅は広い広葉樹を中心に建物のエッジを消すように配植すると、建物全体の印象が和らぐ。樹木は高さや位置をランダムにする

②建物全体の印象を強調する

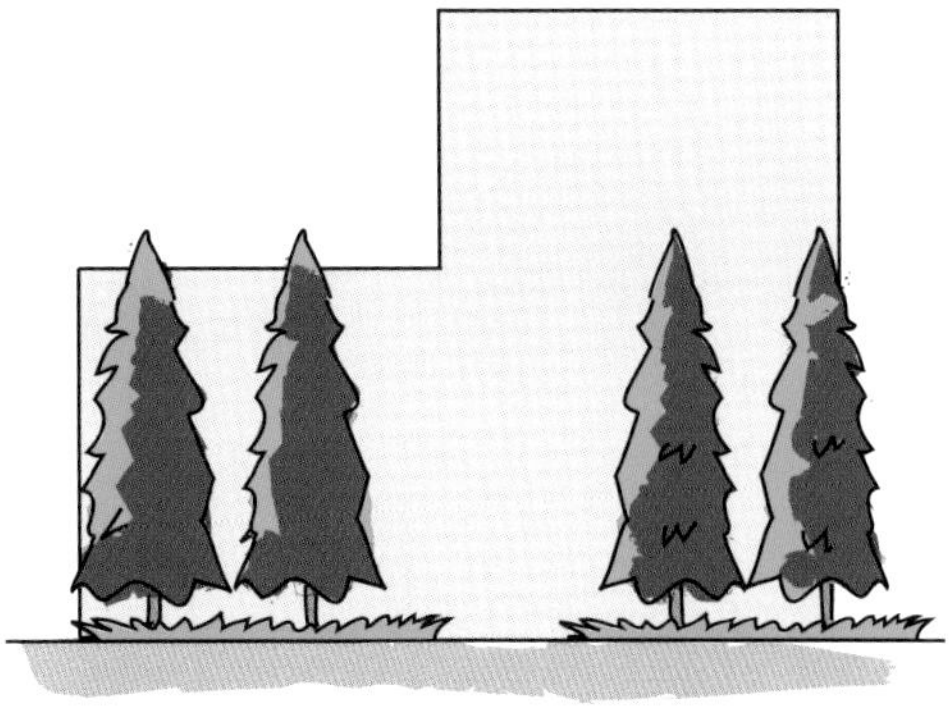

針葉樹を中心に配植すると、直線的なイメージが強調され、硬質な印象になる。樹木は高さや間隔をそろえ、シンメトリーに植える

和洋の庭をつなぐための活用

ポイント

和洋いずれの庭にも合う雑木とシバをメインにする。明るい緑葉の樹種や花木も活用

主体は雑木とシバ

母屋は瓦が載る和風住宅、離れは若い夫婦が新しくつくった欧風な外観をもつ建物というようなパターンは意外と少なくない。

マツやカエデ、ツツジなどを主体にした和風の庭をつくると欧風な外観の建物側には違和感がある。また、バラ、ラベンダーなどの花々が咲き乱れるイングリッシュガーデンのような庭を和室の庭から眺めるというのも不思議な感じになる。

外観の意匠が異なる建物がある敷地では、どちらの建物にも合う植栽を考えなければならない。

和と洋の要素をもった庭をつくる場合、シバと雑木をメインにするとよい。里山に普通に見られるコナラやクヌギ、アカシアなどの樹木を主体に、明るい緑の葉をもつ樹木でまとめると、日本にある樹木で構成することになり、和室になじみやすい。シバを使い常緑樹などの重たいイメージの樹木を避けることで、洋室にも合わせられる。

和洋いずれにも合う花木

花木を植栽するなら、ヤマボウシやノリウツギ、アベリアがよい。ハナミズキはアメリカ原産だが、日本在来のヤマボウシの仲間で、印象が似ている。ノリウツギはカシワバアジサイに似ている。このほかにも日本に自生している樹種で、落葉の軽やかなものをランダムに配置すると、和と洋の印象を緩やかにつなぎ、どちらの庭にもマッチするものになる。

花木は、赤など派手な印象の色や大きなものは避け、小花でさわやかな印象の樹種を選ぶ。雑木の下草にはササ、クリスマスローズなどがおすすめ。自然石を組み合わせて、その間に地被植物や低い花木を植栽するロックガーデンで構成するのもおもしろい。

イングリッシュガーデン　18世紀後半～19世紀にイギリスで生まれた、自然の趣を基調として多彩な植物を取り入れた庭園のスタイル
ロックガーデン　高山植物や寒冷地の植物を育てるため、自然石や岩を組み合わせた花壇のスタイル

和洋の庭をつなぐ配植

①境界を設けない場合

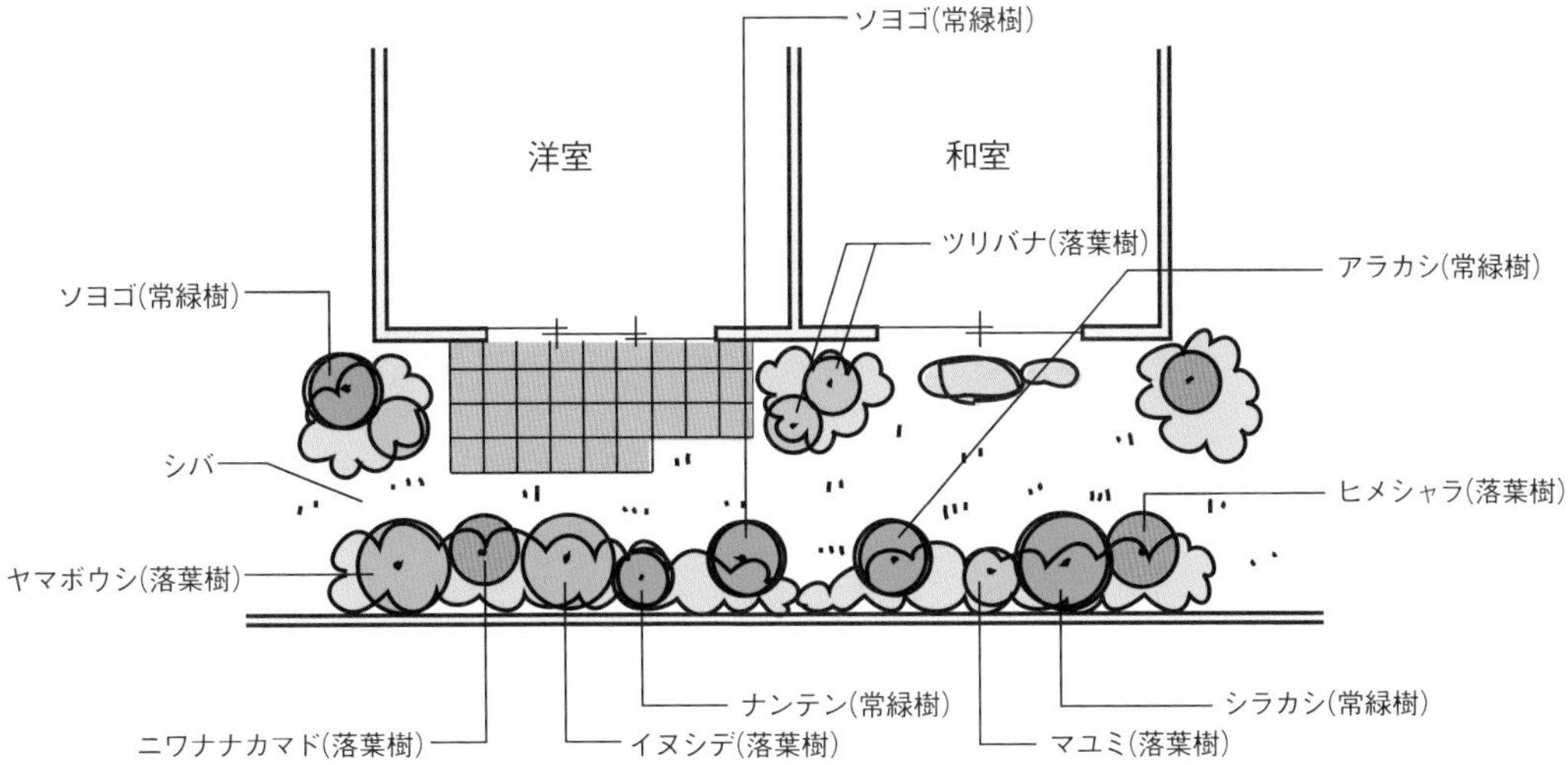

樹木を雑木林風に配植することで和室・洋室のいずれにも合う庭になる[172—173頁参照]。なお、和室の庭に近い側に常緑樹を多く置くこと

②境界を設ける場合

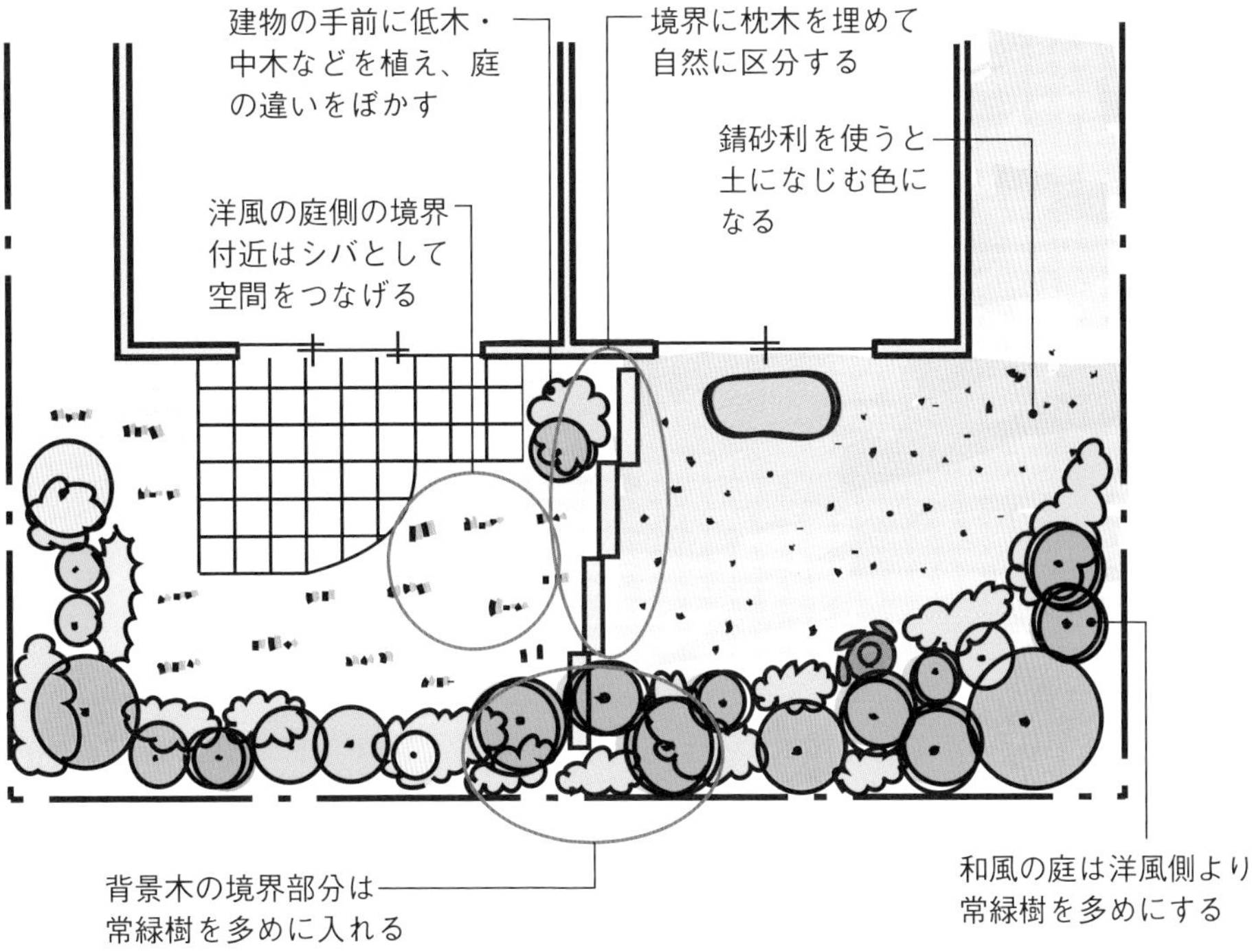

TOPICS

BOTANICAL GARDEN GUIDE 4

富士竹類植物園

キンメイチク

クロチク

世界でも珍しい タケやササ専門の植物園

静岡県長泉町に1955年開園された私設の植物園。日本竹笹の会の初代会長の室井綽《ひろし》が長く園長を務めていた。日本国内や世界各地から集められた約500種類のタケが観察でき、タケ類の栽培展示種類は日本一を誇る。

園内の情報も随時更新され、珍しいタケの花がどこで咲いているのかなど、詳細な情報を得ることができる。

タケやササ類のほかにも、四季の草花も植栽され、庭園的な散策も楽しめる。併設の研究資料館では、世界中の竹細工や、タケやササの標本などが展示され、幅広くタケに関連するものが展示・紹介されている。タケの苗や加工製品なども販売されている。

DATA

住所／静岡県駿東郡長泉町南一色885

電話／055-987-5498

開園時間／10：00〜15：00

開園日／毎週木、金、土曜日

入園料／大人500円、
高校生以下200円
※団体割引あり

第5章

テーマ別の植栽

葉の質感を生かす庭

ポイント

落葉樹の葉で明るく軽快な印象を、常緑樹の葉で静かな落ち着いた印象をもたせる

落葉樹の配置

樹木は落葉樹と常緑樹の2つのタイプに分類できる［38頁参照］。落葉樹は葉の薄いものが多く、常緑樹は葉の厚いものが多い。また、寒い地域に生息しているものほど葉が薄く、夏の日差しが強い地域や、強風が吹く場所に自生する樹木ほど葉が厚い。これら葉の厚みによる違いで、明るさや重厚感など、庭全体の雰囲気を演出できる。

カエデ類やタケ類などの葉が薄いものは、光が透けやすいため、植栽すると軽く明るい印象の庭になる。日差しは、東から南にかけて当たる朝日と、南から西にかけて当たる西日で強さや印象が異なる。柔らかな光を通し、落ち着いた庭をつくるには、樹木を西日より朝日が当たるように配植すると効果的である。

葉に十分な光が当たるように株間を50㎝以上設ける。さらに、樹木を見る方向と光が当たる部分を結んだ線上に葉が重ならないように、樹木を植栽することがポイントである。

常緑樹の配置

葉が光を透過しにくい厚い葉のタイプが多い常緑樹は、濃い葉色が強い存在を示すため、静かで落ち着いた空間づくりに向いている。葉の大きさが異なる種類を組み合わせると、リズムが生まれ、濃い葉色でも重すぎず、暑苦しくない空間ができあがる。

常緑樹のなかでも、ヤブツバキやモッコクなど、葉の表面がツヤツヤした革質《かくしつ》のもの（照葉樹《しょうようじゅ》）を利用すると、光が反射して明るさが生まれる。太陽光が背後から当たる北側のほか、東側、西側の庭に向いている。

ただし、スダジイ、アラカシなども照葉樹のカテゴリーに入るが、葉色が沈みがちでマットな印象になるので、あまり明るさは演出できない。

葉の質感を生かす配植

①配植の基本

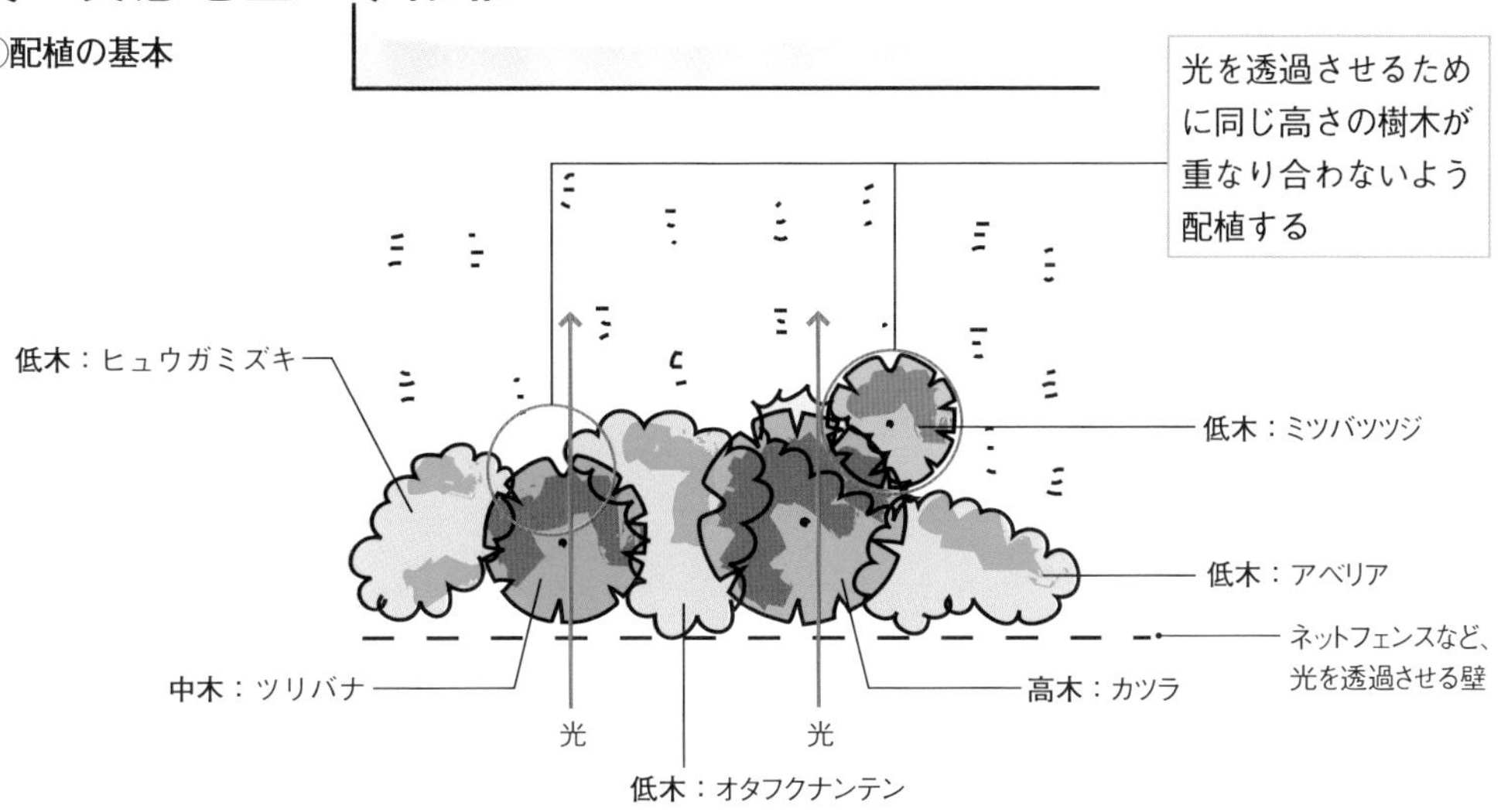

②東・西・南の庭

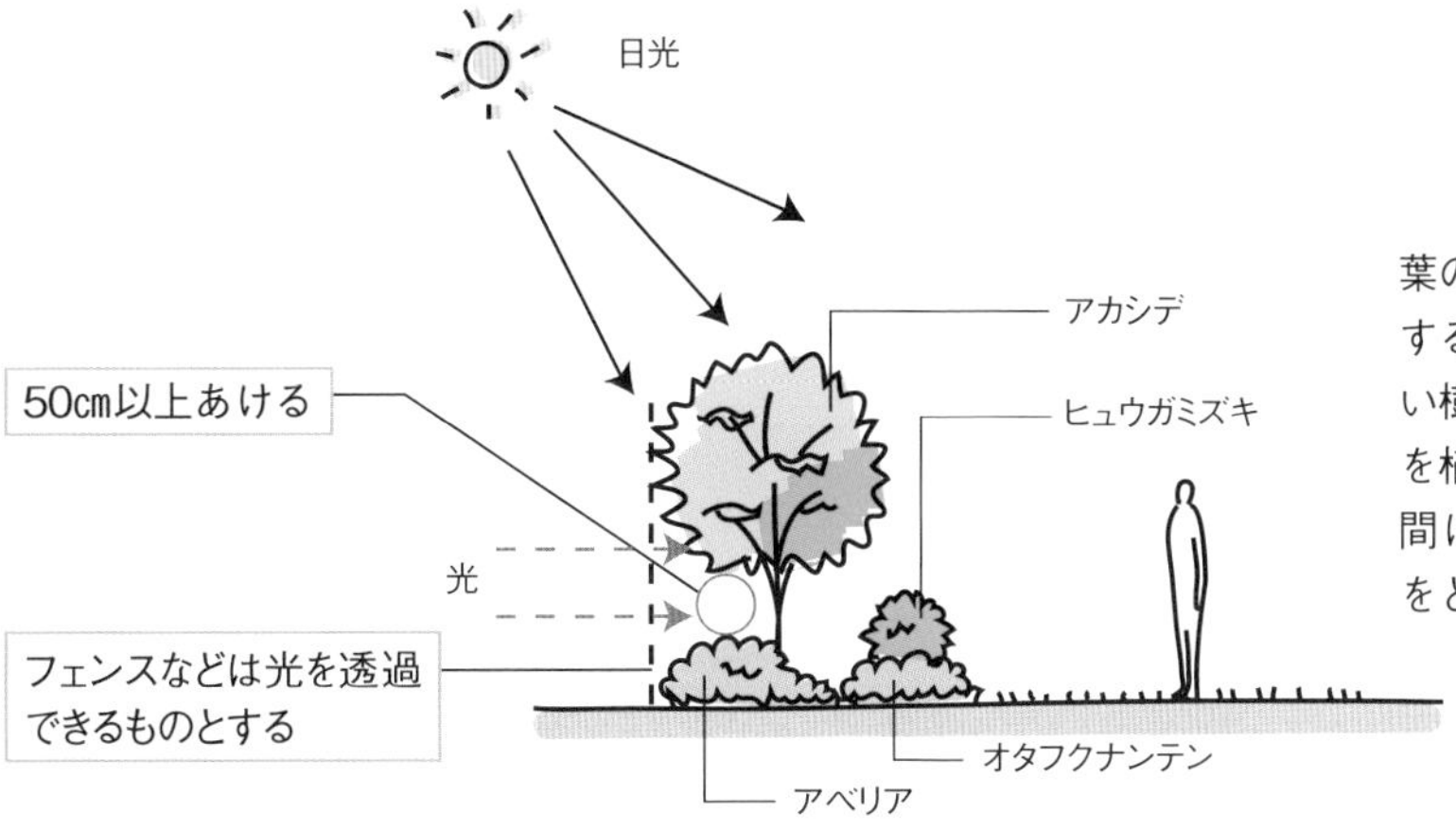

葉の透明感を効率的に演出するには、光を透過させたい樹木の背後にほかの樹種を植えない。樹木と樹木の間は最低でも50cmの空間をとる

③北の庭

北の庭に入れた照葉樹の葉に光が反射するように配植する。十分な日照をえられない場合は、照明などを使う

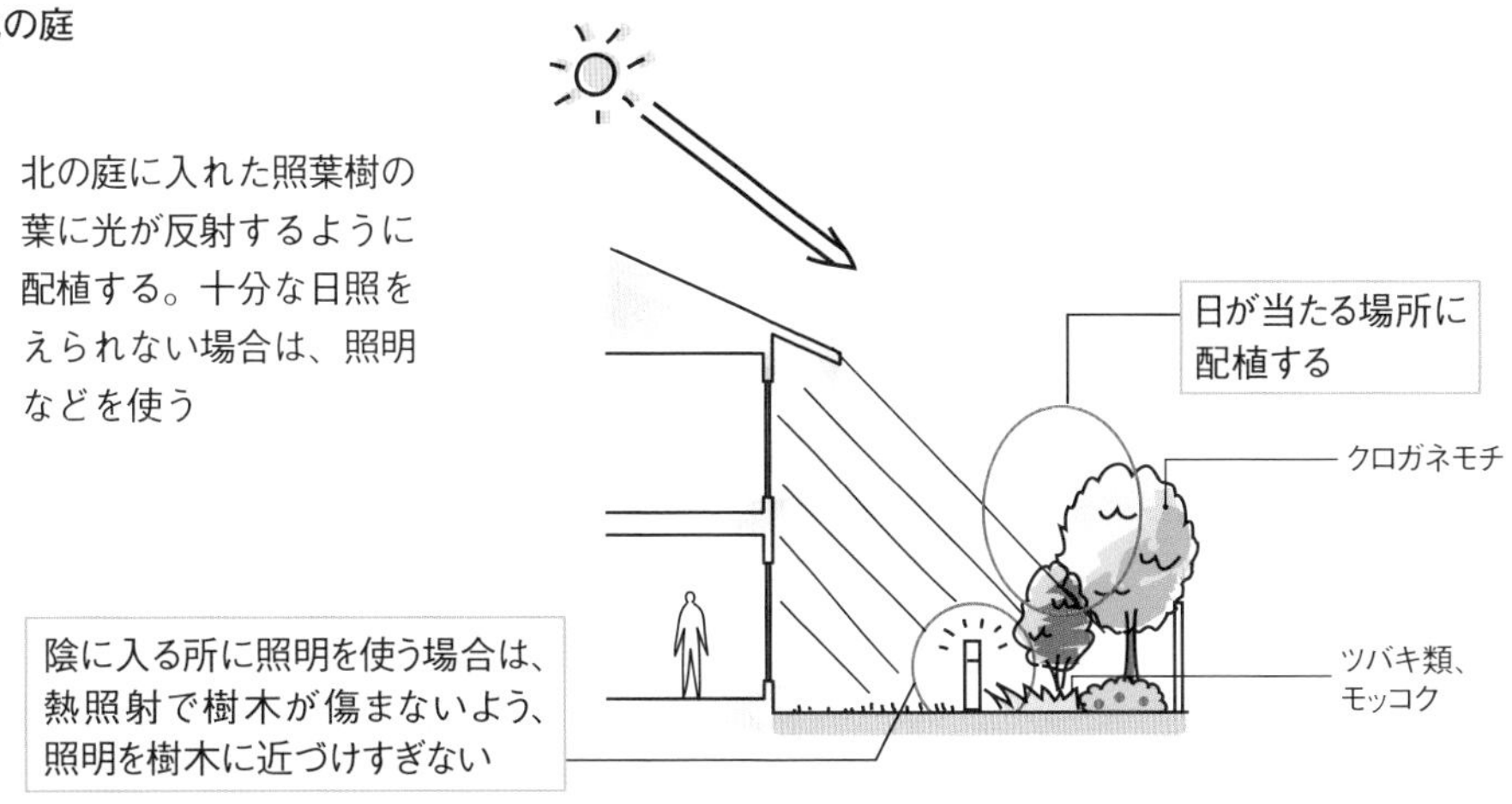

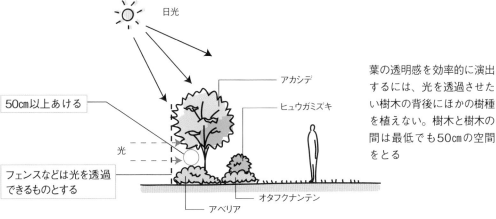

紅葉が楽しめる庭

ポイント

樹木を美しく紅葉させるためには、適度の湿度、寒暖の差がある場所に植栽する

紅葉と落葉の仕組み

落葉樹は春夏秋冬、四季折々に異なった表情を見せる。

夏に葉緑体によって盛んに光合成を行った葉は、寒くなりはじめると紅葉してやがて落葉する。葉の活動が弱まると、葉の基部（葉柄）［43頁参照］に切れ目が入り、徐々にその切れ目が深くなって葉が落ちる。紅葉は葉の表面でつくられた炭水化物が、切れ目の部分に溜まって変色する現象であるといわれる。切れ目が深くなると水の通路も絶たれるので、乾燥して落葉する。

できるだけ長く美しい紅葉を楽しむには、乾燥があまり進まないような湿度の高い場所に植栽することが重要だ。また、昼夜の寒暖差があることも、きれいに紅葉させるコツである。都会のイロハモミジがきれいに紅葉しないのは、そうした環境にないためである。夜でも暖気や照明が当たり、乾燥しやすい場所では美しく紅葉しないことを覚えておくとよい。

葉色の濃淡を付けて配植

秋の紅葉は、春の開花期間に比べ長く楽しめる。実際に日本庭園の多くは春の花よりも秋の景色を重要視している。葉色のタイプは、ニシキギやドウダンツツジなど赤くなる紅葉タイプと、イチョウやカツラなど黄色くなる黄葉《おうよう》タイプに大きく分けられる。

ただし、それぞれに赤茶色、赤銅色、薄黄緑など、微妙な差異があるので、葉色の濃淡を付けると立体的になり、「綾錦《あやにしき》」といわれるような空間に仕上がる。また、紅葉をより見映えよくするには、背後に常緑樹を配置すると効果的である。

紅葉の代表的な樹種はカエデ類だが、そのなかでも変色するタイプは品種によってさまざまなので、販売業者に確認しておくとよい。

紅葉が映える配植

常緑樹などで背後に緑の壁をつくると色の対比で鮮やかに見える

紅・黄葉する樹種

赤　色	黄　色	赤茶色	赤銅色
カエデ類、ナナカマド、ナンキンハゼ、ニシキギ、ハゼノキ、ハナミズキ、メグスリノキ、ヤマモミジ	アキニレ、イタヤカエデ、イチョウ、カツラ、マンサク、ミズキ	シマサルスベリ、カラマツ、メタセコイア	カシワバアジサイ、ナツヅタ、ノムラカエデ、ノルウェーカエデ・クリムソン・キング

きれいに紅葉しない環境

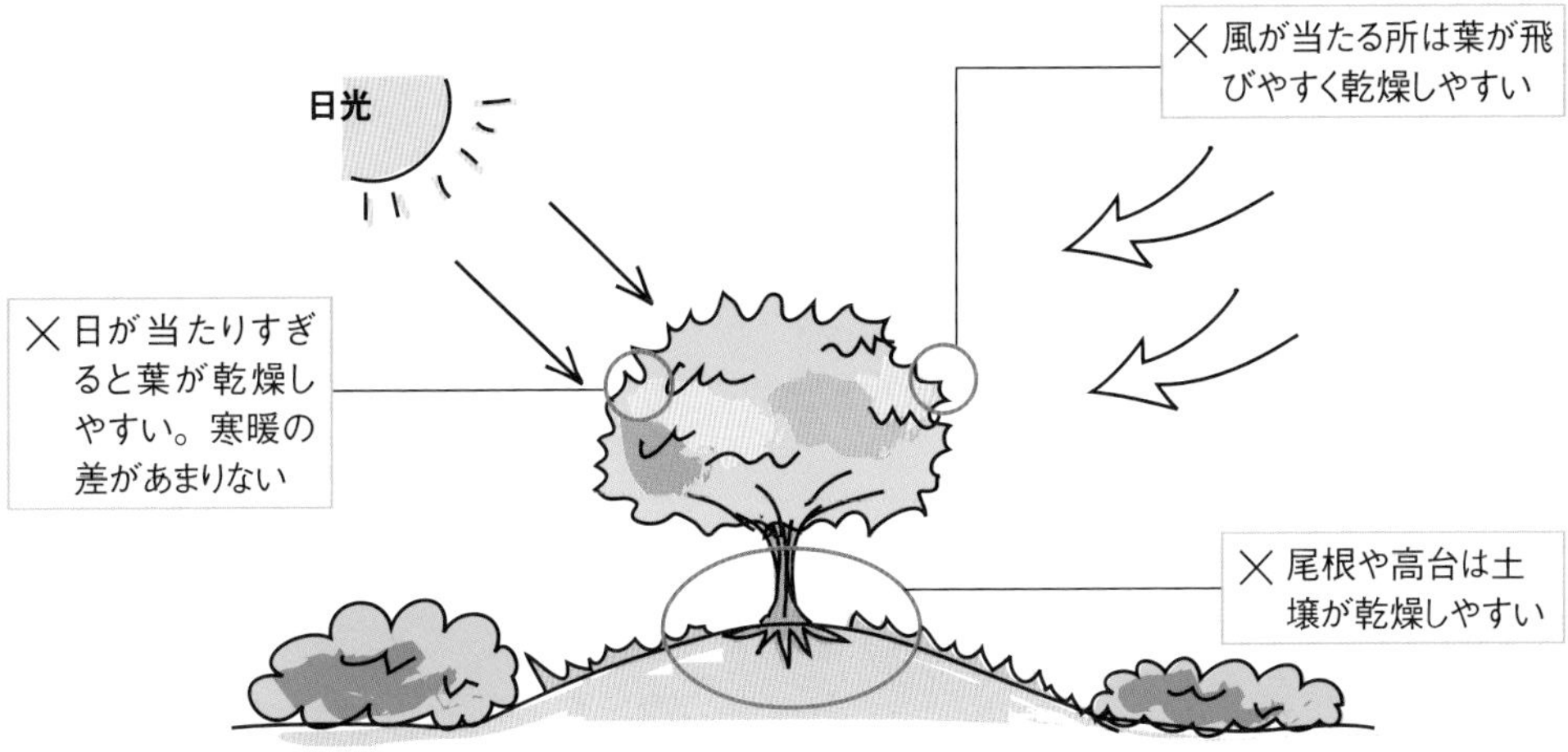

樹木を美しく紅葉させるためには、1日の昼夜の温度差と、土壌の水分が必要。
図のような環境のほか、昼夜を問わず暖気や照明が当たる場所もきれいな紅葉が期待できない

模様に特徴のある葉を生かす庭

ポイント

カラーリーフや斑入りの葉を花に見立て、植栽空間に彩りを与える

カラーリーフと斑入り葉

葉は種類によってさまざまな色合いがある。最近ではカラーリーフと呼ばれ、ガーデンのアクセントに利用するケースも増えている。色の系統は、大きく分けてブルー系、シルバー系、イエロー系、レッド系の4つ。レッド系のなかでも銅色やパープルなども含まれる。

さらに、カラーリーフには、単色のほか、色の濃淡があったり、異なる色が入って模様をなす種類もある。白っぽい色の柄が入るものを斑入《ふい》りといい、古典園芸植物で有名なオモトやハランなどは、斑の入り方によって珍重される。

個性的な葉の利用

緑一色の空間のなかに、カラーリーフや斑入り種を上手に取り入れると、たとえ花がなくても、変化に富んだ植栽空間をつくることができる。

つる性植物でよく利用されるヘデラ類は斑の入り方がさまざまで、和洋どちらの庭でも使うことができる。建物や外壁の色や印象に合わせ、特徴的な葉を利用するとよいだろう。

グミの仲間のグミギルドエッジは縁が明るい黄色葉で、明るい空間を演出する。また日当たりの悪い場所では、日陰に強く、斑のバリエーションが多いアオキを利用してもよい。

白い斑では葉の半分が白くなるハンゲショウや、アジサイなどもおすすめ。ホルトノキやテイカカズラはところどころに赤葉が出て、カラフルな印象になる。また、葉に白とピンクの斑が出現するハツユキカズラは、葉だけでも花のようなにぎわいを与える。

葉色が変わっていたり、模様が入っていたりすると病気のように思われることがある。植栽樹として選択する際には建築主への説明を忘れないこと。

古典園芸植物　日本で古くから栽培、観賞されてきた園芸植物の総称。草花、花木、ラン類、ヤシ類、シダ類など多岐にわたる

斑の入り方

①葉の縁に斑が入る

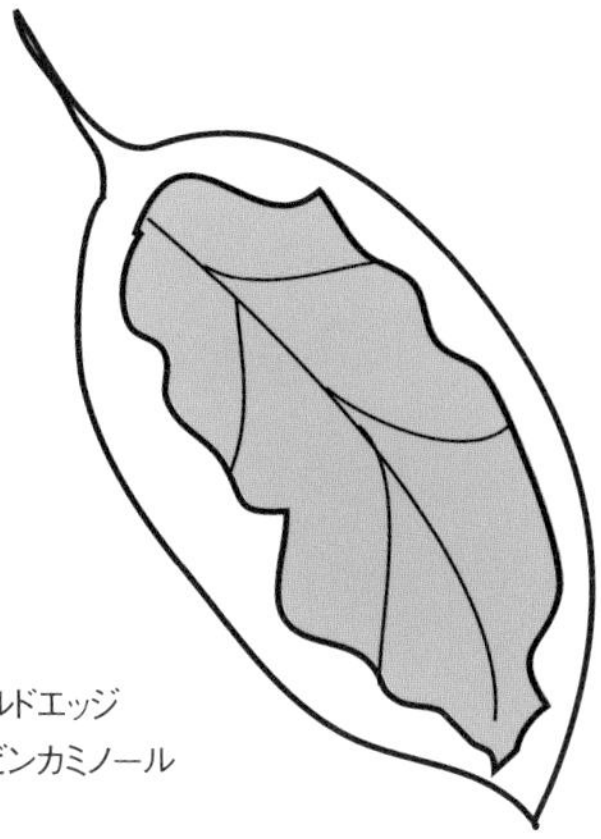

グミギルドエッジ
フイリビンカミノール

②葉の中に斑が入る

ナカフアオキ
ホシフツワブキ

③葉の脈上に斑が入る

フイリテイカカズラ

④葉の縁や脈上に斑が入る

フイリヤブラン
オロシマチク

斑入りの配植

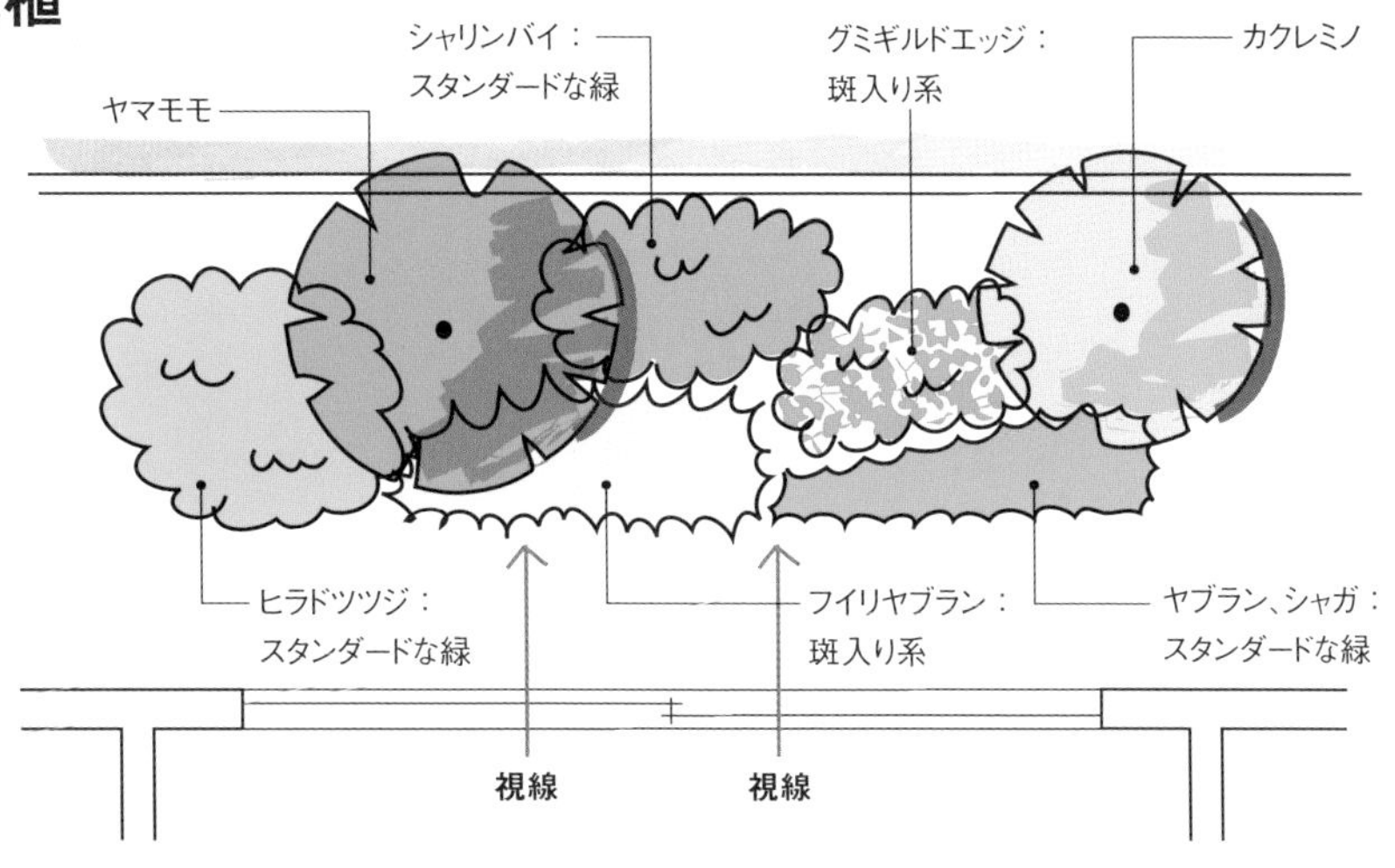

花をあしらうように、常緑樹のなかに斑入りの葉を混ぜて配植するのがポイント

特徴のある形の葉を使う庭

ポイント

ハート形・円形《えんけい》＝優しい、倒卵形《とうらんけい》＝個性的
披《ひ》針《しん》形＝シャープ、裂形《さけがた》＝繊細、の印象に

葉形からのデザイン

「葉の形態」の項［42頁参照］では、葉にはさまざまな形があることを話した。ここでは、それらの葉の形を生かす配植のポイントについて紹介する。

①ハート形

ハート形の葉は、印象が優しく柔らかくなるが、多いとくどくなる。ヤブランなどの線的な形の葉をもつ地被植物と合わせると引き締まった印象に。

②円形

雰囲気が柔らかくなるので、少しピリッとした印象を下草に与えるとよい。濃緑の常緑樹を背景木にすると、形がより強調される。

③楕円形《だえんけい》・倒卵形

楕円形はどのような形の葉にも合う。葉の根もとが膨らむ卵形も同様。

一方、葉先が膨らむ倒卵形は、同じ大きさでも、葉先が広くなっているので、「大きな葉」という印象を与える。形が個性的なので、植栽する本数は抑え気味がよい。

④披針形

披針形は細長い葉である。大きい葉の樹種は幾何学的な印象、小さい葉の樹種はシャープな印象をつくれる。また、落葉樹でこのタイプの葉をもつ樹木は、軽やかな印象のものが多い。とくに細いものを狭《きょう》披《ひ》針形《しんけい》といい、葉自体が小さければ、針葉樹のイメージに似てくるものもあるので、コニファーに合わせることができる。

⑤裂形・掌状《しょうじょう》

裂形や掌状など、葉の切れ込みが顕著なものは、それだけで強い印象を与える。とくに3裂した葉姿は三角形をイメージさせ、ユニークな雰囲気をつくるのに適している。カクレミノのように大きくなる葉は、観葉植物的でトロピカルなイメージになるが、ミツデカエデのような小さい葉のものは繊細なイメージにもなる。

特徴のある葉の形と植栽

葉のタイプ	代表的な樹種		使い方
	高木・中木	低木・地被植物	
ハート形	アカメガシワ、イイギリ、カツラ、ナツボダイジュ、フユボダイジュ	カンアオイ、シュウカイドウ、トキワマンサク	逸話をもつ木が多いのでシンボルツリーに合う
円　形	オオアカメガシワ、ハクウンボク、ハナズオウ	トサミズキ、ヒュウガミズキ、ツワブキ、ユキノシタ	直線的な葉をもつ下草などと合わせるとバランスがとりやすい
楕円形	オリーブ、フェイジョア、タラヨウ	トベラ、ヒラドツツジ	どのような形の葉とも相性がよい。熱帯の国では街路樹にこの形の樹木を入れることが多いため、多く植栽するとトロピカルな印象になる
倒卵形	アラカシ、オガタマノキ、コブシ、ホオノキ、ミズナラ	ドウダンツツジ	形に特徴があるので、あまりたくさん植栽しない
披針形	シダレヤナギ、シラカシ、タイサンボク、ヤマモモ	オオムラサキツツジ、ササ類、ジンチョウゲ、ビヨウヤナギ	大きい葉の樹種は幾何学的な印象、小さい葉の樹種はシャープな印象。とくに細い狭披針形で小さい葉は、コニファーに合う
裂　形（3裂）	カクレミノ、キリ、トウカエデ、ミツバカエデ、ユリノキ	ブドウ、ダンコウバイ	大きい葉は、トロピカルなイメージ、小さい葉は繊細なイメージ。三角形を連想させるので幾何学的な配置が合う
掌　状	カエデ類、サンザシ、トチノキ、ヤツデ	カシワバアジサイ、コゴメウツギ、グーズベリー	大きい葉はトロピカルな印象、小さい葉は、繊細で軽やかなイメージ

葉の形を生かした配植（ハート形の場合）

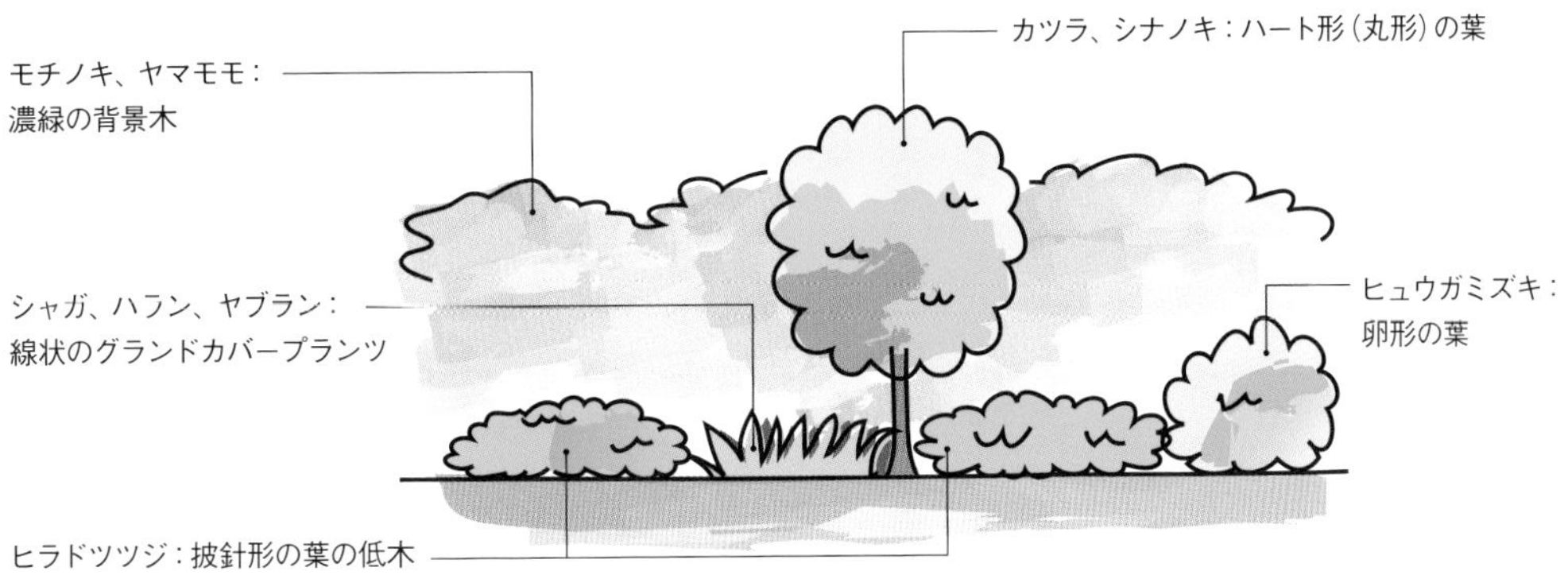

香りのある葉を使った庭

ポイント

強い香りでなく、身体に触れたときにほのかに漂う芳香をもつ樹種を取り入れる

葉の芳香を楽しむ庭

花の香りを取り入れた庭をフレグランスガーデンと呼び、庭づくりに芳香をもつ樹種を取り入れてもおもしろい。古くから、花や葉の芳香成分をオイルやアルコールに抽出し、医療などに利用されており、鑑賞だけでなく心と身体にやすらぎの作用を与える庭をつくることができる。

芳香をもつ葉は、花が自然に香りを発散するのとは異なり、葉が擦れ合うことで香りが立つものがほとんどである。そのため、歩いたときに身体と樹木が触れやすい園路や、風の通り道などに、葉が動きやすい位置に配植するとよい。小枝や葉の奏でる風音は涼やかな雰囲気をつくってくれる。

さまざまな香りが混ざると、せっかくの個性がなくなってしまう。強い芳香のある樹木を配置したら、その周りは香りのない種類を植栽する。

葉に香りをもつ樹木

葉に芳香をもつ代表的な樹種はクスノキだ。クスノキは樟脳《しょうのう》の原料で、葉をもむと独特の香りが発生する。このほかにもクスノキ科は、クロモジやゲッケイジュのように香りが楽しめるものが豊富にある。ユーカリ類や、ナツミカン、ユズ、キンカンなどの柑橘類《かんきつるい》も葉が独特の香りをもっているが、ややクセのある香りなので、利用に気をつけたほうがよい。

葉の香りが強いローズマリーは、積極的に芳香を立たせるというより、ふとしたときに触れて香る程度に利用したほうがよい効果が得られる。シキミは香木として宗教的に用いられるが、植物全体に毒があるので植栽には注意が必要だ。

また、枯葉が香るものもある。カツラは甘い香り、サクラの枯れ葉を踏みつけると独特の芳香が楽しめる。

樟脳　クスノキの幹、枝、葉を蒸留して得る結晶。強心剤、防虫剤、防臭剤などになる

葉の香りが効果的に楽しめる配植

①平面

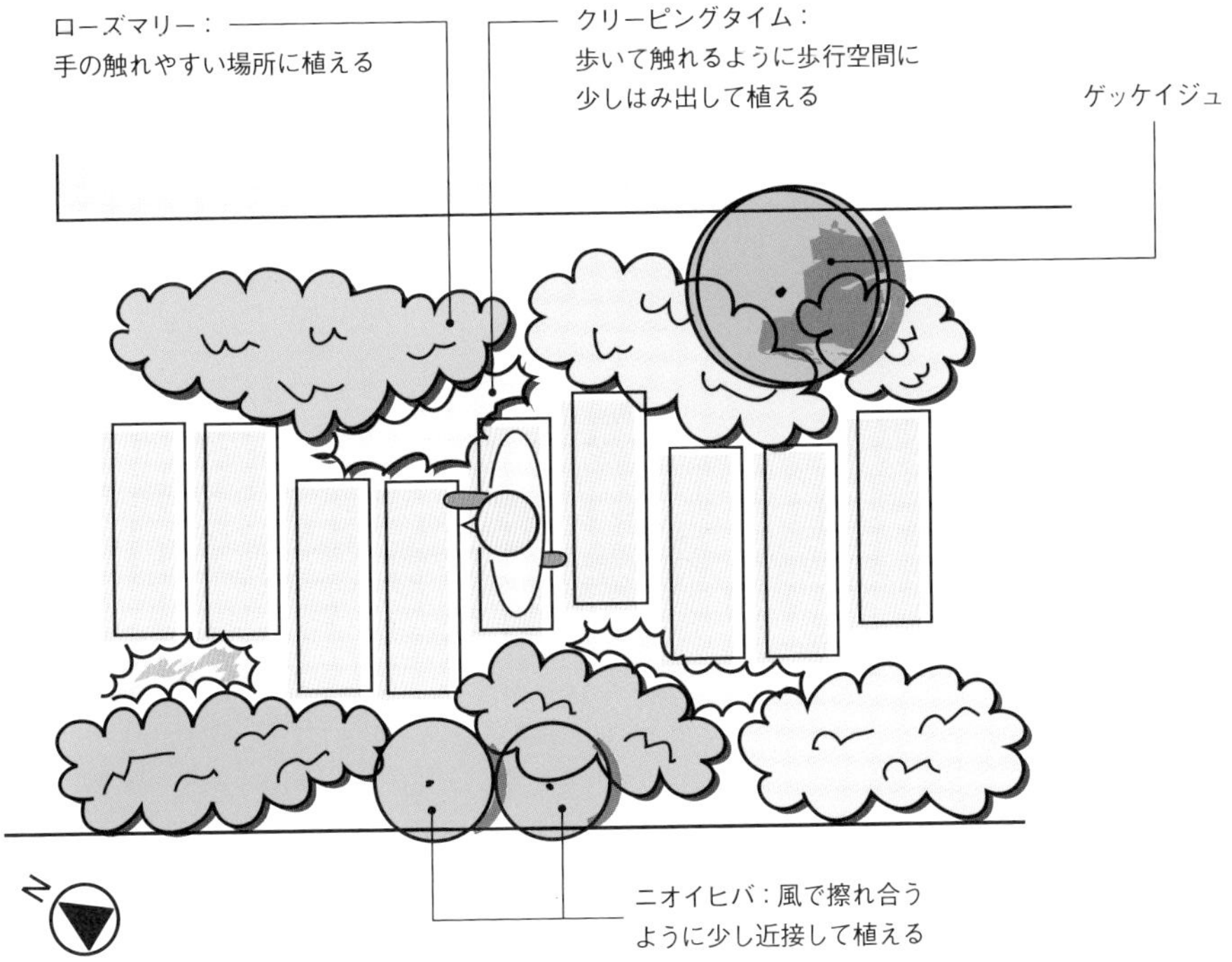
ローズマリー：
手の触れやすい場所に植える
クリーピングタイム：
歩いて触れるように歩行空間に
少しはみ出して植える
ゲッケイジュ
N
ニオイヒバ：風で擦れ合う
ように少し近接して植える

②断面

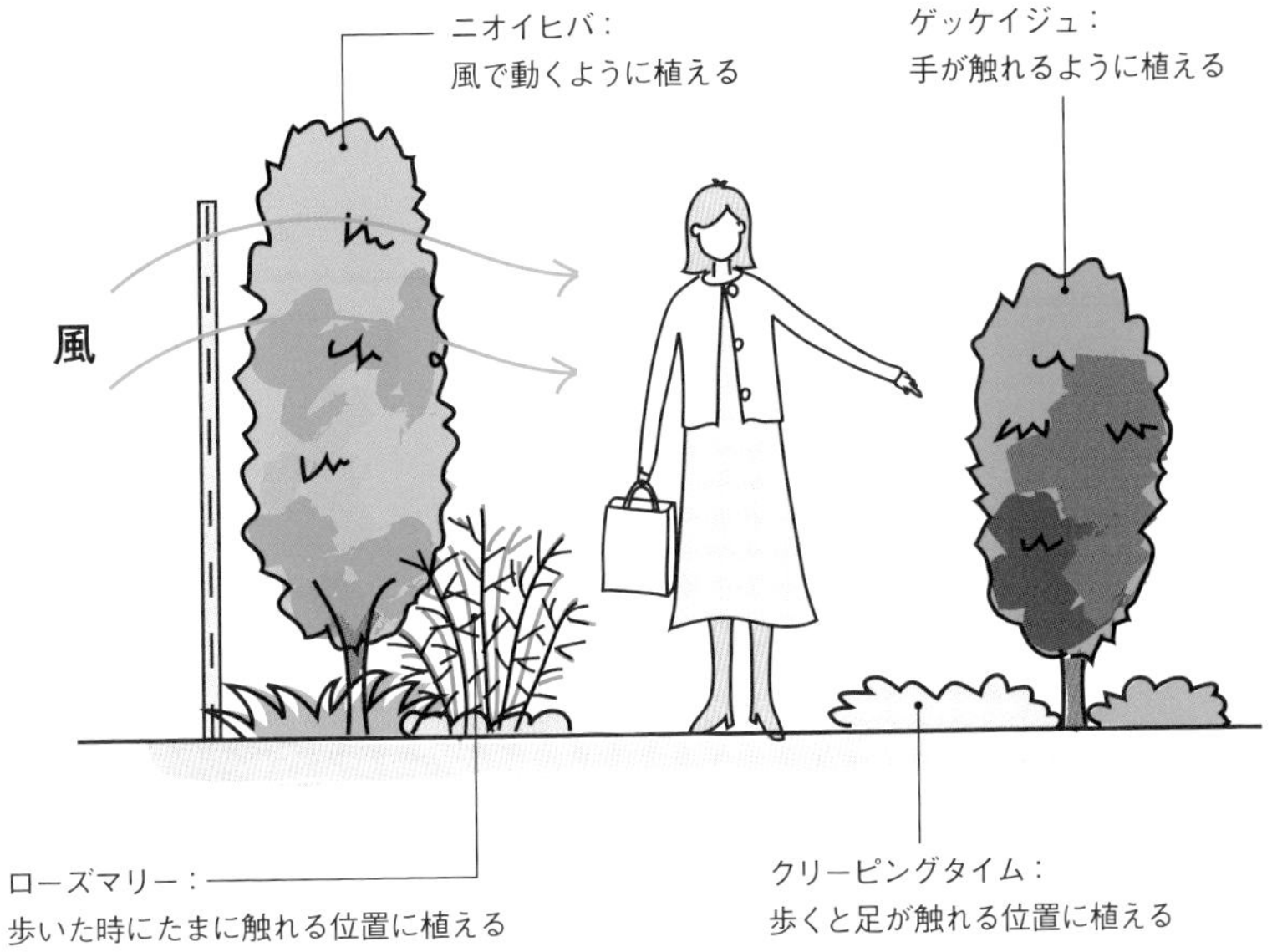
ニオイヒバ：
風で動くように植える
ゲッケイジュ：
手が触れるように植える
風
ローズマリー：
歩いた時にたまに触れる位置に植える
クリーピングタイム：
歩くと足が触れる位置に植える

風が通り抜けたり身体がときどき触れたりすることで葉が擦れ、香りが立つように配植する。このほかに葉が芳香をもつ樹木には、中高木のカツラ、クスノキ、サンショウ、低木・地被のラベンダー、セイヨウニンジンボクなどがある

花を目立たせる庭

ポイント

大きかったり、葉色とのコントラストが強かったり、長く咲くような花を活用する

目立つ花の条件

庭のなかで花を目立たせるためには、大きさや色、花期の長さなどを考えて植栽する。

大きな花をもつ樹種は、ツバキ類やバラ類、モクレンの仲間、フヨウ類などがある。どれもさまざまな園芸種がつくり出されていて、花びらの多い八重品種もある。八重は花弁が数枚程度のものから200枚くらいのものまであり、豪華な印象を与える。サクラの場合、日本人には一重《ひとえ》のものが好まれるが、外国では八重咲き品種のほうが好まれる傾向がある。

派手な色をもつ花もよく目立つ。濃い緑色の葉のなかに咲く真っ赤なヤブツバキの花がとても引き立って見えるように、葉の色合いをうまく利用するとよいだろう。白い花は濃い緑との対比ではよく目立つが、明るい緑のなかでは、案外地味に見えることがある。黄色からオレンジに近い色の花は、比較的よく目立つが、黄緑がかった花はあまり引き立たない。

周囲の樹木の葉の色だけではなく、建物の外壁や周囲との配色バランスを考えることもポイントになる。

花期や咲き方への考慮

地味な花でも長く咲き続ければ、人の目に留まるもの。花期の長い樹種を植栽することも花が主役の庭づくりのポイントとなる。たとえば低木で半落葉樹のアベリアは、6月から11月ごろまで花が咲くので、花の印象が強い樹木といえる。

さらに、花の時期に葉が付かない樹木もよく目立つ。ソメイヨシノ、ハナミズキ、ミツバツツジが代表的な樹種である。ユキヤナギやレンギョウなど、小花を一斉に咲かせるタイプは、小花がまとまって1つの花のように感じられるため花が目立つといえよう。

花を目立たせる配植の基本

①背景が樹木

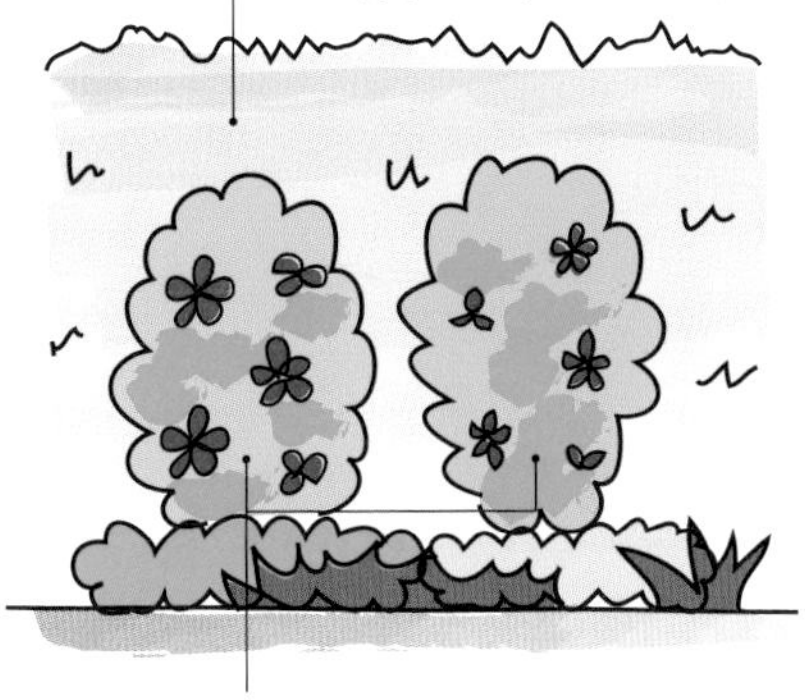

②背景が壁

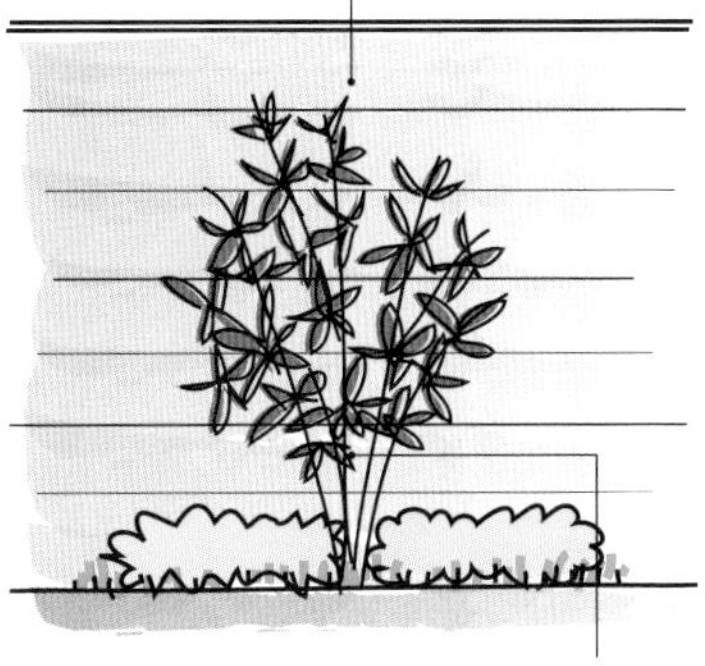

③配植例

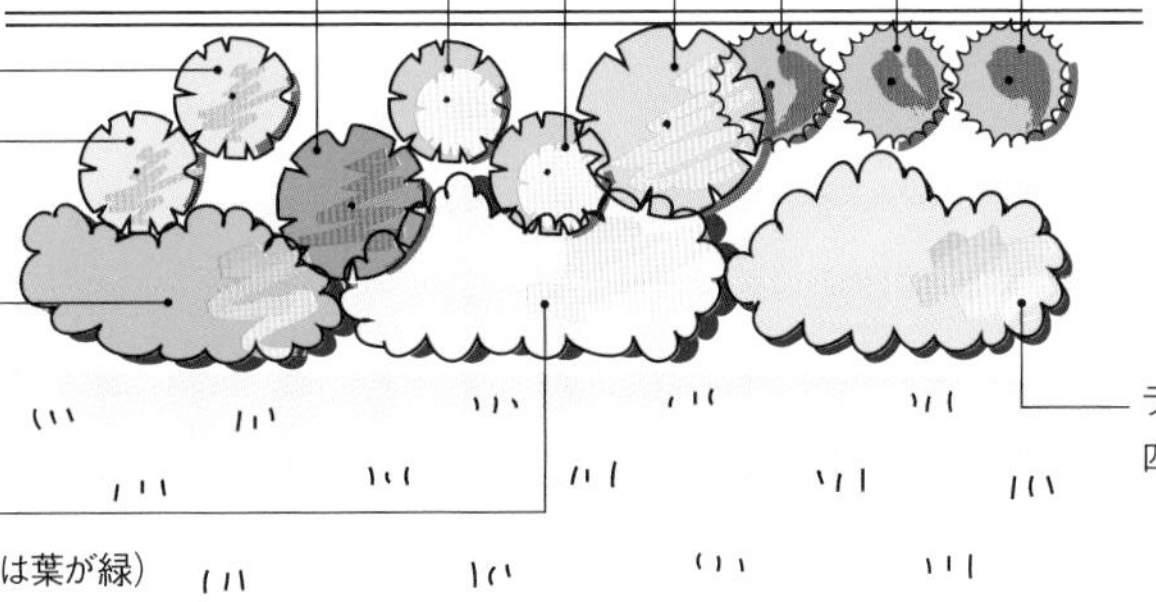

花がきれいに咲く条件

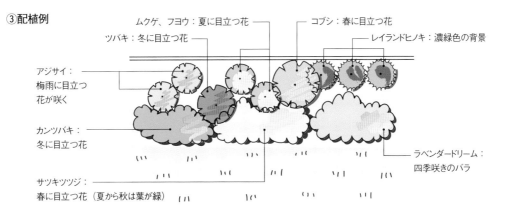

日当たりがよいこと、土壌に適度の排水性と保水性があること、
土は有機質を十分含んでいること、などがきれいな花を咲かせる条件となる

花の香りを楽しむ庭

ポイント

花の芳香で季節の移ろいを演出する。優しく香る程度を目安にし、本数は抑え気味に

香る花の代表種

花の芳香が楽しめる樹木はたくさんある。なかでも住宅植栽で代表的なのが、早春のジンチョウゲ、初夏のクチナシ、秋のキンモクセイだろう。これらは季節の移ろいを香りで知らせてくれる花だ。

ただし、香りのある葉を使った庭［154―155頁参照］同様、たくさん植えると香りが強すぎる場合もあるので、本数を抑えて優しく香る程度に取り入れたい。キンモクセイに比べると、ギンモクセイやウスギモクセイは少し香りが和らぐ。ヒイラギはキンモクセイに似た香りのよい白花を付ける。生垣に頻繁に用いられるヒイラギモクセイもこれによく似た花を付ける。

取り入れたいその他の花

このほか、香りを楽しむ花といえばバラが有名だ。品種で芳香の種類や強さが異なり、好みの香りを選ぶ楽しみもある。バラは管理に手間がかかるが、同じバラ科のハマナスのように原種に近い種類を植栽すれば手入れが比較的楽になる。つる性のモッコウバラはあまり香りがしない。

ハゴロモジャスミンも花の香りが特徴のつる性植物。以前は温室や室内でしか育たなかったが、温暖化で暖かくなった都市部では戸外でも植栽できる。「ジャスミン」という名がついている植物は、花に芳香をもつものが多い。ただし黄花を咲かせるカロライナジャスミンはあまり香りがしない。

コブシやモクレンなどのマグノリア類も香りをもつ。芳香が楽しめるよう、花に近づける場所に植栽したい。

ライラックも香りのよい花を咲かせる樹木だ。暑さに弱いので冷涼な地域で用いる。ブッドレアやアベリアは甘い蜜の香りを放ち、チョウなどの昆虫もよく訪れる。

花の香りを楽しむ配植

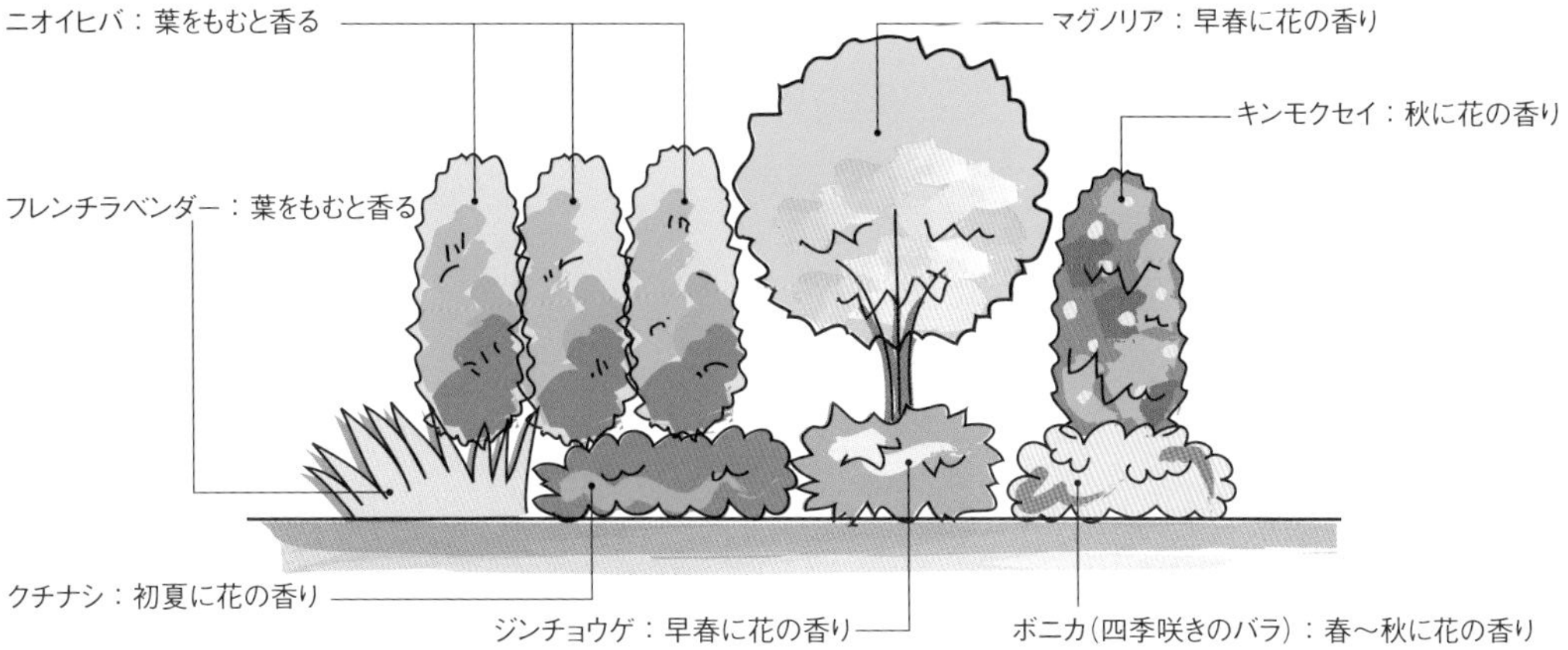

花の香りを楽しむ庭は、花に近づきやすく、手が花に触れやすい位置に配植するのがポイント

代表的な樹種の香りの強弱

弱い

鼻を近づけると香る
カラタネオガタマ、コブシ、シモクレンなどのマグノリア類、ラベンダー類など

シモクレン（モクレン科）

そばを通ると香る
アベリア、柑橘類、タイサンボク、バラ類、ヒイラギ、ホオノキ、ブッドレア、ライラック、ロウバイ

アベリア（スイカズラ科）

比較的遠くからでも香る
ウスギモクセイ、クチナシ、キンモクセイ、ギンモクセイ、ジンチョウゲ、ハゴロモジャスミン

強い

クチナシ（アカネ科）

花の色を楽しむ庭

ポイント

建物との調和に配慮しつつ、同系の花色をもつ樹種を選び、庭にまとまりをもたらす

建物との調和への配慮

日本庭園など伝統的な和風の庭では、葉の緑や紅葉をベースに、落ち着いた雰囲気にまとめることが多く、鮮やかな花を取り入れることは少ない。しかし、近年では洋風の住宅が多くなり、色彩豊かな花を多く植栽する庭が増えた。

たくさんの花木を配植するなら、色彩を意識することがとても大切なポイントになる。建物や外壁との調和を考えて植栽することが基本だ。花色によって、全体の印象を変化させることができ、より季節性を感じさせることができる。

ただし、複数の花色をばらばらに植えるとまとまらないので注意。色彩の系統を考え、葉の緑とのバランスを見ながら大きなブロックで同系色をまとめるとよい。もちろん、それぞれの花期も考慮して配植を考える。

同系色により構成

樹種を選ぶときは、まず、メインの色彩を決めるとよい。白や赤、黄色など好みの花色を主役にして同系色でまとめる。単調になる場合は、アクセントとして反対色の花をバランスよく植栽すると変化が生まれる。

白を基調にした庭はイギリスではよく見られるスタイル。落葉樹のハクモクレンやサクラ、ハナミズキ、常緑樹のタイサンボク、ユキヤナギなどが代表的。赤やピンクの花をメインにした植栽は、鮮やかで見応えのある庭になる。春のツツジ類、冬のツバキ、四季咲きバラなどを取り入れるとよい。黄色からオレンジ色を基調にするなら、低木のヤマブキやレンギョウ、ロウバイのほか、ミモザの愛称で親しまれるフサアカシアやつる性のキングサリなどを植栽する。手入れが簡単な球根植物を利用するのもおすすめである。

花の色と代表的な樹種

花の色	中高木	低木・地被植物
赤	アメリカデイゴ、ウメ、セイヨウシャクナゲ、タチカンツバキ、デイゴ（暖地）、ハイビスカス（暖地）、ブーゲンビリア（暖地）、マキバブラッシノキ、ホウオウボク（暖地）、ヤブツバキ	カンツバキ、クサボケ、ゼラニュウム、チェリーセージ、ツツジ類、バラ類、モミジアオイ
紫・青	シモクレン、シコンノボタン、セイヨウシャクナゲ（大輪種の「貴婦人」などがある）、セイヨウニンジンボク、ハナズオウ、ブッドレア、ボタンクサギ、ムクゲ、ライラック	アガパンサス、アカンサス、アジサイ、アジュガ、ガクアジサイ、ギボウシ、シラン、ツツジ類、バラ類、ビンカミノール、フイリヤブラン、フジ、フジモドキ、ヤブラン、ラベンダー、ルリマツリ、ローズマリー
ピンク	サクラ類（エドヒガン、カンザン、シダレザクラ、ソメイヨシノ、フゲンゾウ）、サラサモクレン、セイヨウシャクナゲ、ツバキ類（オトメツバキ、ワビスケ）、ハナカイドウ、ベニバナエゴノキ、ベニバナトキワマンサク、ベニバナトチノキ、ベニバナハナミズキ、ムクゲ、モモ	アベリア・エドワードゴーチャ、シモツケ、ジャノメエリカ、ジンチョウゲ、ツツジ類、ニワウメ、ニワザクラ、バラ類、ヒメツルソバ、ホザキシモツケ、マツバギク
黄・橙	ギンヨウアカシア、サクラ類（ウコン）、サンシュユ、フサアカシア、マグノリアキンジュ、マグノリアエリザベス、モクゲンジ、ロウバイ	ウンナンオウバイ、エニシダ、キンシバイ、ツキヌキニンドウ、ツワブキ、ノウゼンカズラ、ヒペリカムカリシナム、ビヨウヤナギ、ヘメロカリス、メギ、モッコウバラ、モントブレッチア、ヤマブキ、レンギョウ、レンゲツツジ
白	アンズ、ウメ、エゴノキ、オオシマザクラ、オトコヨウゾメ、コブシ、サザンカ、タイサンボク、トチノキ、ナシ、ナナカマド、ハイノキ、ハクウンボク、ハクモクレン、ハナミズキ、ハンカチツリー、ホオノキ	アセビ、オオデマリ、カシワバアジサイ、クリスマスローズ、コデマリ、シジミバナ、シロヤマブキ、シャリンバイ、ツツジ類、ノシラン、ハクチョウゲ、バラ類、ピラカンサ、ユキヤナギ

①白い花が映える配植（立面）

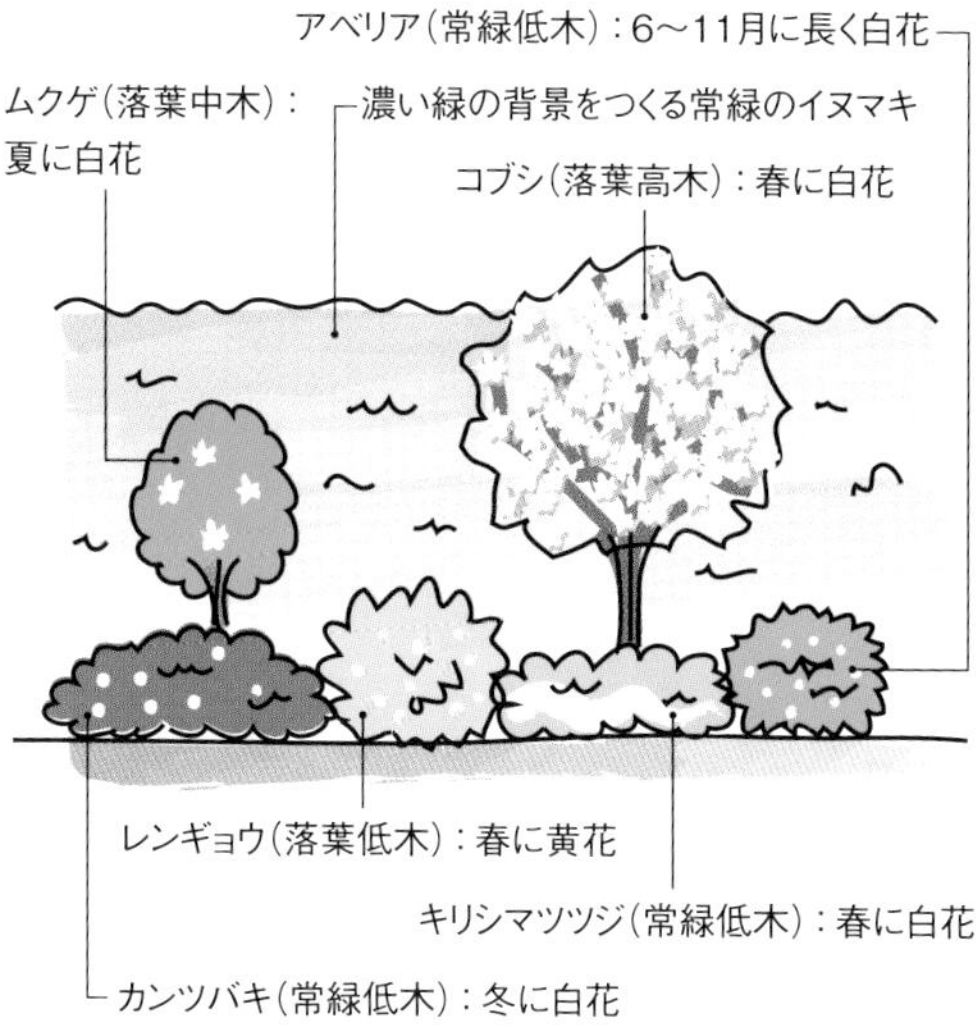

②ピンクの花が映える配植（平面）

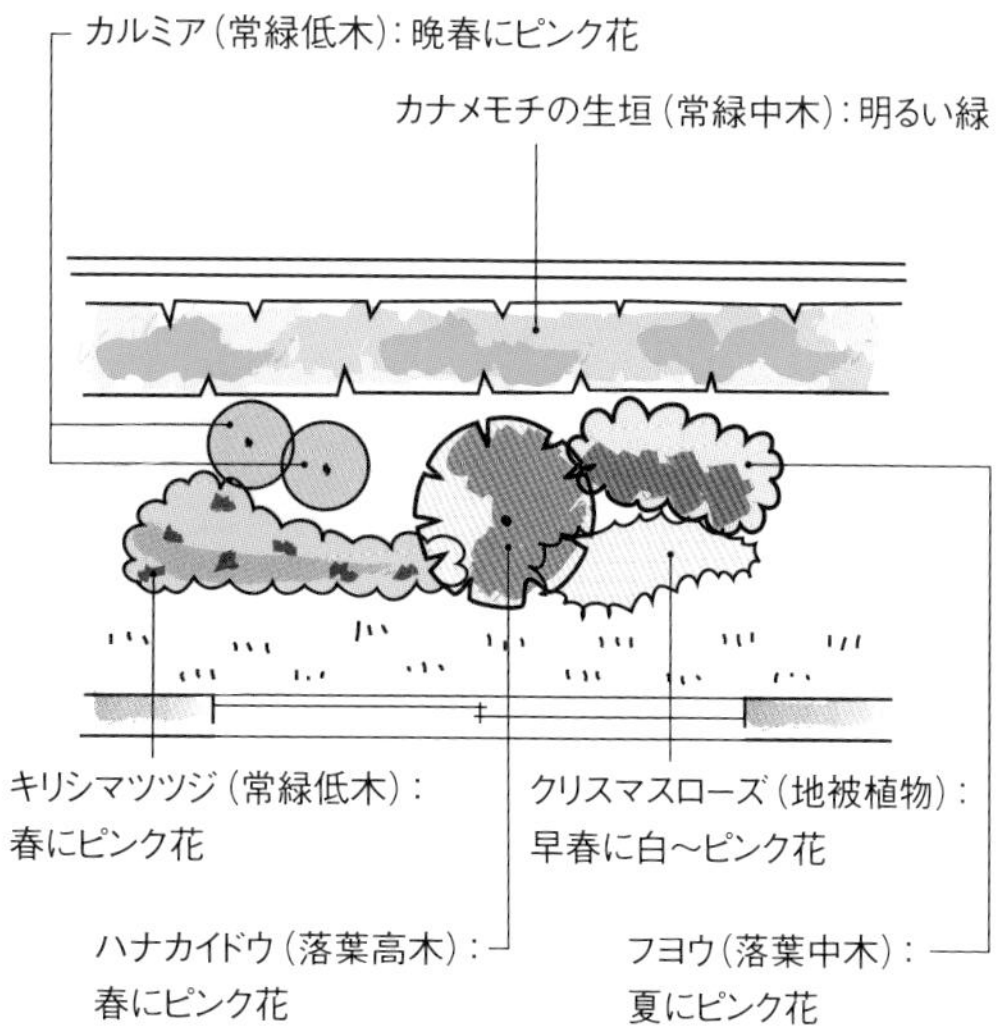

季節で花を楽しむ庭

ポイント

季節の移ろいに合わせ、次々と花が楽しめるように植栽する。花のない時期も設定を

花期のバランスを考慮

花は季節感を演出するのに適した要素である。植栽に利用する樹木のほとんどは年に1回以上花を咲かせる。花は、咲きはじめると日々の気温の変化に敏感で、気温が上昇すると開花期間が短くなるが、一般的な樹木の花は、咲きはじめから1～2週間くらいが見ごろになる。

日本では四季の変化のなかで、春が最も多くの樹木が花を付け、夏、秋、冬と少なくなる。季節を通して花を楽しめる庭にするには、それぞれの季節に咲かせる花をバランスよく植栽するのがポイント。しかし、あえて花のない時期をつくることも重要。こうすることで開花のインパクトが生まれる。

季節の花の利用

春の花は一斉に咲くので、少しずつさまざまな種類を植栽して楽しむとよい。3～5月にかけて順々に花が咲くように樹種を選ぶ。異なる色の花を組み合わせるのも大切である。

夏の花は暑い地域が原産の種類が多いので、日当たりのよい場所に植栽し、寒風が当たるところは避ける。ムクゲやフヨウは一日花《いちにちばな》だが、次々と咲くので花期が長く感じられる。散った花は、病虫害の原因［78－79頁参照］になるので、花殻摘みはこまめに行う。

秋の花は比較的少なく、キンモクセイが代表的。黄色い花を付ける多年草のツワブキは、花のない時期でもつややかな丸い葉が美しく、日陰でも耐える性質があってよく利用される。

冬の花は、日本人が古くから庭木として親しんできたツバキ類がその主役。開花が早い品種で12月から、遅い品種では5月ごろまで楽しめる。日本の山に自生するヤブツバキ、ユキツバキをもとに数々の品種がつくられ、和洋の庭の植栽に利用できる。

季節の花カレンダー

	高木・中木	低木・地被植物
1月	ロウバイ	
2月	ウメ	ジンチョウゲ
3月	ハクモクレン コブシ	コデマリ、ヒュウガミズキ、ユキヤナギ、レンギョウ ミツバツツジ、ヤマブキ
4月	ソメイヨシノ アンズ、サトザクラ（八重桜）、ハナミズキ、ジューンベリー、ハナズオウ、ハナカイドウ コバノトネリコ、ヤマボウシ、ライラック	キリシマツツジ、クルメツツジ、シャリンバイ、ヒラドツツジ サツキツツジ、キンシバイ、ビヨウヤナギ
5月		
6月	ヒメシャラ、ナツツバキ	アジサイ、ガクアジサイ
7月		アベリア、バラ類
8月	サルスベリ、フヨウ、ムクゲ	
9月		
10月	キンモクセイ、ヒイラギモクセイ	
11月		ツワブキ
12月	サザンカ ツバキ類	カンツバキ

ジンチョウゲ（ジンチョウゲ科）。白花と赤花がある。写真は赤花

サルスベリ（ミソハギ科）。百日紅と書くように夏の間花が咲き続ける

シコンノボタン（ノボタン科）夏と秋に花を咲かせるが、冬に咲き続けることもある

実が映える庭

ポイント

大きい果実や小さくても多くの実をつける樹木を取り入れ、庭の風景を形づくる

実の色合い

一般的な植物は、花が咲いて受粉した後に実がなる。花を楽しんだ後に実も観賞できれば、庭の楽しみ方も増える。実を目立たせるには、色と大きさ、分量が大切になる。

実の色が目立つものは、葉の緑色と反対色になる赤色やオレンジ色、黄色である。ハナミズキは、秋になると赤い実を上向きに付けるので、実がとても際立つ樹種である。このほかにも植栽に用いる樹木は、クロガネモチやピラカンサなど、赤色やオレンジ色の実がなるものが多い。

もちろん異なる色彩の実を付けるものもある。たとえば、茶庭や野趣に富んだ雑木風の庭によく使われるハナイカダは、6㎜くらいの真っ黒な実を緑色の葉の上に1つ付ける。コムラサキはその名のとおり、2㎜くらいの小さな紫色の実を枝いっぱいに付ける。

実の大きさと分量

ナツミカンやキンカンなどの柑橘類《かんきつるい》は花も楽しめるが、存在感のある実が主役。リンゴやカリンも、鮮やかな色彩の果実をメインに植栽するとよい。

一方、実が小さく、色彩が地味でも、たくさん実ることで実が目立つ樹木もある。花は地味だが、実が派手なウメモドキは、花よりやや大きい実をたくさん付けるので、実をメインで楽しむタイプの樹木といえる。サンゴジュも白い小花がきれいだが、夏にたくさん付く真っ赤な実も印象的である。

周囲に緑のボリュームが少ないほど実の印象は変わる。里山の風景をイメージさせるカキは実の時期に落葉し、常緑樹を背景にすると果実が引き立ち、よいアクセントになる。

樹木には雌雄異株《しゆういしゅ》と雌雄同株《しゆうどうしゅ》があるので、果樹はいずれの木か確認しておく必要がある。

雌雄異株・雌雄同株　雌雄異株は雄花と雌花が別々の株に付くので、雄株と雌株の2本がないと実ができない。実は雌株のみに付く。雌雄同株は同じ木に雌花と雄花が咲くので、1本の木で実ができる

実の色と付き方による見え方

①常緑果樹

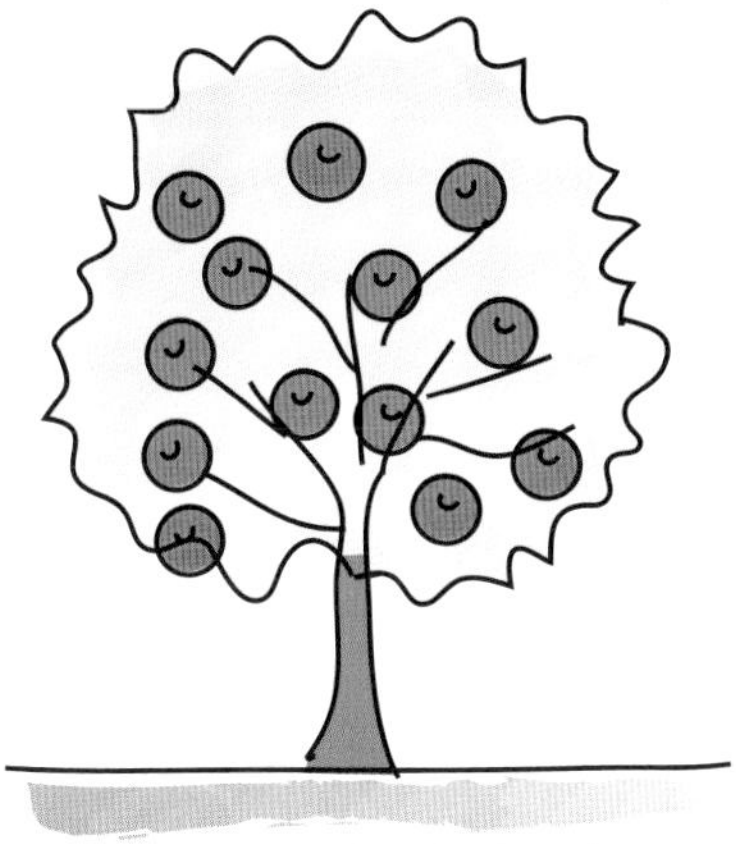

常緑の果樹は黄色や橙色が多いので空の青色と対比させる。柑橘類など

②落葉果樹

落葉の果樹は実だけ残るので、常緑の背景にすると際立つ。リンゴ、カキ、カリンなど

実の大きさ

①1つで目立つ

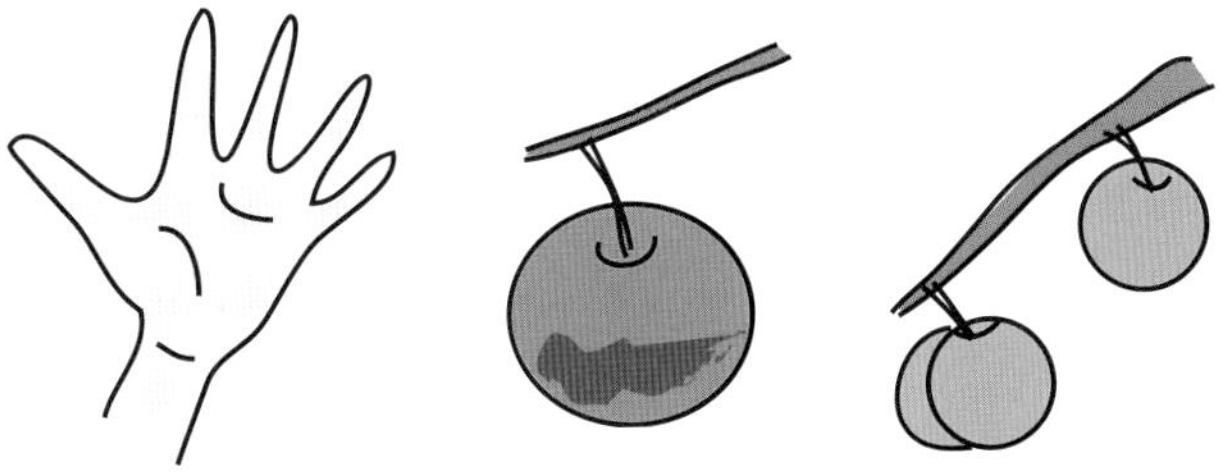

手のひらくらいの大きさだと1つでも目立つ。
リンゴ、カキ、カリン、柑橘類

カキノキ。カキノキ科カキノキ属の落葉広葉樹。秋に結実

②群れて目立つ

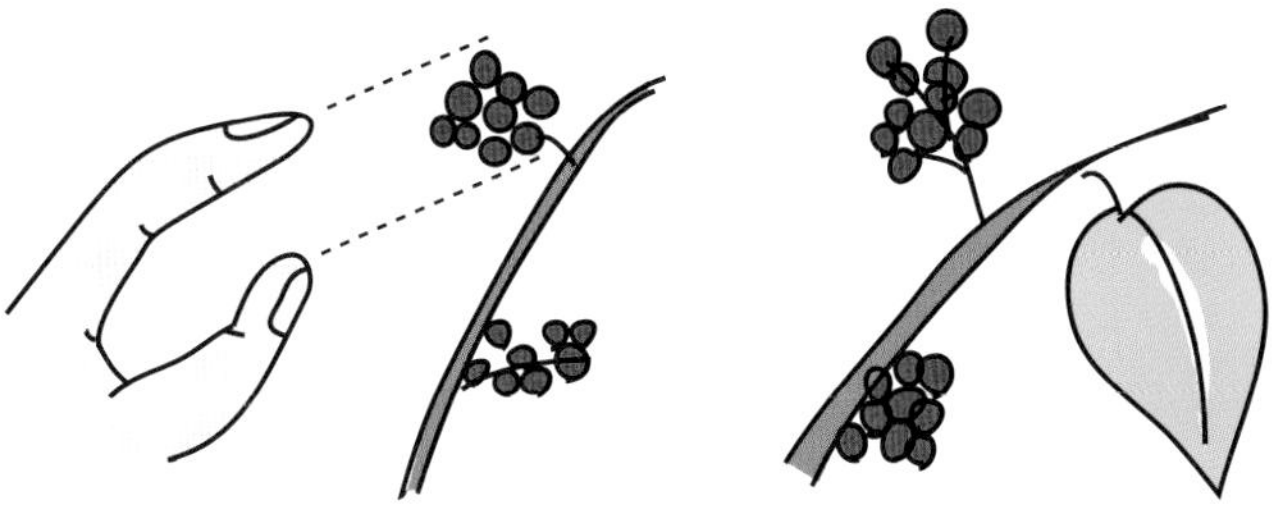

指先くらいの大きさでも粒でまとまっていれば目立つ。
イイギリ、オトコヨウゾメ、ガマズミ、コムラサキ、サンゴジュ、ナナカマド

コムラサキ。クマツヅラ科ムラサキシキブ属の落葉広葉樹。秋に結実

果樹を育てる庭

ポイント

十分に日が当たる「エスパリエ」を用い、育てやすい果樹を植えて、収穫を楽しむ

収穫が楽しめる果樹

食用になる果樹を植えると、鑑賞以外の楽しみを与えてくれるので、魅力的な植栽空間になる。畑のようにたくさん植栽せず、アクセントとして取り入れるとよい。柑橘類やリンゴ、カキ、ナシ、ビワなどは、家庭でも比較的簡単に栽培できる果樹である。

果実がなるには、まず開花させなくてはならない。ほとんどの果樹が日当たりを好むので、十分に日が当たる場所を用意することが大切。壁や生垣を平面的に仕立てる「エスパリエ」は、葉が効率よく日光を受けることができるので、果樹植栽に適している。

また、キウイのように雌雄異株の果樹もあり、人工授粉したほうが実を付けやすい種類もある。

庭木として果樹を楽しむには、なるべく手をかけず、できるだけ放任して気長に付き合う気持ちが大切。また、付く実の量は年によって変わるものである。実が少ないからといって、肥料を必要以上に与えすぎると樹木を弱らせることがあるので注意する。

育てやすい種類を選択

人にとっておいしい実は、ほかの生き物にも魅力的なもの。ほかの樹種より虫が付きやすいので注意が必要になる［78―79頁参照］。とくに、柑橘類はアゲハチョウの幼虫が多く発生する。無農薬で育てるなら、害虫を捕殺することが望ましい。

リンゴは梅雨《つゆ》に病気になりやすい。ただし、ヒメリンゴならば、比較的丈夫で育てやすい。

カキやビワ、カリン、マルメロなどは比較的病虫害の少ない果樹として知られる。オリーブに似た雰囲気をもつ、近年人気のフェイジョアも病虫害に強い。フェイジョアは実だけでなく花も食べられる。

果樹が楽しめる配植

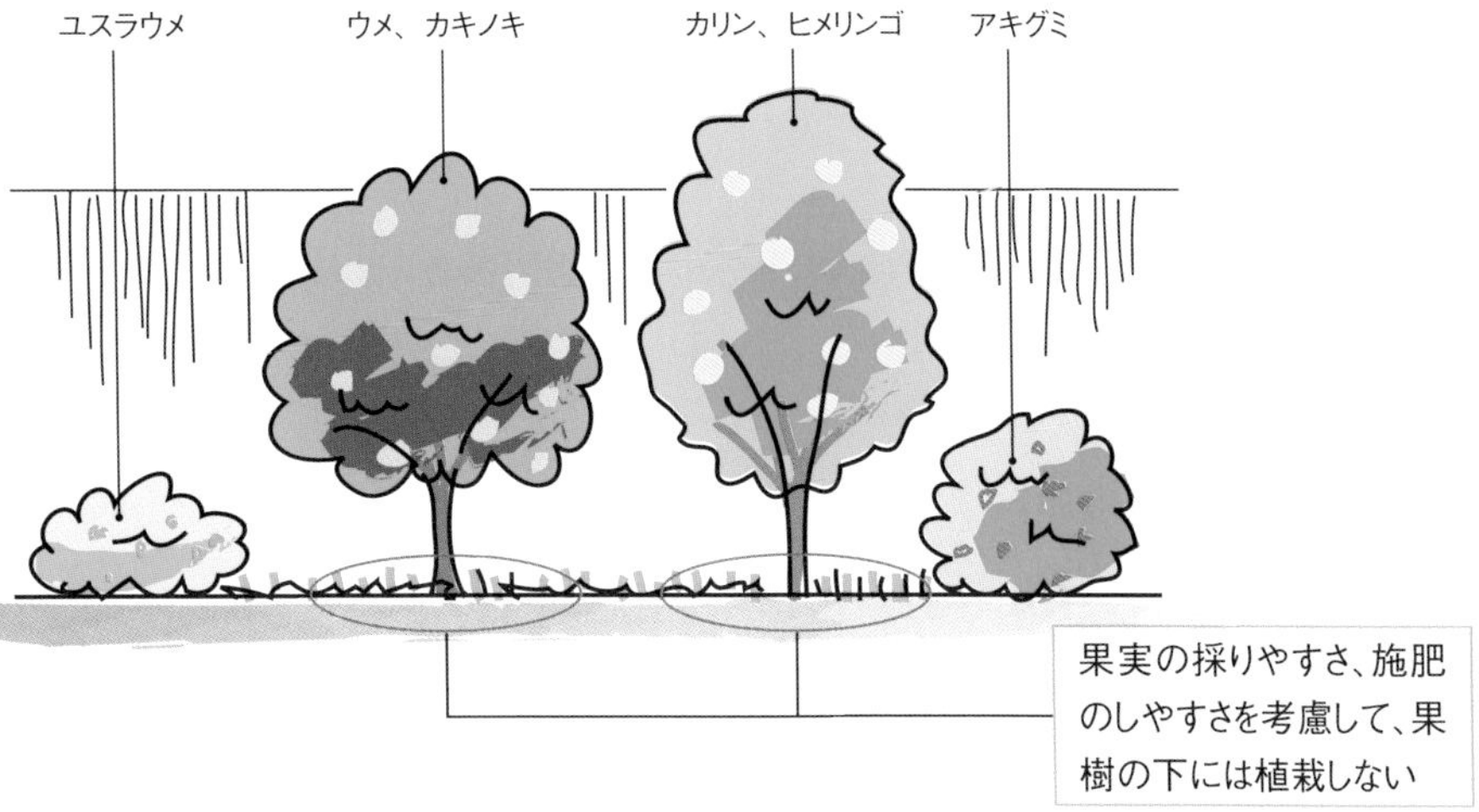

エスパリエの植栽

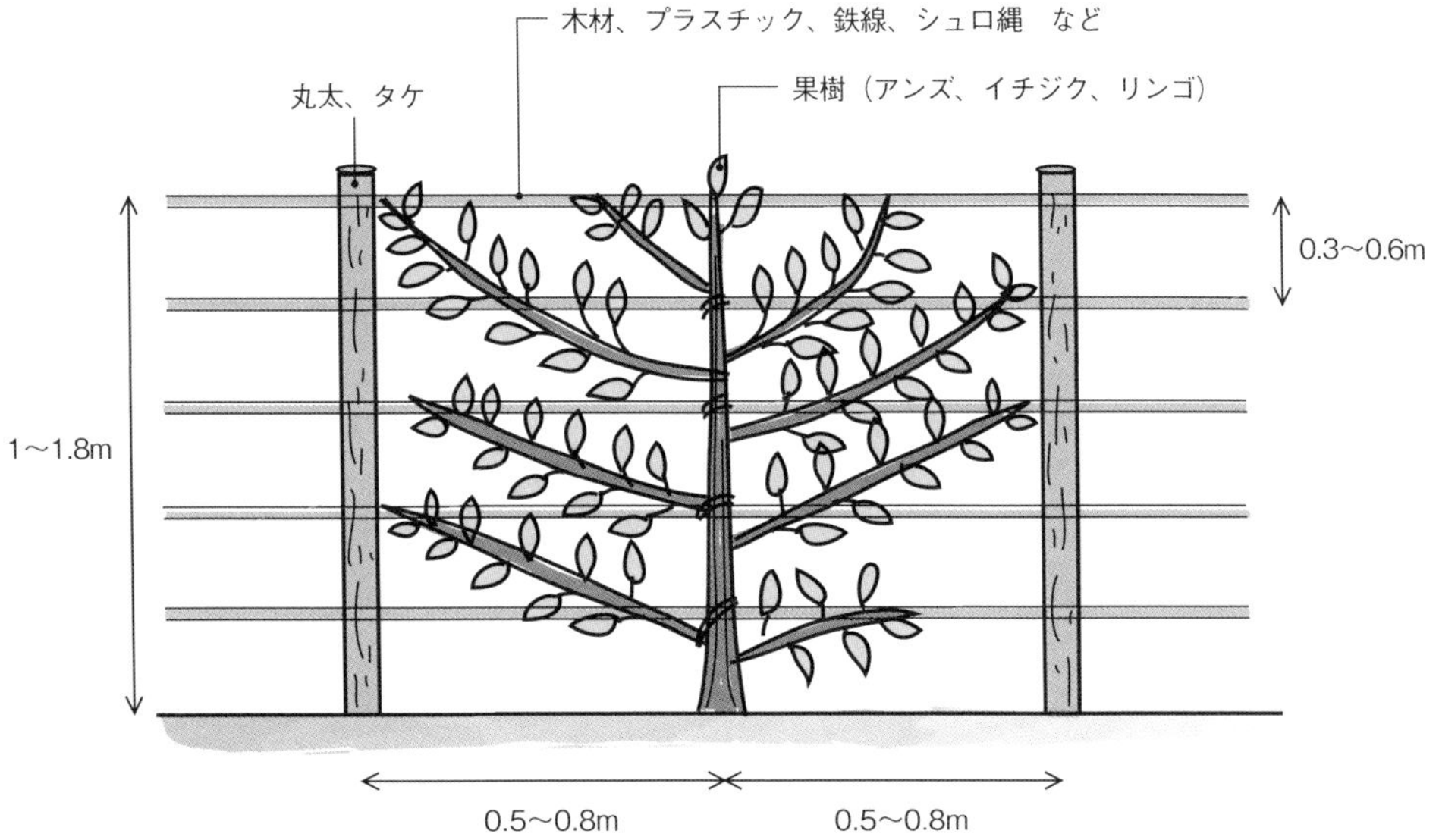

庭への植栽に向く果樹

	高木・中木	低木・地被植物
実が楽しめる果樹	イチジク、ウメ、カキノキ、カリン、柑橘類、クリ、クルミ、ザクロ、ジューンベリー、ビワ、ボケ、マルメロ、モモ、ヤマボウシ、ヤマモモ、リンゴ	アケビ、キウイ、グミ類、クサボケ、フェイジョア、ブドウ類、ブルーベリー、ユスラウメ
エスパリエに向く果樹	アンズ、イチジク、ウメ、カキノキ、カリン、キンカン、ナツミカン、ヒメリンゴ、マルメロ、リンゴ	クサボケ、ブラックベリー、ユスラウメ

幹肌を愛でる庭

ポイント

特徴的な幹肌は、視線を低く抑えて庭にデザインとして取り入れ、鑑賞して楽しむ

幹肌のタイプ

樹木の幹は通常、多くの部分が葉に隠れている。そのため、幹肌はあまり気にならないが、配置する場所によっては落葉後に目立つようになる。とくに浴室の前など、目線の低い位置で眺めることが多い場所では、樹木の幹肌が景色のイメージをつくる。

幹肌のタイプとしては、平滑タイプや、縦や横に裂けるような柄が入るタイプ、表面に筋があるタイプ（縦筋、横筋）、鱗状《うろこじょう》のタイプ、斑点や斑があるタイプ、表面がはがれるタイプ、トゲが出るものなどに分けられる。

幹肌は若木と老木で異なる場合がある。しかし樹齢30年以下では、あまり変化がないので、植栽する時点の印象で利用して問題ない。

それぞれの乾肌の特徴

幹肌が平滑なタイプは、ツバキ類やシラカシ、サカキなどである。模様があって平滑なのが、サルスベリやナツツバキ。とくにサルスベリは、質感に特徴があり、幹肌の観賞価値が高い。

コナラやクヌギは幹肌が縦に裂けるタイプ。ざらざらした表面で、比較的若い木でも、年月を経た風合いが感じられる。シナノキの仲間は短冊状に薄く割れが入り、コナラとは違ったさらっとした印象になる。

筋が入るタイプでは、横に筋が入るヤマザクラがとても美しい。その表皮は、秋田の樺細工《かばざいく》に使われるほど。イヌシデは縦筋で、白い縞模様が特徴だ。ウリカエデやウリハダカエデは、スイカの模様に似た幹肌になる。

鱗状の代表種はマツで、大木になるほど鱗が大きくなる。カリンやナツツバキは平滑だが斑の柄が入る。

また、シラカンバは薄い皮が横にカンナをかけたように剥がれて、個性的な幹肌をもっている。

幹の模様を楽しむ工夫

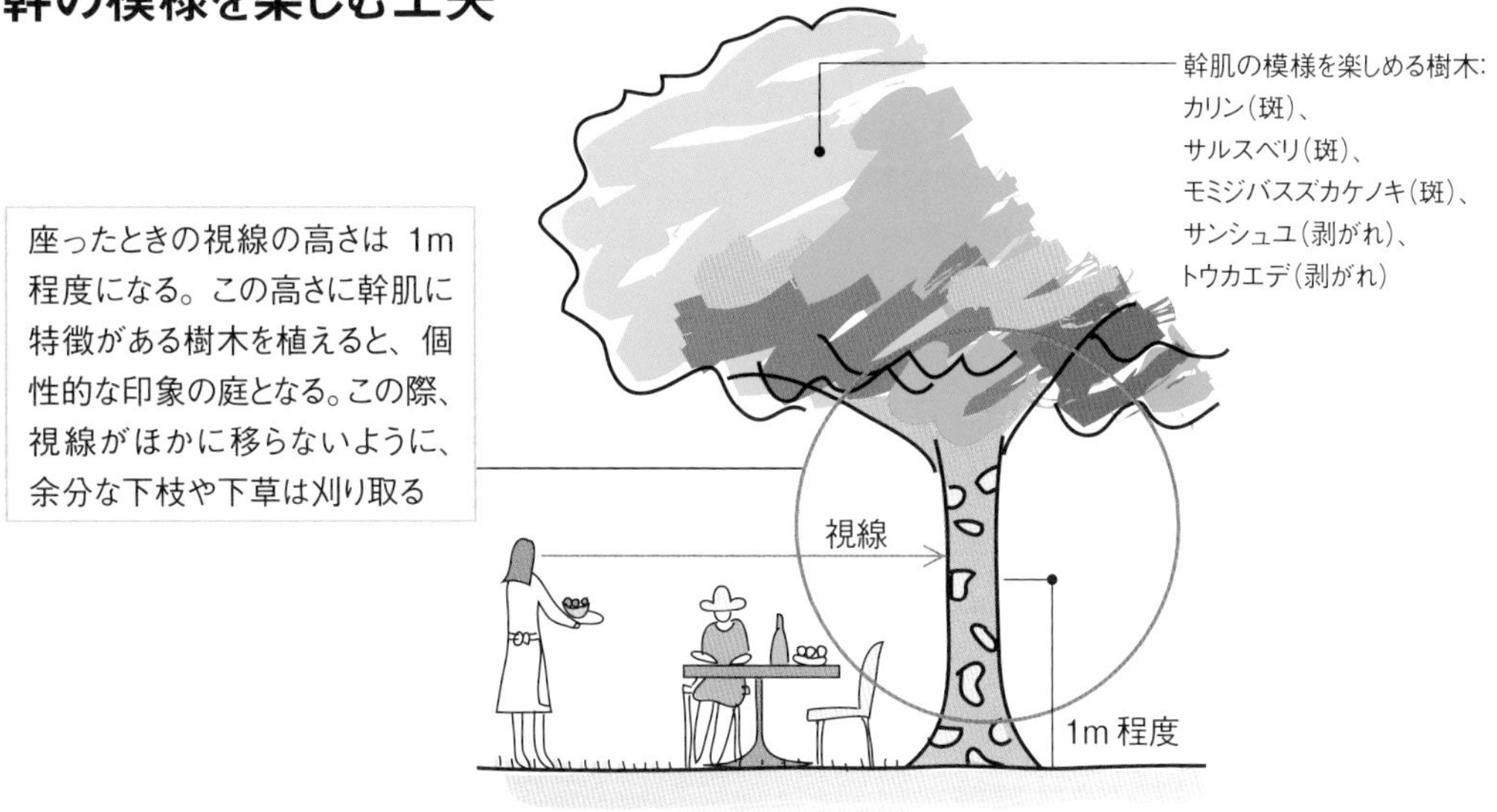
幹肌の模様を楽しめる樹木：
カリン（斑）、
サルスベリ（斑）、
モミジバスズカケノキ（斑）、
サンシュユ（剥がれ）、
トウカエデ（剥がれ）
座ったときの視線の高さは 1m程度になる。この高さに幹肌に特徴がある樹木を植えると、個性的な印象の庭となる。この際、視線がほかに移らないように、余分な下枝や下草は刈り取る
視線
1m 程度

幹肌の縦横の縞模様を混ぜて植える

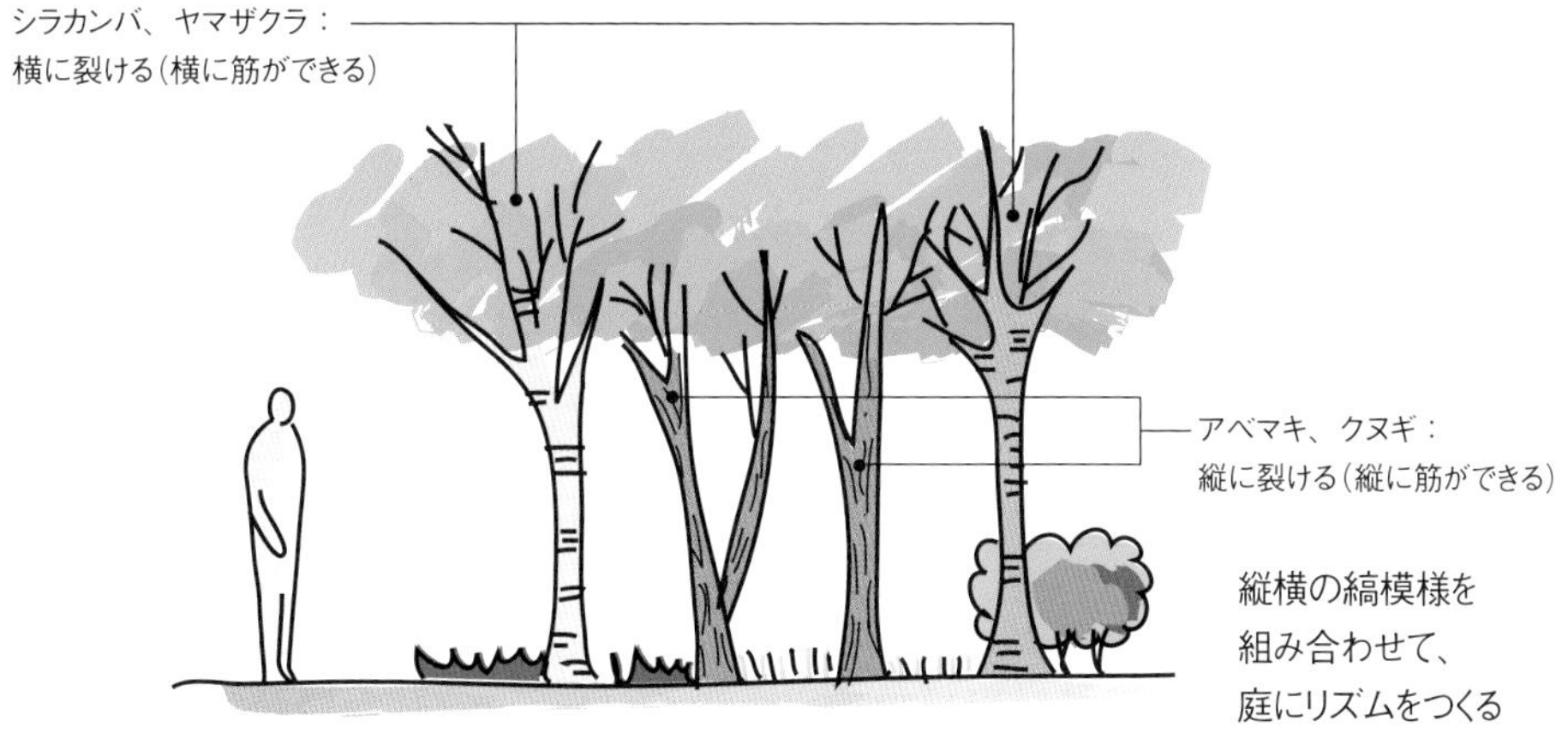
シラカンバ、ヤマザクラ：
横に裂ける（横に筋ができる）
アベマキ、クヌギ：
縦に裂ける（縦に筋ができる）
縦横の縞模様を
組み合わせて、
庭にリズムをつくる

幹の模様に特徴のある樹種

①横縞

ヤマザクラ。バラ科サクラ属の落葉広葉樹

②縦筋

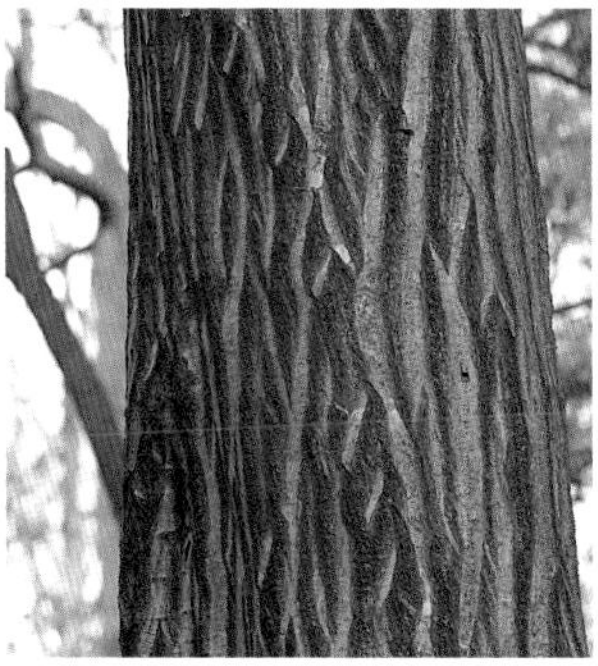

イヌシデ。カバノキ科クマシデ属の落葉広葉樹

③斑（まだら）

プラタナス。スズカケノキ科スズカケノキ属の落葉広葉樹

樹形を刈り込んでつくる庭

ポイント

和の仕立物は管理の打ち合わせをしておき、トピアリーはオブジェ感覚で取り入れる

純和風の仕立物

日本庭園や、日本家屋の庭には「仕立物」という樹木を利用することがよくある。これは自然樹形とは異なり、人工的に樹木を仕立て上げたものだ。

マツの横枝を門にかぶるようにつくった門掛《もんが》かりや、主幹を曲げた曲幹仕《きょくかんし》立《た》てなどがある。茶庭に見られるダイスギや、最近ではあまり見かけなくなったが、葉を玉のように仕立てたイヌマキの玉作り（玉散らし）なども仕立物である。

仕立物は、専門の職人の手によって維持管理が必要になる。植栽デザインに取り入れる場合は、事前に管理方法を建築主と打ち合わせしておくことが重要である。

西洋風の仕立物

西洋風の仕立て方であるトピアリーは、建物のデザインを比較的選ばず、管理も難しくない。樹木を植えるという感覚ではなく、オブジェを配するように植栽デザインに取り入れる。

トピアリーは、フランスで見られる整形式庭園によく利用されている。常緑針葉樹のイチイを使い、幾何学的な円錐形、円筒形、台形などのほか、オブジェのようにチェスの駒、門柱、ゲートなどを模したものなどがある。正しくは1本の幼樹のときから数十年かけて徐々につくり上げていくものだが、1本の大きな樹木を刈り込んだり、数本を寄せたりしてつくってもよい。

利用する樹木にはイヌツゲなど、強い刈り込みに耐える樹種で、葉や枝が細かく密に出るものを選ぶようにする。葉の色が濃いほうが、全体の存在感が増す。また、針金などでフレームをつくり、イタビカズラやヘデラなどのつる性植物を絡ませてつくるものもある。ちなみに、トピアリーは複数本設置したほうが、納まりがよい。

代表的な仕立て

武者立ち
シモクレン
エゴノキ

台杉
スギ

ずんど切り
モミジバスズカケノキ
モチノキ

棒がし
アラカシ

枝垂れ形
シダレウメ
シダレザクラ
シダレヤナギ

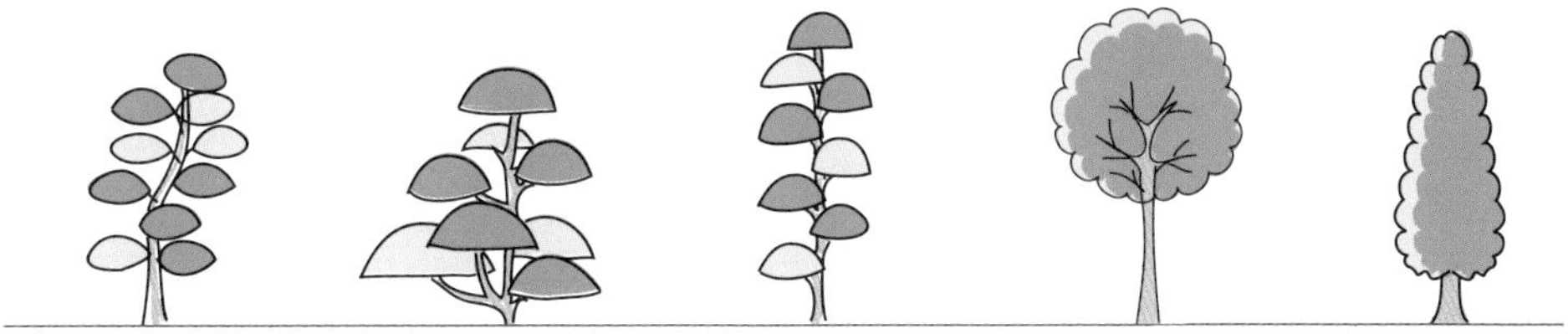

玉作り
アカマツ
イヌツゲ
イヌマキ

貝作り
アカマツ
イヌツゲ
イヌマキ

段作り
イヌツゲ
スギ

スタンダード
イヌツゲ
ゴールドクレスト
バラ

円錐形
イヌツゲ
カイヅカイブキ

門冠り
アカマツ
イヌマキ
サルスベリ

玉物
サツキツツジ
ドウダンツツジ
マメツゲ

トピアリー
イヌツゲ
ゴールドクレスト

円筒形
イヌツゲ
カイヅカイブキ

和の仕立て物とトピアリー

イヌツゲの玉作り

イタビカズラでつくった象のトピアリー

野趣あふれる庭

ポイント

雑木や宿根草を用い、不規則に配することで、自然の趣を生かした庭をつくる

不規則・不連続が基本

庭のスタイルはさまざまで、伝統的な和風庭園や、西洋の平面幾何学式庭園（フランス式庭園）など、人の手によってつくり込んでいく庭もあるが、最近では雑木《ぞうき》や宿根草《しゅっこんそう》などを使って、よりナチュラルな野趣に富んだ庭づくりを指向する人が多い。

このスタイルの庭は和風の建物でも洋風の建物でも合わせやすいので、失敗の少ないデザインといえる。また、基本的に、落葉樹を中心にした構成になるので、冬には暖かい日差しが部屋に取り込めるのも特徴である。

野趣のあるイメージをつくるポイントは、樹木を規則的に配置しないことだ。同じ大きさの樹木を左右対称に配置したり、3本以上が直線に並んだりしないようにする。植える本数は奇数とし、できるだけ不連続を心がけて樹木を配置するとよい。

自然樹形の活用

植栽する樹種は、大きな花に改良された園芸種や、葉に模様が入ったものは避け、樹形も刈り込んだものではなく、自然樹形をうまく配置させる。

落葉広葉樹のクヌギやコナラ、イヌシデ、アカシデなどの高木を中心に、中木のマユミ、エゴノキ、ムラサキシキブなどのいわゆる雑木を組み合わせるとよい。高木は株立ちを取り入れると雰囲気が出る。

落葉樹が中心なので、脇役として常緑樹を取り入れると、冬の時期に寂しさが和らぐ。高木ではシラカシ、中木ではアラカシなどは、全体の雰囲気を壊さず、冬でも緑の景色を構成できるのでおすすめだ。

低木は密植せず、ウツギやヤマツツジなどを適度に配置させるとよいだろう。ヤブランやキチジョウソウ、ササ類も野趣の雰囲気が出る。

樹木の人工的な配置と野趣のある配置

①人工的な配置の基本

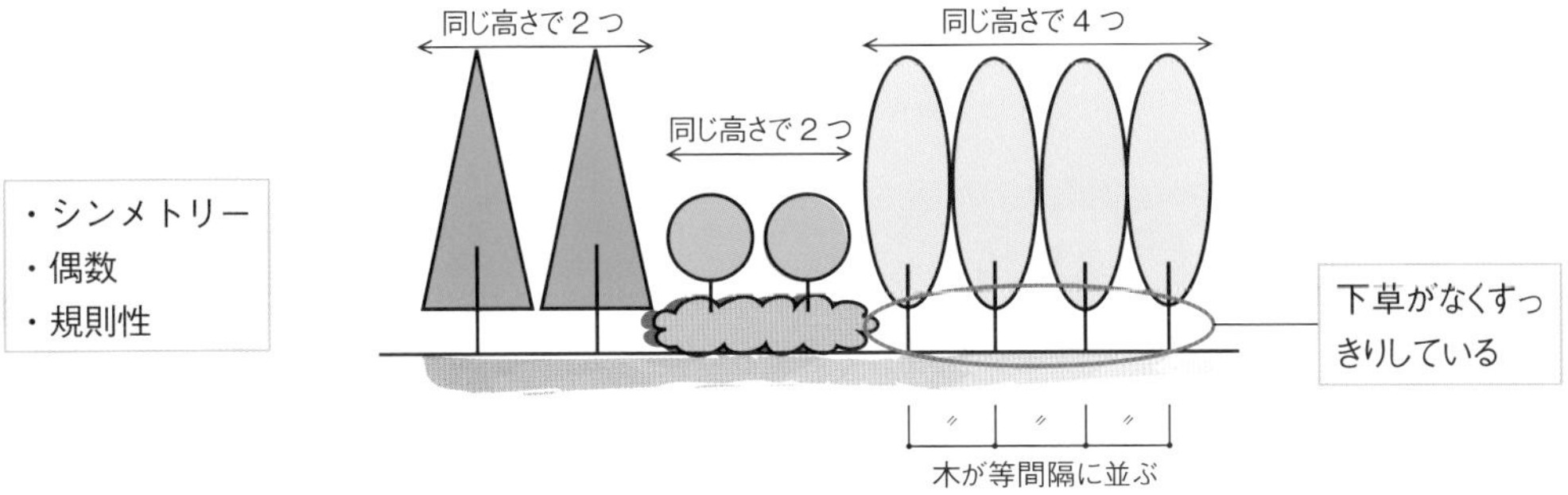

②野趣のある配置の基本

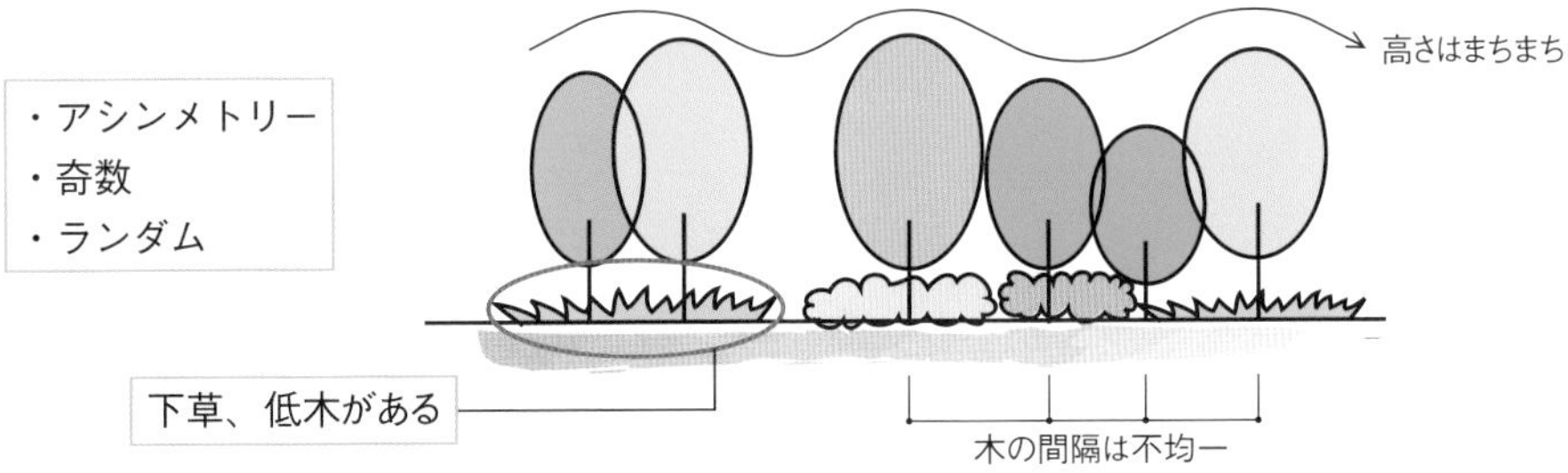

野趣あふれる庭の配植例

①立面

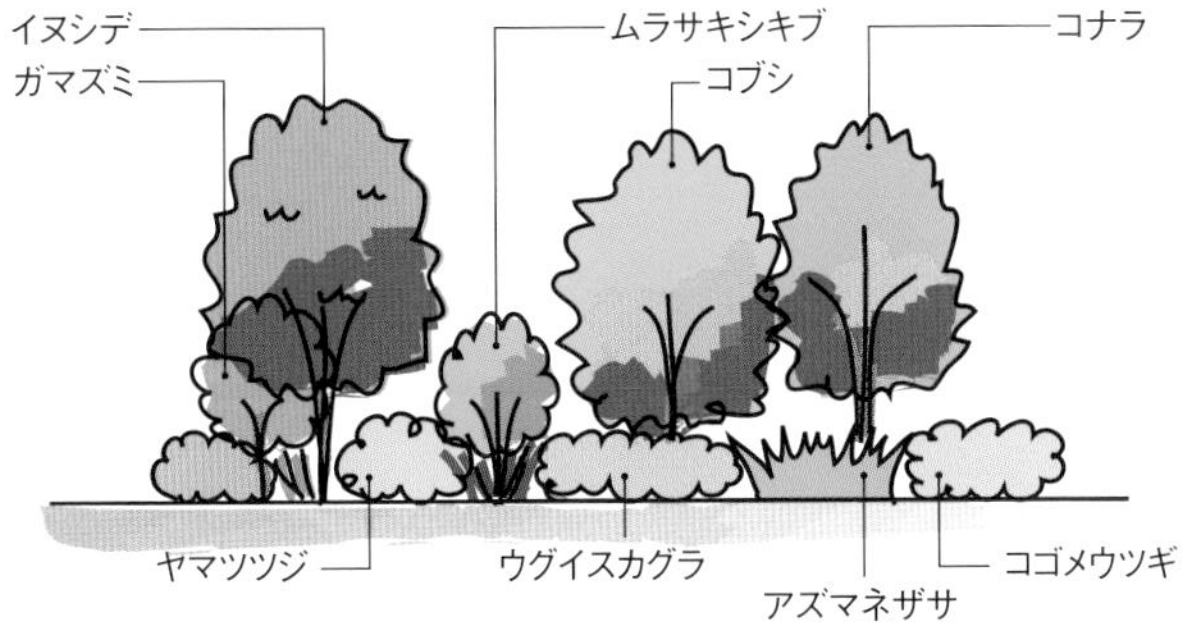

そのほかにも、高木・中木ならアカシデ、エゴノキ、クヌギ、ヤマボウシ、
低木・地被植物ならばウツギ、オトコヨウゾメ、ヤマブキ、ヤブランなどが野趣あふれる庭に合う

②平面

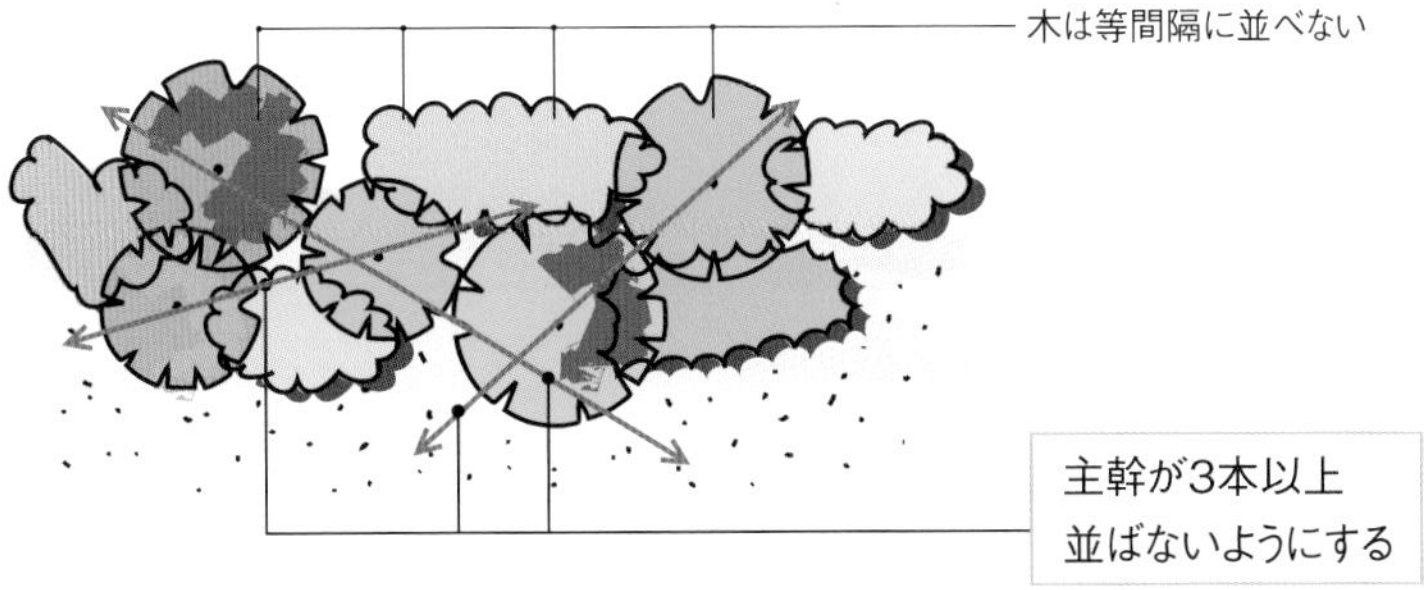

和風の庭

ポイント

主木を落葉樹、その他は常緑樹を中心に配植する。添景物を置くと和の雰囲気が増す

樹木を配置するポイント

和風のイメージで庭をつくるには、日本人が古くから親しんできた樹種を取り入れるとよい。和風の庭には細かいルールがあるが、それに従わなくてもカエデやマツ、ツツジなど「和」をイメージさせる樹木で構成すると和風の庭になる。さらに石や灯籠《とうろう》などの添《てん》景物《けいぶつ》を利用するのも効果的である。

高木は落葉樹のカエデ類を中心に、花木のウメ、サクラなどをアクセントとして配置する。高さの異なるモッコクやモチノキ、ヤブツバキなどの常緑樹を面で植栽し、緑の背景をつくると、主役となる樹木をより際立たせることができる。

季節の主役になる落葉広葉樹を、眺める景色の中央に植えないことが配植のポイントである。庭を眺めたときに左右のバランスが6対4か7対3くらいになる位置に主役となる樹木を配置させると落ち着きが生まれる。

また、木々の間隔は不均等にし、かつ直線状に並ばないようにする。同じ樹種をまとめて植える際には、高さを変え、奇数本で1つのまとまりとなるように植栽するとよい。

純和風のスタイル

より和風のイメージを強くするには、常緑針葉樹のマツやマキを玉散《たまち》らしなどに仕立て、ポイントとなる場所に配置するとよい［170－171頁参照］。

低木を仕立てる場合は、サツキツツジ、キリシマツツジなど、常緑で葉の比較的細かいものを選んで刈り込む。樹木を丘のようにつなげて配置し、ところどころ丸く仕立てたマツやマキを植えてもよいだろう。

常緑樹が主体となるので、ドウダンツツジやレンギョウなどの落葉広葉樹を少し取り入れると、季節の変化が生まれて趣も出てくる。

添景物　風景の構成に景を添え、アクセサリー的に用いられる景物。日本庭園の灯籠や景石、西洋庭園の飾り鉢や彫刻などがある

和風の庭の配植

常緑樹主体で不均一に配置する

①立面

②平面

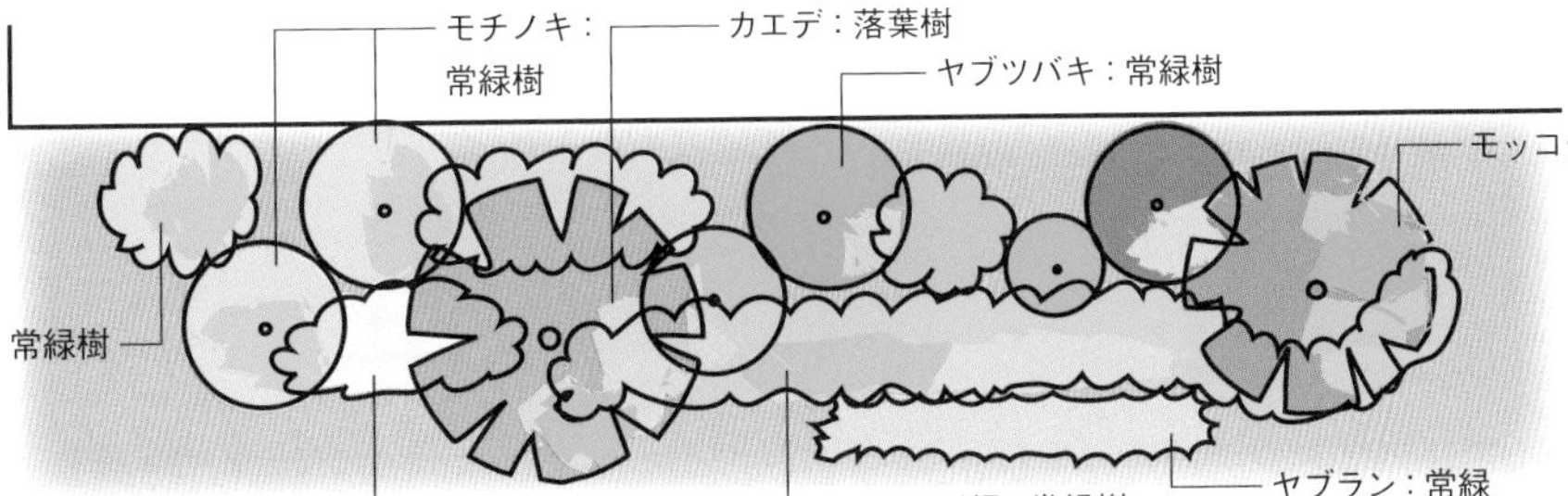

添景物の配置

灯籠や景石などの添景物を配置すると、
さらに和風の雰囲気が増す

灯籠

景石

和風の庭に向く樹種

高木・中木	アカマツ、アラカシ、イヌマキ、イロハモミジ、ウメ、サカキ、サザンカ、シダレザクラ、シラカシ、モチノキ、モッコク、ヤブツバキ
低木・地被植物	カンツバキ、キャラボク、キリシマツツジ、サツキツツジ、チャ、ナンテン、ヒサカキ、ヤブコウジ、ヤブラン

自然な趣の茶庭

ポイント

茶庭では実用の美を重視するので、あくの強い花や園芸種は避け、自然に仕上げる

野山の趣を演出

茶庭は和風の庭の1つで、茶事を行う茶室に付属する庭である。里から山の庵《いおり》に誘うような道すがらとなる露地がテーマ。露地は外露地《そとろじ》、中露地《なかろじ》、内《うち》露地《ろじ》と、徐々に茶でもてなす庵への雰囲気を盛り上げる。

また、鑑賞するための庭というより、実用美を重視した庭でもあり、「市中《しちゅう》の山居《さんきょ》」といわれるように自然の野山の趣を尊重する。園路は里の雑木、庭は山の常緑広葉樹や常緑針葉樹で構成するとよいだろう。大きな花が咲くものや、園芸種、香りの強い種類の植栽は控える。また、豊富な種類の植栽や密植も避ける。緑のボリュームは抑えめに、さっぱりとしたイメージにする。

里の雑木としては、コナラやイヌシデ、カエデ、マユミなどを取り入れ、ササ類などの地被植物で下を押さえるとよい。山の常緑広葉樹にはヤブツバキ、モチノキ、アラカシなど。針葉樹ではスギがよく使われる。

高木の高さは4mを超えないようにする。また、茶花を庭の植栽に取り入れてもよい。中木ならムクゲやハナイカダ、低木ではヒサカキなどの花の目立たないものを用い、草本ではキキョウ、ミヤコワスレなどを重用する。

流派による違いへの配慮

歩道には飛石《とびいし》を配置し、その周りには植栽せず、歩きやすさを基本にする。流派によって蹲踞《つくばい》や迎付《むかえつけ》の作法などに違いがあり、それによって蹲踞の役石《やくいし》の具合や中門付近の飛石の打ち方などが変わってくるので注意する。

最近は独立した茶室よりも住宅の和室を兼用するケースが多い。住宅の玄関を寄付《よりつき》にしたり、腰掛待合《こしかけまちあい》を石敷きのみにして茶事の際に簡易の腰掛を置くなどして、住宅事情や亭主の茶道観に合わせることが大切である。

露地　茶室に通じる通路に設けられた庭。内露地は外露地より幽寂枯淡（ゆうじゃくこたん）につくられる　庵　隠遁者が居住する簡素な住居。山里に隠棲することを理想とする美意識は、平安時代の末期からあった　飛石　露地に美的な景の効果も兼ね歩行用に配された石

茶庭の構成

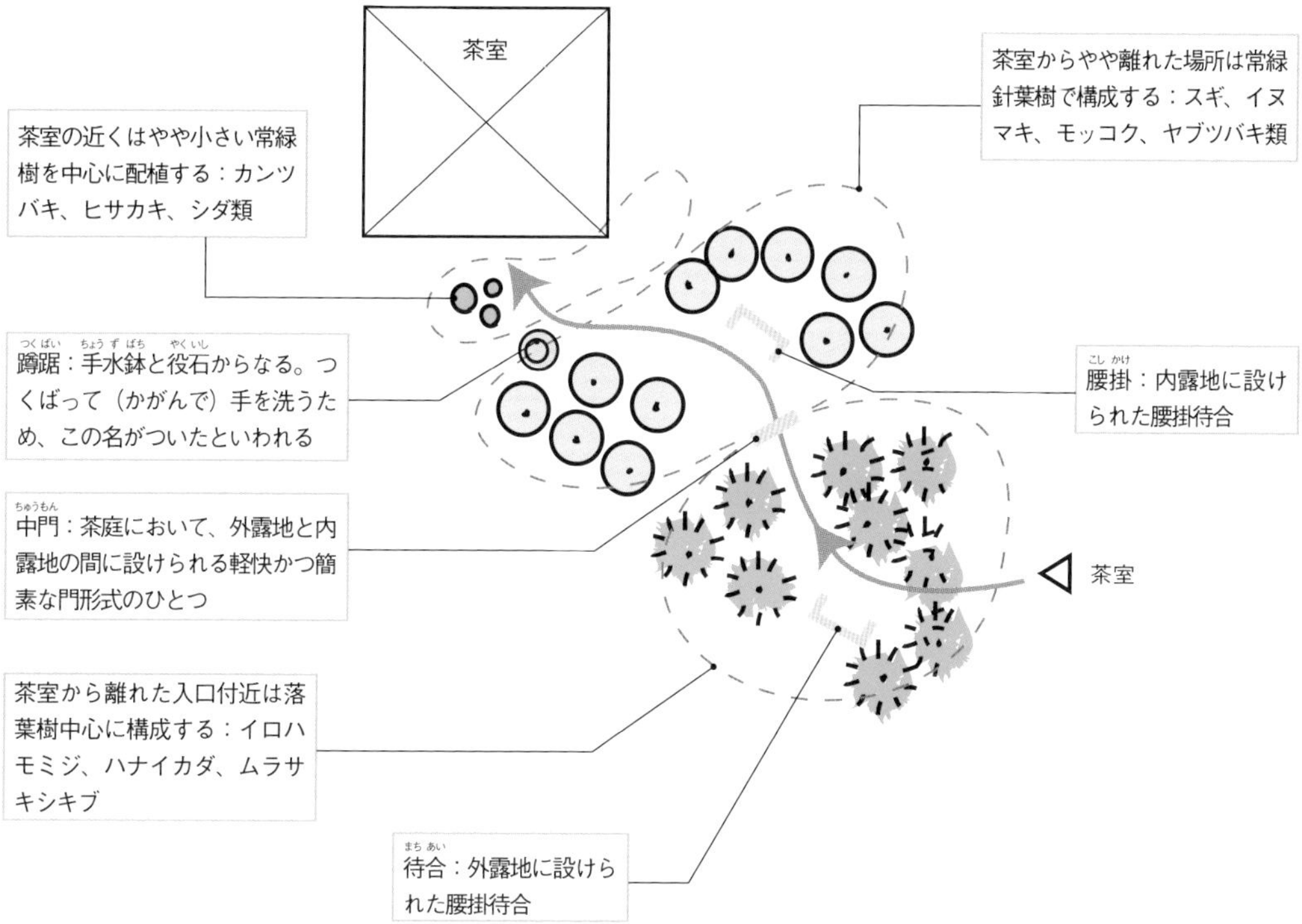
茶室
茶室からやや離れた場所は常緑針葉樹で構成する：スギ、イヌマキ、モッコク、ヤブツバキ類
茶室の近くはやや小さい常緑樹を中心に配植する：カンツバキ、ヒサカキ、シダ類
蹲踞《つくばい》：手水鉢《ちょうずばち》と役石《やくいし》からなる。つくばって（かがんで）手を洗うため、この名がついたといわれる
腰掛《こしかけ》：内露地に設けられた腰掛待合
中門《ちゅうもん》：茶庭において、外露地と内露地の間に設けられる軽快かつ簡素な門形式のひとつ
茶室
茶室から離れた入口付近は落葉樹中心に構成する：イロハモミジ、ハナイカダ、ムラサキシキブ
待合《まちあい》：外露地に設けられた腰掛待合

茶庭の配植

モッコクなどの常緑樹
茶室
スギなどの針葉樹
モミジ類などの落葉樹
花があまり目立たない低木・地被植物
飛石の近くは、植栽を控えめにする

茶室の庭は里から山に人を誘うように樹木を配置することを心がける

役石　飛石や石組みにおいて、機能面でも美的な面でも重要な役割を果たす石　腰掛待合　露地入りしてからの待合所。亭主の迎付を待つ間、中立のときに待つためのもの。屋根を掛け、前方は吹き抜きとし、腰掛の前には、貴人石、お詰石などの役石を配置する

北欧風の庭

ポイント

常緑針葉樹を主体に植栽する。樹木の足もとは地被植物程度で、あっさりとまとめる

常緑針葉樹による構成

スウェーデンやフィンランド、ノルウェーなどの北欧圏は、北海道よりずっと寒いため、植えられる樹木も寒さに強いものに限られる。

オウシュウアカマツやシラカンバ、モミ類が代表的だが、自生の高木の種類は少なく、自然植生も日本ほど多様ではない。

北海道の自然植生はエゾマツやトドマツなどの亜寒帯針葉樹林が中心で、それらが庭木でも使われているが、北欧風の庭の植栽も常緑針葉樹が主な構成樹種となる。

雰囲気に合う樹種と配置

北欧風の庭に適した常緑針葉樹は、ドイツトウヒなどのトウヒ類やモミ、アカエゾマツなどである。

常緑針葉樹だがマキ類はあまり適していない。アカマツは和風のイメージが強いが、北欧にはその仲間が豊富に自生しているので、仕立物ではなく、すらっとした樹形の1本ものを植栽に用いるとよい。青銅色の葉をもつプンゲンストウヒは、北欧風のイメージにぴったり合う。

常緑針葉樹のセンペルセコイアやニオイヒバは北米原産だが、雰囲気が合うので織り交ぜてもよいだろう。

樹木の足もとはあまり低木で固めず、シバや地被植物、スノードロップなどの球根類で仕上げるようにしたい。また、ハイビャクシンのような針葉樹を地被植物として取り入れてもよい。

常緑針葉樹は円錐形になり、やや人工的な趣になるので、ランダムに配置してもよいが、等間隔に植栽するとまとまりやすい。

開口部が等間隔であるようなシンメトリーな建物なら等間隔に、開口部の位置や建物の形状に規則性がないならば、間隔や高さを変えて配置する。

北欧風の庭の配植

①シンメトリーな配置

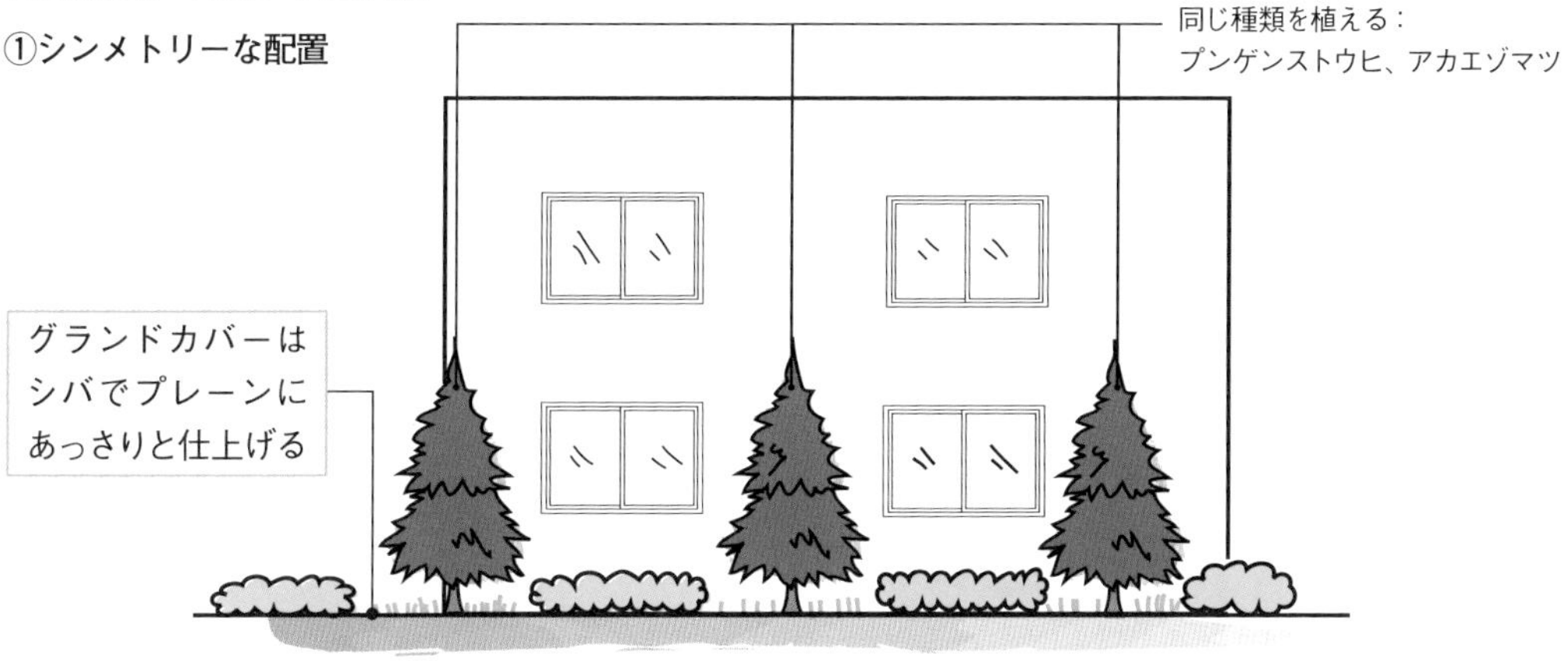

建物デザインに規則性がある場合は、樹木の選択や配置に規則性をもたせる

②アシンメトリーな配置

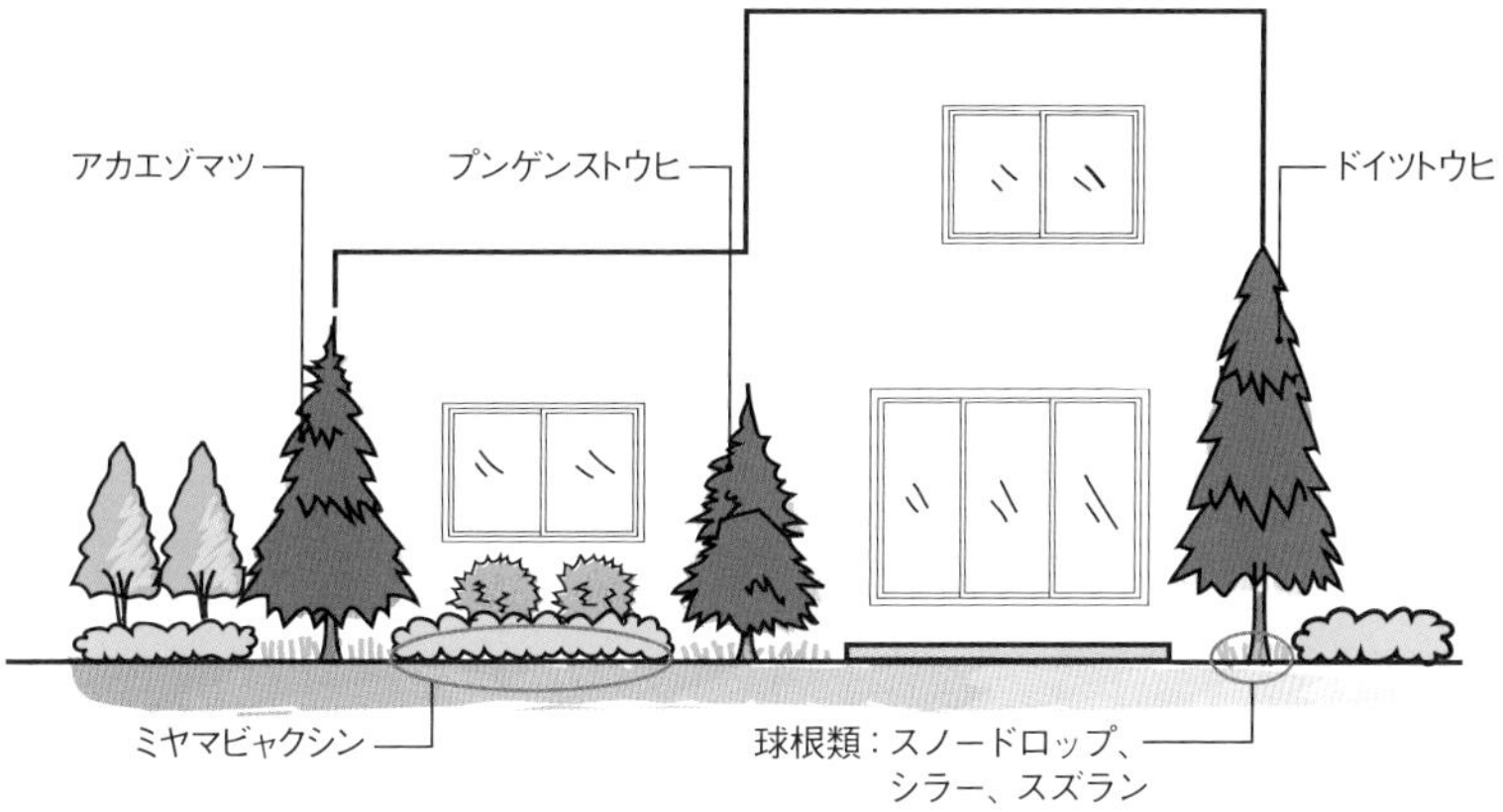

建物の開口部やフォルムに規則性がない場合、ランダムに配植する

ドイツトウヒ。マツ科トウヒ属の常緑針葉樹

北欧風の庭に向く樹種

高木・中木	アカエゾマツ、イチイ、センペルセコイア、ドイツトウヒ、ニオイヒバ、ヒマラヤスギ、プンゲンストウヒ、モミ
低木・地被植物	エリカ類（ヒース）、シラー、スズラン、スノードロップ、セイヨウシバ、ミヤマビャクシン

地中海風の庭

ポイント

柑橘類《かんきつるい》や細かい葉の樹木を中心に植栽する。風通しや日当たりがよい、乾いた印象に

細かい葉の樹種で構成

近年のヒートアイランド現象など、温暖化の影響で、首都圏を中心とした都市部では、暖かい地方でしか育てられなかった樹木を屋外でも栽培できるようになった。

たとえば、レモンなどの柑橘類やオリーブなどがその代表的な例だ。そのため、南欧・地中海風の庭はつくりやすくなったといえる。

地中海風といえば、常緑広葉樹が主な構成樹である。比較的乾燥した地域なので、大きくボリュームのある花を付けるものは少なく、細かくて厚みのある葉をもつ樹種が多い。

地中海風の庭をつくるには、風通しがよく、日差しが溢れるような空間づくりがポイントになる。オリーブやフサアカシア（ミモザ）、ローズマリー、ラベンダー、サルビア類などを取り入れるとよい。

地中海風の花色や柑橘類

オリーブや柑橘類はもともと大きくなる樹種ではないので、2m前後の植栽樹を選ぶ。一方、フサアカシアは大木の移植ができない。初めは1m前後の高さのものを植栽するが、3年ほどで高さ3m、幅3mにも生長し、6年ほどでその倍になる。あらかじめその広がりを考えて植栽することが大切である。

柑橘類ではレモンやオレンジなどを用いるとよいが、寒さに耐えられない場合は、黄色い実がなるナツミカンやキンカンで代用する。

低木や地被植物でも地中海らしい雰囲気が出せるので、ローズマリーやラベンダー、サルビア類をバランスよく配置させるとよい。また、低木や地被植物、草本類は、花の色で決めてもよい。花色は赤ではなく、白やバイオレット、黄色が地中海風の庭に合う。

地中海風の庭の配植

①立面

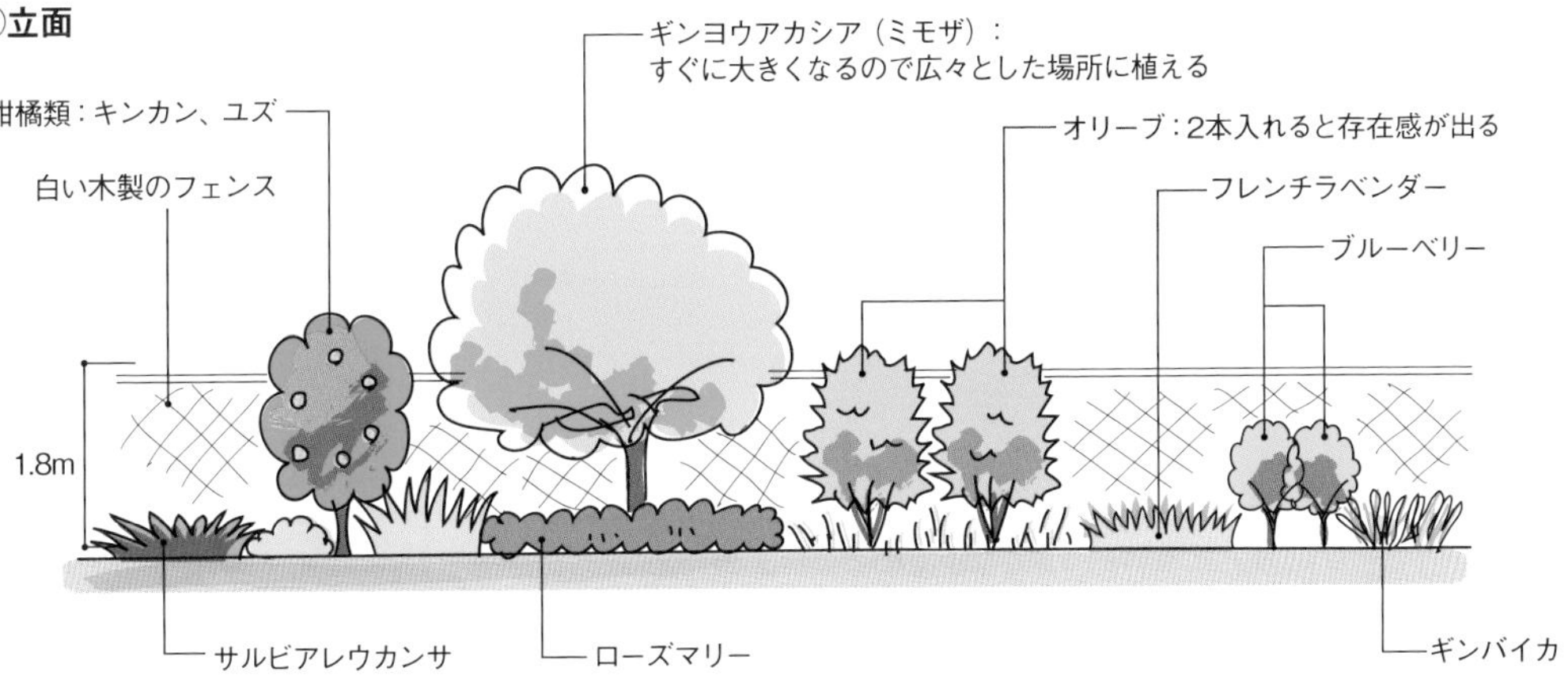

②平面

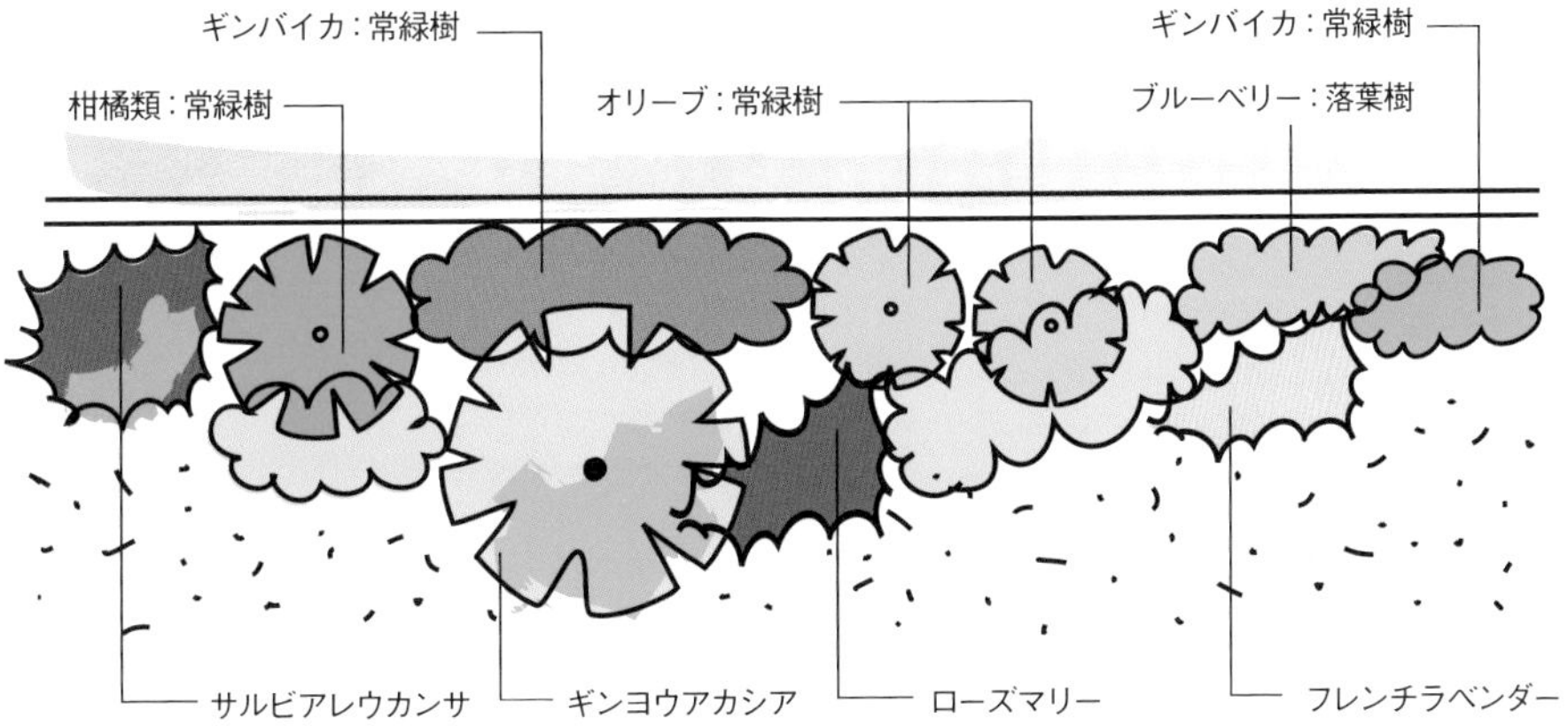

地中海風の庭は常緑樹主体で構成。大きな葉や花の樹種ではなく、
細かい葉の樹種を使うのがポイント

ローズマリー。シソ科マンネンロウ属の常緑低木

地中海風の庭に向く樹種

高木・中木	オリーブ、キンカン、ギンヨウアカシア、ザクロ、ナツミカン
低木・地被植物	ギンバイカ、サルビアグアラニティカ、サルビアレウカンサ、ブッドレア、フレンチラベンダー、ブルーベリー、ラベンダー、ローズマリー

エスニックな庭

ポイント

常緑で大きな葉の樹木を主木にする。あまり密植させせず、適宜、スペースをつくる

常緑の大きな葉の利用

ホテルのリゾート施設やレストランなど、エスニック（アジアンテイスト）の建築が1つのスタイルとして定着した。住宅のリビングでも、ゆっくり過ごす場として、このようなデザインが採用されるようになってきた。

エスニックな室内に続く屋外空間もそのデザインに合わせて演出したい。それには、ジャングルのように多くの樹木を入れ込むのではなく、熱帯風の植物の種類やボリュームを絞って、控えめに植栽するのがポイントである。

いくら都市が暑くなったとはいえ、すべての室内向けの観葉植物が屋外で栽培可能になったわけではない。エスニックな雰囲気があり、日本の屋外でも生育可能な種類を選ばなくてはならない。

エスニックを演出するには、常緑で大きな葉をもつ種類を使うとよい。

樹木は空間を取って配置

低めの高木・中木・低木、地被植物とそれぞれに1～2種類でまとめ、空間をつくるように組み合わせる。それ以上導入すると、ジャングルのようなイメージになってしまう。

高木はやや低いタイプのカクレミノ、中木にはヤシを思わせるバショウやソテツのほか、掌《てのひら》形の葉をもつシュロやヤツデを入れるとよい。

さらに、本州の山里で見られるホウライチク（地下茎で生長するタケ類とは違い、株で大きくなるバンブー）も適している。

一方、地被植物は土の表面が見えないくらい覆うようにする。シバではなく、葉が大きいハランや、葉色に特徴があるコクリュウやラミューム類を使用するとよいだろう。

また、つる性植物やシダ類は1㎡当たり25株程度、多めに利用するとよい。

エスニック風の庭の配植

①立面

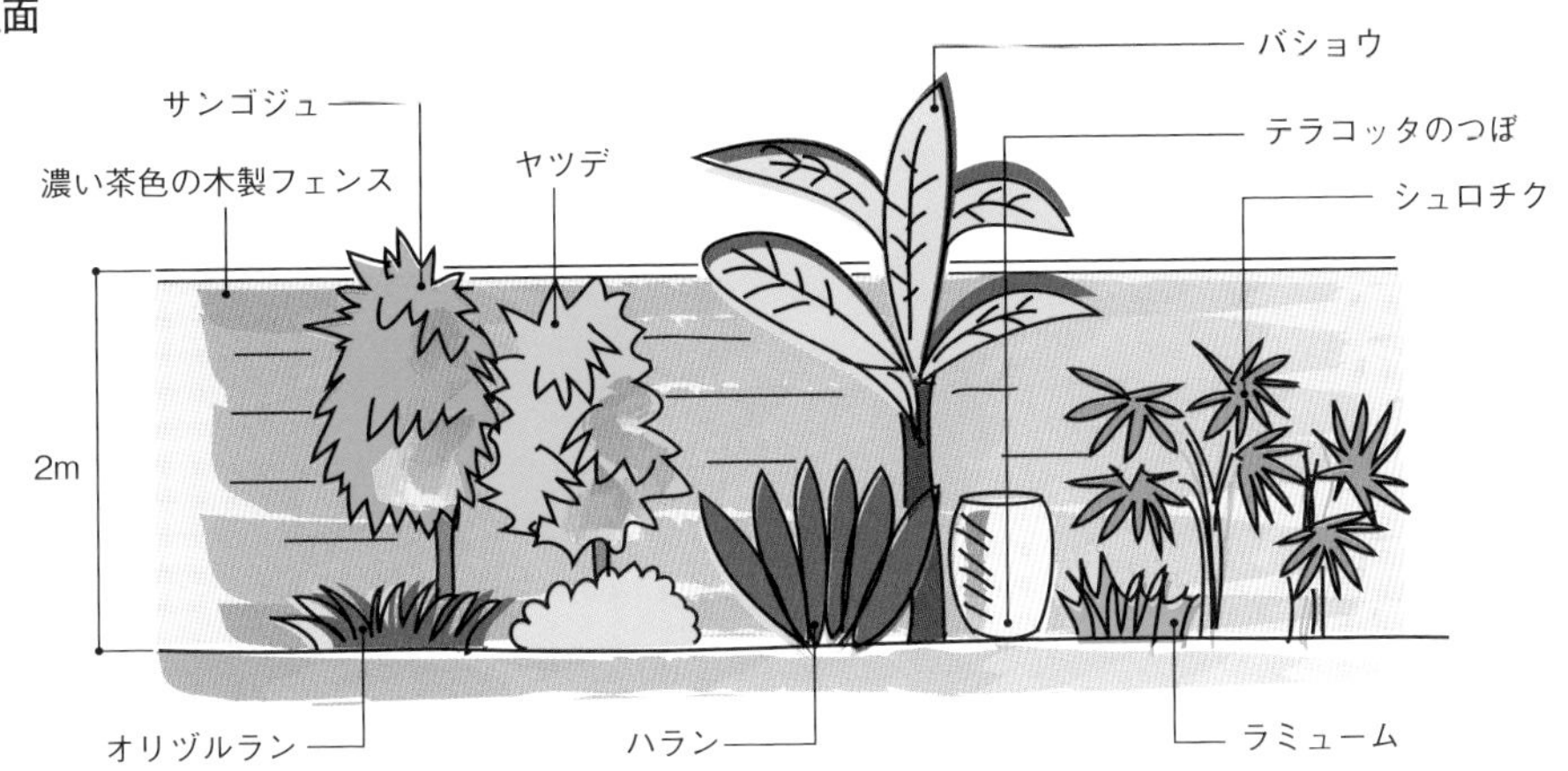

②平面

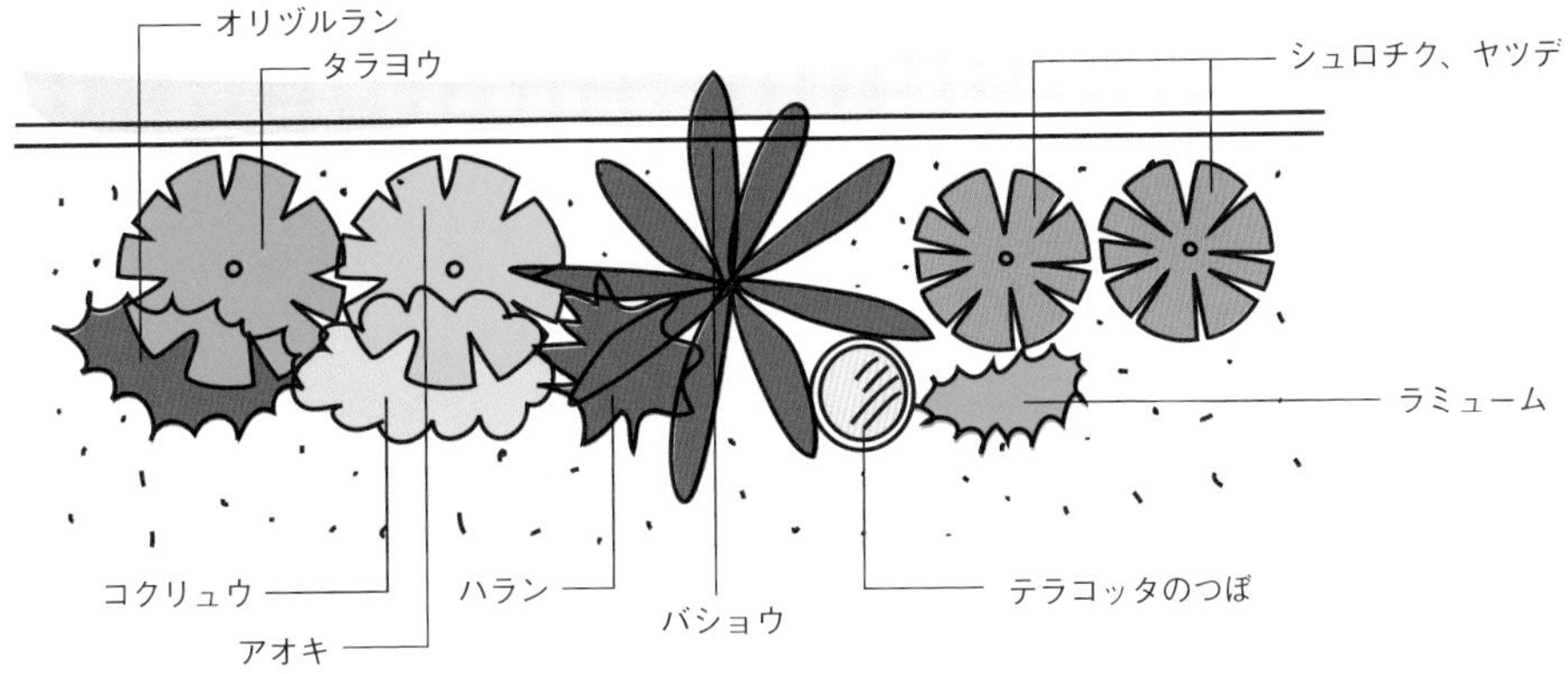

常緑の大きな葉をもつ樹種を選ぶことがポイント

バショウ（バショウ科）。別名和製バナナといわれるが実は食用にならない

エスニック風の庭に向く樹種

高木・中木	アオキ、カミヤツデ、サンゴジュ、シュロ、シュロチク、ソテツ、タイサンボク、タラヨウ、トウジュロ、バショウ、ヤツデ、ユズリハ、ワシントンヤシ
低木・地被植物	イノモトソウ、オタフクナンテン、オリヅルラン、キヅタ、コクリュウ、ハラン、ヘデラヘリックス、ヤブソテツ、ラミューム類

トロピカルな庭

ポイント

植栽を主役に、鮮やかな花や実も活用し、ジャングルのようなボリュームを演出する

ジャングルのイメージ

エスニックな庭はリビングや個室との関係性を生かして植栽をまとめるが、トロピカルな庭は植栽が主役。ジャングルのようにボリュームをつけて植栽するとよい。高木から地被植物に至るまで、さまざまな形状のもの、さらには鮮やかな花や果実を導入する。

熱帯系の植物は屋外に植えると冬の寒さで枯れるので、日本の暖地に生息する常緑樹で、1年中、緑で溢れるような構成にするとよい。葉は丸形や掌《てのひら》形、細形のもの、樹姿はすらっとしたものや、ぼてっとしたものなど、形の異なるものを豊富に扱う。

多くの種類の組み合わせ

中高木ではヤツデやシュロのように葉が大きなものや、羽のような種類を用いるとトロピカルな雰囲気が出る。タラヨウは葉が草履《ぞうり》状で、ボリュームがあり意外によく合う。葉が小さく、葉につやがあるシマトネリコなどもよい。

アオキは花や赤い実がトロピカルなイメージで、斑入り葉もよく合う。バナナを連想させるバショウも1本あるだけで雰囲気を変えてくれる素材だ。

ニュージーランド原産のニューサイランは寒さに強い。赤葉種もありカラフルで、庭のアクセントになる。

常緑樹ではないが、夏に鮮やかな花が咲くムクゲやフヨウは、ハイビスカスの仲間なのでイメージに合う。

実がなるものでは、庭の背後にビワを植栽すると調和しやすい。

低木・地被植物では、クチナシのようなつやのある葉をもつ種類や、ヤブコウジのような実ものを選ぶ。地被植物では、ヘデラ類やイタビカズラなどのつる性植物を中高木に巻き付けると、よりトロピカルな雰囲気を演出できる。

トロピカルな庭の配植

①立面

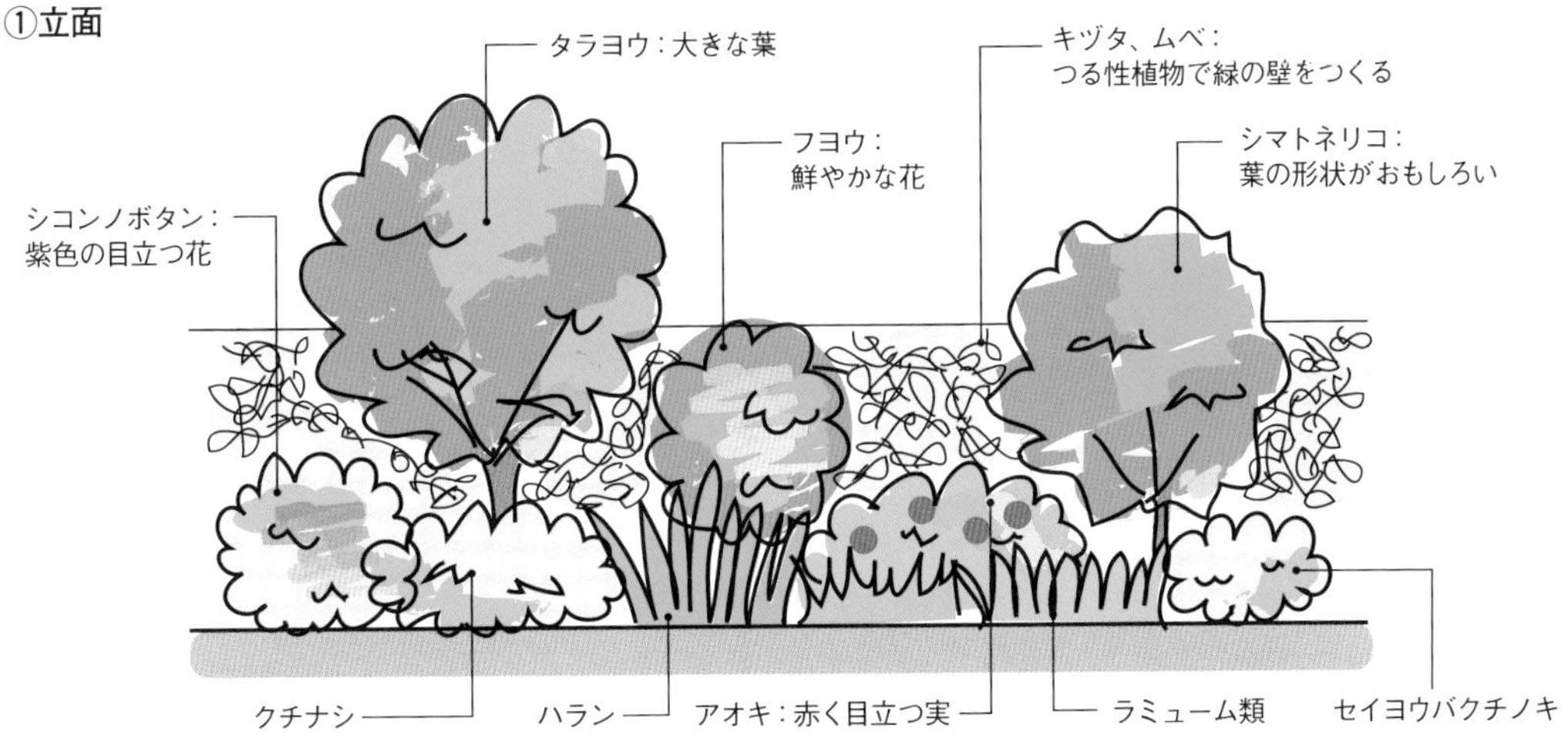

②平面

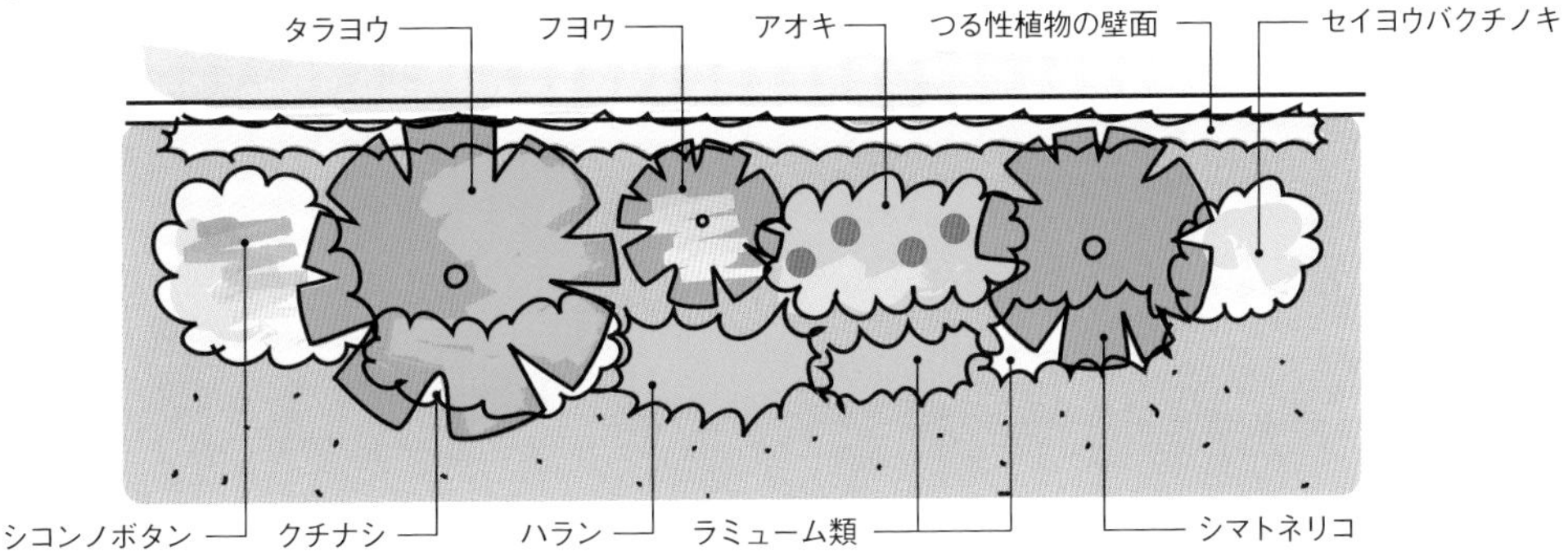

高木から低木までさまざまな形のものを取り入れてボリュームを出す。
鮮やかな花や実を付ける樹種を混ぜることがポイント

ラミューム（シソ科）。多年草で通年葉を楽しめる

トロピカルな庭に向く樹種

高木・中木	アオキ、シマトネリコ、シュロ、タラヨウ、バショウ、ヤツデ
低木・地被植物	クチナシ、シコンノボタン、セイヨウバクチノキ、ニューサイラン、ハラン、フヨウ、ヤブコウジ、ラミューム類
つる性植物	イタビカズラ、キヅタ、ヘデラ類、ムベ

オージー系の庭

ポイント

サボテン、多肉植物、中南米・オーストラリア原産種などで、ドライに仕立てる

温暖化で導入可能になった

東京23区や大阪市などの都市部は温暖化の影響で気温が高くなり、さらに夜間の気温も下がりにくくなっているため、屋上庭園やテラスといった建物の上に土を敷いてできる植栽地は乾燥しやすくなっている。そのため、暑さと乾燥に強い樹種のニーズが高まっている。

しかし、日本に自生する樹木のほとんどは水を欲しがるタイプのため、対応できるものが少ない。そこで近年、ウェストリンギア（別名オーストラリアン・ローズマリー）やニューサイランなどのようなオーストラリアやメキシコの乾燥地帯に自生、植栽されている植物に注目が集まっている。これらの植物は葉の形にも個性があり、さらに葉の色も白っぽい緑や青っぽい緑など、日本に自生する植物とはかなりニュアンスが違うものが多く、狭い緑地でもインパクトのある空間をつくることができる。

日当たりと気温がポイント

オーストラリア系の植物はきっちりとした樹形ではなく、ぼわーっと広がる傾向がある。また、ユーカリ類をはじめとして、成長が非常に旺盛なものが多いため低く剪定しながら使うほうがよい。特に土中の根は、上部の幹や葉の生長に比べて発達が遅いため、幹と根のバランスが悪い。そのため、強風などの影響で倒れやすく、剪定は必須となる。

庭に採用する際は、日当たりが良いことが第一条件。じめじめとした空間も苦手なので、土は排水性が高い方が良く、砂利などで表面を仕上げると良い。アガベが代表的な人気のリュウゼツラン属は、葉が堅くとがっているため、通路際や人が触れやすいところに設置しないなどの注意が必要。

オージー系の庭の配植

①立面

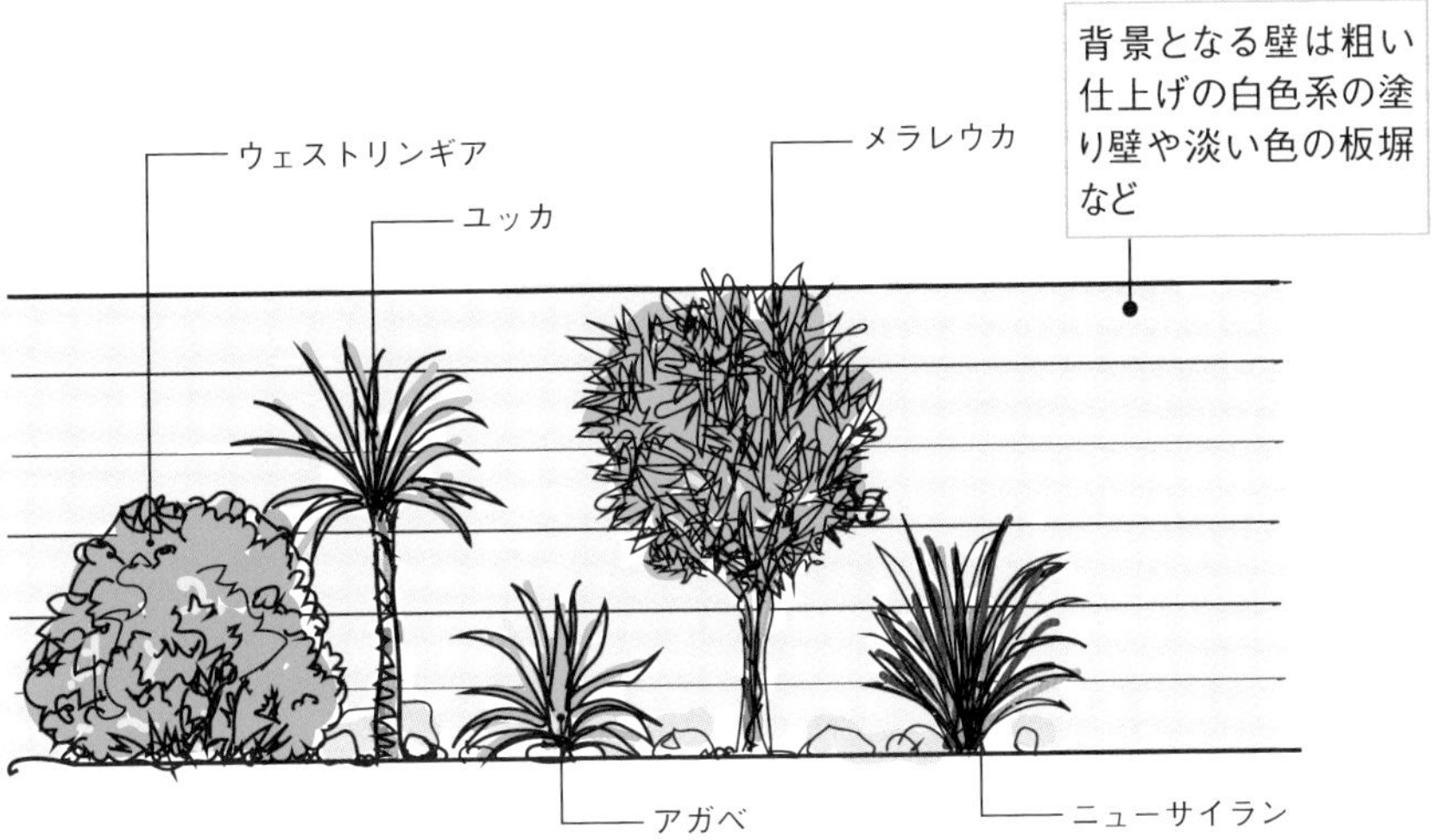

②平面

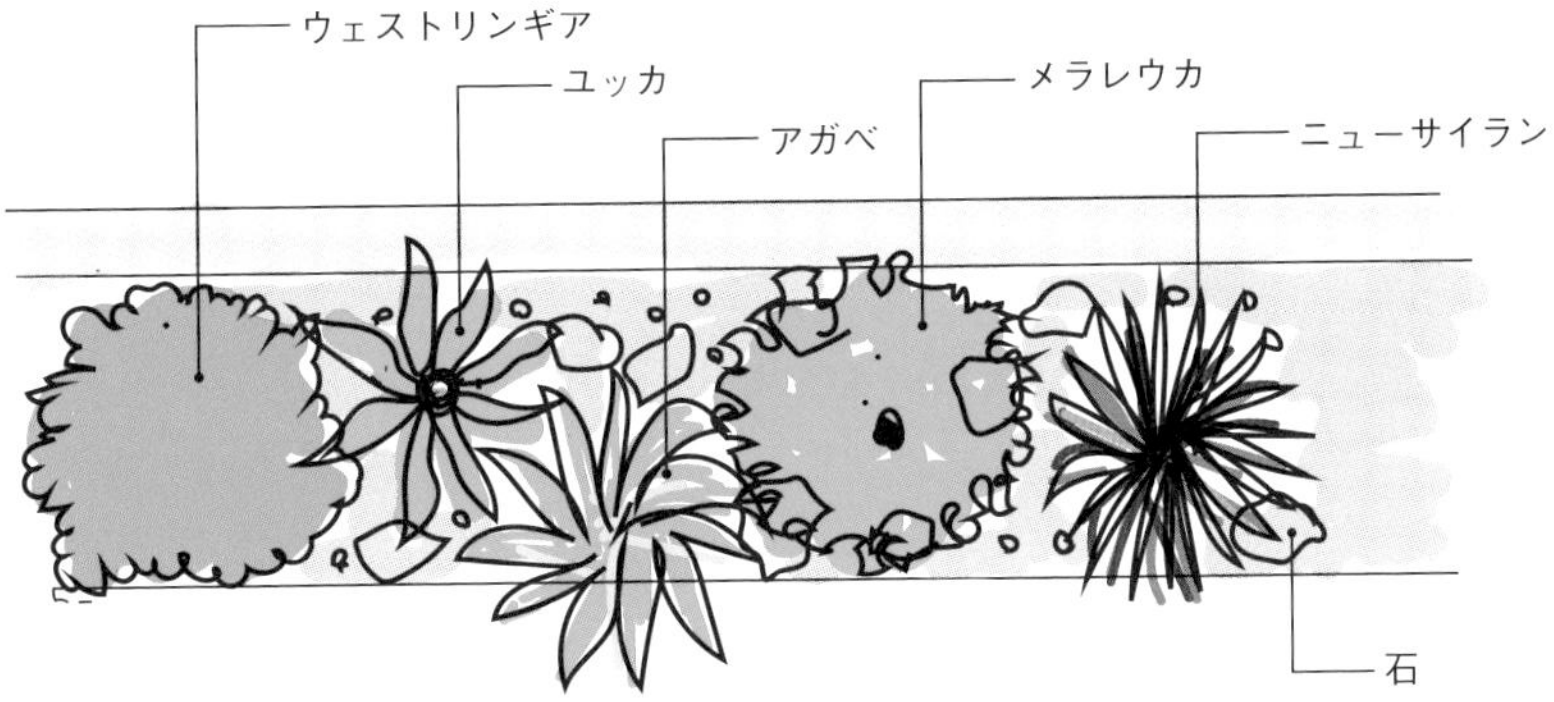

乾燥地帯で自生、植栽される樹種を配植

代表的なアガベ（アオノリュウゼツラン）はメキシコ原産

オージー系の庭に向く樹種

高木・中木	オリーブ、ドドナエア、フェイジョア、ブラシノキ、メラレウカ、マルバユーカリ、ユッカ類、レモンユーカリ
低木・地被植物	アガベ類、ウェストリンギア、ギョリュウバイ、ニューサイラン、ハーデンベルギア、パンパスグラス

山野草を使った庭

ポイント

山野草は、雑木の陰などに3株以上まとめて植え、ボリュームを出す

種によっては管理が困難

ツツジやマツなどの樹木が主役になる庭は、あまり草花を植栽することはないが、雑木を中心にした庭では、草花も上手に取り入れて庭づくりをするようになってきた。山野草は通常、日本の野山に自生している草本また小さな低木を指す。園芸店のなかには山野草コーナーを設けて販売している店があり、愛好家も多い。

種類によっては栽培や管理が難しく、庭に植栽しても生育しないものもあるので注意が必要だ。何気なく野山や道端に生えているものでも、水遣り、日照条件など、環境の違いで枯らしてしまうこともある。その植物の生育環境をほぼ忠実に再現することが重要になる。また、宿根草《しゅっこんそう》でも、夏や冬に地上部が枯れてしまうものもあるので、置き石などで区切り、どこに植栽したか分かるようにしておく必要がある。

夏の直射日光が苦手

山野草は春、もしくは秋の時期に楽しむものが多く、夏に花が咲くものは非常に少ないのが特徴。また、夏の直射日光を嫌うものが多いので、ギボウシ類やスミレ類などの春ものは落葉樹の木陰、ツワブキやホトトギスなどの秋ものは落葉樹または常緑樹の木陰になるような場所に植栽する。

1株では見映えがしないので、3株以上まとめて植栽するとよい。

とくに、季節によって地上部が枯れる種類は、低木の側に植えておくと、見た目が寂しくならない。

スミレ類など、タネで植える種類は毎年採《と》り撒《ま》きして楽しんでもよいだろう。あるいは毎年状態のよい苗を入手して入れ替えてもよい。

全般的に養分の豊富な土を好むものが多く、植え付け時に腐葉土をすき込むようにする。

山野草を使った庭の配植

①立面

②平面

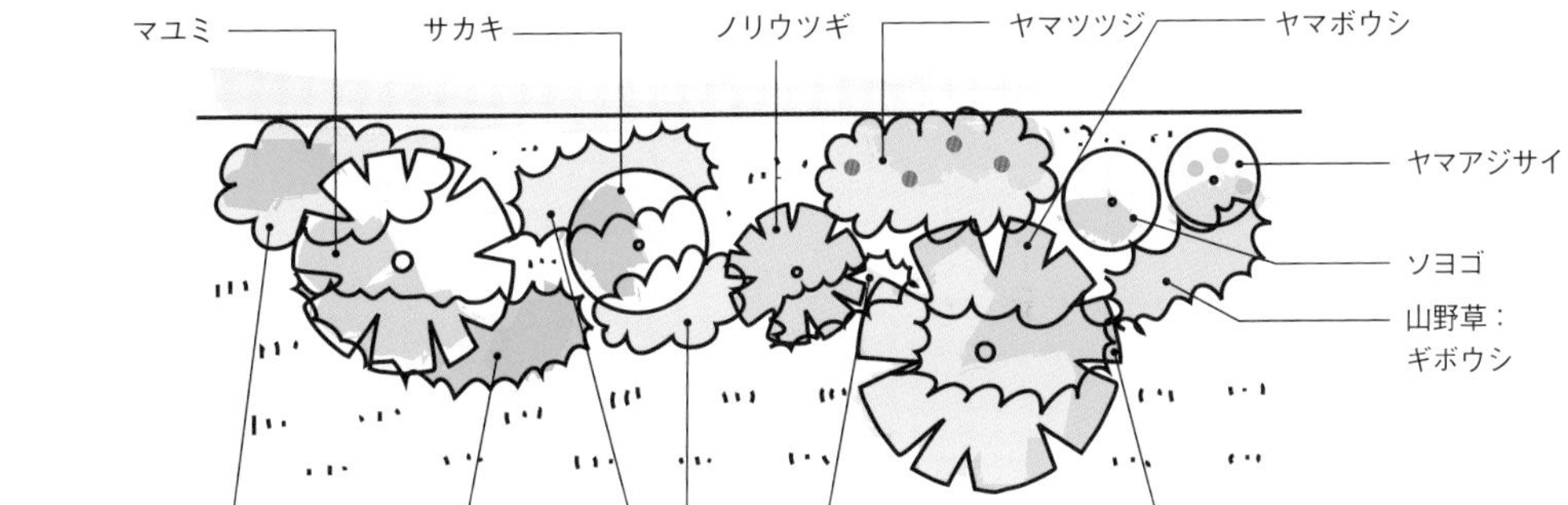

山野草を植栽に使う場合は、樹木は雑木を中心に選び、足もとに3株以上まとめて植える

ミヤコワスレ。キク科ミヤマヨメナ属の多年草。春に紫の花が咲く

庭植えに向く山野草

春咲き	アヤメ、イチリンソウ、オドリコソウ、カキツバタ、ギボウシ、スミレ、ニリンソウ、ミヤコワスレ、ヤマブキソウ
夏咲き	シモツケソウ、ハンゲショウ、ヤブレガサ
秋咲き	オミナエシ、キチジョウソウ、ツワブキ、ホトトギス、リンドウ

菜園のある庭

ポイント

日当り、作業効率、見た目を考慮して菜園をつくる。壁面を活用すれば省エネ効果も

収穫が楽しめるガーデン

庭のちょっとしたスペースで菜園をつくりたいという人も増えている。菜園は1㎡ほどの小さなスペースがあれば手軽につくることができる。そこで、収穫が楽しめるガーデンをコンセプトに、菜園の植栽を考えてみよう。

野菜類は日光を好むので、まず日当たりのよい場所を確保する。肥料や腐葉土がたっぷり含まれた土も必要だ。ただしハーブ類であれば、土をそれほど肥沃にしなくてもよい。

菜園をつくる際には、収穫や支柱を立てる作業がしやすいように設計することも大切である。手入れのたびに周囲が土や葉で汚れるので、菜園の周りは掃除がしやすい仕上げにしておくとよいだろう。トマトやナス、マメ科の野菜などは、連作を嫌うので、土が入れ替えやすいようにつくっておくことも重要だ。

さらに、堆肥置き場やコンポストなどを設置しておくと、リサイクルに役立って経済的。ただし、臭いが気になる場合があるので、隣家に配慮して設置位置を決めること。道具入れもその近くに設置しておくと便利だ。

美しい仕上げと壁面活用

野菜が生長すると、庭は雑多な雰囲気になりやすいので、眺めを意識して、周囲の植栽を考える。

イギリスの修道院の庭のように、なじみやすいレンガブロックや枕木、常緑低木（クサツゲ、マメツゲなど）で菜園のエッジをつくると美しく仕上がる。

日当たりのよい壁面を活用する方法もある。壁にネットを設置し、ゴーヤやヘチマなどのつる性植物を這わせれば、夏の間、収穫を楽しめる。壁面緑化［110―111頁参照］として、夏の日差しを和らげ、省エネ効果も期待できる。

コンポスト　生ごみや枯葉などを、土中にいる微生物などにより発酵・分解させてつくる堆肥。そのための容器を指す場合もある

菜園の設計

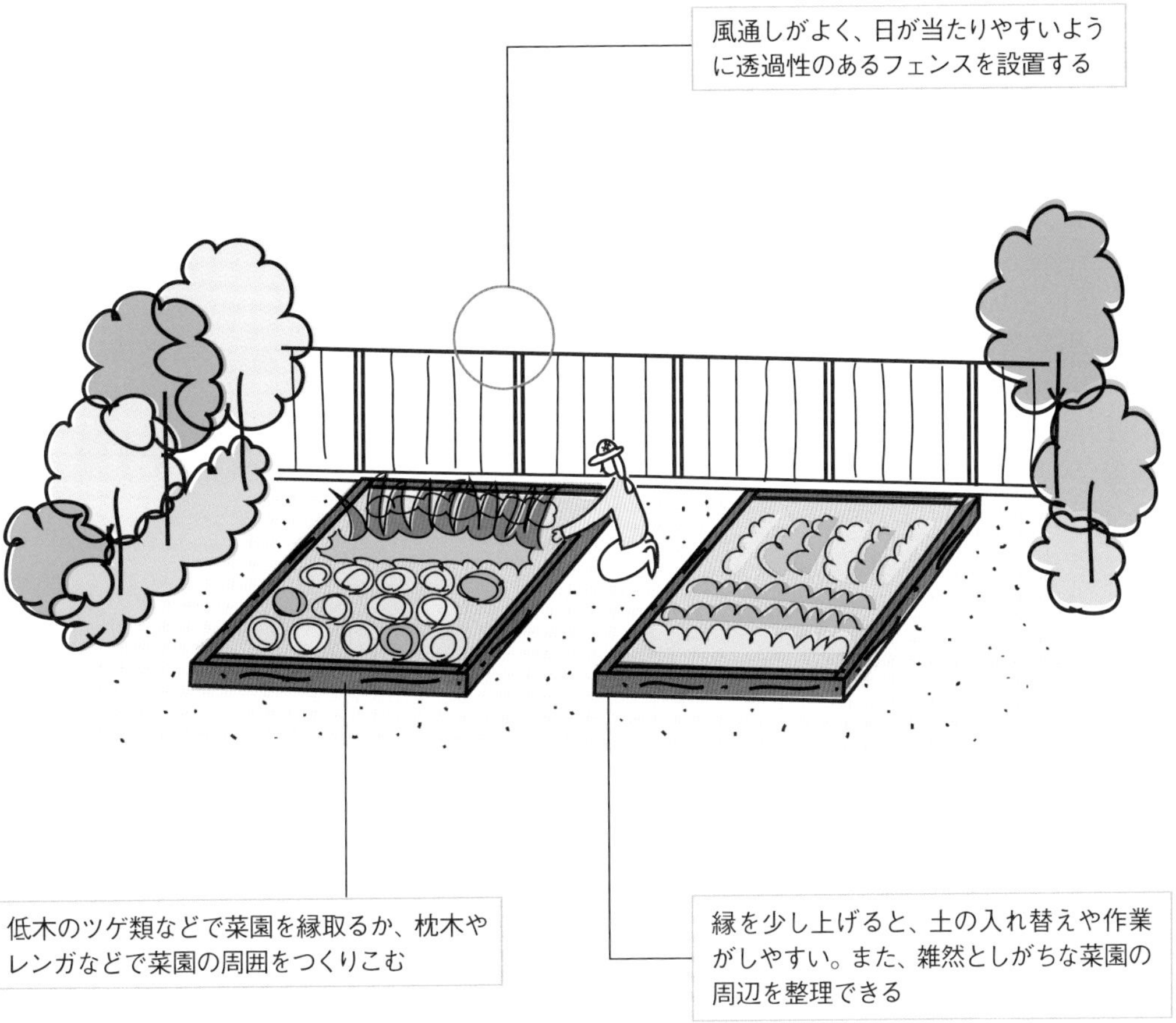
風通しがよく、日が当たりやすいように透過性のあるフェンスを設置する
低木のツゲ類などで菜園を縁取るか、枕木やレンガなどで菜園の周囲をつくりこむ
縁を少し上げると、土の入れ替えや作業がしやすい。また、雑然としがちな菜園の周辺を整理できる

菜園で育てられる野菜（比較的簡単なもの）

葉を食べる	イタリアンパセリ、クーシンサイ、コマツナ、シソ、シュンギク、スイスチャード、チンゲンサイ、ホウレンソウ、バジル、パセリ
実を食べる	イチゴ、エダマメ、カボチャ、トウモロコシ、ナス、ミニトマト
根を食べる	サツマイモ、ダイコン、ニンジン、ラディッシュ

アーツ千代田3331の屋上菜園

子どもが楽しめる庭

ポイント

特徴的な花・実・葉を付ける樹種を植栽する。有毒植物やトゲのある樹木は避ける

子どもが楽しめる樹種

子どもがいる家庭では、樹木を植栽する部分と、それ以外に自由に遊べるスペースをつくると喜ばれる。動き回れるスペースは舗装材で覆うか、シバを植える［212―213頁参照］のが無難である。シバは常に踏みつけられると弱るので、よく運動する部分はシバを植えず土を固めておく程度でもよい。

花や実、葉などが個性的なものを選ぶと、子どもが興味をもち、遊びなどに取り入れられる。チョウやカブトムシが寄ってくる樹木を入れてもよいだろう。子どもが遊びやすいものには、ブナ科のカシ類（シラカシ、アラカシ）とナラ類（コナラ、クヌギ）などドングリがなるものがある。スダジイのドングリは、加熱すると、食べることもできる。変わった形の葉やきれいな花は、押し花に使うことができる。

木登りに利用するものは、枝が太くなって折れにくく、幹肌があれていない樹種を選ぶ。クスノキやエノキ、ケヤキなどが向いているが、大木で横に広がるので、狭い空間には向いていない。2階の開口部近くに配置すると、外部から侵入されやすいので注意が必要である。

避けるべきは有毒の樹種

植栽を考えるに当たっては、身体に害のある虫が付きにくいもの、有毒でないものを基本にする。身体に害のある虫の代表、チャドクガの付きやすいツバキ類は、とくに子どもがいて庭で遊ばせるような家庭においては、避けたほうがよい。また、庭木でよく使われるもので有毒なものはキョウチクトウ、ミヤマシキミ、シキミ、キダチチョウセンアサガオなど。このほかアセビ、エゴノキ、レンゲツツジにもやや毒性があり、実や枝など子どもが直接手に触れる場所に植栽しないほうがよい。

子どもが楽しめる庭の配植

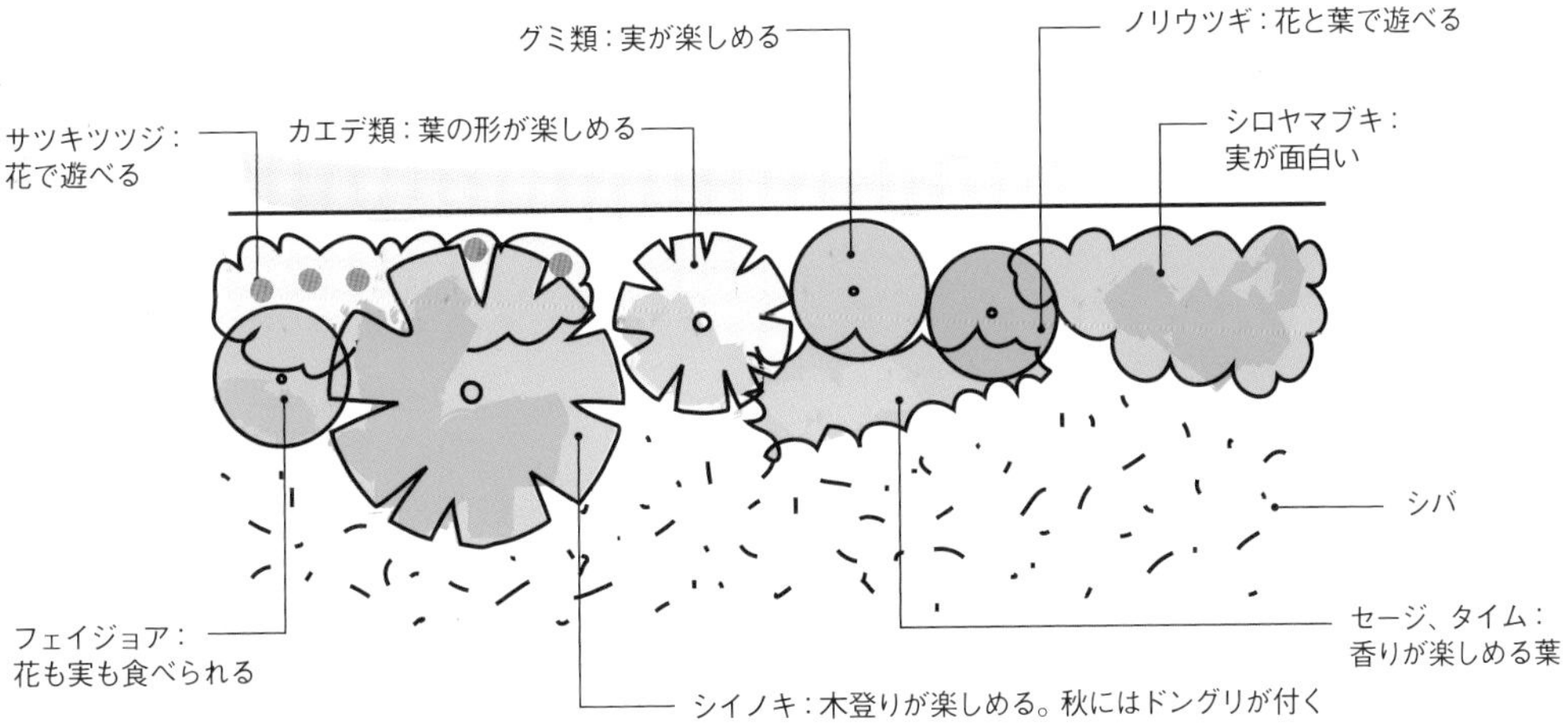

子どもが楽しめる庭は葉や花、実に特徴のある樹種を選択するのがポイント

子どもが楽しめる樹種

	高木・中木	低木・地被植物
花を楽しむ	ウメ、サクラ類、シコンノボタン	ツツジ類、ノリウツギ
実を楽しむ	①遊ぶ素材（ドングリ など） アラカシ、クヌギ、コナラ、シラカシ、スダジイ、ムクロジ ②食べる アンズ、ウメ、カキ、キンカン、クワ、ジューンベリー、ナツミカン、ビワ、ヒメリンゴ	①遊ぶ素材（色を楽しむ ほか） アオキ、コムラサキシキブ、シロヤマブキ、ジュズダマ、センリョウ、ヘチマ、マンリョウ ②食べる ウグイスカグラ、キウイ、ナワシログミ、ブドウ、ブルーベリー、ユスラウメ
葉っぱを楽しむ	イロハモミジ、カシワ、シュロ、ヤツデ	キヅタ、ツワブキ、ナツヅタ

子どもに危険な樹種

	高木・中木	低木・地被植物
トゲなどがある	カラスザンショウ、カラタチ、サンショウ、ハリギリ	アザミ類、サルトリイバラ、ジャケツイバラ、ノイバラ、ハマナス、メギ
毒がある	イチイ（赤い実の中ほど）、エゴノキ、キョウチクトウ、シキミ	アセビ、キダチチョウセンアサガオ、スズラン、ドクウツギ、ヒョウタンボク、ミヤマシキミ、レンゲツツジ

小鳥が遊びにくる庭

ポイント

人や小動物が接近しづらい位置に、鳥が好きな花や実を付ける樹木を植える

鳥が集まる果実や花

庭に樹木を植栽すると、さまざまな生物が集まってくるが、とくに果実がなるものには鳥が好んでやってくる。これを食餌木《しょくじぼく》（※）といい、鳥と樹木は生態的につながった関係にある。

人が食べておいしいと思う果実は、鳥にもおいしいようである。たとえばリンゴは、酸味が強すぎる若い実は食べずに、甘くなったころに狙われることがある。ただし、人が食べてもおいしくなかったり、お腹を壊したりするものも、鳥には食餌になる。ヒサカキやイヌザンショウには多くの種類の鳥が集まる。

果実のほかに、樹木に付着している虫を食べる鳥もいる。そのおかげで虫の大発生が抑えられるので、むやみに薬剤を使わずに、鳥が飛んできやすい環境を整えることも大切である。

このほか、開花時期の蜜を吸う鳥もいる。春にいち早く咲くウメにはメジロがやってくる。昔から親しまれてきた樹木と鳥の景色はやはり捨てがたいもの。鳥が集まりやすい樹木を庭の中心に植栽を考えてみるとよい。花や実が鮮やかになるものは鳥が集まりやすいものだ。

鳥を呼ぶための注意点

いつも人が行き来する場所や、ネコが鳥を狙いやすい場所だと、鳥は用心して近寄らないので注意する。また、鳥がくるとフンを落とすので、洗濯物を干す場所に枝が伸びないように配慮することも大切。カラスは常緑でよく茂った高い木に巣をつくりやすいので、呼びたくなければ落葉樹で構成するか、枝を剪定《せんてい》して低く仕立てる。また、サクラの時期にウソの大群が花を食い散らかしたという話もよく聞く。花を守るためには釣り糸を枝に付けるなどして、防鳥することも必要である。

※食餌木がない場合も、給餌台と水場を用意することで鳥たちの集う庭にすることができる

果樹の配置の注意点

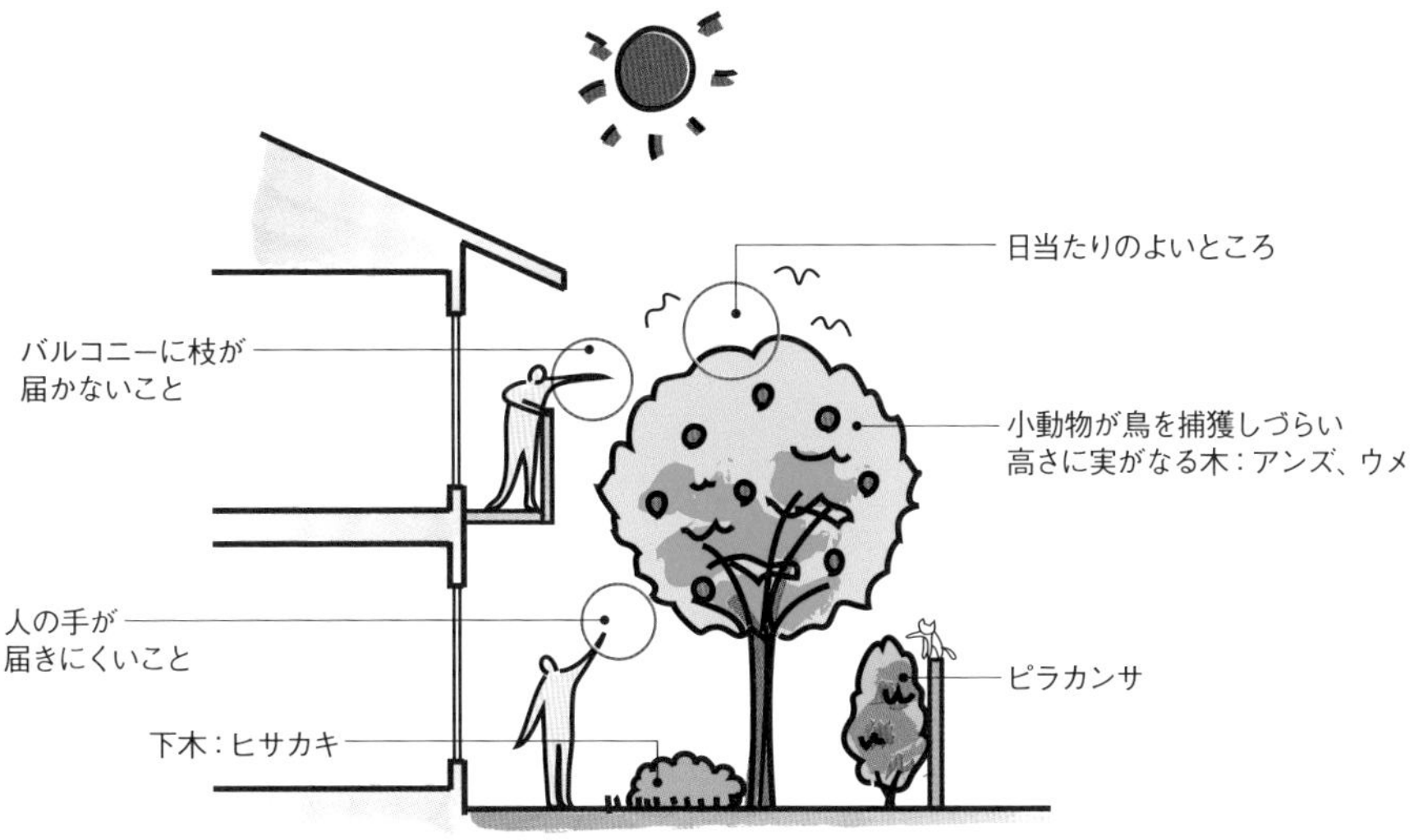

植栽に向く果樹と集まる鳥

樹　木	鳥
クスノキ	アカハラ、オナガ、カラス、キジバト、コジュケイ、ツグミ、ヒヨドリ、ムクドリ、メジロ、ヤマドリ、レンジャク
クロガネモチ	アカハラ、カケス、キジ、コジュケイ、シロハラ、ツグミ、ヒヨドリ、レンジャク
マサキ	アカハラ、カワラヒワ、キジ、コジュケイ、ジョウビタキ、シロハラ、ツグミ、ヒヨドリ、ヤマドリ、レンジャク
ヒサカキ	アオゲラ、アカハラ、オナガ、カラス、カワラヒワ、キジ、キジバト、コジュケイ、ジョウビタキ、シロハラ、ツグミ、ヒヨドリ、ホオジロ、マガモ、メジロ、ヤマドリ、ルリビタキ
アカマツ	アオゲラ、カケス、カワラヒワ、キジ、キジバト、コジュケイ、シジュウカラ、スズメ、ツグミ、ヒヨドリ、ホオジロ、マヒワ、ヤマガラ、ヤマドリ
イチイ	アカゲラ、カケス、カワラヒワ、シメ、シロハラ、ツグミ、ヒヨドリ、ヤマガラ、レンジャク
イボタ	アカハラ、オナガ、キジ、シジュウカラ、ツグミ、ヒヨドリ、メジロ、ヤマドリ
ウグイスカグラ	オナガ、カケス、カラス、キジバト、コムクドリ、ヒヨドリ、ムクドリ
ウコギ	アカゲラ、アカハラ、キジ、キジバト、コムクドリ、ツグミ、ヒヨドリ、マヒワ、ムクドリ
エゴノキ	カケス、カラス、カワラヒワ、キジ、キジバト、コジュケイ、シメ、シロハラ、ツグミ、ヒヨドリ、ムクドリ、メジロ、ヤマガラ
エノキ	アカハラ、オナガ、カケス、コジュケイ、コムクドリ、シメ、シロハラ、ツグミ、ヒヨドリ、ムクドリ、メジロ、レンジャク
カキノキ	アカハラ、オナガ、カラス、キジ、コジュケイ、シジュウカラ、シメ、ツグミ、ヒヨドリ、ムクドリ、メジロ、レンジャク
ガマズミ	アオゲラ、オナガ、キジ、キジバト、コジュケイ、ジョウビタキ、ツグミ、ヒヨドリ、ヤマドリ
クワ	アカハラ、オナガ、カラス、キジバト、コムクドリ、シロハラ、ヒヨドリ、ムクドリ、メジロ
クロマツ	カワラヒワ、キジ、キジバト、コジュケイ、シジュウカラ、シロハラ、スズメ、ホオジロ、ヤマガラ、ヤマドリ
サンショウ	オナガ、カラス、カワラヒワ、キジ、キジバト、コムクドリ、ジョウビタキ、ヒヨドリ、メジロ、ルリビタキ
ソメイヨシノ	アカハラ、ウソ、オナガ、カケス、カラス、キジ、キジバト、コムクドリ、シジュウカラ、ヒヨドリ、ムクドリ、メジロ、ヤマガラ
ノイバラ	アオゲラ、アカハラ、オシドリ、オナガ、キジ、キジバト、コジュケイ、コムクドリ、ジョウビタキ、シロハラ、ツグミ、ヒヨドリ、ムクドリ、ヤマドリ、レンジャク、ルリビタキ
ムクノキ	アカハラ、オナガ、カラス、キジ、キジバト、コジュケイ、シメ、シロハラ、ツグミ、ヒヨドリ、ムクドリ、ヤマドリ、レンジャク
ムラサキシキブ	アオゲラ、ウソ、オナガ、カワラヒワ、キジ、キジバト、コジュケイ、シロハラ、ツグミ、メジロ

チョウが遊びにくる庭

ポイント

呼びたいチョウが好きな蜜をもつ花と、その幼虫の好きな葉を付ける樹木を選ぶ

チョウを招き入れる庭

花が咲く植物を植えると、小さい虫や鳥など、いろいろな生物が庭にやってくる。なかでもチョウは愛好家が多く、チョウが庭に飛来しやすいように配植することがある。このような庭を「バタフライガーデン」という。

チョウが庭に飛来する理由は、花の蜜を吸いにくること、幼虫の餌となる葉に卵を生みにくることの2つである。したがって、バタフライガーデンでは、成虫のチョウが好む蜜をもつ花木と、幼虫が食用とする葉が付く樹木の植栽が基本となる。

チョウの種類と好む植物

さまざまな花が咲く春は、複数の種類のチョウを呼ぶことができる。代表的なチョウはモンシロチョウ。アブラナ科の植物を好むため、菜園を設け、アブラナやダイコン、キャベツなどを植えるとよい。

このほかミカン科の植物はアゲハチョウ、セリ科はキアゲハ、クスノキはアオスジアゲハが卵を産むので、これらの樹木を入れるとチョウが飛来しやすい。また、チョウが好む蜜をもつ花木にはブッドレアがある。バタフライブッシュともいわれ、蜜の香りがする房状の紫や白い花をたくさん付ける。

幼虫が成長しやすい環境であることも重要。卵やサナギは乾燥した環境に弱いので、日差しが強い場所や風が強く吹き付ける乾燥気味な場所はつくらないようにする。

ただし、孵化《ふか》した幼虫は、瞬く間に葉を食べるため、幼虫があまりに多いと、樹木の葉が枯れるなどの被害に遭うことになるので注意が必要である［78－79頁参照］。また、チョウが好む樹木には、ハチやカメムシなども飛来するので、開口部近くには樹木をあまり植えないほうがよいだろう。

バタフライガーデンの配植

①立面

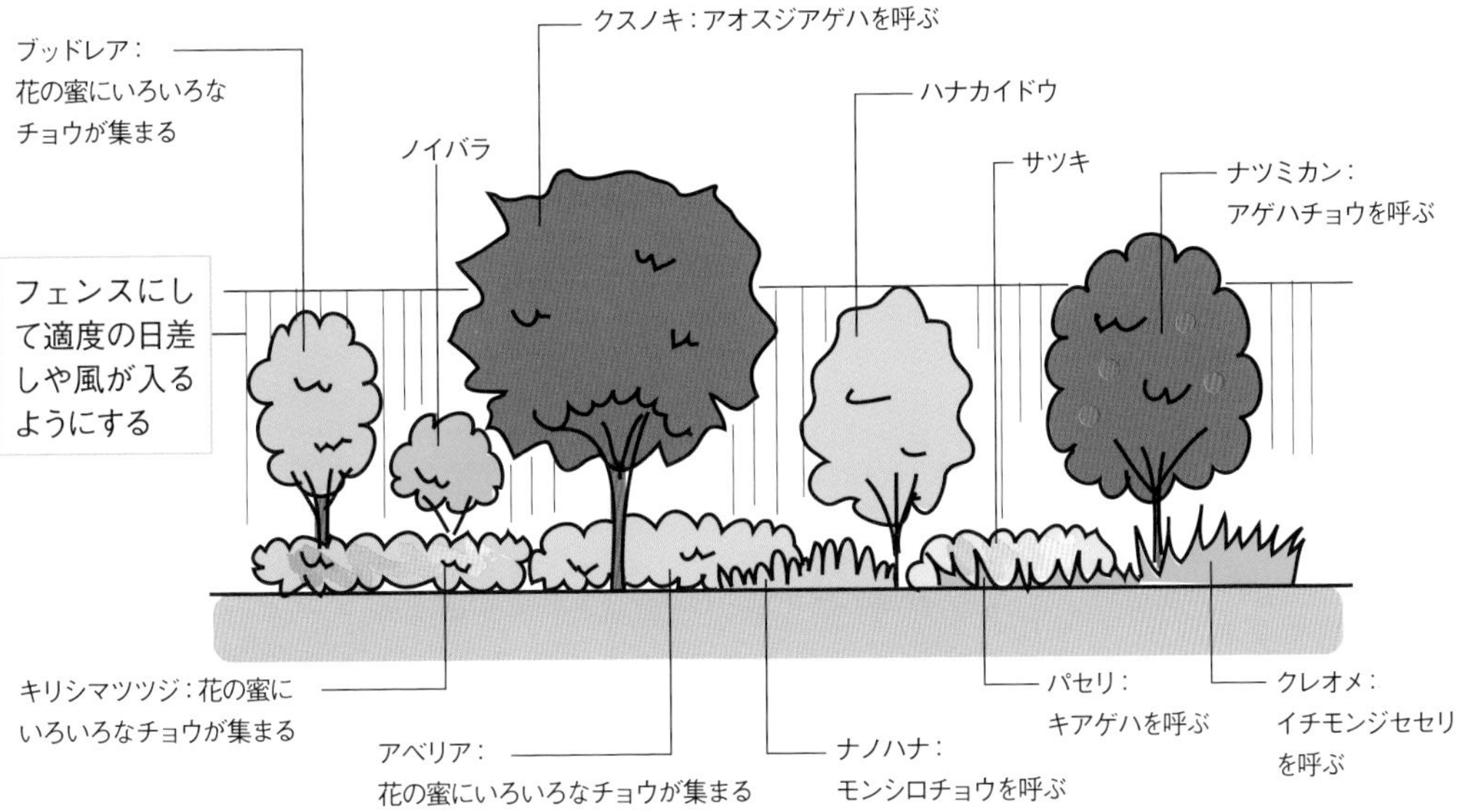

②平面

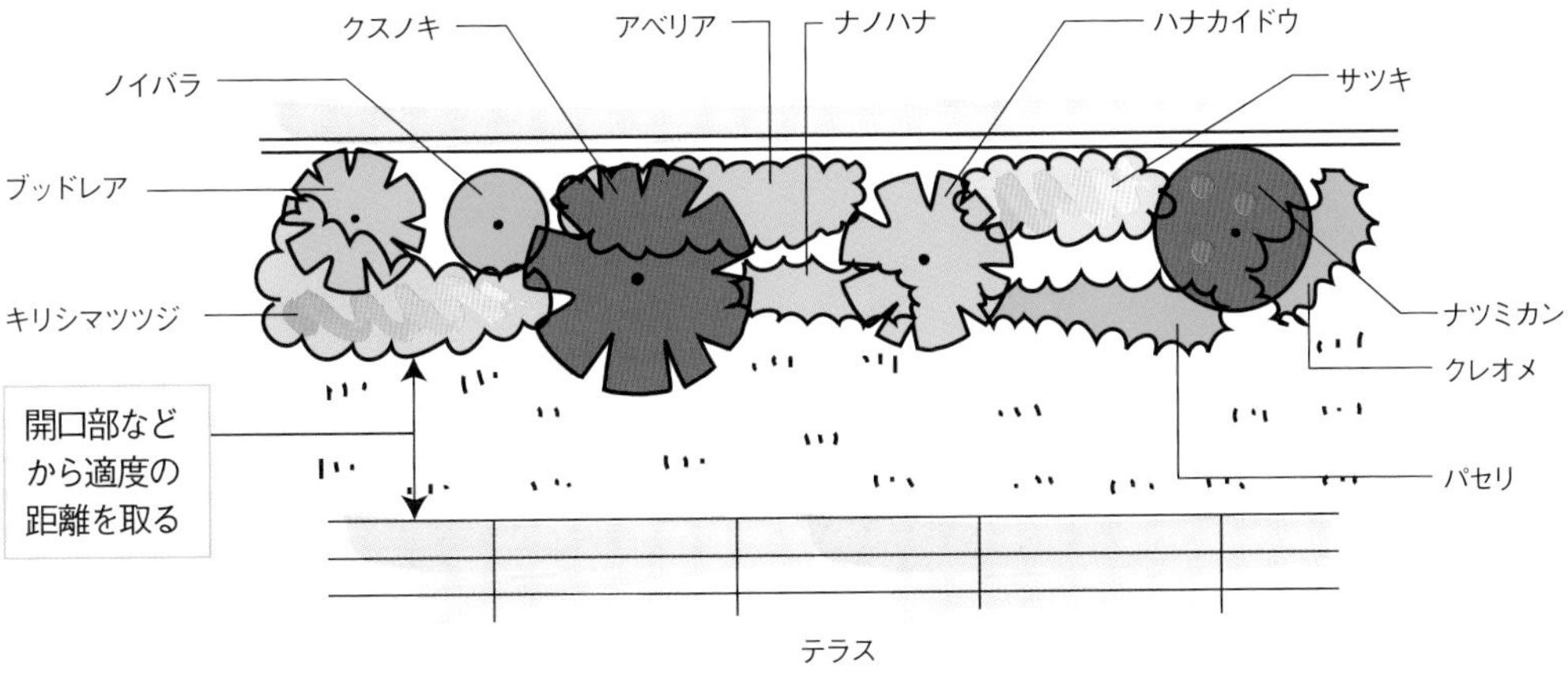

キンカン。ミカン科キンカン属の常緑低木。ミカン科はアゲハ蝶が食草とする

チョウが好む樹種

高木・中木	低木・地被植物	野　菜
カラタチ、柑橘類（ナツミカンなど）、クサギ、クスノキ、コクサギ、サルスベリ、ハナカイドウ、ブッドレア、フヨウ、ムクゲ	アベリア、キリシマツツジ、クズ、クルメツツジ、サツキツツジ、レンギョウ	カンアオイ類、キャベツ、クレオメ、ナノハナ、パセリ

池の植栽

ポイント

水生・湿生植物は、生長形態を把握し、バランスよく植栽する。水質維持にも配慮を

さまざまな水生植物

和風庭園などで見られる池は、コイが泳いでいることが多い。コイは草を食べてしまうため、池に直接植栽することは避ける。しかし、メダカなどの小型魚であれば、水中にも植栽することが可能である。水生植物を植えることで、水中の生物は隠れ場所ができ、さらに水質の浄化や水温上昇の緩和にも役立つ。

水生植物には、水面に浮かぶ浮遊植物や、水面に葉を広げる浮葉植物、地上に茎を伸ばして葉を展開させる抽水植物などがある。それぞれの生長形態を把握して、バランスよく植栽することを心がける。

水質維持のコツ

水深1ｍ未満の池であれば、池底の土に根を張って育つ植物は豊富にある。ただし、ほとんどの水生植物は日光を好むので日当りのよさがポイントだが、水生植物や湿生植物は最適な環境がそろうと繁茂しすぎるので、注意が必要である。

また、水がよどんだり、水温が高くなる夏などには、藻《も》が発生する。そこで、水はポンプなどで循環させるか、常に新鮮なものが入るようなシステムをつくっておく。水質をよくするとされる、ヨシやガマ、きれいな黄色の花を咲かせるキバナショウブなどを取り入れるとよい。

池底が石やコンクリートの場合は、植木鉢に植えて、水の中に沈める。繁茂しやすい水生植物をあえて鉢に植え、生長をコントロールするのもよいだろう。水面に浮くホテイアオイなどの浮遊植物であれば、手軽に取り入れられる。また、水生植物や湿性植物などの水辺の植物はほとんどが冬に枯れるので、水質維持のために、枯れた部分を刈り取るようにする。

池の植栽

①池底が土の場合

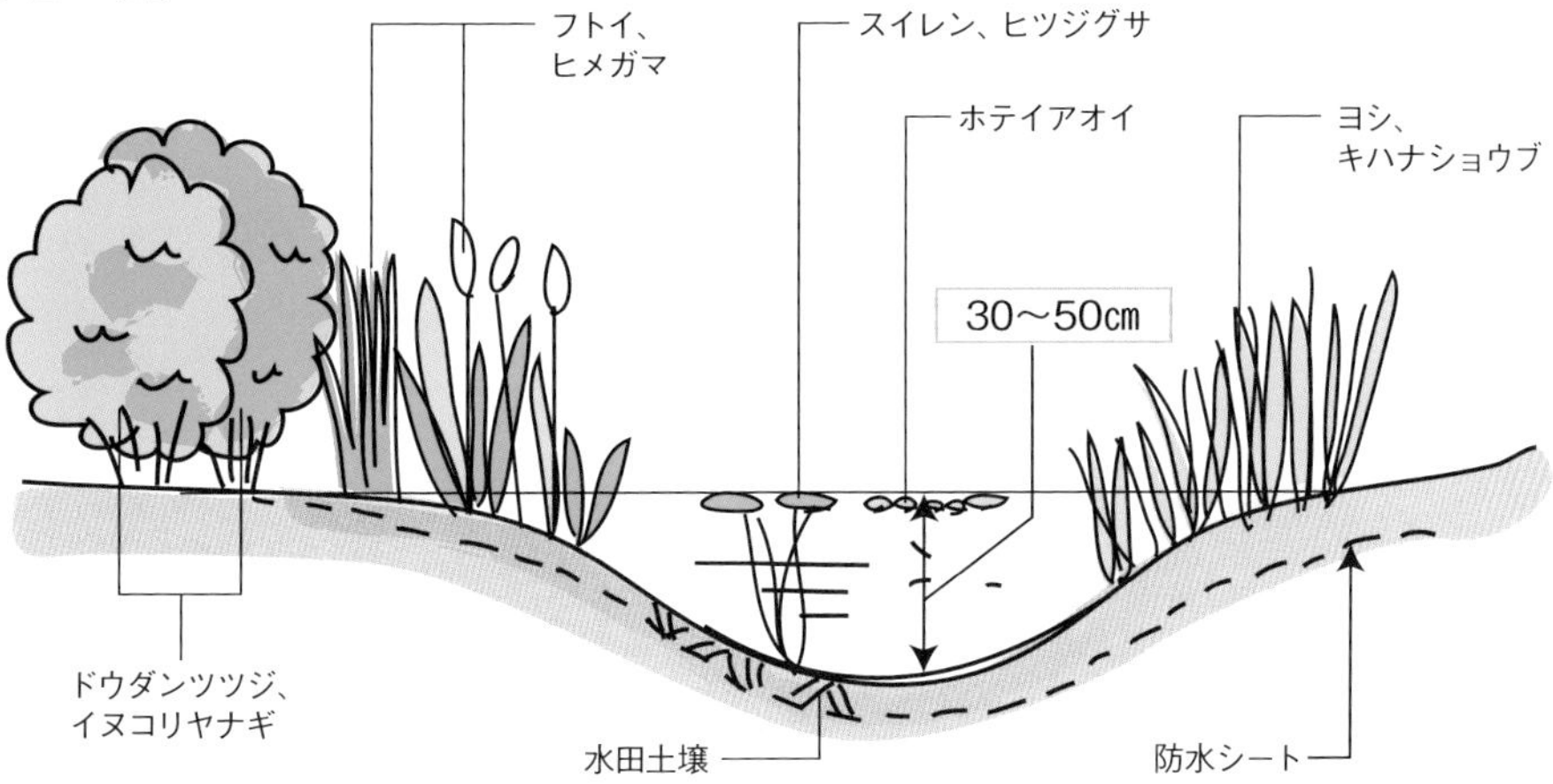

②池底がコンクリートの場合

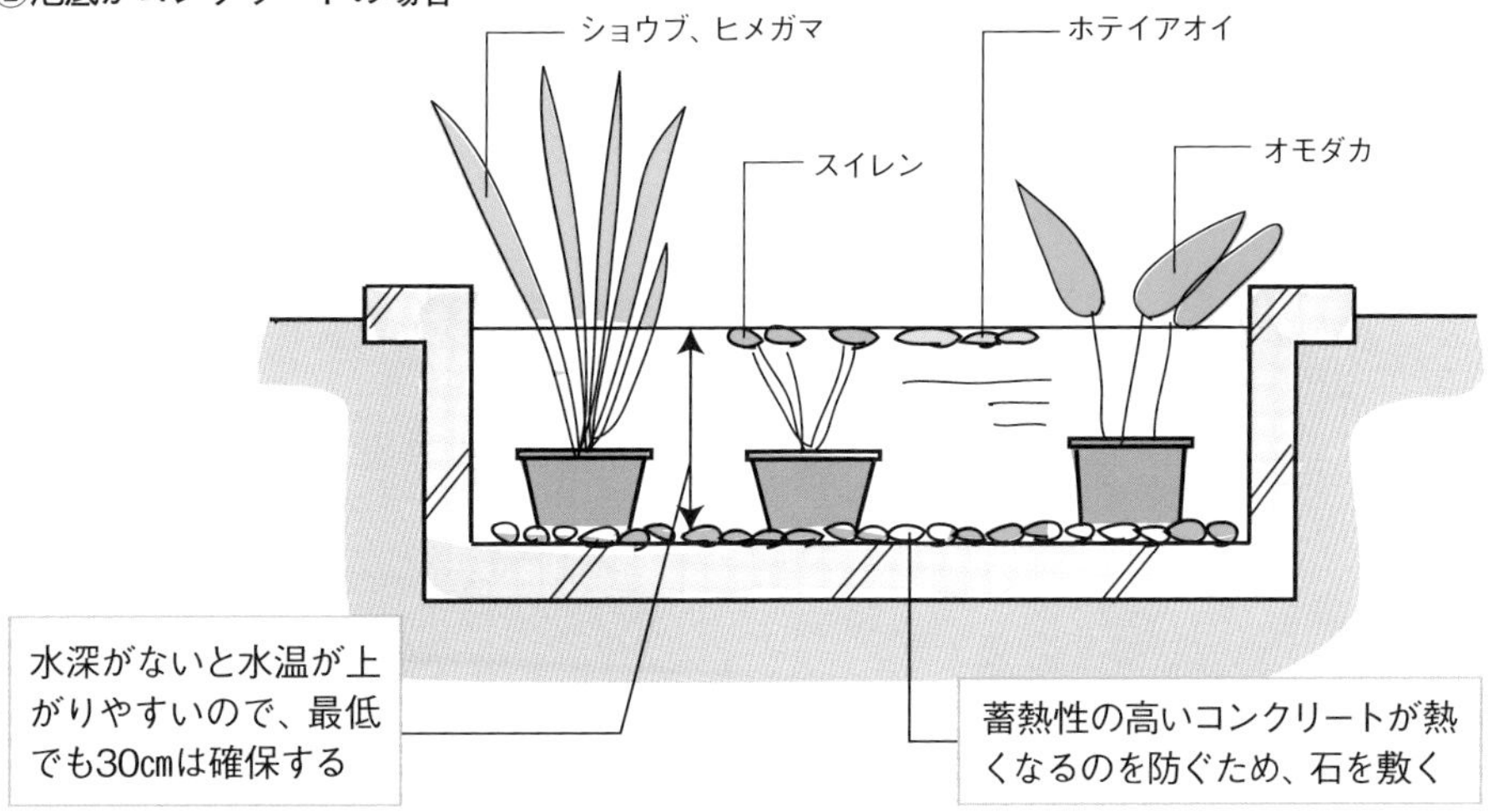

池に向く植物

	湿生植物	抽水植物	浮葉植物	浮遊植物	沈水植物
樹種名	カキツバタ、キハナショウブ、クサレダマ、サギソウ、サワギキョウ、タコノアシ、ノハナショウブ、ミズトラノオ、ミソハギ、ミミカキグサ	アギナシ、オモダカ、ガマ、コウホネ、サンカクイ、ショウブ、スイレン、ヒメガマ、フトイ、マコモ、ミズアオイ、ミクリ、ミツガシワ、ヨシ（アシ）	アサザ、オニバス、ガガブタ、ジュンサイ、デンジソウ、ハス、ヒシ、ヒツジグサ、ヒルムシロ	ウキクサ、タヌキモ、トチカガミ、ホテイアオイ、ムジナモ	セキショウモ、ホザキフサモ、マツモ、ミズオオバコ

ビオトープをつくる

ポイント

植物と小動物、鳥類、魚類、昆虫が共存できる水辺環境をつくる。管理は適度に

生態系が宿る庭

都市部では開発が優先され、緑豊かな自然が失われつつある。そこで、身近な自然を再現するような植栽を考え、生態系が息づく場をつくろうというビオトープの概念を取り入れた運動が盛んになっている。

ビオトープとはギリシャ語で、生命（Bio）と場所（Topos）という2つの言葉を組み合わせた造語。ドイツで生まれた考え方で、生物社会の生息空間を指す。

広い意味では豊かな自然環境すべてがビオトープといえるが、人が生活する場所に集約されることが多い。昆虫、魚類、鳥類、小動物が生息できる、あるいは飛来できる空間づくりを目指すものだ。

日本でビオトープというと、主にメダカが泳ぎ、トンボがやってくる水辺の空間にイメージが限定されるが、生物が暮らす場所であれば、水辺だけではなく、野原でも樹林でもかまわない。

ただし、水辺があると多様な生物が暮らしやすくなるので、本格的なビオトープを目指すのであれば、池や水鉢などで水辺環境をつくりたい。

植物は在来種を選択

生物を呼ぶためには、そのエサになるものや、棲《す》み家になるものを設置する。植物、水、石、土のような自然素材を利用する以外に、人工物でも昆虫や鳥類などの棲み家になる。

ビオトープは見た目の管理が行き届いた空間より、自然なテイストで、生物が棲みやすい環境をつくることが先決。園芸種ではなく、周囲に自生する在来種を取り入れてみよう。

生物が棲みやすい環境には、もちろんハチやカラスなど、あまり喜ばれない生物もやってくるので、その住宅周辺の事情も考えておく必要がある。

ビオトープの配植

①立面

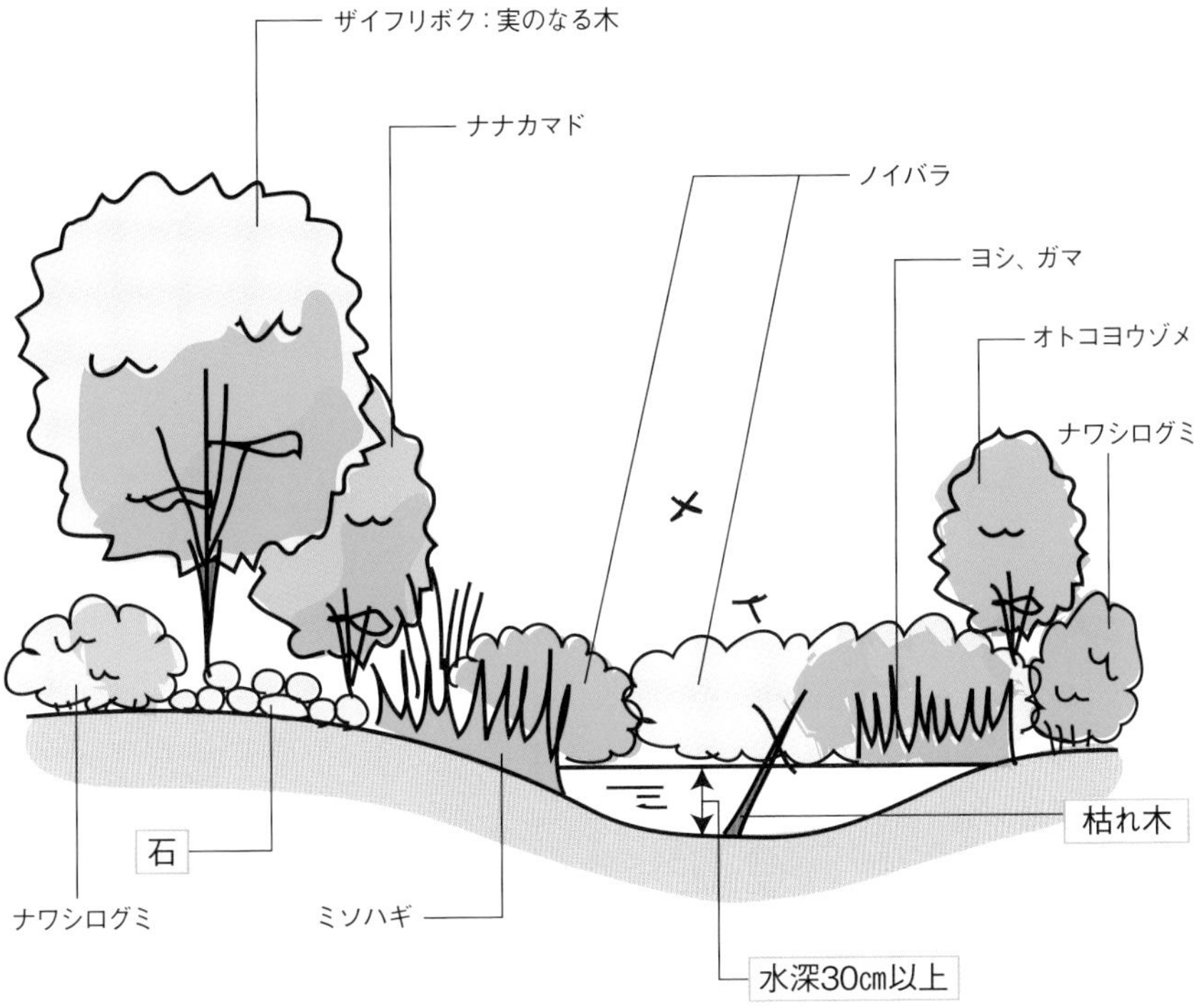

②平面

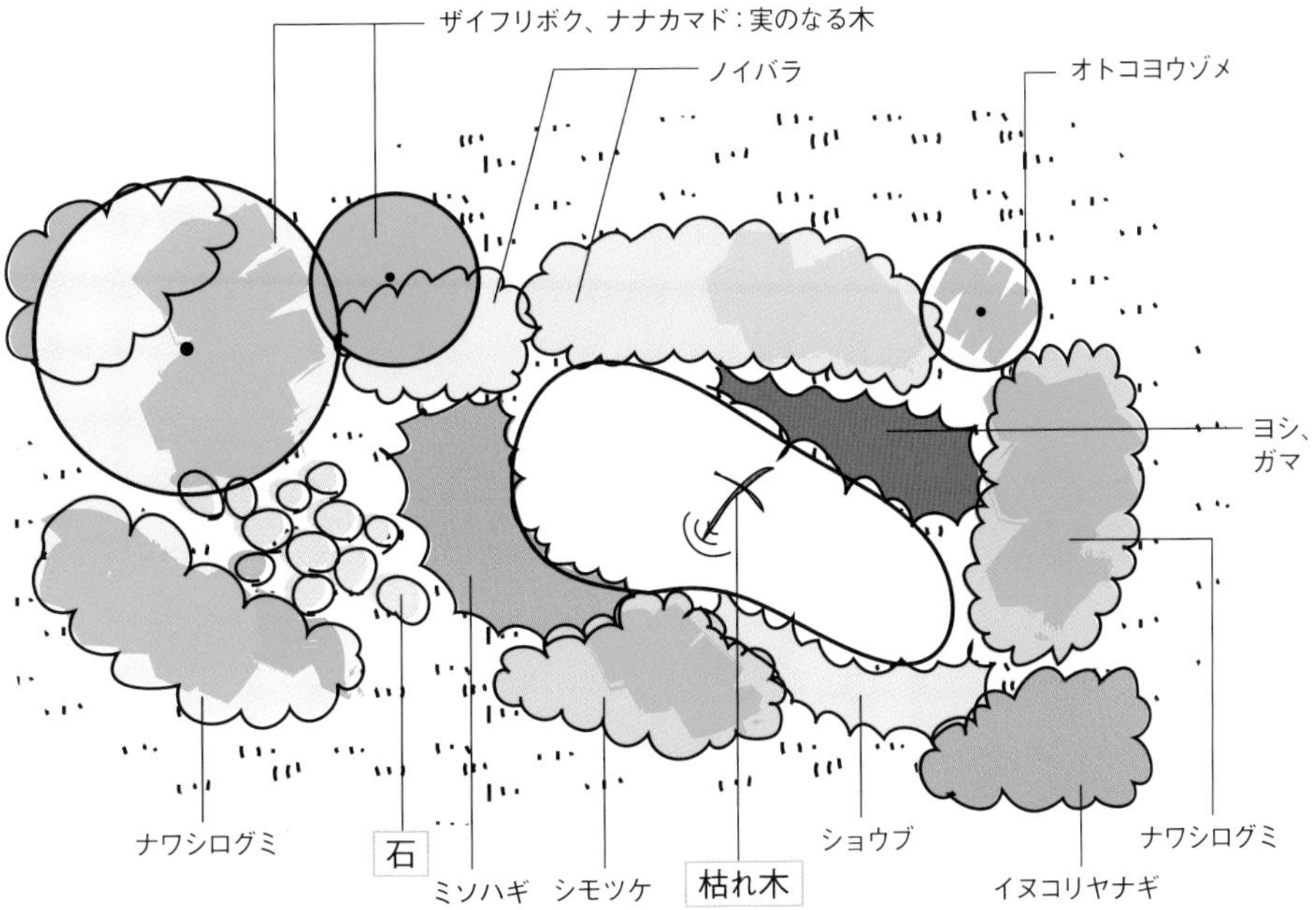

樹木だけでなく、石や枯れ木なども取り込んで、
生物が暮らしやすい環境をつくることがポイント

ミニチュアガーデン

ポイント

矮性種や生長の遅いもの、若木でも老木のような風格のあるもので構成する

矮性種などの活用

狭い空間に、さまざまな要素を取り入れて多種を植栽しても、見映えのする空間をつくることはなかなか難しいものである。それほど広くないスペースに、ミニチュアガーデンをつくるなら、導入する植物を厳選し、さらに小さな添景物《てんけいぶつ》を配置して景色づくりをするとよい。

植物は必ず生長するが、ミニチュアガーデンのバランスを崩さないためには、矮性種《わいせいしゅ》などの大きくならない品種を選ぶほか、生長速度が遅いもの、若い木でも老木のような風情のあるものなどを選んで構成する。

ドワーフとも呼ばれる矮性種は本来、突然変異によって生まれ、サイズが小さくなる性質を改良し固定化したもの。コニファー類に多く見られるほか、樹高50㎝に満たないイッサイサルスベリなどがある。ヒメクチナシ、コムラサキなどのように、頭に「ヒメ」や「コ」が付いているものも、全体のサイズや葉や花が小さいことに由来していることが多い。

小さな添景物の導入

ミニチュアガーデンでは、葉が大きな種類を利用するとバランスが悪くなるので、できるだけ小さな葉の種類を選び、花や実も小さなサイズを選ぶようにしたい。

また、種類を豊富に植栽すると、それぞれの生長スピードが異なって全体のバランスが崩れやすいので、種類を絞り込むことが大切になる。

石や照明、人形などの添景物を導入すると、いっそうミニチュア感が出て、広い空間に見える。テーマはもちろん、スペースや植物に合わせて選び、バランスよく配置する。できるだけ、間を取るように地面の隙間をつくるとよいだろう。

ミニチュアガーデンの配植

①和風の庭

立面

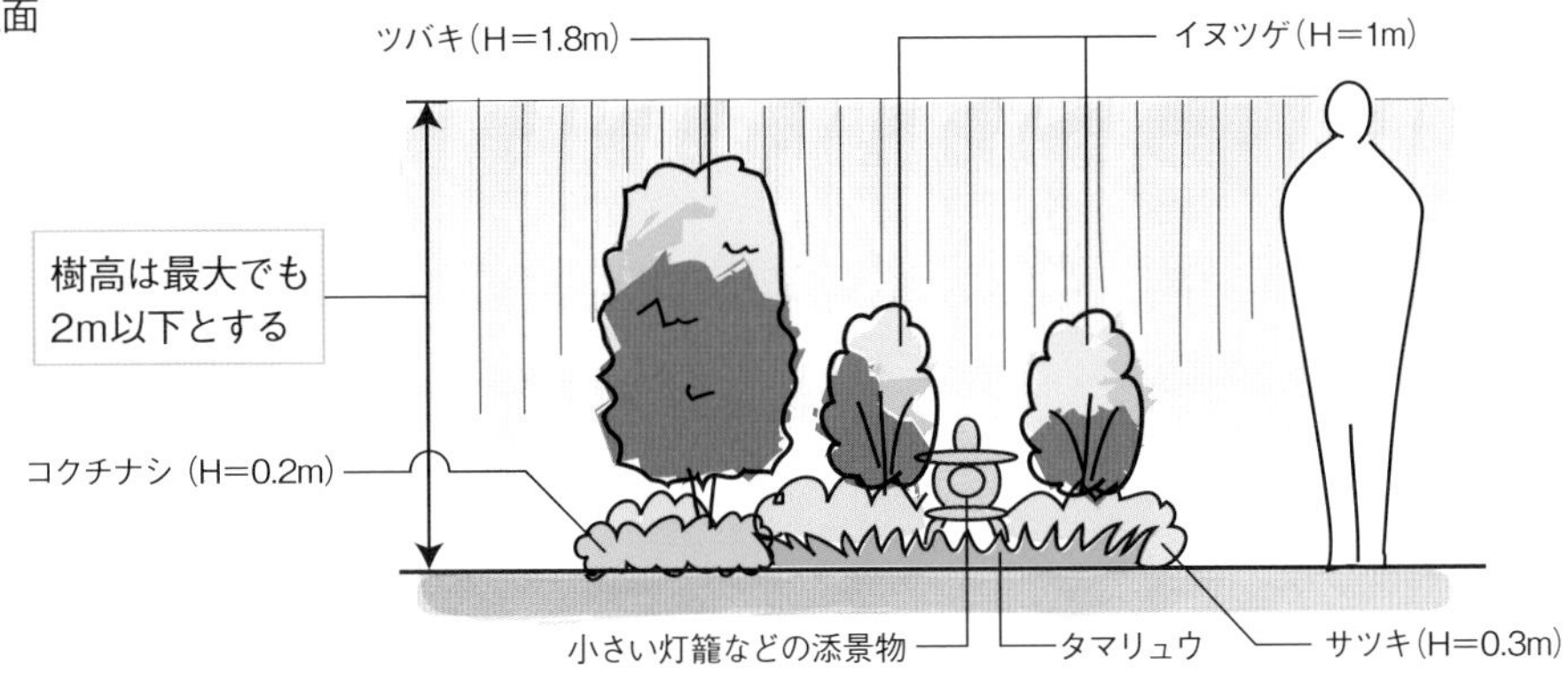

平面

常緑広葉樹で、日陰を好む樹種［56—57頁参照］を中心に配植する

②洋風の庭

立面

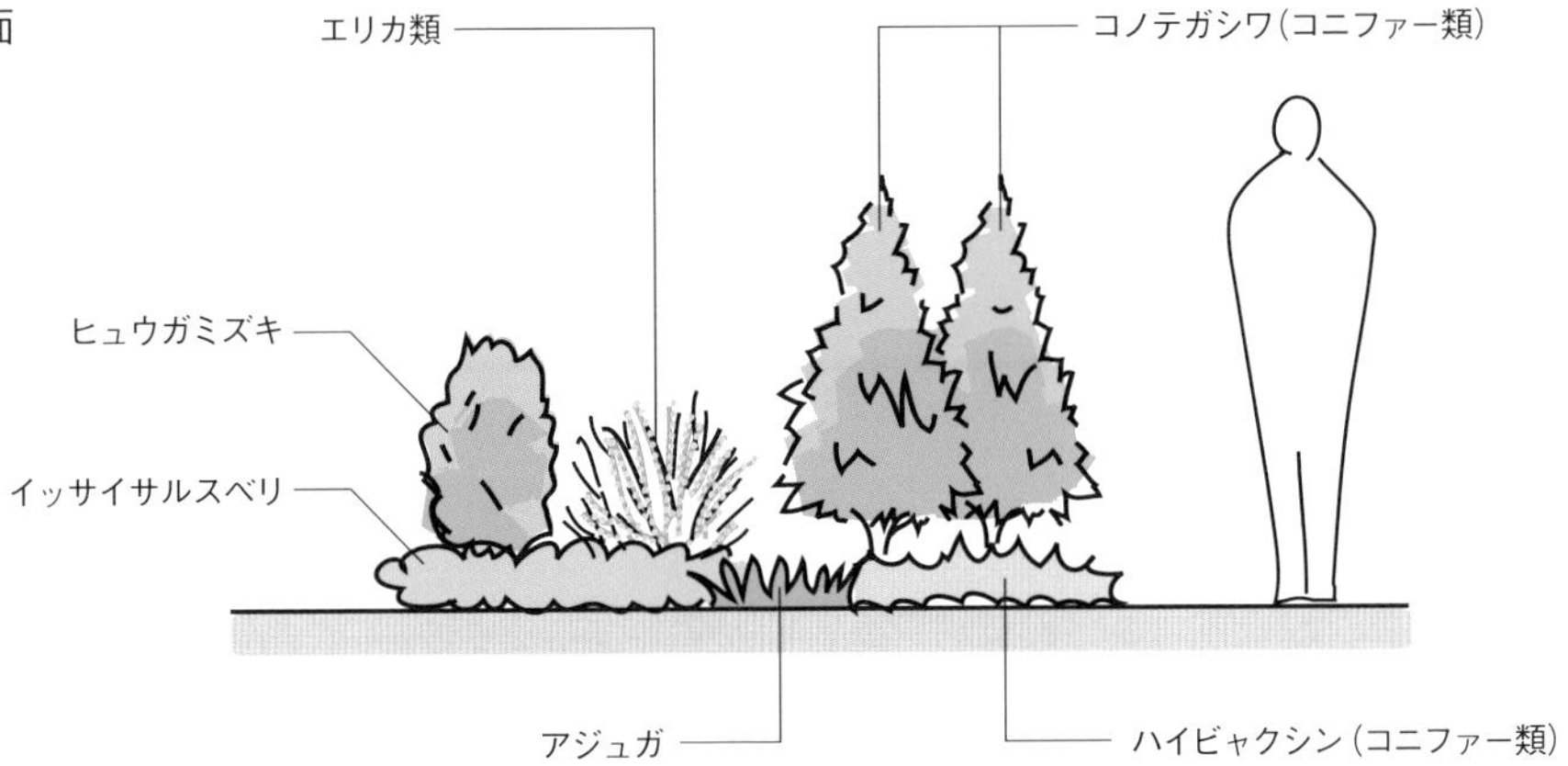

平面

コニファーを混ぜながら、日当たりを好む樹種［56—57頁参照］を中心に配植する

物語のある樹木でつくる庭

ポイント

物語やいわれをもつ樹木、縁起物の樹木をシンボルツリーにして庭にテーマを与える

シンボルツリーの選択

家や建物のシンボルとなる樹木をシンボルツリーという。シンボルツリーは、樹姿や花や紅葉などの季節の移り変わりの様子などを手がかりに選ぶことが多いが、物語やいわれのある樹木などを選ぶのもよいだろう。

ほとんどの樹木は、名前に由来をもつ。普段、何気なく使っている樹木でも、じつは変わった名前の由来をもっている場合がある。

たとえば、春に白い花を咲かせるコブシは、実の形が拳に似ることからこの名前が付いたとされている。夏にピンク色の花を咲かせるサルスベリは、サルもすべって登れないほどつるつるした幹肌からきた名前である。秋に美しい紅葉を見せるナナカマドは、燃えにくく、かまどに7回くべても焼け残ることから名前が付けられた木だといわれている。

縁起物の活用

名前の由来や樹木の性質をもとに、樹木そのものが縁起物として扱われているものもある。

たとえばトベラは、葉や茎に臭気があり、かつて厄除けとして枝を扉に挿したことが名前の由来（トビラノキ）だが、これにあやかり玄関廻りなどに植栽するのもよいだろう。ユズリハは新芽が出るまで古い葉が残るので、この木を植えると家督の継承がうまくいき、子孫が繁栄するといわれている。

名前から縁起を担ぐものには、正月の飾りに使うセンリョウやマンリョウなどがある。ともに名前に「リョウ」が付き、お金の「両」を連想させることから、転じてお金が入ってくる縁起のよいものと考えられてきた。ナンテンも「難を転じる」と読むことができ、縁起物のひとつとして庭木で使われることが多い。

名前の由来でシンボルツリーを選ぶ

センリョウ

「百両金」の名をもつヤブコウジ科のカラタチバナに分布が近く、大型であるため「千両」と名づけられた。正月の花としてもなじみが深い

ユズリハ

若葉が伸びてから古い葉が散るため、あたかも葉を譲るように見えるためこの名がつけられた。親が成長した子に跡を譲るのにたとえた縁起木

ナナカマド

生の材は燃えにくく、かまどに7回くべても焼け残ることから名づけられたといわれる。家が「火に負けない」と意味で植栽するのもよいだろう

ナンテン

中国大陸の中部以南の地に自生することからその名がつけられたとされる。「難を転ずる」という言葉の連想から縁起がよいとされている

コブシ

つぼみの形状が“拳（こぶし)”に似ていることからこの名がついた。幸福や幸運をつかむことを連想させ、縁起木とされている

トベラ

葉や茎に臭気があり、かつては厄除けとして除夜に枝を扉に挿した。「トビラノキ」「トビラギ」と呼ばれたことが名前の由来

そのほかに面白い物語のある樹種

樹種名	物　語
ヒイラギ	トゲがあることから悪気を祓うと考えられている
カラタチバナ（百両） ヤブコウジ（十両）	センリョウ（千両）やマンリョウ（万両）と同じヤブコウジ科で、お金を連想させる縁起物の木として寄せ植えなどがなされてきた
アリドオシ	センリョウやマンリョウなどと一緒に植えて、「千両、万両がいつもある（ありどおし）」と縁起を担ぐのに用いられる

手のかからない庭

ポイント

手がかからないための条件は①生長が遅い②肥料がいらない③病虫害に強い

管理が楽な植物

ほとんど手のかからない庭といえば、石や砂利で構成された枯山水《かれさんすい》。樹木が排除されているぶん、管理が楽な庭といえる。一方、樹木をしっかり育てるには日照、土、水、温度、風が必要で、それが不足した場合は、人が手を貸さなくてはならない。樹木も生き物なので、それなりに手のかかることをあらかじめ覚悟しておくことが必要である。

しかし、忙しい生活で庭の手入れがほとんどできないという場合は、以下の3つのポイントを満たしている植物を選ぶとよいだろう。

①**生長速度が遅いもの**
②**肥料を必要としないもの**
③**病虫害の発生が少ないもの**

手のかからない庭の代表が、コニファーガーデン。アスナロやイチイ、アカエゾマツなどは非常に生長が遅いコニファーである。ただし、コノテガシワやレイランドヒノキはやせ地に耐えるタイプが多く、逆に肥沃な土壌に植栽すると生長力がアップする。

手間を省くポイント

落葉樹は葉が落ちるため清掃が大変だと思う人も多いが、常緑樹も一年中葉を落とすので、それなりに日々清掃が必要になる。花を鑑賞するタイプの樹木は、花後の花殻を摘んでおかないと、見映えが悪くなるだけでなく花付きも悪くなるので、手間のかかるタイプである。果樹も実を収穫するためには肥料や消毒が必要。手間を省きたい場合は、避けたほうがよいだろう。

シバは春から秋まで雑草との戦いとなり、楽な庭を望むのであれば舗装仕上げにするべきである。日が当たる表土には必ず雑草が生えるので、常緑の地被植物でカバーすると雑草の発生を抑制し、雑草取りの手間が減る。

枯山水　石組みを主体とし、水を白砂に代えて山水を表す、日本独自の庭園様式のひとつ。代表例として、大徳寺大仙院書院庭園、龍安寺方丈庭園などがある

手のかからない庭の配植

常緑樹が中心。斑入りのものや、比較的手のかからない落葉樹のヤマボウシを入れると、庭が明るい印象になる

手のかからない代表的な樹種

	高木・中木	低木・地被植物
生長が遅い樹種	アラカシ、イチイ、イヌツゲ、ウバメガシ、エゴノキ、ソヨゴ、タギョウショウ、ハナミズキ、ヒメユズリハ、モチノキ、モッコク、ヤマグルマ、ヤマボウシ	キチジョウソウ、サルココッカ、シャガ、シャリンバイ、センリョウ、ハイビャクシン、フッキソウ、ヤブコウジ、ヤブラン
肥料が必要ない樹種	アラカシ、イチイ、イヌツゲ、イヌマキ、ウバメガシ、シラカシ、ソヨゴ、ニオイヒバ、ヒメユズリハ、マユミ、ムラサキシキブ、モチノキ、モッコク、ヤマボウシ、ヤマモモ、レイランドヒノキ	アオキ、アガパンサス、アカンサス、アベリア、キチジョウソウ、キンシバイ、クマザサ、コグマザサ、コムラサキ、サルココッカ、シャガ、シャリンバイ、セイヨウイワナンテン、センリョウ、ツワブキ、ナンテン、ハイビャクシン、ハマヒサカキ、フッキソウ、マンリョウ、ヤブコウジ、ヤブラン
病虫害に強い樹種	アラカシ、イチイ、イヌツゲ、イヌマキ、ウバメガシ、シラカシ、ソヨゴ、ニオイヒバ、ヒメユズリハ、マユミ、ムラサキシキブ、モチノキ、モッコク、ヤマボウシ、ヤマモモ、レイランドヒノキ	アオキ、アガパンサス、アベリア、キチジョウソウ、キンシバイ、コムラサキ、サルココッカ、シャガ、シャリンバイ、セイヨウイワナンテン、センリョウ、ナンテン、ハイビャクシン、ハマヒサカキ、フッキソウ、マンリョウ、ヤブコウジ、ヤブラン、ローズマリー

TOPICS

BOTANICAL GARDEN GUIDE 5

高知県立牧野植物園

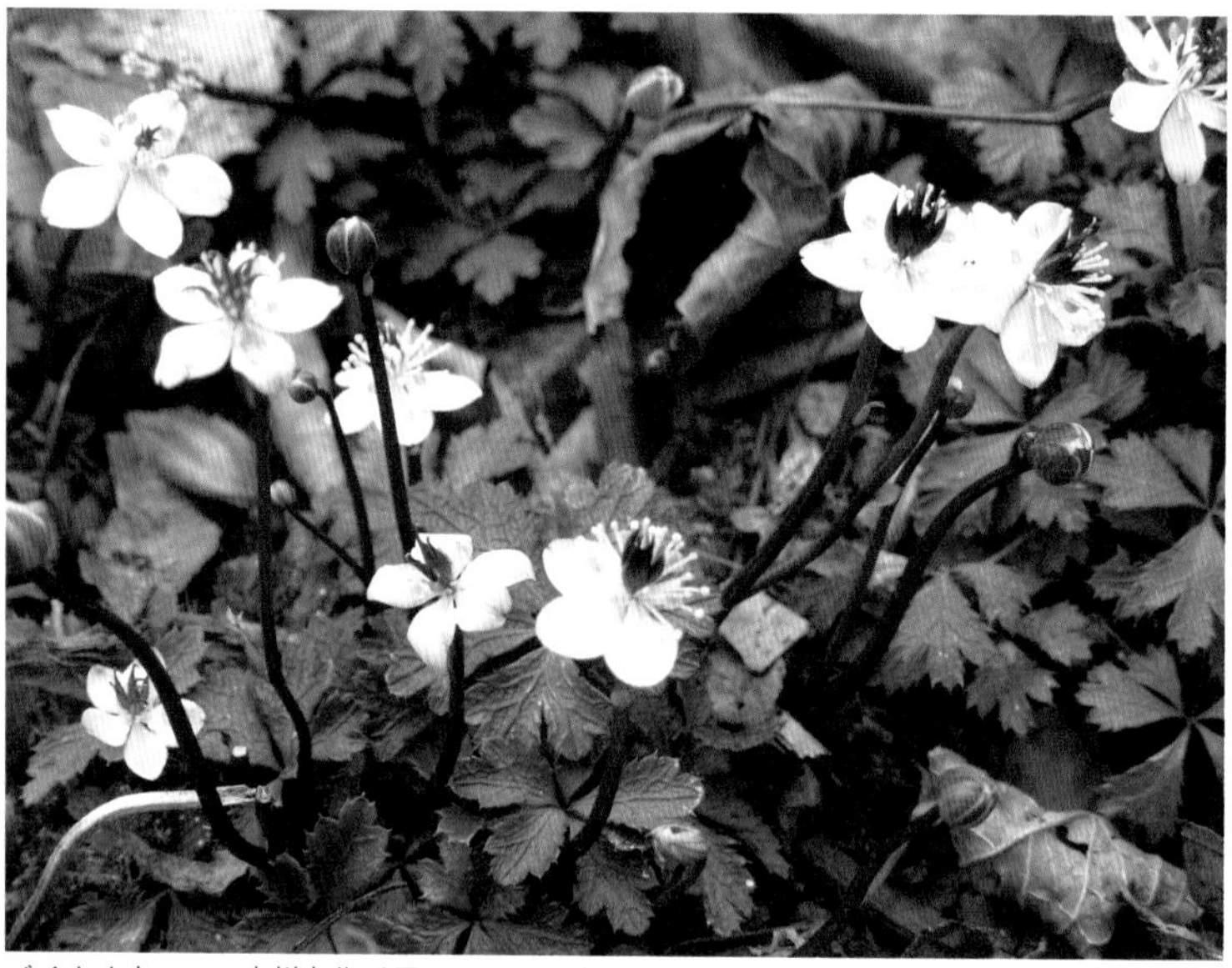

バイカオウレン。本州東北以西～四国の山地の湿った日陰に生息する多年草

牧野博士の業績を称える植物園

高知県出身の植物学者・牧野富太郎博士（1862～1957年）の業績とその歩みが分かる。市内を見渡す五台山に位置し、敷地は約8ha。博士ゆかりの植物3千種類以上が四季を彩り、憩いの場を提供している。

標高1千m以上の冷温帯から温暖な海岸線までの植生を、4つの気候帯のゾーンに区切って再現した土佐の植物生態園をはじめ、温室や東洋の園芸植物が観賞できる庭園、薬用植物区などの幅広い分野の植物を楽しめる。

このほか、牧野博士が描いた植物図などの貴重な資料を紹介する展示など、生涯学習の場となる展示館も併設している。

DATA

住所／高知県高知市五台山4200-6
電話／088-882-2601
開園時間／9：00～17：00
休園日／年末年始（12/27～1/1、そのほかメンテナンスのため休園あり）
入園料／一般730円（団体割引あり）、高校生以下無料

※1月末から2月中旬はバイカオウレンが見頃を迎える

第6章

特殊樹の植栽

タケやササを使った庭

ポイント

タケやササは狭くても植栽可能だが、ゴムシートなどで地下茎の広がりを防ぐ

地下茎の広がりには要注意

タケやササは上方向にすらっと伸びるため、狭い空間でも効率的に緑化できる素材として住宅の植栽によく用いられる［82—83頁参照］。ただし、地下茎が横に広がるため、根が近隣へ伸びないよう、対策が必要だ。

ちなみに、タケとササの違いはどこにあるのか。タケ分類の第一人者の室《むろ》井《い》綽《ひろし》氏によれば、生長後に稈《かん》（幹の部分）の皮が落ちるのがタケ類で、落ちないのがササ類である。また、ササ類のなかでもほとんど地下茎を出さないのがバンブー類である。

タケとササの利用法

タケは生長が速い。春芽がたくさん出て2カ月くらいで生長形となり、1年もすると6m程度に伸びる。また1本の寿命が短いのも特徴だ。だいたい7年程度で枯れる。枯れたタケは地際《にぎわ》で切り倒すとよい。

タケは稈に直射日光が当たるのを嫌うが、葉には光を当てたほうがよい。したがって、タケの真上に光が当たるような中庭が生育環境として適している。ただし、風通しが悪いとカイガラムシがつきやすいので注意する。

通常植栽に使われるタケで背の高いものはモウソウチクとマダケ。高さ7m前後で植栽でき、2階の窓からも葉が観賞できる。地下茎が広がるので、地面から1m程度の深さまでゴムシートやコンクリートで区切るような仕組みをつくると安心。ボリュームを抑えたいときはクロチクやダイミョウチク、シホウチクなどがおすすめである。

植栽でよく使われるササ類は、カンチクとヤダケで、生長するとヤブ状になる。また地被にはクマザサ、コグマザサがよく利用される。刈り込むと緑鮮やかなグランドカバーになり、和・洋の庭でもよく似合う。

タケが育つ環境

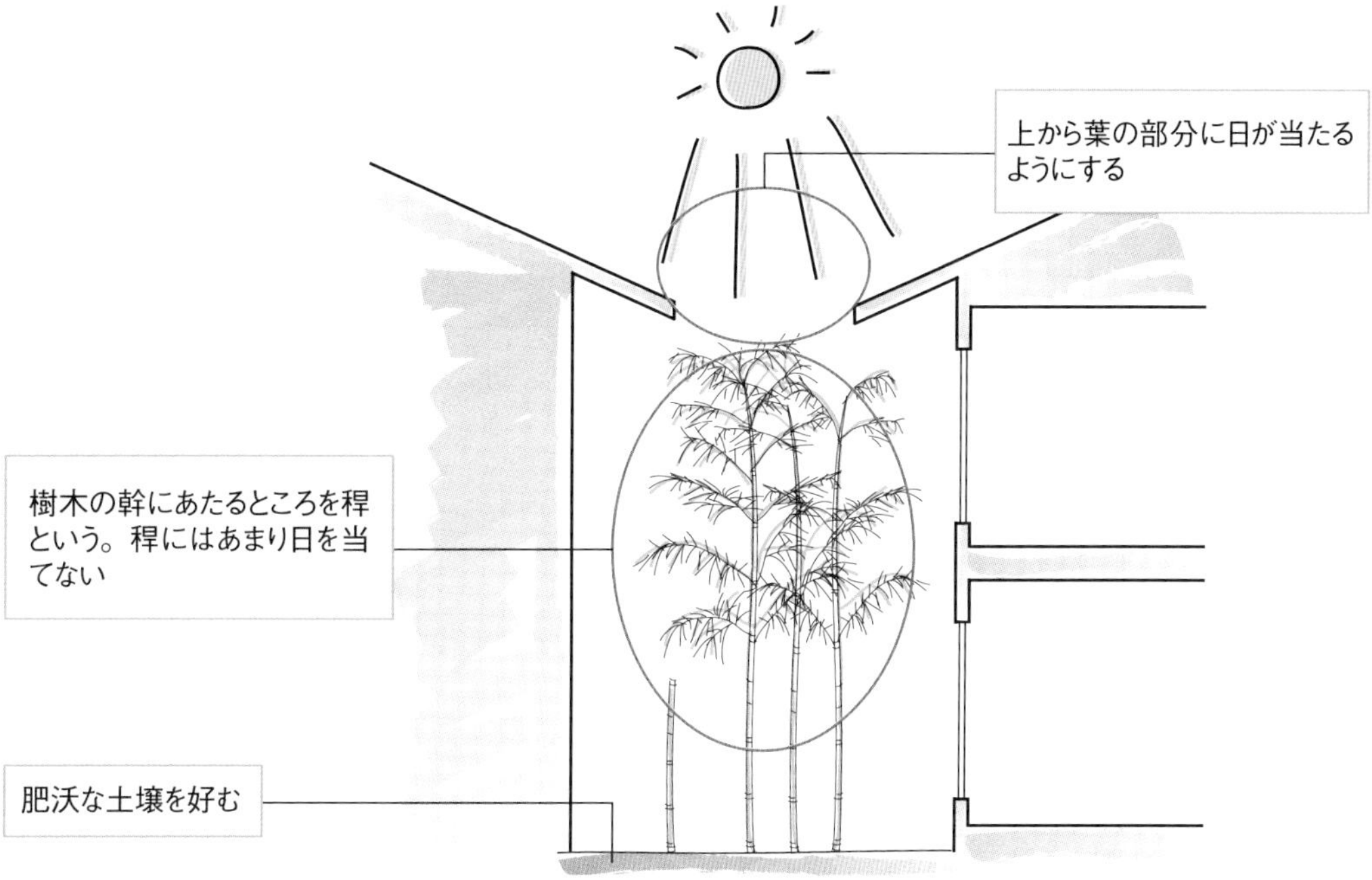

住宅用植栽に向くタケの種類は、キッコウチク、キンメイモウソウチク、クロチク、シホウチク、シュチク、ナリヒラダケ、ハチク、ホウライチク、ホテイチク、マダケ、モウソウチクなどである

タケの根張りを抑える方法

タケは根が横に広がるため、植栽には注意が必要だ。地面よりも1m程度の深さまでコンクリートなどで遮蔽すると、根の広がりはある程度抑えられる

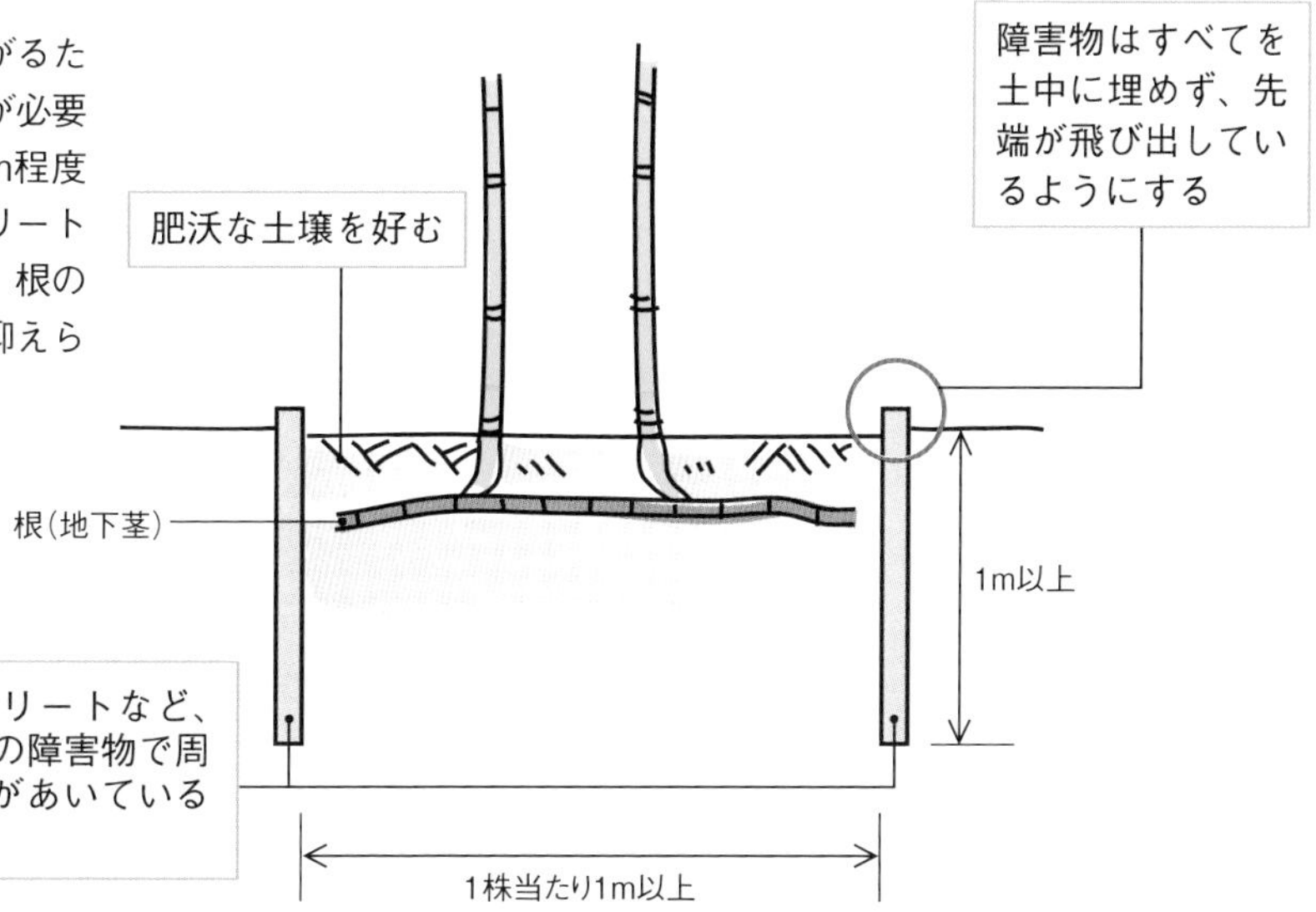
土管やコンクリートなど、深さ 1m以上の障害物で周りを囲む。孔があいているものは避ける

シバを使った庭

ポイント

シバには夏型と冬型があり、いずれも日当たりに留意する。事前に管理者とも相談を

夏型種と冬型種

一面に緑が広がるシバの庭は気持ちのよい空間だ。植栽デザインの要素としてぜひ取り入れたい。

シバは大きく分けて、ノシバやコウライシバのように冬に枯れる夏型種のタイプと、コロニアルベントグラス、ケンタッキーブルーグラスのように夏の暑さに弱いが冬に緑色を保つ冬型種がある。

夏型のシバは、地下茎でつながり広がっていくので、マット状に加工されたシートを張って施工する。もちろん種子から殖やすこともできるが、まばらになりやすく、密な緑にするにはかなりの手間が必要になる。

暖地にも適したティフトンシバは西洋シバの一種で、夏型の播種《はしゅ》タイプ。本州のサッカー場では西洋シバのタイプを数種類使い、1年を通して緑を保つようにしている。

冬型のシバには、比較的暑さにも耐えるものもあり、北海道では通年利用できる。通常は秋に種をまいて育てる。毎年の播種が必要で、これを行わないとムラができてしまう。

シバの管理法

シバは夏型、冬型とも日光を好み、半日以上日陰になると生育不良になる。シバをきれいに保つには刈込み、目土《めつち》入れ、雑草とり、施肥《せひ》など、意外と手間がかかるものだ。シバ以外を除草する薬剤もある。使用に当たっては管理者と十分協議したうえで、散布範囲を決めて利用する。

冬型シバは草丈が30cm以上になるため、カーペット状にするには刈込み回数を増やさなければならない。夏型シバでは、ノシバよりコウライシバのほうが丈や葉は小さめで密に生え、刈込み数が少なくすむが、やや寒さに弱い面がある。

目土入れ　芝生の造成時、芝の活着と繁殖を促進し、緻密に美しい状態で維持するために、調整された細粒の土壌を散布すること

シバが好む環境・嫌う環境

①好む環境

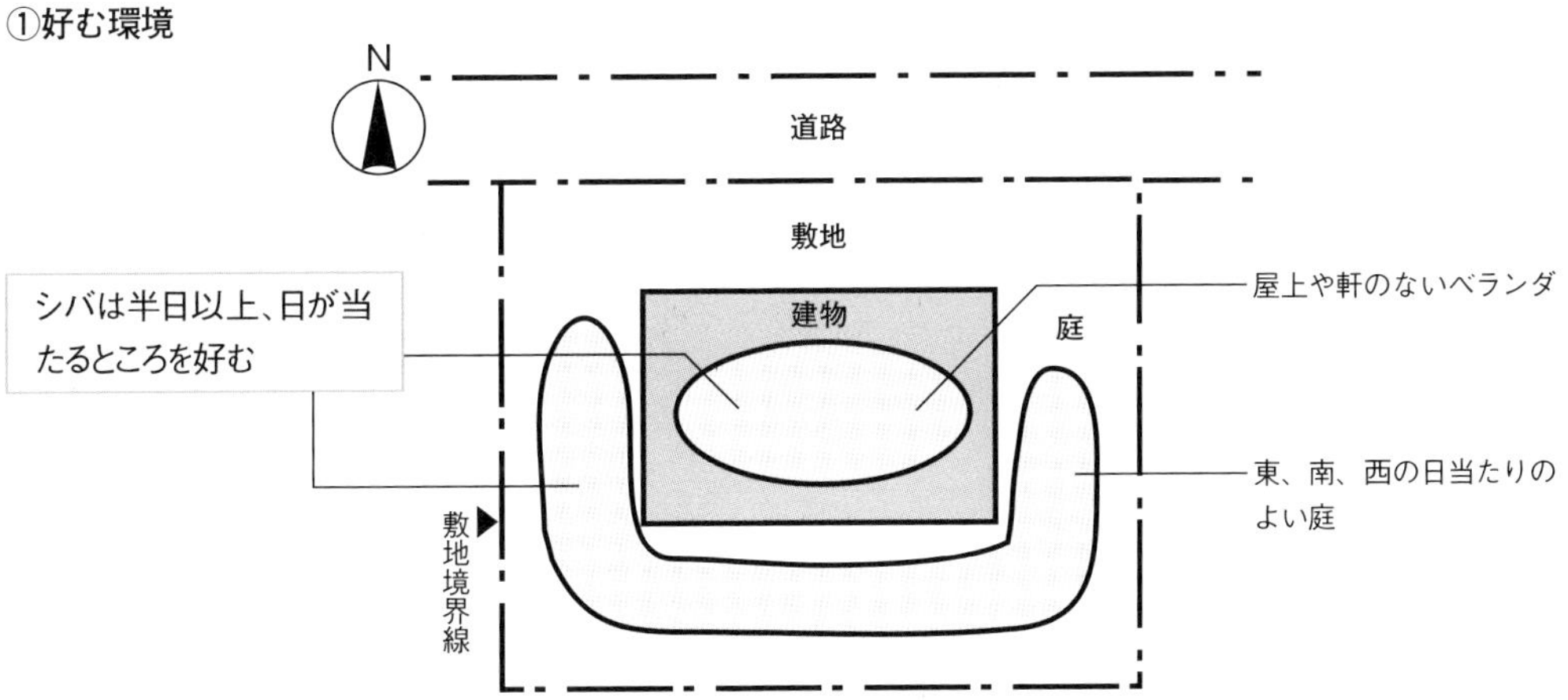
N
道路
敷地
建物
庭
シバは半日以上、日が当たるところを好む
屋上や軒のないベランダ
東、南、西の日当たりのよい庭
敷地境界線

②嫌う環境

フェンスの裏や大きな木の陰になる場所は、日照が得られないので植栽には向かない

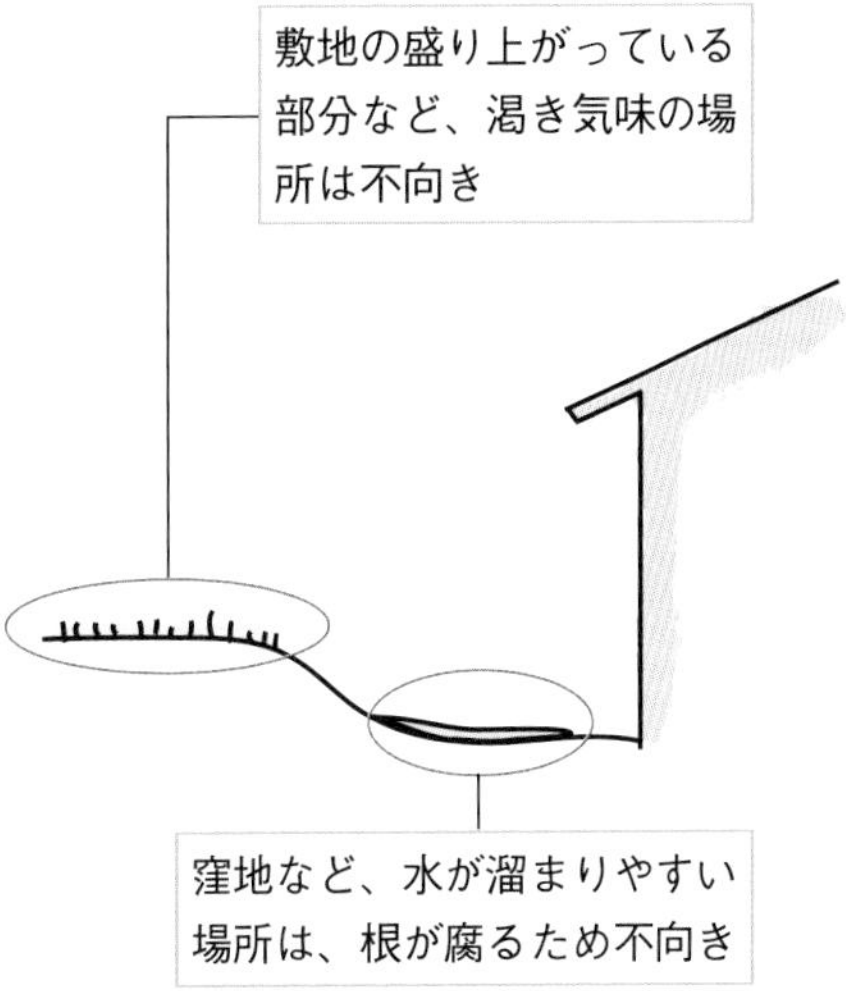
敷地の盛り上がっている部分など、渇き気味の場所は不向き
窪地など、水が溜まりやすい場所は、根が腐るため不向き

日照を好むシバの植栽は日当たりがよい場所であることが基本。
半日以上日陰になったり、水分が多くじめじめした環境では生育不良となる。
また、通路など常時人や物が通るところは
踏み圧で根が傷み枯れるおそれがあるので、植栽は避けたほうがよい

代表的なシバ

夏型シバ	冬型シバ
ウィーピングラブグラス、ギョウギシバ、コウライシバ、セントオーガスチングラス、ノシバ、ティフトンシバ、バッファローグラス、バミューダグラス、ヒメコウライシバ	クリーピングベントグラス、ケンタッキーブルーグラス、コロニアルベントグラス、ファインフェクス

コケを使った庭

ポイント

コケは常に湿度の高い半日陰〜日陰の環境を好むので、設置場所や水遣りに配慮する

コケの特性

コケは日本庭園特有の素材である。苔むした庭は湿度の高い日本ならではの景観といえる。小さな形態を維持できるので、狭い空間や園路の隙間などに植栽できるのも特徴である。

コケはほとんど根をもたず、茎葉に水を蓄え、茎葉で直接水を吸収する。そのため大気中の湿度が高いところや朝露が出やすいところでよく育つ。乾燥してもしばらくは休眠した状態で生きていられるが、この状態が続くと、しだいに枯れてしまう。

湿度が高い場所を好むといっても、ある程度の日照は必要だ。品種によって日当たりのよいところに育つものもある。葉の厚いタイプは葉の薄いタイプより乾燥に強い。

コケは水を含んだときに茎葉が膨らんで緑になり、乾くと茎葉が閉じて茶色に見える。この動作を繰り返していると、全体が弱って枯れてしまうので水遣りには注意が必要だ。常に湿度が高い場所か、半日陰〜日陰で管理するようにしたい。

住宅でのコケの植栽

都市部は湿度が低く、夏に高温になることが多いので、コケの生育にはあまり適さない。住宅の場合は、強風の当たるところや西日を避け、落葉樹の根際などに設置するとよい。

水はけのよい環境をつくるように地形を少し盛り上げ、緩やかな山を形成して植栽するとコケのよさが際立つ。通常は「張りコケ法」で、マット状に加工されたコケを植栽する。

銅に生えるようなコケもあるが、庭に植栽するコケは土壌のpH（ピーエイチ）にも敏感だ。通常は弱酸性を好み、塩素の強い水を嫌うので、水道水をそのまま使用せず、置き水をして塩素を飛ばした水を使用するとよい。

コケが育たない原因

①乾湿が繰り返される

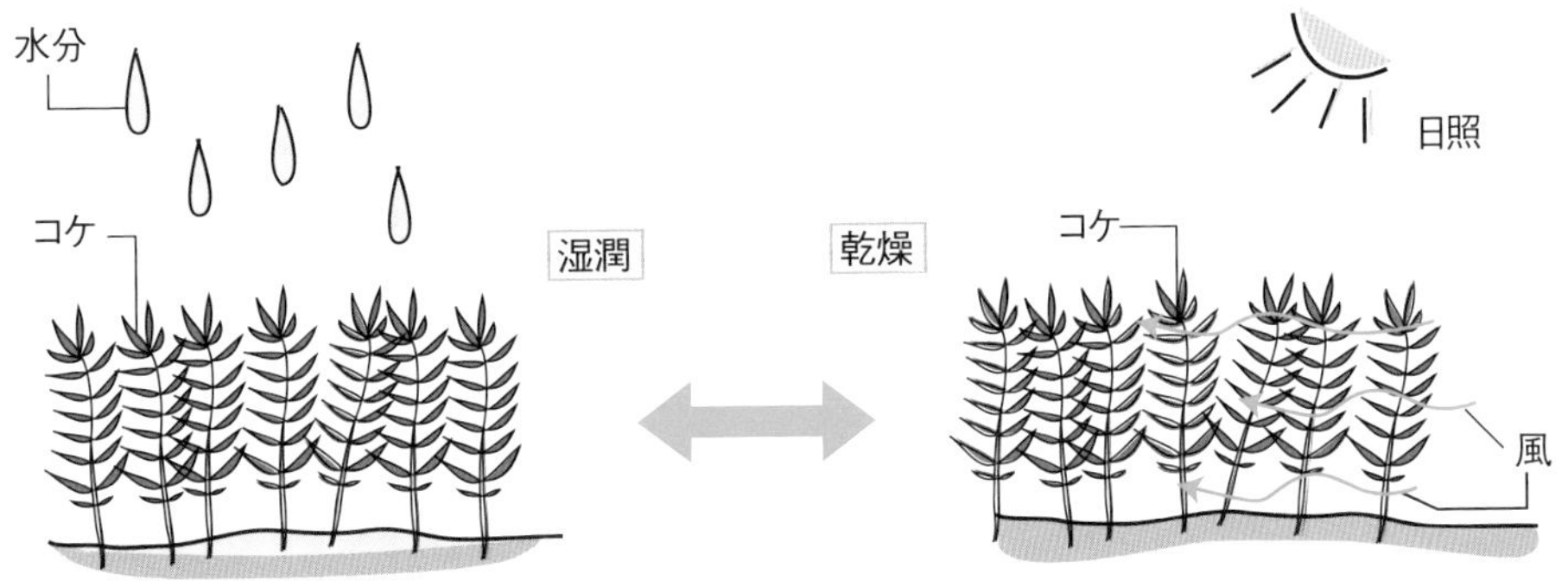
水分
コケ
湿潤
乾燥
コケ
日照
風

乾湿が繰り返されるとコケ全体が弱って枯れる原因となる

②終日日陰

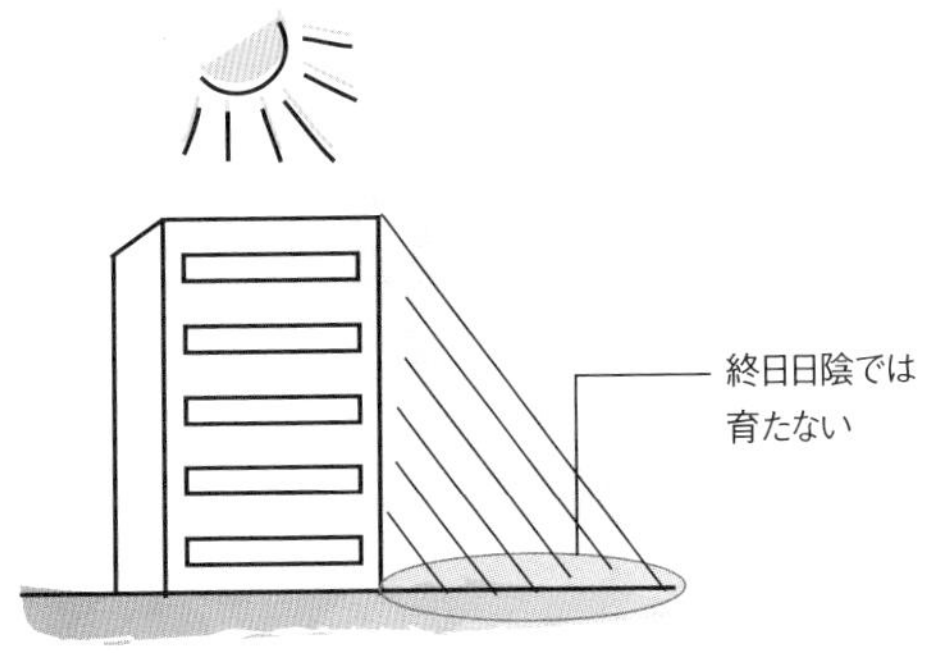
終日日陰では
育たない

コケの生育にはある程度の日照が必要。
まったく日照がない場合は枯れる

③不適切な管理

コケの生育に適切な管理が必要。
夏場の水遣りは①のような環境をつくるためNG

コケ庭の配植のポイント

高木・中木を植えて、適宜日陰をつくる
建物の周囲は、砂利を敷くなどして水はけをよくする
植栽に使う代表的な種類：
ウマスギゴケ
オオスギゴケ
カサゴケ
スナゴケ
ハイゴケ
ヒノキゴケ
起伏をつくり庭に変化を与えるとともに、水はけを調整する

シダを使った庭

ポイント

シダは樹木の足もとや景石の添え、飛石の脇に植えると野趣ある雰囲気が生まれる

日本はシダの宝庫

世界に目を向けるとシダを植栽に使う庭はあまり見られない。しかし、日本ではシダは非常によく使われる素材だ。シダは種子をつくらず、花が咲かない植物だが、江戸時代には園芸品種としてマツバランやノキシノブなどをこぞって改良させて楽しんできた歴史がある。湿度の高い日本の気候はシダの発達には適しているのである。

シダは水分を好むが、水がとどこおる場所は苦手。水はけのよい土壌で、水を切らさず管理するのがポイントだ。樹木の足もとや、景石《けいせき》の添えや飛《とび》石《いし》の脇に数株入れると自然な雰囲気を演出することができる。

シダの取り入れ方

住宅の植栽では、常緑のシダがよく利用されている。生長は比較的緩やかで、草丈もせいぜい30cm程度に収まる。管理は、茶色くなった枯れ葉を抜く程度でよく、剪定の必要がない。

柔らかい雰囲気をもったイノモトソウや、やや硬い印象のベニシダ、色彩が濃くて硬いイメージのヤブソテツ類は丈夫なシダで取り入れやすい代表種である。観葉植物で知られるアジアンタムの仲間のハコネシダ、クジャクシダは美しく観賞価値は高いが、管理がやや難しい。クサソテツはボリューム感があり、密植すると低木のように扱えるシダで、飛石や景石の脇に植栽するとよい。コケのように地面に這《は》うクラマゴケは、コケではなくシダの仲間である。

シダ類は和のイメージが強いが、オニヤブソテツやタマシダのようなものを多用するとトロピカルなイメージもつくり出すことができる。ジュウモンジシダは国内に広く自生し、丈夫で形も美しく、和洋を問わず、どのような庭にも導入できる。

シダが好む環境

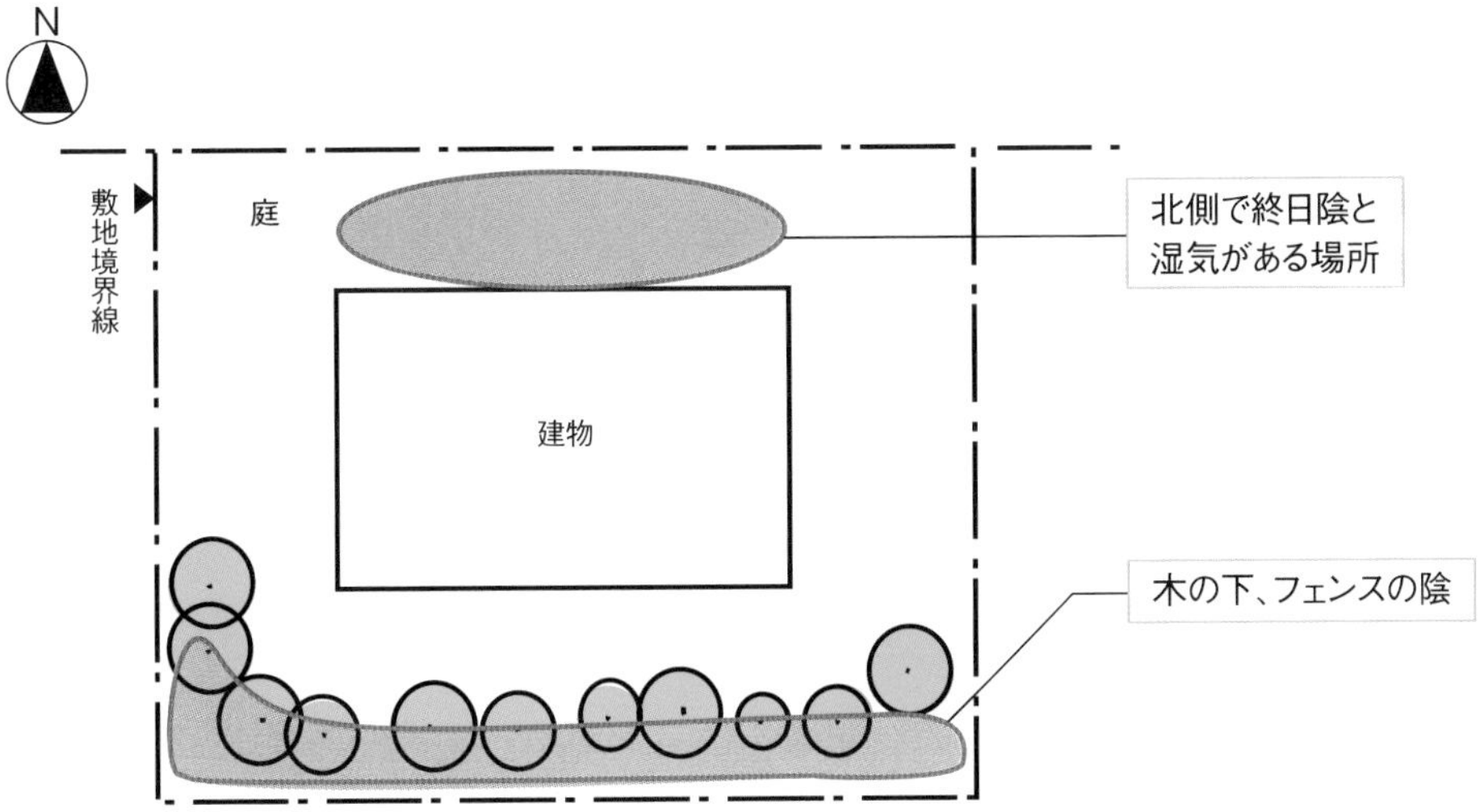

シダは湿気が多い日陰を好むが、日当たりがある程度あっても育つことができる。
また水分が多すぎると生育不良になるので、水を切らさず溜めずという状態が続くようにする

シダの配植例

シダは和風の庭でよく使われる。高木や添景物の足もとに入れると野趣溢れる庭をつくることができる

代表的なシダ

イノモトソウ、イワヒバ、オオタニワタリ、クサソテツ、クジャクシダ、クラマゴケ、ジュウモンジシダ、タニワタリ［熱］（※）、タマシダ［熱］、トクサ、ハコネシダ、ベニシダ、ヤブソテツ、ヤマソテツ

クサソテツ。オシダ科クサソテツ属。飛石や景石の脇に植栽

※熱帯植物。熱帯域に生育する植物。室内か沖縄の屋外に向く

ヤシやソテツを使った庭

ポイント

ヤシはほかの樹種と組み合わせるのが難しいので、低木・地被植物を添える程度にする

ヤシの特徴

トロピカルな雰囲気をつくる庭の植栽としてヤシ類を利用するケースは多い。ヤシは熱帯性の植物のため寒い地方では植栽できないが、冬もあまり寒くならず、夏に高温になる都市部では植栽が可能だ。

ヤシの実を付けるような種類は難しいが、フェニックスヤシの仲間のカナリーヤシやヤタイヤシ（ココスヤシ）、ワシントンヤシなどは植栽できる。ただし、カナリーヤシやヤタイヤシは葉を広げると４ｍくらいになるので、植栽するにはかなりの広さが必要だ。

一方、ワシントンヤシやソテツはコンパクトにまとまるので植栽しやすい。ソテツは九州南部に自生していたが、安土桃山時代から全国に広まって大名庭園の多くに使われた。また、宮家の別荘だった桂離宮にも蘇鉄山があるように、和の庭でも多用される。

ヤシの重量に注意

ソテツは半日陰でも育つが、ヤシ類の多くは日当たりのよい場所を好む。潮風には比較的耐えるので、海辺の住宅植栽にも向いている［70頁参照］。ヤシの特殊な形が目立つように空間をとり、ほかの植物をあまり合わせず、低木や地被植物を植栽する程度がよい。

樹高が低いものでも、ヤシは普通の樹木より非常に重量があり、搬入の手間がかかる。カナリーヤシやヤタイヤシなどは幹が太いため人の手で抱えることが困難である。搬入には機械が必要で、そのための施工範囲を確保しておく。

また、寒い時期にヤシ類を植栽するのは厳禁。暖かくなった時期に、根回しがしっかりできたものを植栽するようにしよう。寒《かん》の戻りがある時期は、寒さ除けの寒冷紗《かんれいしゃ》で樹木全体を覆い、暖かくなってから取り除く。

根回し　老大木や貴重な樹木、移植に弱い樹木などを移動する場合、移植後の活着を高めるために、前もって根鉢内に多くの細根を人為的に発生させる作業。太根を残しながら輪状に溝を掘る溝掘り式と、スコップなどで根を切って処理する断根式がある

ヤシやソテツを使った庭の配植

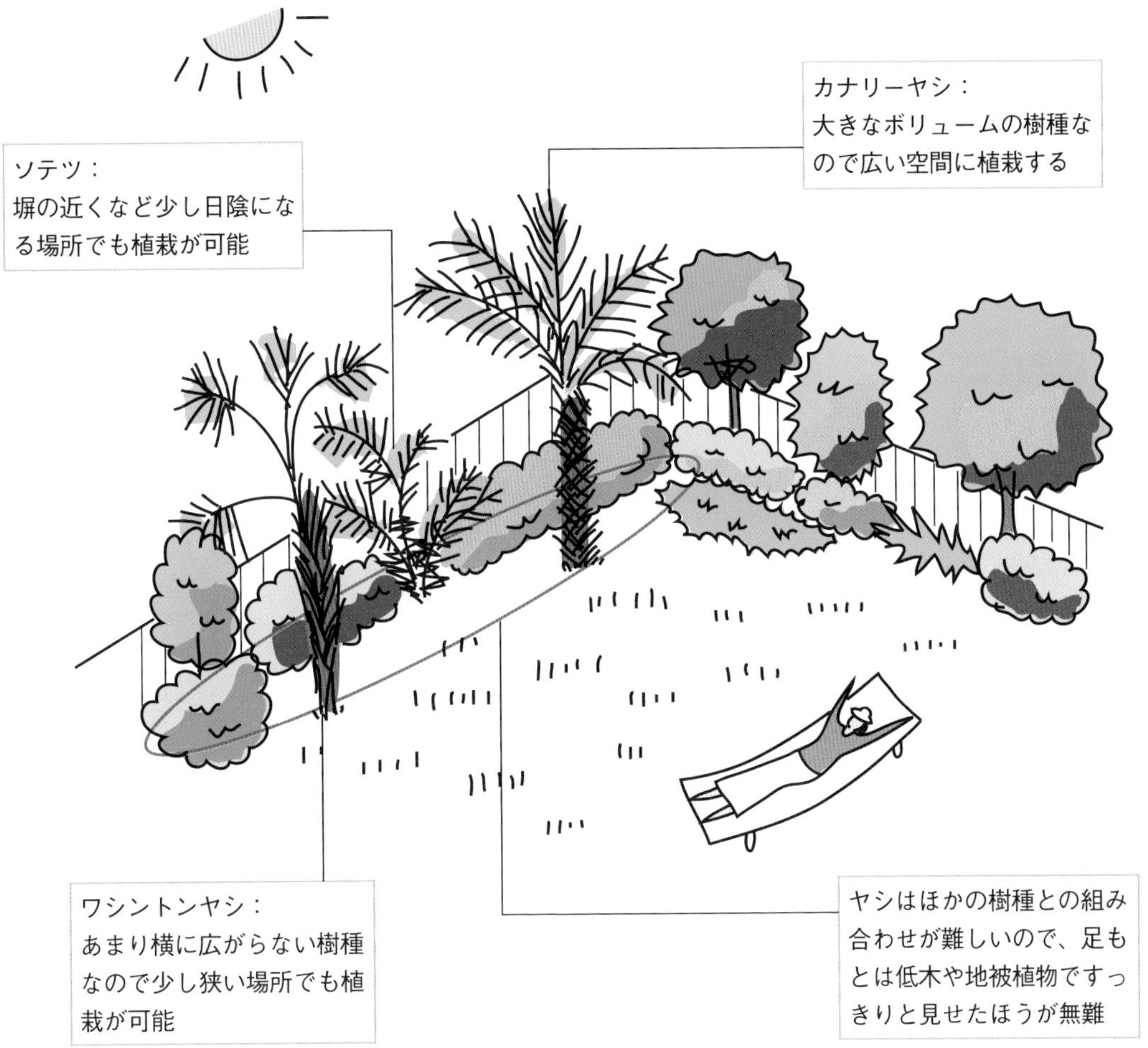
カナリーヤシ：
大きなボリュームの樹種なので広い空間に植栽する
ソテツ：
塀の近くなど少し日陰になる場所でも植栽が可能
ワシントンヤシ：
あまり横に広がらない樹種なので少し狭い場所でも植栽が可能
ヤシはほかの樹種との組み合わせが難しいので、足もとは低木や地被植物ですっきりと見せたほうが無難

代表的なヤシやソテツ

カナリーヤシ。ヤシ科ナツメヤシ属

ワシントンヤシ。ヤシ科ワシントンヤシ属

ソテツ。ソテツ科ソテツ属

寒冷紗　植物の遮光、防霜、防風、防虫や水分の蒸散防止などのために用いられる目の粗い織物

ハーブを使った庭

ポイント

ハーブを植栽し、生活に活用する。種類ごとに煉瓦で区切ると収穫しやすい

植物の生活への利用

ハーブは薬用や調理などに利用される植物の総称である。薬効があっても有毒成分が含まれるハーブもあり、使用や栽培に許可が必要な種類もある。

ハーブとして一般によく出回っているものは比較的、栽培・管理が容易で、植物の性質を理解して土づくりや水遣りを行えば、誰でも簡単に収穫が楽しめる。

複数のハーブを同時に育てる場合、収穫することを考え、種類ごとにレンガなどで区切って植栽すると管理しやすくなる。

ハーブには、草本タイプと樹木タイプがある。一年を通して管理が簡単なのは樹木タイプである。肉料理の香味付けなどに使われるローズマリーは、暖地ではとても簡単に栽培できる代表種。立性《りっせい》と匍匐性《ほふくせい》があるので、好みと場所に合わせて植栽するとよい。

おすすめのハーブ

樹木タイプはローズマリーのほか、葉の強い香りが魅力のギンバイカ、煮込み料理に活躍するうえ生垣やシンボルツリーになるゲッケイジュなどがある。ゲッケイジュは日当たりがよいと、よく生長するため、刈り込んでトピアリーのように仕立ててもよい。サンショウもハーブとして利用できるので、庭の片隅に植栽しておくと便利だ。

草本タイプで最も丈夫なのがミント類で、1株植えただけで勢いよく広がっていく。タイムは乾燥気味の場所が好みので、石積みなどの間に植栽しても面白い。カモミールはかわいい白花を咲かせ、花も葉も利用できるが、暑さを嫌うので注意する。

一般にハーブは日当たりのよい土地が適しているが、日当たりの悪い場所では日本のハーブであるドクダミやミョウガなどを植えるとよいだろう。

立性・匍匐性　立性とは上へ上へと伸びる性質。匍匐性とは地面を這って殖える性質

ハーブを使った庭の配植

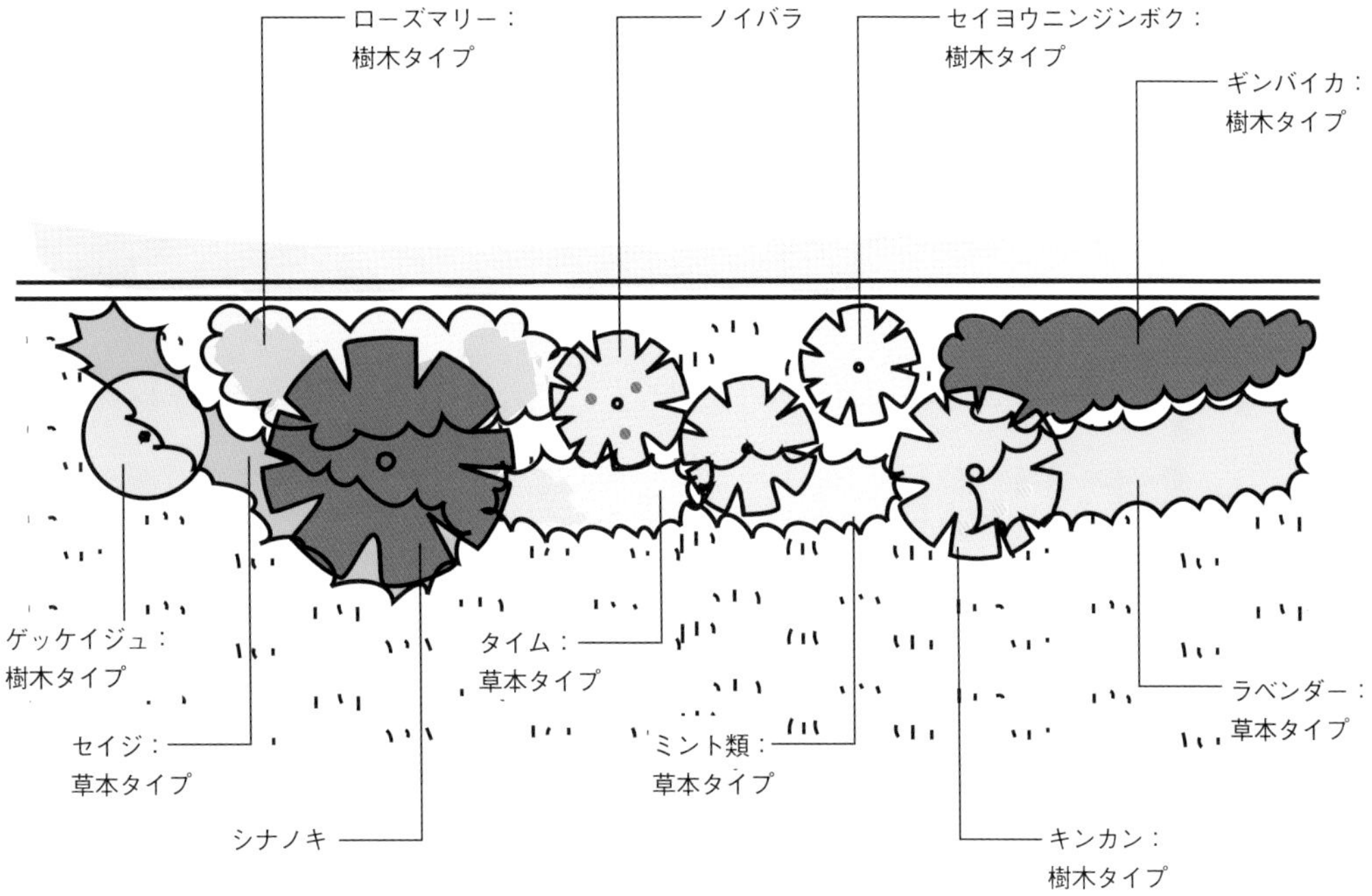

日当たりの良い場所で草本タイプと樹木タイプを混ぜながら植栽する

植栽に向くハーブ

使用部分	植物名
花を使う（葉も使える）	ジャーマンカモミール、ナスタチウム、ハイビスカス・ローゼル（実も利用）、ベルガモット、マロウ、ヤロウ（セイヨウノコギリソウ）、ラベンダー類（夏の蒸し暑さに弱いものがあるため、購入時に植栽場所の気候に合ったものを選ぶ）
葉を使う	イタリアンパセリ、エキナセア、オレガノ、ゲッケイジュ、コリアンダー（パクチーのこと）、セージ類、タイム（クリーピングタイムは乾燥気味の場所でも繁殖力旺盛）、バジル、ヒソップ、フェンネル、ミント類（ミント類はどれも繁殖力旺盛）、レモンバーム、ローズゼラニウム、ローズマリー（横に這うタイプや直立するタイプなど樹形がいろいろある）

ローズマリー（シソ科）。常緑の低木のため一年中葉を利用できる

コニファーを使った庭

ポイント

コニファーは形や色を生かしてパズルを組み合わせるように、バランスよく配置する

冬場に魅力を発揮

コニファーは針のような葉と、コーン（CONE）を付ける針葉樹の総称。コーンとは球果のことで、マツボックリはその一種である。常緑がほとんどなので、コニファーだけでつくった庭は一年を通してほとんど変化が見られないが、周囲の緑がなくなる冬場にその魅力が発揮される。品種改良が進み、葉の色は豊富で、バリエーションが楽しめる。

ほとんどのコニファーは蒸れるような湿度を嫌うので、日当たりと風通しのよい場所に植栽することがポイント。コニファーは剪定しなくても自然樹形でカチッとした形に保たれるものが多いため、手間のかからない樹木でもある［206―207頁参照］。中木～高木の高さの異なるものがあり、樹形や幅もさまざま。パズルを組み合わせるようにバランスよく配置するとよい。

豊富な樹形と色彩

限られたスペースに向くコニファーは、細仕立ての狭円錐形《きょうえんすいけい》や円筒形《えんとうけい》（ファスティギャータ形）のジュペルススエシカ、イタリアンサイプレスなど。低木で、寄せ植えして見せるようなものに、キャラボクやタマイブキなどがある。また、小さな半球形の樹形には、キンキャラやプンゲンストウヒゴロボーサのほか、小型のコノテガシワ、オウレアナナなどがある。

横に匍匐するように広がるジュペルスブルーパシフィック、ミヤマハイビャクシン、フィリフェラオーレアナナは、地被植物のように利用できる。

葉色は緑の濃淡のほかに、イエロー、ブルー、ホワイトなどがある。このように樹形や色彩が豊富なために構成のバリエーションも広がり、組み合わせによって立体的な庭をつくることができる。

コーン　裸子植物の針葉樹、マツ科、スギ科、ヒノキ科の樹木がつくる果実。マツの場合はマツカサと呼ばれる

コニファーの樹形と代表的な樹種

円錐形(広・狭)：アカエゾマツ、イチイ、コノテガシワエレガンテシマ、サワラ、ジュニペルスブルーヘブン、ニオイヒバグリーンコーン、ニオイヒバヨーロッパゴールド、ヒノキ、プンゲンストウヒホープシー、レイランドサイプレス など

狭円錐形(ペンシル形)：イタリアンサイプレス、ジュニペルススエシカ、ジュニペルスセンチネル、ヨーロッパイチイファスティギアータ、ネグンドカエデオーレオマルギナタム など

半球形・球形：キンキャラ、ニオイヒバゴールデングローブ、ニオイヒバダニカ、ニオイヒバラインゴールド、プンゲンストウヒグロボーサ など

匍匐(ほふく)形：ジュニペルスゴールドコースト、ジュニペルスブルーパシフィック、ミヤマハイビャクシン など

コニファーの配植

①立面

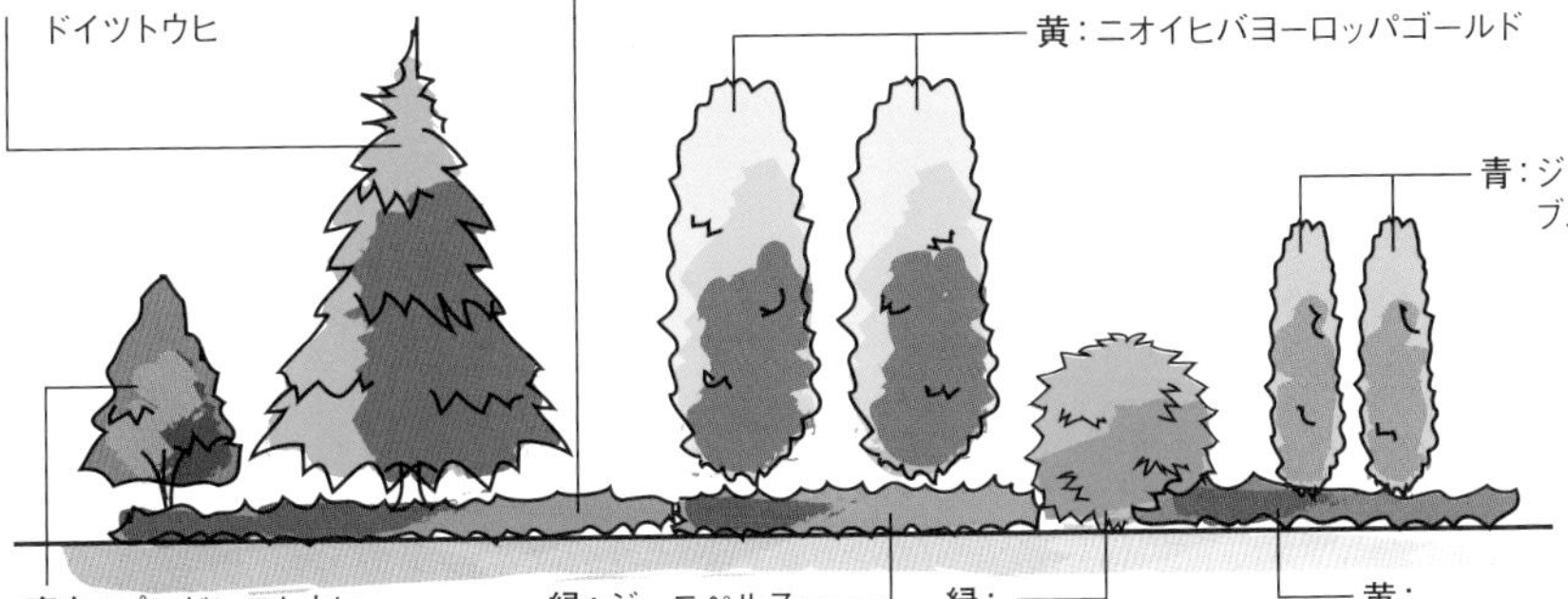

②平面

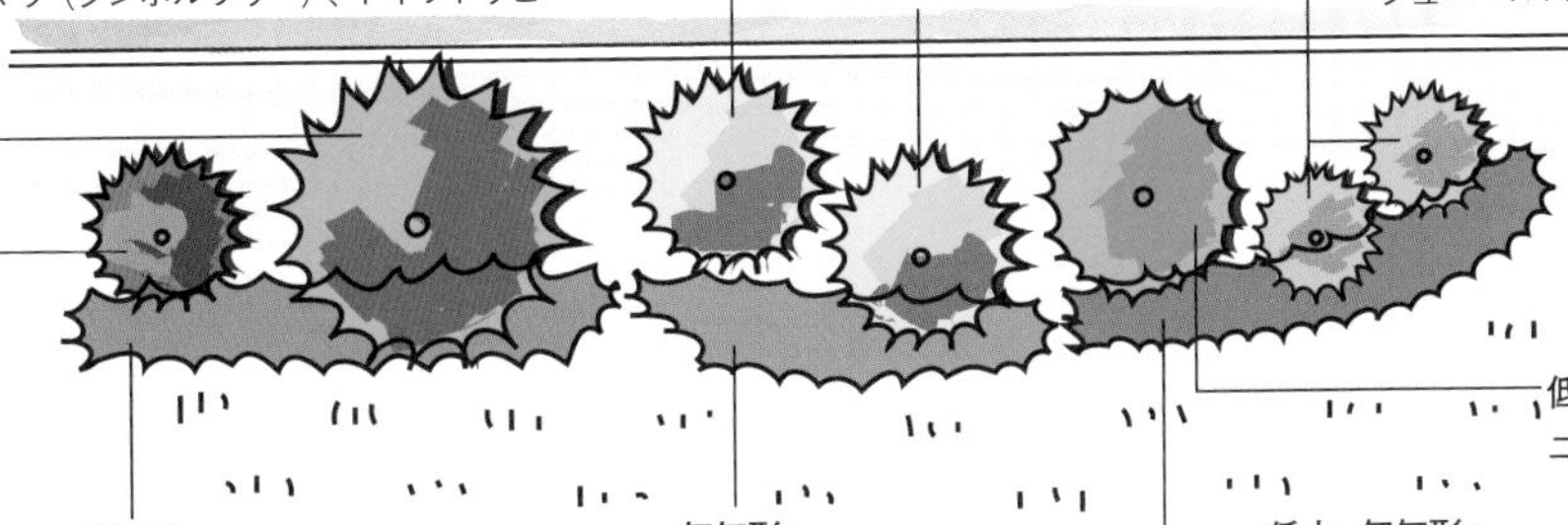

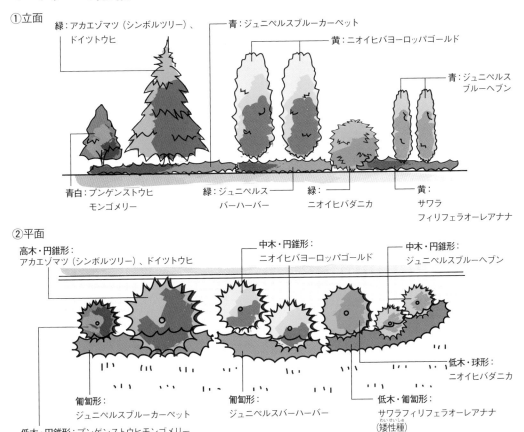

TOPICS

BOTANICAL GARDEN GUIDE 6

久留米市 世界つつじセンター

クルメツツジ。常緑低木で４月ごろ小ぶりの多数の花をつけるのが特徴。江戸時代末期から久留米で育成改良されたものを指し、品種としては麒麟が有名

ツツジ類のコレクションと育成

１９８９年に開催された市制百周年事業「世界つつじまつり'89くるめ」で世界各国より収集したツツジ類の保存育成、新品種開発、生産振興を目的として設置された。センター内には約１千品種約１万１千本（現時点）を植栽した母樹園や世界のアザレアを展示しているガラス室、増殖用のミスト室などの施設があり、国内最大級のつつじの品種数を誇っている。

「紅かすり」、「夢かすり」などの新品種を開発し、さらにこれらに続く新品種の開発や有望品種の発掘に取り組んでいる。ほかにも「花さより」や「春の夢」といったオリジナル品種も商標登録している。

DATA

住所／久留米市山本町耳納1875-1
電話／0942-47-4580
開園時間／9：00～17：00
休園日／土、日曜日、祝日
入園料／無料
財団名／一般財団法人　久留米市みどりの里づくり推進機構

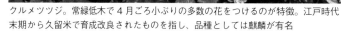

第7章

植栽の工事・管理

植栽工事の内容

ポイント

樹木は高木→中木→低木→地被植物の順に植栽する。建築工事との調整が重要

基本的な植栽の手順

植栽設計が終わると、実際に植栽工事に取りかかる。植栽工事は、建物の工事があらかた終了してから行うのが理想的。建物工事と同時進行すると、外壁の塗装が樹木にかかったり、設備機器の搬入で樹木が踏みつけられたりするなど、樹木が傷む原因となるためである。

基本的なプロセスは、植栽する場所を整備し、高木や中木を植えた後に、低木、地被植物の順に植え、土の表面を均して完了する。場所の整備は、植物の生長に適した土壌や地形をつくり、さらに植物や資材の運搬動線を確保し、土などで汚れないように養生する。

2mを超える樹木で枝張りの大きいものを植えるときは、不用な枝を剪定し、幹《みき》巻《ま》きするとよい。水極《みずぎ》めでしっかり水を与え、樹種によっては支柱を設置する。

運搬による枝葉の剪定

住宅のシンボルになる樹木は、庭の印象を大きく変えるため、施工者と十分に協議したうえで決定する。樹木は施工会社が手配する場合と、植栽設計者が別途、購入する場合とがある。ただし、施工する場所や樹木の調達先が遠い場合、写真から植栽する樹木を判断することになる。

現場に届いた樹木が貧弱に見えるのは、運搬や植えつけの手間を減らすために枝をなるべく減らすからである。また、根を張っていた樹木を掘り上げる際、根は本来の半分程度に整理されるので、植栽後の生育バランスを考え、地上部の枝葉もボリュームダウンさせている。とくに株もと近くの枝は、運搬の際に邪魔になることから剪定される場合が多い。そこで、枝ぶりのイメージが大切になる場合は、事前にその旨を伝えておくとよい。

幹巻き　樹木の幹に藁や菰などの保護材料を巻きつけること。移植後や剪定後の樹木、活力の低下した樹木の衰弱を防ぐため、寒暑や風による害を防ぐことを目的とする

植栽工事の基本的な流れ

①高木・中木の植栽

地面を均し、高木・中木を植えてデザインのフレームをつくる

②低木の植栽

高木や中木の足もとを固めるように低木を植栽していく

③地被植物の植栽（部分）

植栽デザインのなかでポイントとなる部分の地被植物を植栽する

④地被の植栽（全体）

最後に敷地全体をシバなどの地被植物で覆って植栽工事は完了となる

マメ知識 水極め

植穴《うえあな》に根鉢《ねはち》の1／2～1／3の土を埋め戻したら、水を注ぎ、根鉢の周囲に十分土や水が行き渡るように泥水を棒でよく突く。土のなかに空気が残っていると、乾いたときに根鉢と土の間に隙間ができるので棒で突きながら、樹木を上下に揺らす。鉢底まで水が回り、泥水となったら順次残った土を戻す。この作業を繰り返して植栽をすることを水極めという。

根鉢廻りに水が完全に回ったら水を止め、水が引くのを待ってから残った土を埋め戻し、静かに踏み固める。低木を植栽する場合は、埋め戻した土の上からさらに注水し、株を上下に動かして泥水が細根の間に回るようにする。

水極めの手順

①根が入る程度の穴を掘り、樹木を中に置く
②ホースで穴に水を入れる
③棒で突いて根に水が行き渡らせながら植栽する

支柱の設置

ポイント

用途や樹種に合わせて支柱を選ぶ。通行が多いところでは、ワイヤー支柱は避ける

支柱による樹木の安定

樹木を運搬する際、根は整理され小さくなっているので、植栽後は全体を支える力が減り、倒れやすい。また、風が強い場所では、倒れないまでも、始終風に揺れて、地下部分も落ち着かない状態になる。植栽後、根が生長を始めるが、根の先端は繊細なので、木全体が揺れると、思うように根が張らない。そこで、樹木を安定させ、しっかり根付くように支柱を立てる（※）。

いろいろな支柱のタイプ

支柱は樹木の高さや、幹の太さ、周辺環境などによりいくつかのタイプがある。たとえば、いつも歩行するような場所で、支柱が立てられないところでは、土中タイプの支柱を利用する。支柱自体を地下に設置するもので、景観を崩さずに樹木を安定させることができる。しかし、一度施工すると、樹木を入れ替えるときや、生長後の撤去に手間がかかる。

樹木の高い位置で固定し、風による揺れを最小限にすることができるのは、八《や》つ掛《が》け支柱と呼ばれるタイプである。樹木の上方で、八の字を描くように支柱をクロスさせるので、周辺のスペースが必要になる。

施工範囲が狭い場合には、鳥居支柱が比較的コンパクトに収まるのでよく利用される。このほか、樹木を並べるように植える場合は、1本の横竿を支えに固定し、そこへ数本ずつ取り付ける布掛け支柱〔125頁参照〕がある。

建物の近くに大木を植栽する場合は、ワイヤー支柱を利用することも可能だ。建物や工作物などにフックを設置し、鉄やカーボンファイバーなどのワイヤーを使って枝を固定するものである。ただし、ワイヤーは細くて見えづらいため、人の往来がある場所では危ないので、使用を避けたほうがよい。

※支柱は樹木の根が張り安定するまで、3～4年は存置することになる

さまざまな支柱のタイプ

①土中支柱

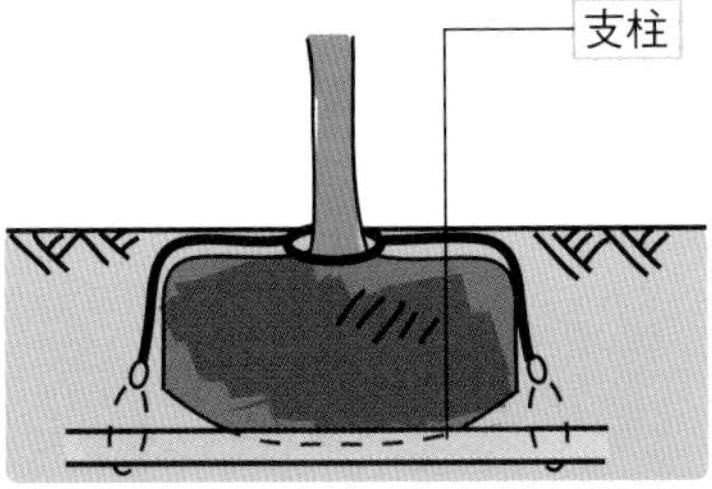

支柱が立てられないところに設置。施工後のメンテナンスが難しい

②八つ掛け支柱

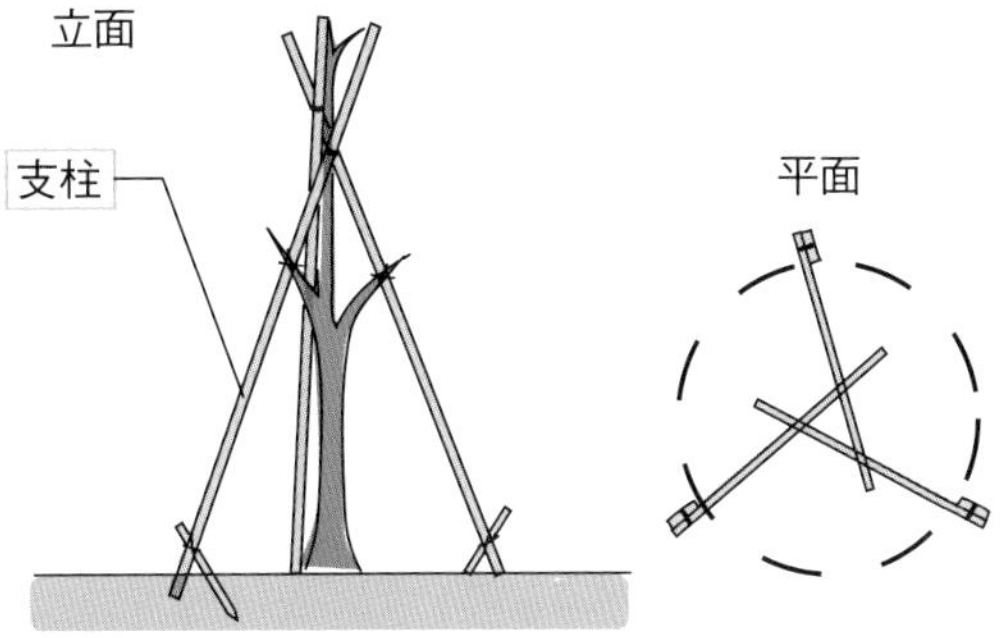

樹木の上方で支柱をクロスさせて固定。安定しているが、周囲にそれなりのスペースが必要

③鳥居支柱

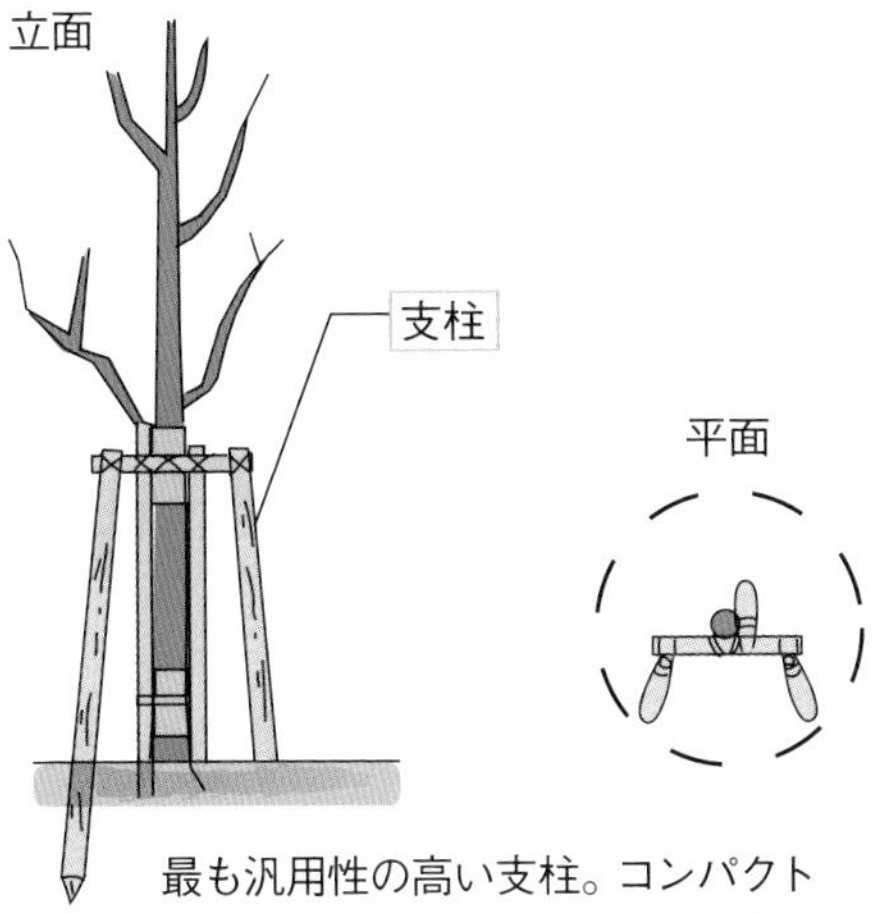

最も汎用性の高い支柱。コンパクトに納まるので狭い敷地での植栽向き

④布掛け支柱

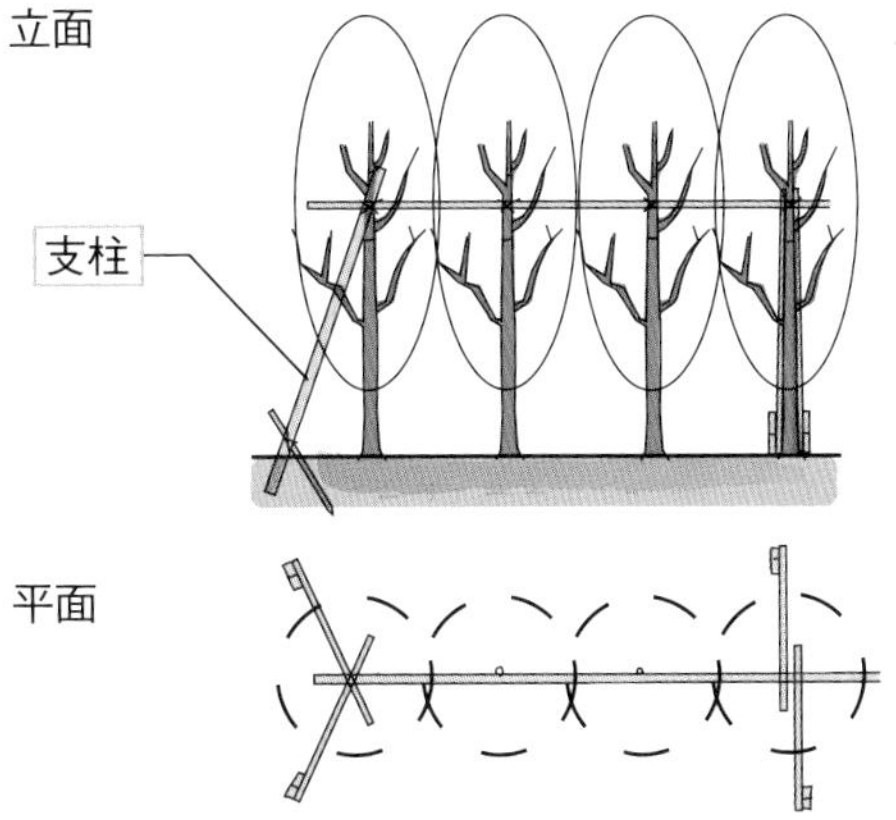

1本の横竿に数本ずつで固定。生垣の列植などに用いられる

⑤ワイヤー支柱

建物や工作物などにフックを設置してワイヤーを使って枝や幹を固定する支柱。建物近くなどスペースに余裕がないところでも使用可能。ただし、ワイヤーは、細くて見えづらいため、人の往来がある場所では危ないので、使用を避けたほうがよい。

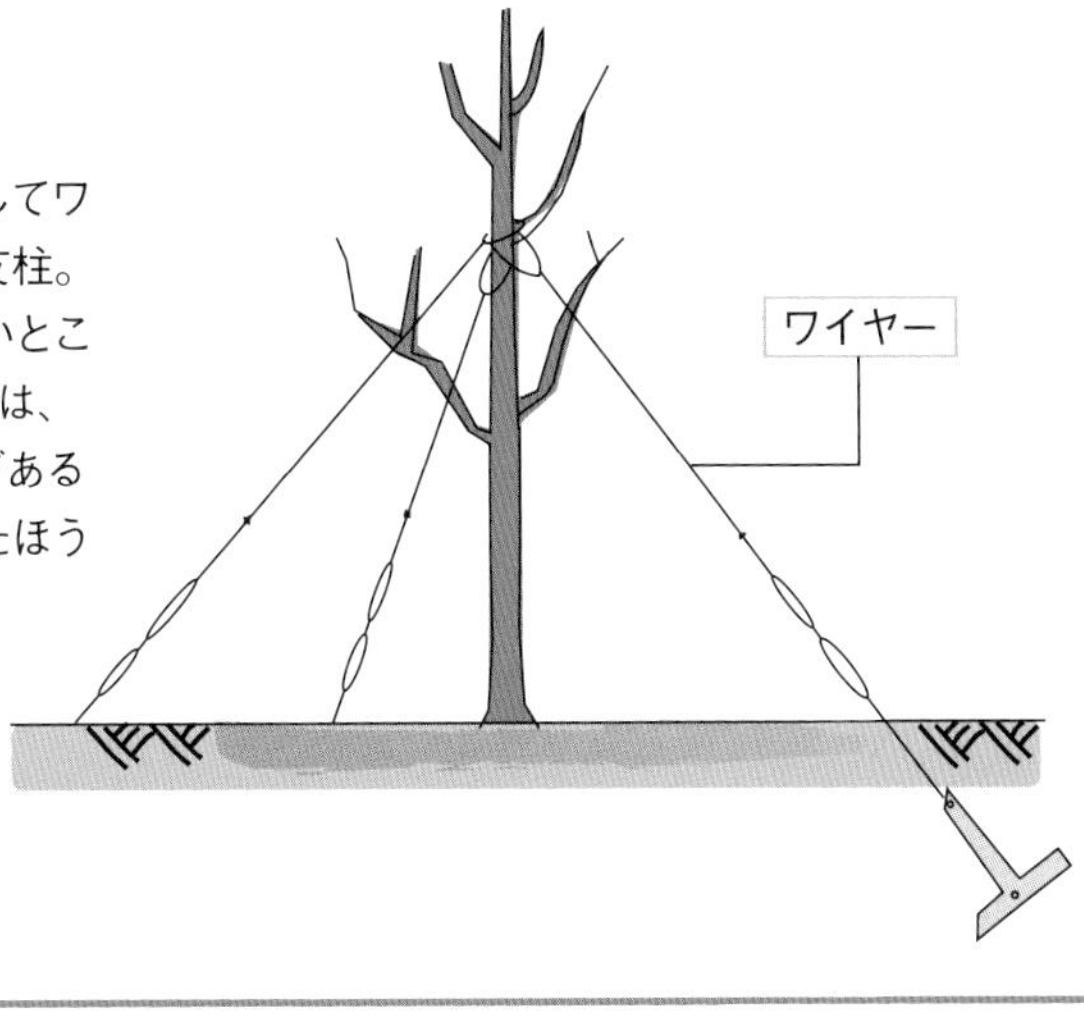

107

植栽工事の前後に行う作業

ポイント

配線や配管工事は植栽工事前に完了させておく。植栽地の近くの室外機にも注意する

植栽工事の前の作業

植栽工事は植物を植えつけ、整地するまでの一連の作業をいうが、植栽だけで外構空間がすべて整う場合は少ない。そこで、修景《しゅうけい》や管理のために、ほかの工事も同時あるいは前後に進める必要がある。

植栽工事の前に行うべき作業は、築《つき》山《やま》、景石《けいせき》、石積《いしづみ》など、修景にかかわる添景物《てんけいぶつ》の設置である。重量のある石や土は人力だけでの移動が難しく、植栽後では作業スペースが確保できないことがある。

また、電気、ガス、水道などの設備配管も植栽工事の前に行う。設備配管が埋設されていて樹木が植栽できないケースは多く、道路からの引き込み状況によって設計図書の通りに施工されない場合もあるので注意する（※）。庭園灯の設置自体は植栽後でも可能だが、土中部分を先に配線しておかないと、せっかく植えた樹木を掘り返すはめになる。

滝や水路、蹲踞《つくばい》、手水鉢《ちょうずばち》を設置する場合は、水道の配管工事を先に行う。水遣りのための水栓の設置も大切だ。

建築工事の終了間近に植栽工事にかかわる材料を搬入するが、門扉がついていたり、ほかの作業で通路が狭められるなど、想定外の事情でスムーズな作業ができない場合も多い。そこで、事前に作業搬入口を再確認しておくとよい。

室外機の場所も確認

植栽工事の後に行うのが砂利などの舗装仕上げである。植栽工事中に土で汚れる可能性があるため、必ずこのタイミングで行う。植栽計画で意外と忘れられがちなのが、室外機などの外側に置く機械の位置。事前に確認し、問題があるようならば、どちらかの位置をずらすなどで対処する。

※玄関前にシンボルツリーを植える計画が、植栽工事の段階で配管が見付かり、位置をずらさざるを得なかったという失敗は少なくない。シンボルツリーの意味は植栽デザインのコンセプトにかかわるので、事前に十分打ち合わせておきたい

植栽工事前の施工関連チェックポイント

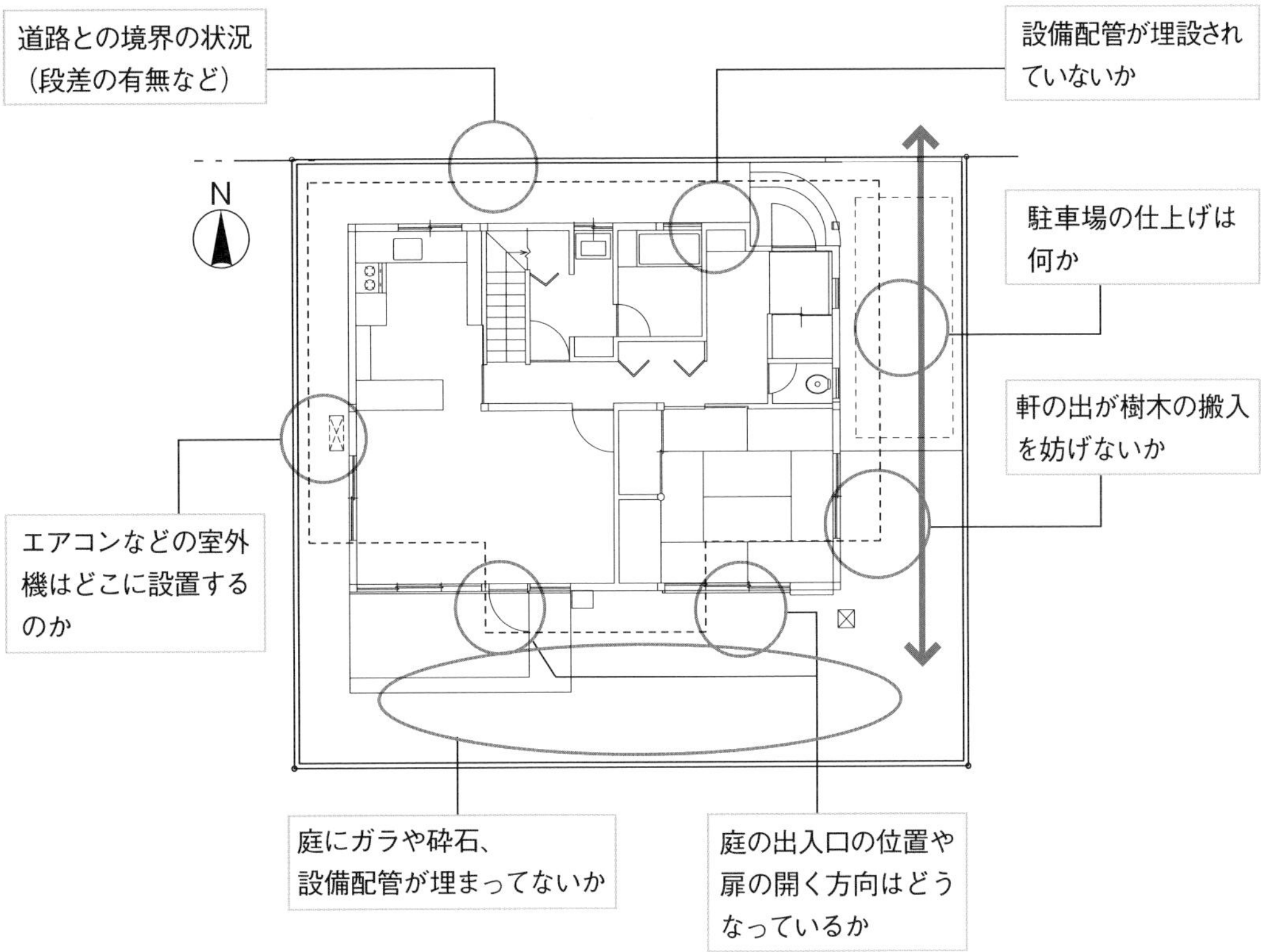
道路との境界の状況
（段差の有無など）
設備配管が埋設されていないか
N
駐車場の仕上げは何か
軒の出が樹木の搬入を妨げないか
エアコンなどの室外機はどこに設置するのか
庭にガラや砕石、設備配管が埋まってないか
庭の出入口の位置や扉の開く方向はどうなっているか

以上のような点を確認し、問題があれば、樹種を変えたり植栽デザインを検討しなおす

建築後の樹木の搬入経路の目安

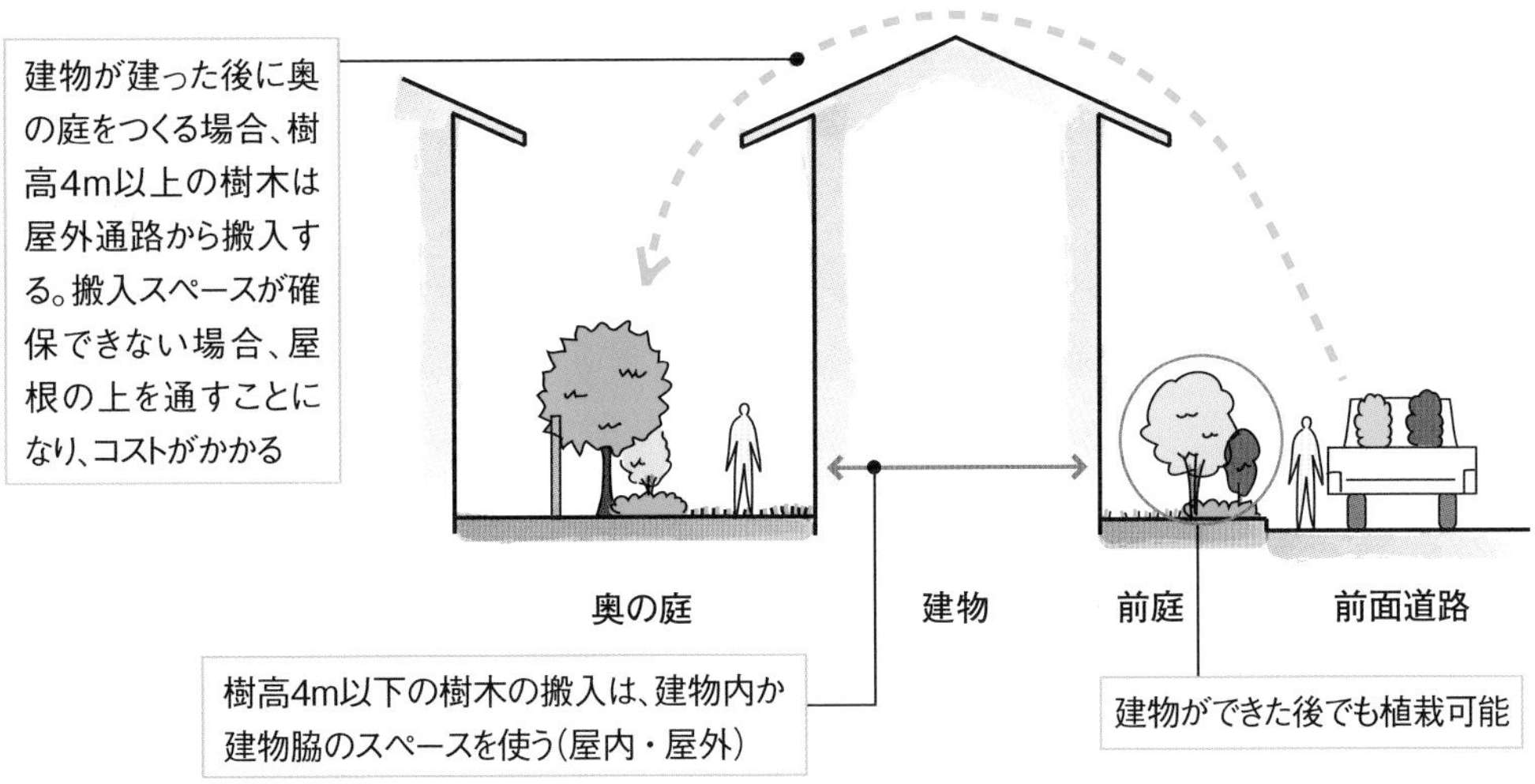
建物が建った後に奥の庭をつくる場合、樹高4m以上の樹木は屋外通路から搬入する。搬入スペースが確保できない場合、屋根の上を通すことになり、コストがかかる
奥の庭
建物
前庭
前面道路
樹高4m以下の樹木の搬入は、建物内か建物脇のスペースを使う（屋内・屋外）
建物ができた後でも植栽可能

植栽工事後の管理

ポイント

水遣りの担当を確認する。大規模工事では「枯れ保証」の有無と保証範囲も確認を

水遣りが管理の基本

植栽直後の植物は、根が切られたり、傷んだりして、水を吸い上げる力が低下している。管理のポイントは、植栽工事直後からしっかり水を遣ることである。植栽工事が完了したときに、その庭を管理する住人がいれば問題ないが、入居するまでに期間があく場合には、誰が水遣りをするのか決めておく必要がある。

土に水をかけてすぐに浸透するのであれば問題ないが、水が溜まるようだと、水はけが悪く、根腐れする可能性があるので改善が必要。砂や砂利を混ぜ込んだり、地形に勾配をつけたり、排水枡《ます》などの設備を整えたりする。

枯れ保証

大規模な植栽工事の場合、「枯れ保証」を施工業者と契約することが多い。枯れ保証とは、工事後の1年以内は、持ち主がしっかり管理しているにもかかわらず植物が枯れてしまった場合に、無償で植え直すというものである。植栽工事の契約時などに、保証の有無と、保証の範囲などについて確認しておくとよい。

「しっかりした管理」というのは、水遣りが適宜行われていることが第一である。植栽空間には通常、雨水のみで育つような樹木が多く選択されている。それほど神経質にならなくてもよいが、狭いスペースにつくる植栽空間では注意が必要。土の容量や面積が少なくて水分を蓄える場所が限られているため、乾燥しやすいので、定期的な水遣りを心がける。とくに都市部は、表土が舗装されて雨が吸収できないので、夏の暑い間は注意する必要がある。

通常、雨が当たらない軒や、天井があるような半屋外では保証の対象にならない。また、草花も同様に保証がつかない場合が多い。

根腐れ　植物の根が枯死すること。ネグサレ病、ネグサレ線虫など病害虫が原因の場合と、排水の不良、地下水の高位など、地下の土壌環境の悪化により発生する場合がある

水遣りの目安

①水遣りの基本

樹木の根の先まで水が届くよう、しっかりとかける。中木ならば5分程度が目安

②不適切な水遣り

表面が濡れる程度では、土中の根まで十分に水が行き渡らないのでNG

③窪んだ場所での水遣り

敷地がくぼんでいる場所は水がたまりやすい。水が多すぎると樹木の根が腐り、枯れてしまうので、水遣りの際は、水が引く様子を見ながら遣りすぎないように注意する

④軒近くでの水遣り

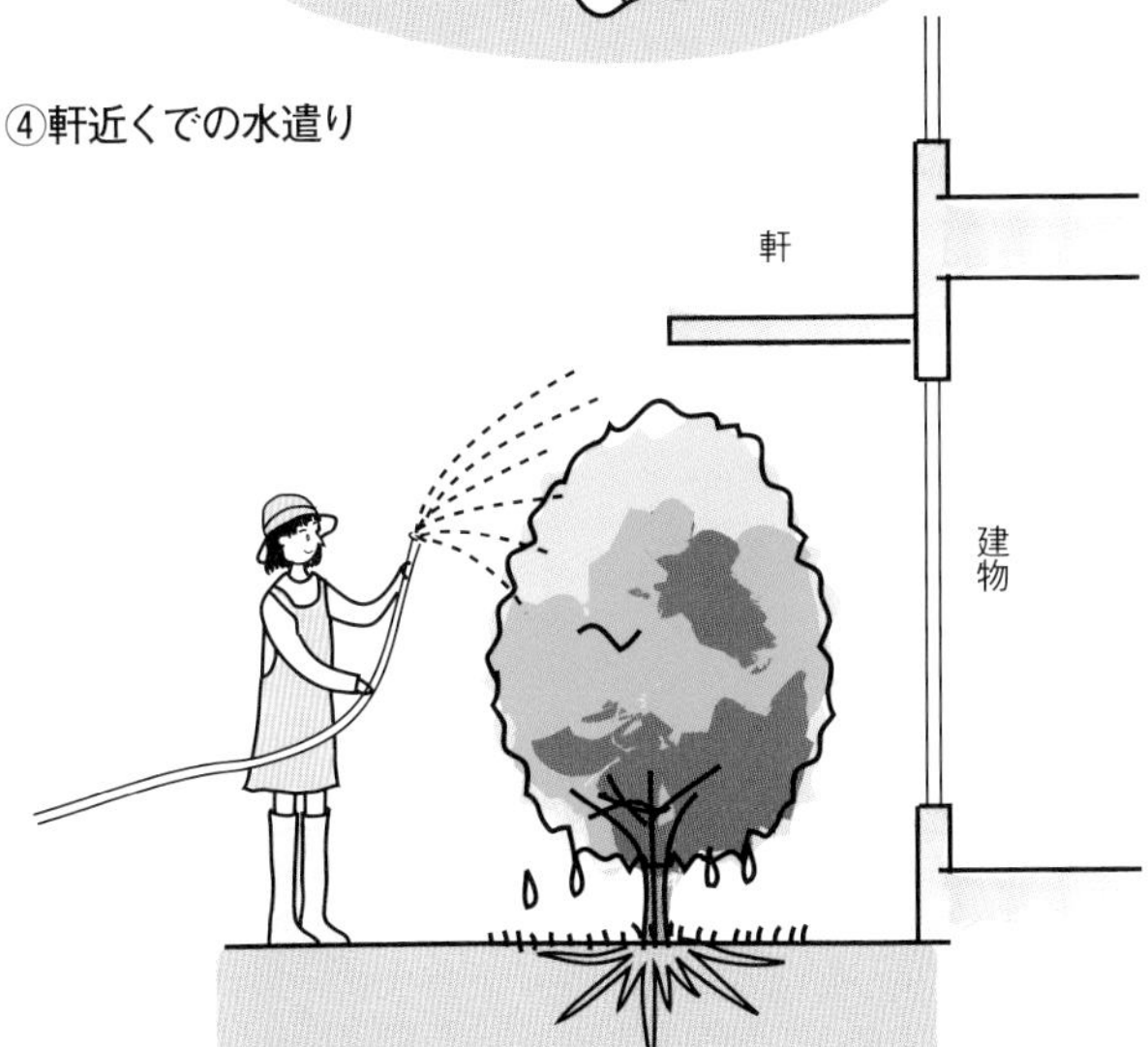

軒の出の付近は、ほかの場所と比べて地面が乾き気味になるので少し多めに水を遣る。また、樹木に雨水がかかりづらいので葉が乾燥したり、汚れたりしている。足もとだけでなく、ときどき葉の部分にも水をしっかりとかけるようにする

季節の管理

ポイント

美しい庭を維持するには、施肥《せひ》や剪定《せんてい》など季節ごとに求められる管理法を理解する

季節ごとの管理のコツ

植物の栽培管理は、植栽工事終了と同時に始まる。住宅の植栽では多くの場合、住まい手が管理することになる。植栽後は、施工者から建築主に管理法をしっかり説明することが大切である。管理内容は水遣り、剪定《せんてい》が中心になる。

①春の管理（3〜6月）

花が咲く種《しゅ》は、咲き終わった花殻《はながら》をこまめに摘む。雑草が発生しはじめるので、早いうちから除草するとよい。

②初夏の管理（6〜7月）

本州は梅雨に入り、水遣りの世話はほとんどなくなるが、病気や虫が発生しやすくなる。春に花が咲き終わった樹木については、込み合った枝や葉を間引くとよい。害虫はこまめにチェックして早期に取り除く。

③夏の管理（7〜9月）

暑い日が続くので、水遣りが最大のポイント。表土が乾いたら水を遣るのが基本である。この時期に活発に生長する植物は少ないので、植栽工事には不向き。とくに寒冷地原産の針葉樹の移植は避ける。

④秋の管理（10〜11月）

落葉が始まったら頻繁に清掃を行う。ただし、葉の堆積は土の乾燥を防ぐほか、保温効果もあるので、落葉は株もとに少し残しておいてもよい。果樹やバラなどは施肥《せひ》に適した時期。生長しすぎた枝は剪定して整える。熱帯原産以外の樹木は植栽の適期である。

⑤冬の管理（12〜2月）

多くの植物は休眠期に入る。霜が多い地域では霜除けとしてムシロや枯葉で地表面を覆う（マルチングする）。また、ソテツなどの暖地性の植物は、寒風が当たる場所では寒冷紗や菰《こも》巻き（ムシロ巻き）などを設置する。多雪地帯は雪吊り・雪避け、低木は束ねたりして雪対策を施す。

雪吊り・雪避け　雪吊りは、丸太やタケを帆柱として樹幹に沿わせ、その頂点から吊り縄で、雪折れしそうな枝すべてを放射状に吊り上げること。これは雪国の冬の風物としても親しまれている。雪避けは、積雪の重みによる枝折れや樹形の崩れなどを防止するために行う作業

季節の管理のカレンダー

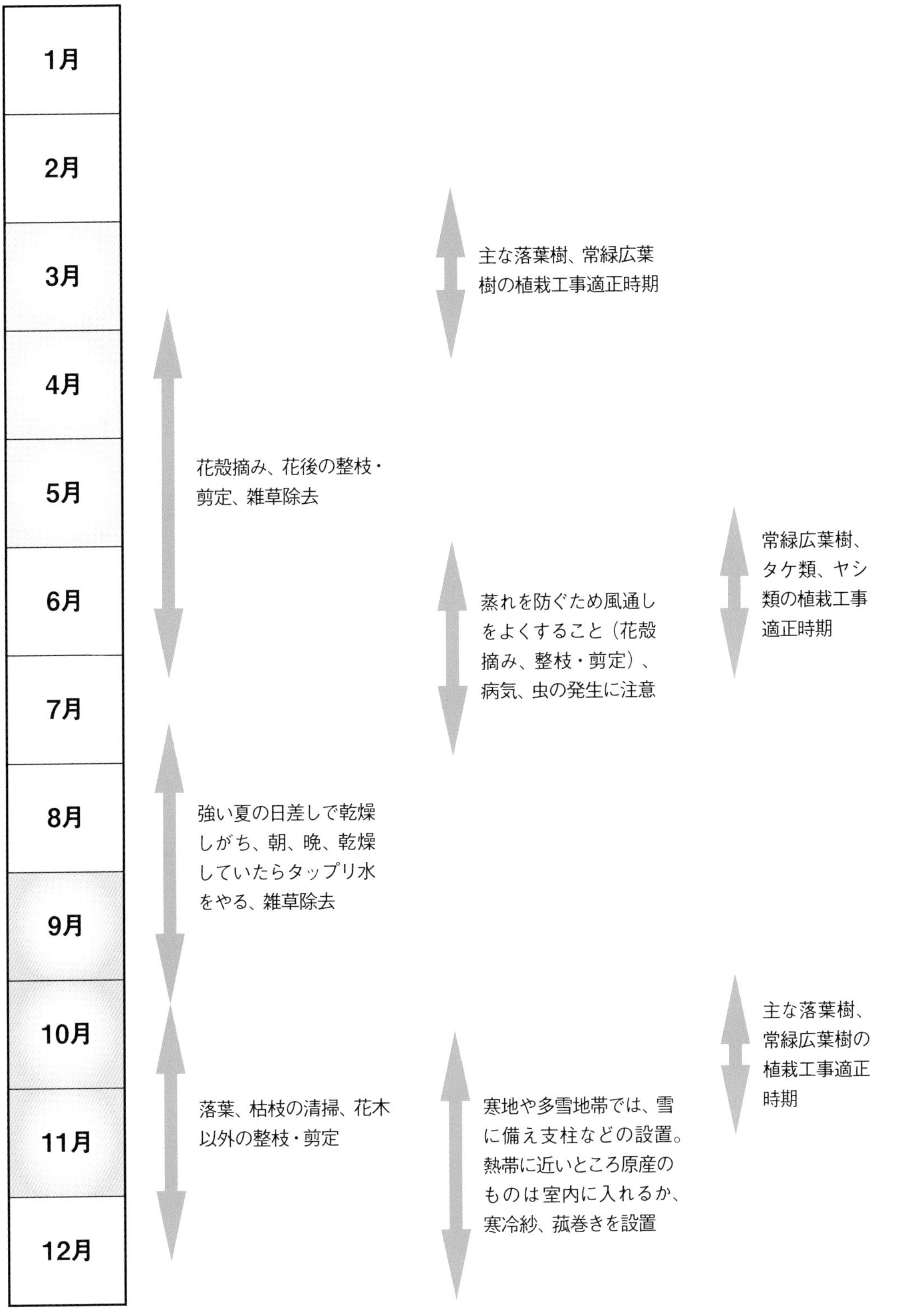
1月
2月
3月
4月
5月
6月
7月
8月
9月
10月
11月
12月
主な落葉樹、常緑広葉樹の植栽工事適正時期
花殻摘み、花後の整枝・剪定、雑草除去
常緑広葉樹、タケ類、ヤシ類の植栽工事適正時期
蒸れを防ぐため風通しをよくすること（花殻摘み、整枝・剪定）、病気、虫の発生に注意
強い夏の日差しで乾燥しがち、朝、晩、乾燥していたらタップリ水をやる、雑草除去
主な落葉樹、常緑広葉樹の植栽工事適正時期
落葉、枯枝の清掃、花木以外の整枝・剪定
寒地や多雪地帯では、雪に備え支柱などの設置。熱帯に近いところ原産のものは室内に入れるか、寒冷紗、菰巻きを設置

長期管理のポイント

ポイント

全体のバランスを整えるように剪定を行う。込み合った枝は都度、剪定してもよい

剪定するポイント

植栽後の樹木は、1～2年の間は生長が鈍い。環境が変わって適応するのに時間がかかるためだ。ただし、環境が合えば、3年も経過すると、ぐんぐん生長していく。

植物は通常、日が当たる方向に向かって枝を伸ばし、葉を繁らせるので、樹木の南側や西側ばかりがボリュームを増し、全体のバランスが悪くなることがある。剪定は、そのバランスを整えるように行うとよい。また、若木ならば、早春や晩秋に大きく掘り上げて回転させる方法もある。

込み合った枝は、枝の基部から随時剪定してかまわない。ただし、夏の暑い時期、幹に直接強い日差しが当たると、幹肌が焼けることがあるので注意する。また、寒い時期、常緑樹の幹に寒風が当たると冷害が出ることもあるため、剪定は避ける。

幹と根の管理

時間が経過すると、地面は締め固まって水はけが悪くなり、根が伸びにくくなって植栽全体の調子を落とすことがある。適宜、土を耕して、土中に空気を送り込むようにしたい。とくに、狭い庭や屋上庭園などの限られた範囲に植栽した場合、土の量が少ないため、根詰まりを起こしやすい。土の中に小さな穴を開けて空気を入れたり、細根《ほそね》を整理し、それに併せて地上部の枝も刈り込む。

樹木は高さや枝ぶりは剪定によってある程度のコントロールが可能だが［54―55頁参照］、幹の太さを変えることはできない。植物図鑑などで事前にどのくらい生長するかを把握しておくことが大切だ。

雑木などの株立ちは、幹が太くなってきたら、思い切って地際から一番太い幹のものを切って更新する。

細根　根は重力の方向に伸びる主根と、斜め下方向に伸びる側根からなり、側根にある細根には養水分を吸収する 働きのある根毛が生えている

長期管理のポイント

①樹形を整える

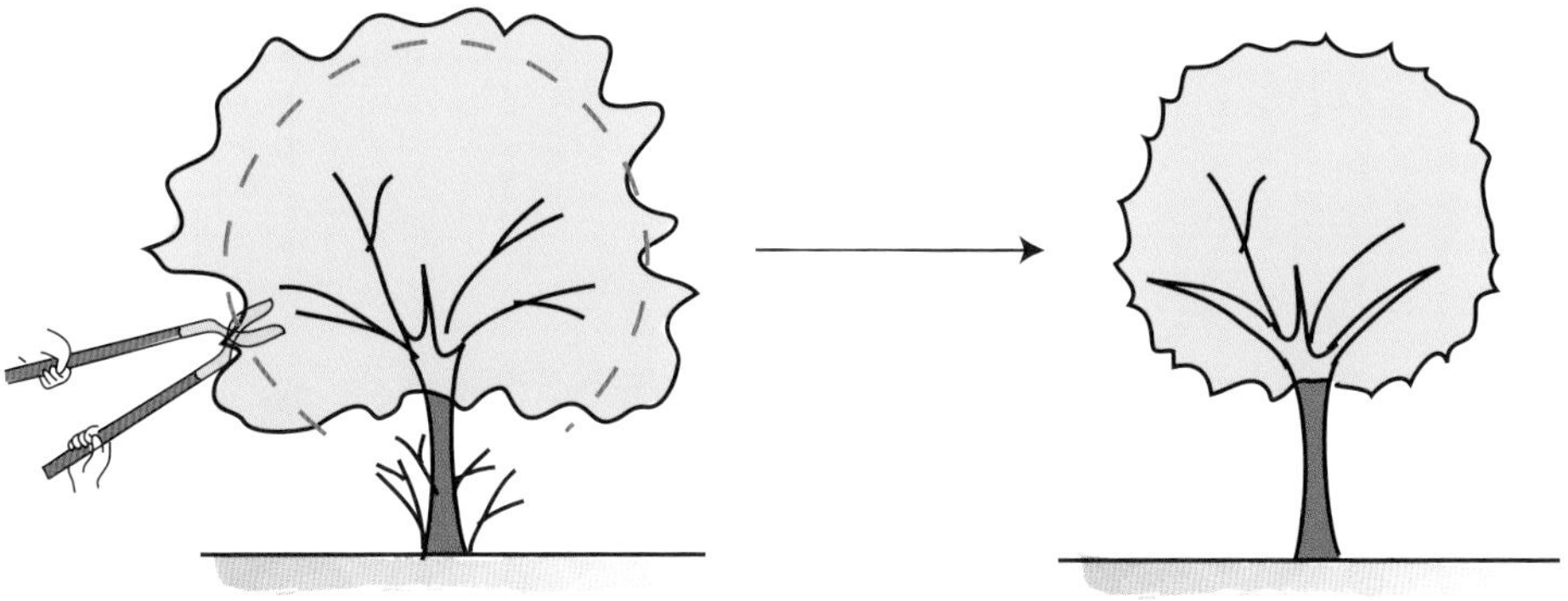

植栽後、1〜2年くらいで徒長枝《とちょうし》やからみ枝が伸びる。
樹形が乱れるので余分な枝を剪定する［54―55頁参照］

②方位による生長の違いを整える

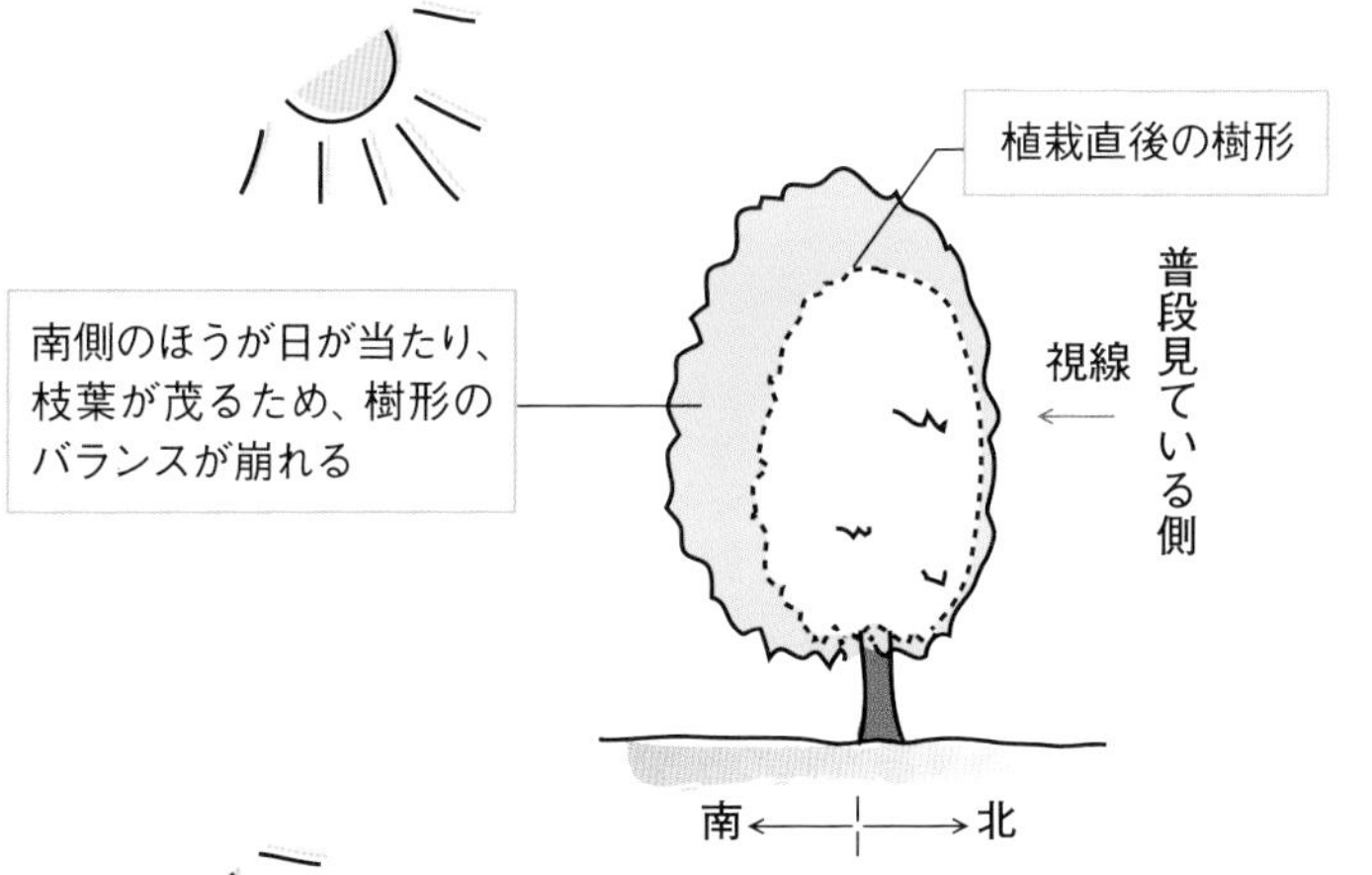
植栽直後の樹形
南側のほうが日が当たり、枝葉が茂るため、樹形のバランスが崩れる
視線
普段見ている側
南
北

通常、南側のほうが日照条件がよいので、枝葉がよく伸びる。とくに南側の庭の樹木は普段見ている側と反対側がよく生長することになるため、なかなか気がつかない。樹木を剪定する際は、樹木が植えられている方位を考える必要がある

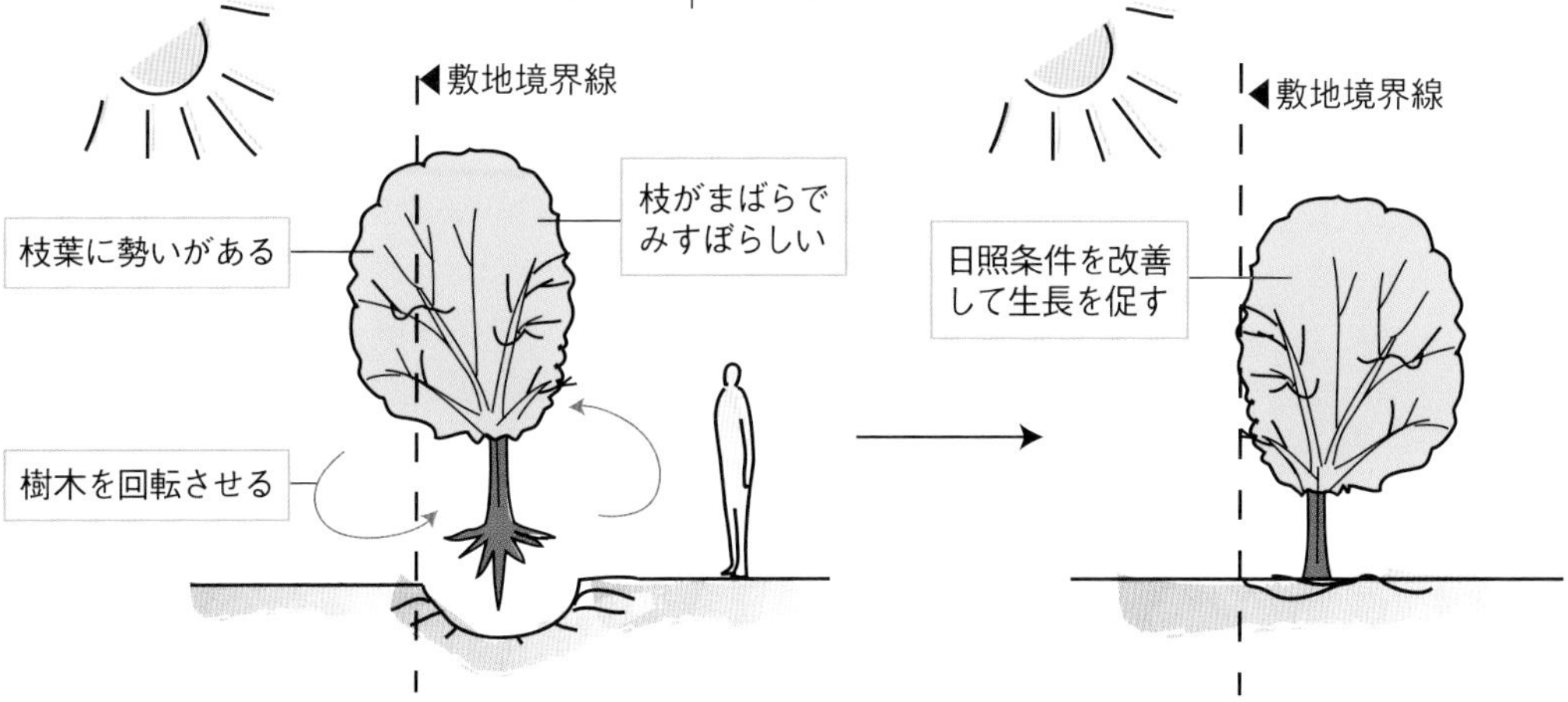
敷地境界線
枝葉に勢いがある
枝がまばらでみすぼらしい
樹木を回転させる
敷地境界線
日照条件を改善して生長を促す

さらに長い年月が経つと、樹木の北側面は枝がまばらになり、みすぼらしくなる。このような場合は、根回しをして樹木の北面と南面を入れ替えることで、樹形や生長のバランスをとるようにする

山﨑誠子［やまざきまさこ］
植栽家、ランドスケープデザイナー。一級建築士。ＧＡヤマザキ取締役。日本大学短期大学部建築・生活デザイン学科准教授。手軽に楽しめる住宅のガーデニングの提案から、造園・都市計画に至るまで幅広く活躍。著書に『樹木別に配植プランがわかる植栽大図鑑』（エクスナレッジ）、『花のコンテナ〜コツのコツ』（監修・小学館）、『山﨑流 自然から学ぶ庭づくり！』（明治書院）

世界で一番やさしい　住宅用植栽

2021年9月21日　初版第1刷発行

著　者　山﨑誠子
発行者　澤井聖一
発行所　株式会社エクスナレッジ
〒106-0032
東京都港区六本木7-2-26
https://www.xknowledge.co.jp/

問合せ先
●編集部　TEL：03-3403-1381
FAX：03-3403-1345
info@xknowledge.co.jp
●販売部　TEL：03-3403-1321
FAX：03-3403-1829